Ermittlungen in Sachen TATORT

Recherchen und Verhöre, Protokolle und Beweisfotos

Eike Wenzel (Hg.)

Ermittlungen in Sachen TATORT

Recherchen und Verhöre, Protokolle und Beweisfotos

BERTZ

Die Deutsche Bibliothek – CIP-Einheitsaufnahme
Ermittlungen in Sachen Tatort: Recherchen und Verhöre, Protokolle und Beweisfotos /
Eike Wenzel (Hg.). - Berlin : Bertz, 2000
ISBN 3-929470-18-7

Abbildungsnachweis:
Die Verwendung der Pressefotos erfolgt mit freundlicher Genehmigung
der am TATORT beteiligten Sendeanstalten. Das Copyright liegt beim jeweiligen Sender.
Das Foto auf Seite 293 stammt von Guido Marc Pruys.
Videoprints: Bertz Verlag / die jeweiligen Copyright-Inhaber.

*Verlag und Herausgeber bedanken sich für die
freundliche Unterstützung ganz herzlich bei:*
Hans-Joachim Neumann (*Zitty*),
Michaela Kalenberg (ARD Programmdirektion München),
den Mitarbeitern und Mitarbeiterinnen der Presse- und Bildstellen
der Sendeanstalten, namentlich: Frau Zettel und Herrn Kirmair (BR),
Jörg Hemke (MDR), Bettina von Kempski (NDR), Julia Weissenberger (ORF), Frau Lupp (SR),
Bruno Eberhard (Schweizer Fernsehen-DRS), Eva-Maria Lohe (SWR) und
ganz besonders Jürgen Dürrwald (WDR)
sowie nicht zuletzt den Autoren und Autorinnen.

Redaktionelle Mitarbeit:
Maurice Lahde, Hanno Schüngel

Bildsequenzen:
Wiltrud Hembus, Dieter Bertz

Layout:
Katrin Fischer

Görlitzer Str. 37, 10997 Berlin
Druck: druckhaus köthen, Köthen
Printed in Germany
ISBN 3-929470-18-7

Inhalt

Teil 4

TATORT – Deutschland. Eine Einleitung

TATORT kann man nicht einfach so erklären. Wie alles in der Populärkultur ist auch der TATORT zunächst einmal ganz selbstverständlich da, als hätte es ihn schon immer gegeben. Zumindest für die Generationen, die in den sechziger und siebziger Jahren aufwuchsen, ist der Sonntag ohne TATORT schlechterdings nicht vorstellbar. Und weil er uns allen so vertraut ist, kann man ihn nicht in Formelsätzen erklären, man muss drüber reden. Man setzt sich mit den Machern zusammen, lernt einen Darsteller kennen, schreibt einen Text, es fällt einem jemand ein, der auch schon immer einmal etwas zum TATORT machen wollte usw. So ist dieses Buch entstanden, als eine kollektive Arbeit an einem Dauertext des Deutschen Fernsehens, der sich, während man sich in seine lange Geschichte eingräbt, immer schon weitergeschrieben hat.

Das vorliegende Buch ist dann auch ein Lesebuch geworden, ein Sammelsurium aus Leidenschaft, in dem der lesehungrige TATORT-Fan umherschweifen, sich von den Bildern an längst vergangene TATORTe erinnern lassen kann, das »Gesamtwerk« wichtiger Kommissare nachvollziehen und einzelne herausragende Folgen noch einmal vor seinem inneren Auge auferstehen lassen kann. Nach dreißig Jahren TATORT drängt sich der Gedanke auf, dass es wahrscheinlich kein zuverlässigeres Archiv gibt, das die Gegenwartsgeschichte der Bundesrepublik begleitet hat, als den TATORT. Dabei verdankt sich seine »alltagsgeschichtliche Zuverlässigkeit« dem Nichtgewollten, denn natürlich ist der TATORT zuallererst ein Krimi, ein Format, das erfundene Geschichten erzählt. Mit Sicherheit hatte zu Beginn niemand daran gedacht, dass aus der Krimi-Reihe einmal so etwas wie ein populäres Gedächtnis unserer Gegenwartskultur werden würde. Und deswegen macht es Sinn, den TATORT als eine unbewusste Geschichtsschreibung der Bundesrepublik zu verstehen. Das war der Ausgangspunkt für dieses Buch, es klingt anspruchsvoll – die Autoren sollte es zum genüsslichen Stöbern im unendlichen Reservoir der TATORT-Folgen und -Figuren, der mittlerweile unzählbaren Geschichten und Ermittler einladen und dazu animieren, einen eigenen subjektiven Zugang zum TATORT-Universum zu suchen.

Glaubt man den Historikern, dann ist die Nachkriegszeit erst mit der 68er-Revolte zu Ende gegangen. Gerade in diese Zeit fällt der Start des TATORT. Am 29.11.1970 lief mit TAXI NACH LEIPZIG die erste Folge über die Fernsehschirme, die damals ein noch mehrheitlich schwarzweißes Bild in die Wohnzimmer abstrahlten. Endlich in der bundesrepublikanischen Jetztzeit angekommen, träumte die BRD-Gesellschaft in bunten Farben und mit Schlaghosen an den Beinen von »mehr Demokratie wagen«. Zwischen Ost- und Westdeutschland zeichnete sich Tauwetter ab. In der Bundesrepublik steuerte man auf die Vollbeschäftigung zu. Der TATORT ist ein Kind dieser Aufbruchsstimmung. Seine Rezeptur aus Unterhaltungsanspruch, kritischer Zeitgenossenschaft und Sensibilität für die Region als Krimi-Schauplatz war zu Beginn der Siebziger ein Wagnis. Spannung sollte nicht wie im amerikanischen Krimi hauptsächlich von Action geleitet sein, das Verbrechen sollte in seiner sozialen Dimension anschaulich werden, denn niemand wird einfach so zum Täter. Und die Verpflichtung zur intelligenten Unterhaltung schloss auch ein, dass man sich differenziert, aber gerne auch parteilich mit der Gegenwart auseinander setzte. Mittlerweile ist der TATORT ein heimliches Nationalsymbol in bewegten Bildern. Von Anfang an stand er für eine entschiedene Hinwendung zum eigenen Land, populäre Innenpolitik und unterhaltende »Ethnologie des Inlands« (Michael Rutschky).

Sozialliberale Beamte, Provisorien und Kuriosa, die Siebziger.

TATORT lässt sich als die Geschichte prominenter Kommissare und herausragender Fälle erzählen, aber es lohnt auch ein Blick auf kaum beachtete Folgen und vergessene Ermittler, die zu früh kamen oder zur falschen Zeit am falschen Ort auftauchten. In den Siebzigern tummelte sich im TATORT ein populäres Trio: Kommissar Finke (Klaus

TATORT – Deutschland

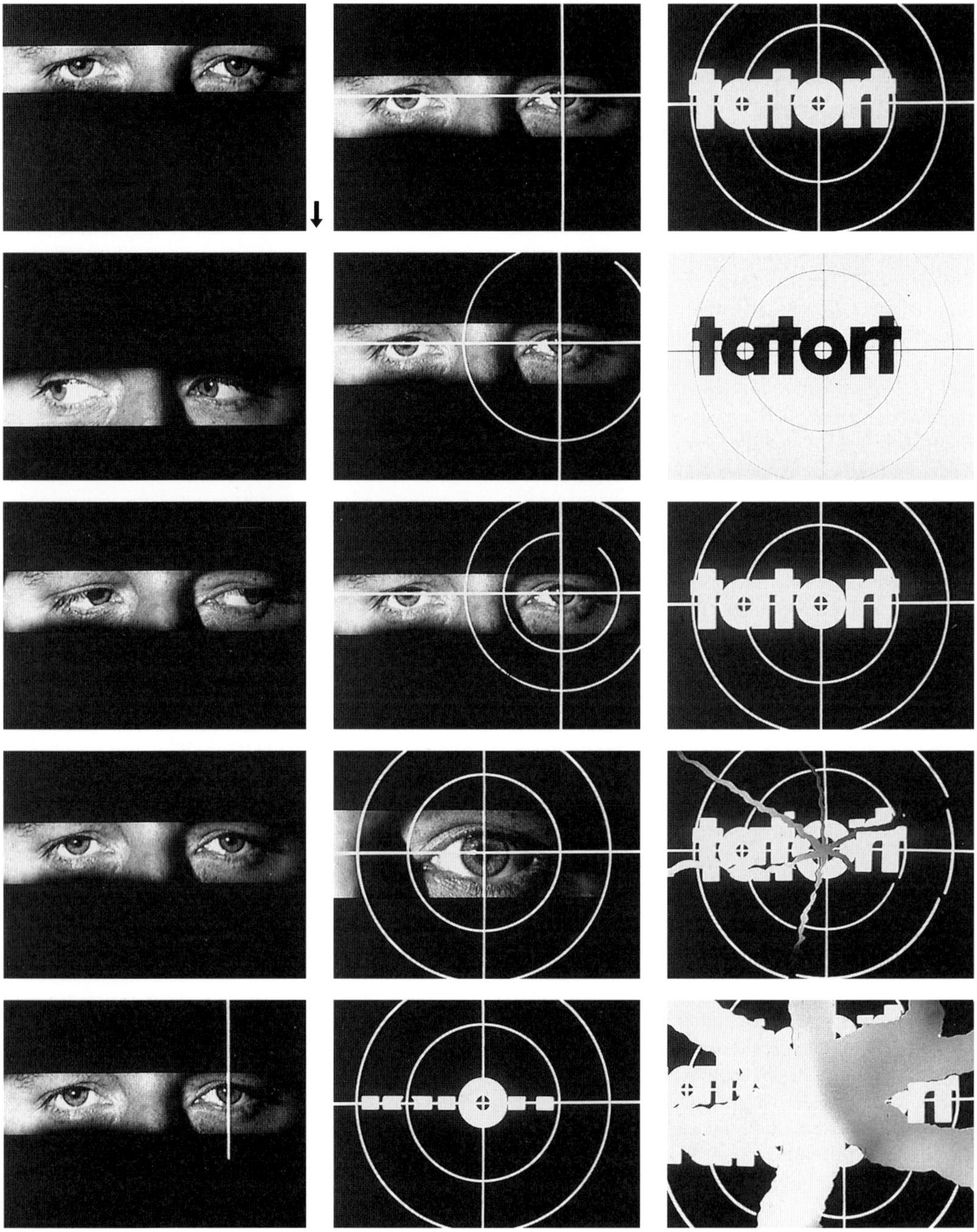

tatort
tatort
tatort
tatort
tatort

Oberinspektor Veigl in SCHÜSSE IN DER SCHONZEIT

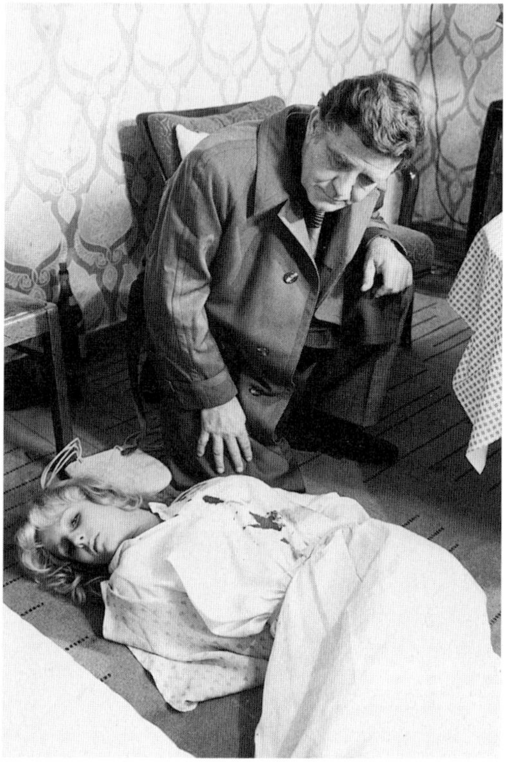

Kommissar Lutz in ZWEIERLEI KNOTEN

Schwarzkopf) in Kiel, Oberinspektor Veigl (Gustl Bayrhammer) in München und Oberkommissar Haferkamp (Hansjörg Felmy) in Essen – allesamt Vertreter der sozialliberalen Ära. Zollfahnder Kressin (Sieghardt Rupp) als verbeamteter James Bond war nur ein kurzes anarchisches Vorspiel. Finke agierte als ein leiser und bedächtiger Typ, den man sich auch gut als Sozialkundelehrer vorstellen konnte. Haferkamp war der desillusionierte Ermittler, dessen persönliche Zurückgenommenheit manchmal fast kokett wirkte. Und Gustl Bayrhammers Veigl täte man Unrecht, würde man ihn nur als den Kommissar, der mit seinem Dackel ins Bett ging, in die TATORT-Geschichte eingehen lassen. Denn Mitte der siebziger Jahre verkörperte er eine südländisch gelassene Spielart des sozialliberalen Beamten, der aus seiner eigenen kulturellen Beschränktheit lernt.

Nach dem Rezept seines Erfinders Gunther Witte sollte der TATORT glaubhafte und realistische Geschichten erzählen. Dass die Reihe sich dann im Laufe des ersten Jahrzehnts, dem Geist der Zeit verpflichtet, als sozialkritisches Fernsehspiel entwarf, konnte nicht ausbleiben. Der TATORT war und ist ein Geschichten erzählender Alltagschronist und ein Kind seiner Zeit in einem. Und gerade seine sympathische Anfälligkeit für ästhetische Trends und gesellschaftskritische Tagesparolen macht ihn aus heutiger Sicht zu einem begehrten Objekt des ironischen Zurückschauens in die vielfältigen Adern des Zeitgeistes und die Moden der letzten dreißig Jahre. Aus der frühen Zeit fallen einem kuriose Folgen ein, die sich mit »kritischer« Emphase und Verbissenheit bemühten, dem »Establishment« an den Karren zu fahren. Da wurden richtige Kapitalisten-Feindbilder gemalt,

Zwischenspiel beim NDR: Knut Hinz (als Brammer) und Horst Bollmann (als Major Delius) mit Ina Meineke

wie der Baulöwe Kaiser in TOD IM U-BAHNSCHACHT (9.11.1975), mit amerikanischem Sportwagen unter dem dicken Hintern und Kapitalisten-Zigarre zwischen den Zähnen. Diese bis zur Karikatur überzeichnete Figur wurde von dem hühnenhaften Reinhard Kolldehoff gegeben, der in unzähligen ausländischen Filmen (von Bud Spencer bis Visconti) den bösen Nazi-Deutschen gab.

Fast schon vergessen ist ein Ermittler, der in den Siebzigern im Südwesten für den SDR Fälle löste: Kommissar Lutz (gespielt von Werner Schumacher). Er ermittelte zwischen Mannheim und Bodensee, kam Stuttgarter Großbürgern und kleinbürgerlichen Feierabend-Geldfälschern auf die Schliche. Lutz war ein Unikat unter den Ermittlern der ersten Stunde, erschien er doch den bundesdeutschen Endvierziger-Wohlstandsmännern eher nachempfunden als einem aufgeklärten Staatsbeamten. Sein hölzerner Altherrencharme erklärt ohne Umschweife, warum er ein etwas tristes Junggesellendasein führt. Im persönlichen Umgang wirkte Lutz immer etwas starrsinnig und unnötig kompliziert. Abends gönnte er sich ein Bier vor dem Fernseher, die Hausschuhe aus braunem Cord, das Bastkamel als bescheidenes Urlaubssouvenir auf dem Apparat. Der Kleinbürger als Ermittler-Kuriosum, seinen Vornamen Eugen erhielt er erst in der letzten Folge.

Ein frühes dramaturgisches Provisorium war der Erstling vom SDR, AUF OFFENER STRASSE (7.2.1971). Dabei folgte man akribisch dem TATORT-Rezept, setzte mit dokumentarischer Sorgfalt den Ort ins Bild und nahm sich jede Menge Zeit, um die Geschichte in einem genau recherchierten Milieu aufgehen zu lassen. So ist AUF OFFENER STRASSE (das Drehbuch lieferten Leonie Ossowski

Die HR-Kommissare Konrad (rechts) ...

... und Brinkmann (links)

und Gunther Solowjew) eher eine Milieustudie des Mannheimer Hafenlebens geworden und das traurige Soziogramm eines Matrosen, der aus Liebesleid Totschlag begeht. Ein Unschuldiger wird schuldig. Und ganz dem sozialkritischen Trend der Zeit verpflichtet, stellt dieser TATORT die Frage, ob es nicht den »Verhältnissen« anzukreiden sei, dass ein Unglück geschieht. Ursprünglich, teilt Gunther Witte mit, war das Drehbuch gar nicht für einen TATORT vorgesehen, sondern wurde erst nachträglich zum Krimi umfrisiert.

Abstürzende Nachfolger, Frauen-Debüts und ein Schimanski, die Achtziger.

Der von der Kritik wenig geachtete (aber beim Zuschauer durchaus beliebte) Kommissar Lutz war dann erstaunlicherweise neben Fritz Eckhardts Oberinspektor Marek der einzige Ermittler der ersten Generation, der auch noch in den achtziger Jahren Fälle löste. Ansonsten war der Start ins zweite TATORT-Jahrzehnt von Umbesetzungen im Ermittlerpersonal begleitet. Es sollte die Stunde der bewährten Assistenten werden, was sich schließlich an Isar, Elbe und Ruhr als zu klein gedacht erwies. Der NDR probierte zwischen den Dekaden gleich fünf Kommissare aus, darunter so renommierte Darsteller wie Horst Bollmann (als MAD-Oberstleutnant Delius), Diether Krebs und Knut Hinz. Volker Vogelers Dialekt-TATORT WAT RECHT IS, MUT RECHT BLIEWEN (NDR, 2.5.1982) war ein Solitär, der die Grenzen des Formats auslotete, eine stille Reise in die deutsche Provinz, die natürlich nicht serienfähig war.

Im HR gab man nicht weniger als acht Nachfolgern des Siebziger-Jahre-Kommissars Konrad eine Chance, ehe man sich 1985 endlich auf den TATORT-erprobten Karl-Heinz von Hassel als Kommissar Brinkmann festlegte. Massenarbeitslosigkeit und hohe Staatsschulden hatten der Republik den Modernisierungseifer genommen, atomare Bedrohung und Mitteleuropa als Schlachtfeld des Kalten Krieges beschäftigten die Menschen. Natürlich waren die achtziger Jahre im TATORT das Jahrzehnt des Horst Schimanski. Zur geistig-moralischen Wende in der Politik waren Götz Georges scheinbar ewig junger Körper und seine proletarische Rotzigkeit das Gegengift und die rückwärts gewandte Verheißung, dass die Siebziger noch nicht zu Ende sind. Als der »Superbulle« 1981 die TATORT-Bühne saufend und fluchend eroberte, stand Walter Richter als Trimmel, das einzige Vorkriegsmodell der Reihe, mit 76 Jahren zum letzten Mal vor der Kamera. Veigl, Haferkamp, Finke und HR-Kommissar Konrad nahmen um den Dekadenwechsel ebenfalls ihren Abschied.

Was durch Schimanskis Wucht und seinen Erfolg in der Öffentlichkeit verdeckt blieb, war eine gewisse Ratlosigkeit und ein erstes Bilanzziehen innerhalb der Reihe. Ironisierungen der Ermittler-Figur waren offenbar noch nicht mehrheitsfähig – sieht man einmal von dem Wiener Marek-TATORT ab, der reüssierte, weil er gar nie so recht Krimi

Biedermeier statt Ironie: Heinz Drache (2.v.l.) in KEINE TRICKS, HERR BÜLOW

sein wollte und einen Kommissar präsentierte, der ganz aus schwergewichtiger Nonchalance gemacht war. An der Frage, ob ein TATORT-Kommissar ironisch, selbstkritisch und politisch unkorrekt sein darf, scheiterte am Ende der ersten TATORT-Dekade zum Beispiel der schlaksige Hans Peter Korff, der nach zwei Folgen als SFB-Kommissar Behnke das Handtuch warf und auf Postbote in der ZDF-Kinderreihe *Neues aus Uhlenbusch* (ab 1978) umschulte. Eigentlich sehr schade, denn Behnke und sein umständlicher Kollege Hassert (Ulrich Faulhaber) spielten sozial engagierte Ermittler auf der traurigen und irgendwie immer verregneten »Insel« Berlin – und das mit trockenem Witz. Behnke rauchte mit Vorliebe selbstgedrehte Zigaretten und verzweifelte beim Verhör, wenn er mit seinem Zwei-Finger-System regelmäßig neben die Tasten der veralteten Schreibmaschine haute. In GEFÄHRLICHE TRÄUME (23.9.1979) lässt der trokkene Hassert Chef Behnke wissen, »ich kann ja auch vor der Tür mitschreiben«, als sie zum Verhör die Wohnung eines Schwerhörigen betreten. Anschließend entschloss man sich beim SFB wieder zu BRD-Biedermeier statt Genre-Ironie und reaktivierte 1984 noch einmal den fast 60jährigen Durbridge- und Edgar-Wallace-Ermittler Heinz Drache als Kommissar Bülow.

TATORT als Krimiformat war stets ein Ort des Experiments und ein Konfliktfeld, wo zeitgenössische Strömungen in die Drehbücher einfließen konnten. Der SWF lancierte zwischen 1978 und 1988 seine weiblichen Ermittler, Oberkommissarin Marianne Buchmüller (Nicole Heesters) und Hauptkommissarin Hanne Wiegand (Karin Anselm). Obwohl die Achtziger das Jahrzehnt der Emanzipation waren, kamen die SWF-Frauen für Publikum und

Volker Brandt (l.) als Kommissar Walther

Kritik zu früh. Trotz starker Geschichten wie DER MANN AUF DEM HOCHSITZ (29.1.1978), DAS LEDERHERZ (3.5.1981) und PEGGY HAT ANGST (23.5.1983) muss man die gedämpfte Resonanz wohl hauptsächlich aus den überhöhten »theoretischen« Erwartungen erklären, die sich zu dieser Zeit mit weiblichen Ermittlern verbanden.

Mit dem Blick von heute mutet manche Folge bizarr und befremdlich, aber auch eigentümlich authentisch an. Nicht selten meint man gerade in den weniger bekannten TATORTen, bei den steckengebliebenen Neuansätzen etwas Zeittypisches wiederzufinden. Wie ein diffuses, ja verstörendes Zeitbild mutet heute die SFB-Folge BEWEISAUFNAHME (8.3.1981) an, in der Volker Brandt sein Debüt als stets ungekämmter und überforderter Kommissar Walther bestritt. Düster legt sich in dieser Folge Randy Newmans *Pretty Boy* über ein graues und anonymes Berlin. Hannes und Klaus (gespielt von Friedrich-Karl Praetorius und Jochen Schröder) kommen einem Mädchen zur Hilfe und verprügeln den zudringlichen Jungen, was ihnen eine Anklage einbringt. Sie leben als Studenten vom Taxifahren und wohnen in einem Fabrikloft, der wie eine surreale Filmkulisse ausgestattet ist. BEWEISAUFNAHME erzählt weder die Geschichte des gestörten Jungen plausibel, noch wirken Hannes und Klaus in ihrer aggressiven Ohnmacht überzeugend. Ein TATORT, der bittere Gesellschaftskritik und TATORT-Kritik war, ein Verfremdungs-TATORT, der sich in düsteren Beschwörungen ergeht und von Peter Keglevic als Kunstfilm-Variante inszeniert wurde.

Der Vater des gestörten Jungen wurde übrigens von Dieter Thomas Heck, seine Frau von Magdalena Montezuma (bekannt aus Fassbinder-Filmen der siebziger Jahre) gespielt. Dieses skurrile Paar wurde als exemplarisch für die Verlogenheit des bundesrepublikanischen Bürgertums aufgeblasen. Eine dekadente Spezies, die ihre Kinder zu Sozialkrüppeln erzieht und andersgeartete Lebensentwürfe, wie eben die von Hannes und Klaus, zerstört. Die nervöse Gereiztheit von Hannes liest man heute als eine für die frühen achtziger Jahre authentische Anklage der 78er-Generation, die mit Raketenstationierung und atomarem Overkill die Zukunft planen sollte. Gewalt ist es, worüber Randy Newman in BEWEISAUFNAHME singt, Gewalt ist auch das abstrakte Thema dieses TATORT. Wo sind die gesellschaftlichen Ursachen der Gewalt, wo wird aus Ohnmacht Gewalt? Die Bekanntheit von Hitparaden-Heck als Feldwebel bundesdeutscher Schlagerseligkeit schlägt auf die Rolle des unsympathischen Geschäftsmanns auf eigentümliche Weise durch.

Das Team ist der Star, die Neunziger.

Dass Aufklärung im TATORT heißt, »nicht mehr nur gut zu sehen, sondern gut auszusehen«, wie Lorenz Engell und Wolfgang Kissel in ihrem Beitrag formulieren, führt uns umgehend in die neunziger Jahre, die Post-Schimanski-Ära. Es ist die Zeit flexibler Lebensentwürfe und einer weniger hierarchisierten Gesellschaft, die dadurch allerdings nicht menschlicher geworden ist. Im TATORT drückt sich das in den immer stärker in den Vordergrund rückenden Ermittlerteams aus. Nach dem Ausstieg der Prolo-Ikone Schimanski ist jetzt das Team der Star. In München sorgen seit dem 1.1.1991 Ivo Batic (Miroslav Nemec) und Franz Leitmayr (Udo Wachtveitl) für Aufsehen, denn sie sehen gut aus, keiner von ihnen braucht seinen Harry, sie bilden ein Team charakterstarker Individuen, die nach Feierabend ganz gerne eigene Wege gehen. Batic ist gebürtiger Jugoslawe und ein impulsiver Gerechtigkeitsfanatiker. Leitmayr, der in den ersten Jahren bei den Zuschauern nicht zuletzt als gestresster Fahrer eines chronisch krän-

Die Zeit der Männercliquen ist vorbei: Miriam Koch (Roswitha Schreiner) mit Flemming (Martin Lüttge)

kelnden Porsches bekannt wurde, verkörperte lange Zeit die Figur des Mittdreißigers, der das Yuppieleben seiner zickigen Freundin finanziell und auch sonst nicht recht mittragen mag. Zusammen agieren sie als menschliche und engagierte Ermittler in der Zeit nach dem Ende der Ideologien.

In Düsseldorf nimmt 1992 das Trio Flemming/Koch/Ballauf die Arbeit auf. Zunächst traute man seinen Augen nicht, meinte man doch, mit Kommissarin Miriam Koch (Roswitha Schreiner) hätte sich eine Chefsekretärin in den falschen Film verlaufen. Aber unter dem entschlossenen Klang ihrer Pumps auf den Polizeifluren wurde einem alsbald klar, dass das zickige Töchterchen aus besserem Hause mit Beziehungen nach oben eine gute Wahl war. Mit ihrer resoluten Art macht sie ihrem Vorgesetzten Hauptkommissar Flemming (Martin Lüttge) und ihrem Kollegen Kriminalhauptmeister Max Ballauf (Klaus J. Behrendt) klar, dass die Zeit der Männercliquen endgültig vorbei ist. Beide akzeptieren das auch gerne, Ballauf, weil er als chronisch klammer Familienvater seine Energie lieber in Aushilfejobs steckt. Und Flemming, weil er auf sympathische Weise den Glauben an das Gute im Menschen längst aufgegeben hat und in seinem zur Sauna umgebauten Hühnerstall lieber über das Leben nach der Arbeit nachdenkt.

Einen gutgetimten Rückzug, wie ihn Flemming vollzog, hätte man anderen Kommissaren auch gewünscht. Zum Beispiel dem Zwei-Mann-Polizeiorchester Stoever (Manfred Krug) und Brockmöller (Charles Brauer), die sich seit Jahren der Pensionierung entgegensehnen und -singen. Die Quotenkönige vom NDR haben auf ihre unnachahmliche Art den harten und einsamen Ermittler-Macho verabschiedet und uns zu überzeugen versucht,

Die Toskana-Fraktion bei der Arbeit: Senf alias Palu

dass es ein Leben jenseits des Polizistendaseins gibt. Bevor ihre Fälle ganz zum Musical ausgeartet wären, hat man sich auf die Ablösung geeinigt. Der Nachfolger, Robert Atzorn, steht schon bereit.

Max Palu (Jochen Senf) von der Kripo Saarbrücken scheint ein ähnliches Schicksal beschieden wie seinem ehemaligen Obersten Dienstherren Oskar Lafontaine. Der chronisch unterbeschäftigte Palu hat sich nie auf einen verbindlichen Partner einlassen können und wartet seit längerem auf spannende Drehbücher. Palu ist nach wie vor etwas zu viel »Savoir-vivre« und zu wenig Thrill. Mit seinem jungverrenteten Ex-Landesvater knabbert er an dem Dilemma, dass die Toskana-Fraktion ein Anachronismus ist. Auch dem Stuttgarter Altersgenossen Ernst Bienzle (Dietz Werner Steck) droht der Ruhestand in absehbarer Zeit. Aber vorher sollte man ihm noch Gelegenheit geben, sich endlich mit seiner geliebten Hannelore zu arrangieren, und das hieße: seine präsenilen Fluchten zum Tatort aufs Nötigste zu reduzieren.

Im Rhein-Neckar-Dreieck ermittelt seit 1989 die toughe Lena Odenthal (Ulrike Folkerts), seit 1996 in Zusammenarbeit mit dem robusten Italo-Kurpfälzer Mario Kopper (Andreas Hoppe). Von dieser Zusammenarbeit profitierte zuallererst Odenthal, eröffnet doch die Massigkeit ihres Kollegen und künftigen Mitbewohners Kopper ihr größeren Spielraum in der Darstellung, so dass sie in den anstehenden Folgen nicht nur als Action-Figur und bedrohte Frau zu sehen sein wird, sondern auch als reifer gewordene Polizistin mit Einfühlungsvermögen.

Vieles hat sich im TATORT verändert, das hat ihm über Jahre hinweg den Erfolg garantiert. Aber noch immer besteht sein Erfolgsgeheimnis in seinem Pluralismus, in seiner Offenheit für Zeitströmungen und in seinem Konservatismus, was Komplexität und Gegenwartsbezogenheit seiner Geschichten angeht. Regionale Traditionen behalten ihre Geltung, Nuancen ändern sich. Lena Odenthals etwa gleichaltrige Kollegen aus Köln, Max Ballauf und Freddy Schenk (Dietmar Bär), setzen zum Beispiel die Geschichte des sozial engagierten Krimis im WDR fort, allerdings mit teils ironischem Bezug auf den amerikanischen Cop-Film. Das sächsische Duo Ehrlicher (Peter Sodann) und Kain (Bernd Michael Lade) ist nach Leipzig umgezogen, wohl, um enger am Puls der Zeit einer Medien-, Wirtschafts- und Dienstleistungsmetropole zu ermitteln.

Mit dem dreißigsten Jahr hat sich wieder ein Dekadenwechsel vollzogen, und die Fernsehlandschaft steht vor neuen Umwälzungen. Beim SWR sind die ersten interaktiven TATORTe über den Sender gegangen. Wer mit einer Settop-Box ausgerüstet ist, konnte den Mörder erraten, als Belohnung winkte eine Nebenrolle in einem TATORT.

Neue Generationen und damit neue Milieus und Lebensentwürfe kündigen ihren TATORT-Auftritt an. In Wien ermittelt seit Januar 1999 der charismatische Moritz Eisner (Harald Krassnitzer), an seiner Seite die schöne Gerichtsmedizinerin und Ex-Geliebte Renata Lang (Gundula Rapsch) – und manchmal auch das erste Girlie des TATORT, Suza Binder (Loretta Pflaum), fünfundzwanzig Jah-

QUARTETT IN LEIPZIG: Peter Sodann, Dietmar Bär, Klaus J. Behrendt, Bernd Michael Lade

re alt, die hin und wieder direkt vom Rave ins Büro schneit. Auch der HR arbeitet an der Verjüngung seines Teams und wird »Mister« Brinkmann allmählich in den verdienten Ruhestand verabschieden. Der SWR plant für 2002 zunächst zwei Folgen mit Eva Mattes (einer der wichtigsten Frauendarstellerinnen des Neuen Deutschen Films) als Kommissarin in der Bodensee-Region und setzt damit seine Tradition weiblicher Ermittler fort.

In den nächsten Jahren wird sich zeigen, wie der TATORT den Herausforderungen des digitalen Fernsehens durch Pay-per-View, Interaktivität und ganz allgemein der Tendenz zur Individualisierung des Medienkonsums begegnet. Immer wieder wird die Frage in den Redaktionsräumen stehen: Wann erschöpft sich die Idee, wann hat sich ein dramaturgisches Rezept wie der TATORT überlebt und wird schal. Jedes künstlerische Konzept gedeiht in seiner Zeit, sagen die Kulturhistoriker. Nur der TATORT, so scheint es, ist einfach immer da. Im nächsten Jahr wird die 500. Folge ausgestrahlt. Ein Ende ist nicht abzusehen.

Dieses Buch ist in Kooperation mit den Fernsehfilm-Redaktionen der ARD entstanden. Ihnen möchte ich hier für die freundliche und unkomplizierte Zusammenarbeit danken. Ein ganz großes Dankeschön geht an Gunther Witte, er hat die TATORT-Reihe entwickelt, und ohne seine Mithilfe in schwierigen Situationen wäre das Buch nicht entstanden. ♦

Für Annette in Erinnerung an die ungezählten Sonntagabende vor dem Fernseher.

Eike Wenzel, Heidelberg im Oktober 2000

Erwähnte Folgen, alphabetisch:

AUF OFFENER STRASSE (SDR, 7.2.1971)
Kommissar Lutz
Regie: Theo Mezger.
Buch: Leonie Ossowski, Gunther Solowjew.

BEWEISAUFNAHME (SFB, 8.3.1981)
Kommissar Walther
Regie: Peter Keglevic.
Buch: Herbert Lichtenfeld.

GEFÄHRLICHE TRÄUME (SFB, 23.9.1979)
Kommissare Behnke und Hassert
Regie: Günter Gräwert.
Buch: Günter Gräwert, Georg Alten.

KEINE TRICKS, HERR BÜLOW (SFB, 28.5.1989)
Hauptkommissar Bülow
Regie: Jürgen Roland.
Buch: Harald Vock.

DAS LEDERHERZ (SWF, 3.5.1981)
Hauptkommissarin Wiegand
Regie: Imo Moszkowicz.
Buch: Irene Rodrian.

DER MANN AUF DEM HOCHSITZ (SWF, 29.1.1978)
Oberkommissarin Buchmüller
Regie: Erich Neureuther.
Buch: Richard Hey.

PEGGY HAT ANGST (SWF, 23.5.1983)
Hauptkommissarin Wiegand
Regie: Wolfgang Becker.
Buch: Norbert Ehry, Wolfgang Becker.

QUARTETT IN LEIPZIG (WDR/MDR, 26.11.2000)
Hauptkommissare Ballauf und Schenk und Hauptkommissare Ehrlicher und Kain
Regie: Kaspar Heidelbach.
Buch: Hans-Werner Honert, Fred Breinersdorfer, Wolfgang Panzer.

SCHÜSSE IN DER SCHONZEIT (BR, 17.7.1977)
Oberinspektor Veigl
Regie: Helmut Ashley.
Buch: Willy Purucker.

TAXI NACH LEIPZIG (NDR, 29.11.1970)
Kommissar Trimmel
Regie: Peter Schulze-Rohr.
Buch: Peter Schulze-Rohr, Friedhelm Werremeier.

TOD IM U-BAHNSCHACHT (SFB, 9.11.1975)
Kommissar Schmidt
Regie: Wolf Gremm.
Buch: Peter Stripp.

WAT RECHT IS, MUT RECHT BLIEWEN (NDR, 2.5.1982)
Kommissar Schnoor
Regie: Volker Vogeler.
Buch: Boy Lornsen, Elke Loewe.

ZWEIERLEI KNOTEN (SDR, 29.7.1979)
Kommissar Lutz
Regie: Theo Mezger.
Buch: Karl Heinz Willschrei.

Die heile Welt der Sozialliberalen. TAXI NACH LEIPZIG

Von Helmut Böttiger

Der Osten war zwar schlimmer, aber man konnte sich ihn trotzdem nie richtig vorstellen. In der Hoch-Zeit der Sozialdemokratie, am Anfang der siebziger Jahre, wurde das am deutlichsten. »Wandel durch Annäherung«, hieß damals die Zauberformel, und im Zeichen des »Grundlagenvertrags« zwischen den beiden deutschen Staaten war die fixe Idee einer Normalisierung an der Tagesordnung, einer selbstverständlichen Beziehung zwischen gleichberechtigten Nachbarn. Obwohl das alles sehr vernünftig war – irgendwie war klar, dass dabei etwas nicht stimmte. Es fällt heutzutage schwer, sich in diese bizarre Gefühlssphäre zurückzuversetzen. Wie immer, wenn man die Atmosphäre einer Zeit durchdringen will, sind die Zeugnisse der Populärkultur dafür am geeignetsten. Und zwar nicht deswegen, weil das ihre Absicht gewesen wäre. Sie sind eher wider Willen untrüglich.

Es war kein Zufall, dass die ARD die erste Folge ihrer neuen Reihe TATORT, TAXI NACH LEIPZIG (29.11.1970), diesem Sujet widmete. Das ZDF hatte mit dem *Kommissar* etwas vorgelegt, was unerhört war und Neuland bedeutete: Plötzlich war die Gesellschaft aufgebrochen, das Kriminelle nistete sich wie selbstverständlich ein in die Banalitäten des Alltags, in die Psychologie der Kriegsheimkehrer und heranwachsenden Wohlstandszöglinge. Auf diese Selbstverständlichkeit hatte man gewartet, ohne dass man das besonders gemerkt hätte. Dass die erste TATORT-Folge ihren Plot dem deutsch-deutschen Nebeneinander entnahm, war da programmatisch: Es war das spektakulärste Sujet der Zeitgeschichte. Das Bedürfnis nach Unterhaltung, nach Individualisierung im Gefolge des 68er-Aufbegehrens war Ausdruck einer nachgetragenen bürgerlichen Revolution, und man konnte es selbstbewusst ein bisschen mit gesellschaftlichen Reizthemen versetzen.

TAXI NACH LEIPZIG hatte 1970 etwas von konkreter Utopie, es erinnerte an *Raumpatrouille* und *Star Trek* (Raumschiff Enterprise). Aber es konnte nicht wahr sein. Der westdeutsche Fernsehzuschauer musste, gerade wegen der kapitalistisch-großartigen Flottheit im Titel, fröstelnd ahnen: Wenn da ein Westbürger drinsitzt, wird die Taxifahrt mindestens im Gulag enden. Denn damals galt: Entweder ist es kein Taxi, oder es fährt nicht nach Leipzig.

Osten, das war damals Science-Fiction. Das Territorium der DDR war ungefähr so entlegen und unbekannt wie die Raumbasis *Alpha 1* oder der intergalaktische Kreuzer *Hydra*. So gibt es eine »förmliche Anfrage der Staatsanwaltschaft der DDR an die Strafverfolgungsbehörden der Bundesrepublik« (»Bundesrepublik« musste man damals nicht nur im TATORT unbedingt sagen, das DDR-Kürzel »BRD« war unter allen Umständen zu vermeiden): Der Tod eines Kindes an der Transitstrecke wird gemeldet – nur, um kurz darauf abzuwiegeln, weil das Kind als DDR-Sprössling identifiziert wurde. Einzig ein knorriger Hamburger Hauptkommissar – der ganz auf das, was man später als »Kult« bezeichnete, angelegte Walter Richter alias Paul Trimmel – wittert etwas Unlauteres.

Sofort ist klar, dass er der Einzige ist, der den Fall, den die zuständigen Behörden im anderen Land längst zu den Akten gelegt haben, aufklären kann. Dafür dringt er gern in fremdes Territorium ein und riskiert eigensinnig schwerste diplomatische Verwicklungen. Aber weil die Ossis so schlampig kontrollieren, geht's. Vorher ruft er noch schnell – die Telefon-Leitzentrale ist dabei so stupend nachgebildet, dass man weinen und alles Internet-Getue genauso auf den Index setzen möchte wie Gen-Manipulationen – einen alten Freund im Osten an, der beim »Geheimdienst« arbeitet. Und dieser, in Berlin, weiß auch gleich Bescheid über den Leipziger Fall und nennt Namen und Fakten. Das geht alles ganz in der Weise vor sich, wie man sich im Westen die Welt zusammenreimt.

Nie hat sich der Bundesbürger vorstellen können, wie es in der DDR wirklich aussah. Deshalb gibt es in der TATORT-Version kaum einen Trabi und keine Plattenbauten. Es gibt keine Kaufhallen, Sero-Stützpunkte und PGS-Kioske, nur Beton-

DDR-Impressionen (außen)

plattenautobahnen und zur Kameraeinstellung passende sozialistische Spruchtafeln. Immerhin kennt der Westdeutsche *Minol*-Tankstellen. Sie werden deshalb gern ins Bild gerückt – allerdings ohne Trabi-Schlangen, und sie bieten »Super« und »Normal« an. Die Menschen jedoch sprechen sächsisch, ohne Zweifel vom nächstgelegenen Auffanglager geholt und vor die Mikrofone gestellt. Wie ein zufälliger Passant Trimmel den Weg in Leipzig erklärt – »zweite Straße links« – ist in seiner sächsischen, sich mit dem Schicksal abfindenden Melancholie unnachahmlich, da hätte es des gebeugten Gangs gar nicht erst bedurft.

Was im zeitlichen Abstand so frappierend wirkt: Die DDR, die der Bundesbürger hier sieht, ist eigentlich auch nicht anders als die Bundesrepublik. Es ist alles ein bisschen älter, verstaubter, zurückgebliebener, aber letztlich doch in denselben Koordinaten einzuordnen. Vermutlich wird hier die Ahnungslosigkeit ins Bild gesetzt, an der die Bundesrepublik zwanzig Jahre später so schwer zu tragen hatte. Dem Land, das man hier sieht, blühende Landschaften zu versprechen, ist nicht so unrealistisch. Auffallend sind die roten, fein geschichteten Dachziegel der schnieken Reihenhäuser in Leipzig, die sauberen Garagentore, vor die der Volkspolizist tritt, um seinen Dienst-Wartburg herauszuholen, und überhaupt die geputzten, wiewohl ein bisschen aus der Distanz gezeigten Fassaden. Authentisch sind da wirklich nur die holpernden Transitautobahnen.

Mit wenigen optischen und akustischen Reizen kann man dem Zuschauer vermitteln: Aha, DDR. Die restliche Spannung steuert der Zuschauer selbst

DDR-Impressionen (innen)

bei – wer kannte in den siebziger Jahren nicht die Geschichten, in denen der Nachbar vom Arbeitskollegen auf der Transitstrecke angehalten wurde und nach drei Tagen, in denen ihn die Vopos an eine Heizung gekettet in einer Baracke festhielten, ohne Erklärung freigelassen wurde.

Der knurrige Hauptkommissar begibt sich in erhebliche Gefahr. Doch diese Gefahr ist der Wahrnehmung des Westmenschen geschuldet. Dass die DDR eine ganz andere Welt war, die völlig anderen Alltagserfahrungen und Wertmaßstäben entsprach als im westlichen Deutschland, konnte in diesem tapferen TATORT kein Thema sein. Man wollte mit dem Osten nicht allzu viel zu tun haben und hatte ein schlechtes Gewissen dabei.

Sehr schön sind diese Kalamitäten in den Details zu sehen, da, wo die Science-Fiction plötzlich konkret verortet werden muss. In den siebziger Jahren richtete man sich, wenn man zeitgemäß wohnen wollte, mit Flokati und orangefarbenen Plastikmöbeln ein. In der DDR, so wusste man, gab es so was nicht. Und so wird dem mitfühlenden Zuschauer vorgeführt: Dort hat man noch die Einrichtung aus den sechziger Jahren! Skandinavisch anmutende Buchenmöbel, schlicht und funktional, stoffbespannte geometrische Stehlampen. Es geht eben nicht allen so gut wie uns, aber im Bett gefrühstückt wird überall bei den Liebenden. Im Osten müssen sie dann halt ein zierliches weißes Geschirr benutzen, ohne orangene Blümchen und schwellende Formen. Instinktiv scheut man sich davor, genauer zu zeigen, was es zum Frühstück eigentlich gibt. Ein Ei scheint unverdächtig.

Zu der unbewussten, grundlegenden Vorstellung, die DDR sei halt ein etwas zurückgebliebener, schlechterer Westen, gesellt sich in diesem TATORT auch noch das sozialliberale Gefühl der Siebziger: Die im Osten sind genauso Menschen wie wir. Sie lieben, sie leiden, sie sind eifersüchtig und auf ihren mickrigen Vorteil bedacht. Der Film versucht fieberhaft, keine Vorurteile zu schüren, keine Kalter-Krieg-Mentalität zu befördern: Ordentlich und gepflegt sind die Parkanlagen und Vorgärten, hübsch die Einfamilienhäuser. Und in den grundlegenden menschlichen Fragen, im Gefühl und allem Überzeitlichen gibt es keine Verständigungsprobleme, da ist die Sprache dieselbe.

Hauptkommissar Trimmel ist vor diesem Hintergrund so etwas wie ein gesamtdeutscher Übervater: kompatibel in Ost und West, ein bisschen brummig, aber kumpelhaft, überhaupt nicht schick und kokett. Er trinkt nicht nur gern, er wird ohne Ironie und Distanz aufrichtig als Alkoholfanatiker gezeigt, als positive Identifikationsfigur. Getrunken wird hier wie dort unter Männern. Wie Trimmel schluckt und die Augen rollt, als der junge Vopo aus dem unscheinbaren Schrank eine Flasche mit Hochprozentigem herausholt, das schafft Einheit. »Bulgarischer«, sagt der Vopo knapp. Er bekundet damit, wie schwer es ihm fällt, davon abzugeben. Für Trimmel ist es wie Cognac. Der einzige schräge, witzige Moment in diesem Film ist insgeheim auch der sorgfältigen Ost-West-Kompatibilität Trimmels geschuldet: »Freundschaft«, sagt er als Begrüßung zu einer Leipziger Hausfrau, »äh – Tach, mein ich!«

Die Idealkreuzung von Ost und West stellt allerdings die Frau dar, die im Mittelpunkt steht: Renate Schroeter spielt die Messesekretärin Eva Billsing verführerisch und mit dem rauchigen Timbre aus jenen Schauspielschulen, die gleichermaßen in Ost und West Künstlichkeit herstellen. Ihr grau-beiges Kostüm steht nicht nur für die Nationalfarben der DDR, es ist auch sehr elegant – wiewohl es für zeitgenössische Westaugen eher unzeitgemäß wirkt. Ihr charakteristischer Lidstrich ist im Laufe der sechziger Jahre unmodern geworden und gilt in den Siebzigern als höchst rückschrittlich; der aschblonde Pagenschnitt ist absolut klassisch, hat aber mittlerweile im Westen einen etwas braven Touch bekommen.

Eva ist mit verschiedenen Attributen auf »Ostfrau« getrimmt, aber dabei wurde sehr auf ihre Attraktivität geachtet. Sie verkörpert die Ideallinie der sozialliberalen Kooperationsbestrebungen. Die »typische« Ostfrau tritt demgegenüber sehr in den Hintergrund und hat mehr die Funktion einer Charge: die Frau des hohen Stasi-Mannes, die zu einem »Schulungsabend« geht, während ihr Gatte sich auf dem Sofa fläzt.

Die TATORT-DDR funktioniert jedes Mal nach denselben Regeln wie der Fernseh-Westen. Auch der Stasi-Mann ist augenzwinkernd zu Grenzüberschreitungen bereit, freut sich wie ein Kind, wenn sein alter Freund Trimmel anruft, und handelt durchaus mal nach seinem individuellen Gefühl, nicht nach den vorgegebenen Buchstaben. Und ein bisschen bizarr mutet es schon an, wenn an jeder Autowerkstatt, die Trimmel anfährt, außer Trimmel niemand etwas will und gleich ein Dienstleistender bereitsteht. Auch ein Taxi ist sofort zu kriegen. Selbst der Witz, wie die Kontrolleure an der Grenze zum erstenmal eine ausfahrbare Antenne an einem Mercedes sehen und fasziniert die Augen aufreißen, ist beinahe schulterklopfend: Dieser Film wollte der DDR wirklich nichts Böses.

Nur an einem Punkt verlässt TAXI NACH LEIPZIG die wünschenswerte politische Linie und verrät etwas. Auch wenn die psychologische Grundkonstellation eifrig »Sind doch auch Menschen da drüben!« predigt – bei den beiden jungen Liebhabern kommen die Verhältnisse wieder ganz zu sich selbst. Die Varianten Liebhaber Ost und Liebhaber West stellen Mannsbilder dar, wie sie unterschiedlicher nicht sein könnten.

Der eine: feinnervig, leptosom, langhaarig, kultiviert, alleinerziehender Vater. Er ist im Mercedes zu nicht näher benannten, aber lukrativen Geschäften unterwegs; ein ortsunabhängiger Villenbewohner, der seine Wände mit goldgerahmten alten Meistern schmückt. Der andere: Uniformträger, stramm und kurzgeschoren, mit blankgewichsten Stiefeln. Dieser will eine Frau erst lieben, wenn sie sich ihr Kind vom Hals geschafft hat. Jener geht ein unglaubliches Risiko ein, um seine Liebste und ihr Kind zu sich zu holen.

Ostfrau trifft Westmann: Renate Schroeter als Eva Billsing, Paul Albert Krumm als Erich Landsberger

Dabei sind beide recht attraktiv – aber welcher einem freiheitlichen Gemeinwesen entstammt und wer der Scherge eines totalitären Systems ist, das ist keine Frage. Der Westmann ist tragisch und generös. Der Ostmann ist eifersüchtig, halsstarrig und erst durch Einwirkung deftigerer maskuliner Autorität dazu zu bewegen, seine Zukünftige zu respektieren. Und die Frau selbst, der gesamtdeutsche Twen von allgemeingültiger Attraktivität, hat sich schon längst für ihn entschieden, für den, »der da ist«. Die Geschichte dieser Beziehung bleibt undurchsichtig. Offenbar hat sie schon länger mit dem Vopo Geschlechtsverkehr ausgeübt, ungeachtet dessen, dass sie mit einem Westbürger riskante Fluchtpläne schmiedete. Erst als die erste Hälfte dieses Plans erfolgreich durchgeführt und ihr Kind in den Westen geschmuggelt ist, steht die Heirat mit dem Volkspolizisten auf dem Plan.

Aus heutiger Sicht entpuppt sich die Konstellation zwischen den beiden jungen Liebhabern als äußerst bedeutsam. Ausgerechnet da, wo man sich am sichersten fühlte und deswegen die »Wandel durch Annäherung«-Haltung vergaß – gerade da hat man sich am gründlichsten getäuscht. Der arme reiche Westbürger – kongenial lasziv gespielt von Paul Albert Krumm – mochte damals viel mehr up to date wirken als der soldatische Ossi: Die modischen halblangen Haare, das Sensible, in der Stimme etwas Säuselnde atmet den Geist der Siebziger, so einer war damals ziemlich anziehend. Der kurzgeschorene, athletische DDR-Mensch hingegen erschien da vor allem abstoßend. Heute haben sich diese Rezeptionsweisen in erstaunlicher Weise verkehrt: Der Softie der Siebziger, mit seinen nervösen, fahrigen Bewegungen, hat mittlerweile etwas vollkommen Überlebtes, er ist fast zu einer

Das schafft Einheit: Hans Peter Hallwachs als Oberleutnant Peter Klaus
und Walter Richter als Kommissar Paul Trimmel

Comicfigur geworden. Der markige, scharfgeschnittene Ostmensch dagegen steht jetzt für den Idealmann. Jede würde sich heute für ihn entscheiden, nicht nur die Messesekretärin von damals.

Wenn Trimmel in seinem Autoradio die *Stimme der DDR* hört, kann Regisseur Peter Schulze-Rohr sofort überblenden zur balkanhaften Grenzstation, wo dasselbe Lied läuft: *Sag mir wo du stehst*, die zum Hit gewordene FDJ-Hymne. Fremde und Nähe können unmittelbar ineinander übergehen. Das, was der Westler kennt, wird schonungslos gezeigt: die Autobahn Richtung Berlin, die Grenzsituation. Doch bei allem anderen ist er zu überheblich und zu milde. Da hilft auch die Wim-Wenders-hafte Musikfarbe nichts, die ein leise bedrohliches, harmloses Transit-Roadmovie signalisiert. Vor der Autobahnraststätte reckt sich, in elegant ironischer Weise, ein den DDR-Spruchtafeln nachempfundener Schriftzug ins Bild: *Verkehr Verhalten Verantwortung*. Ja, die Ostfrau hat sich vom reichen Westmann ein Kind machen lassen. Aber letztlich hat dieser Westmann ein ungeahntes Nachsehen.

Vielleicht rächt es sich, dass der Westen den Osten damals so unterschätzte und sein Eigenleben nicht wahrnahm. Er war schon damals nicht nur mit westlichen Kategorien zu messen, in denen er zwangsläufig nur eine schlechtere Kopie sein konnte. Unfreiwillig ist im Drehbuch Friedhelm Werremeiers die Wahrheit versteckt: Trimmel erkennt machtlos, dass ein sterbendes Westkind gegen ein putzmunteres Ostkind ausgetauscht wurde. Wir wissen erst heute, was das eigentlich bedeutet. ♦

TAXI NACH LEIPZIG (NDR, 29.11.1970)
Regie: Peter Schulze-Rohr.
Buch: Peter Schulze-Rohr, Friedhelm Werremeier.
Darsteller/innen: Walter Richter (Kommissar Paul Trimmel), Edgar Hoppe (Kriminalmeister Höffgen), Paul Albert Krumm (Erich Landsberger), Hans Peter Hallwachs (Oberleutnant Peter Klaus), Renate Schroeter (Eva Billsing), Sigurd Lohde (Karl Lincke), Günter Lamprecht (DDR-Grenzbeamter).

Das scharfe Schwert der Realitätsbezogenheit. Interview mit Gunther Witte

Von Eike Wenzel

Gunther Witte wurde 1935 in Riga geboren. Von 1953-57 Studium der Germanistik und Theaterwissenschaft an der Humboldt-Universität Berlin. Es folgte ein Engagement als Dramaturg an den Städtischen Theatern Karl-Marx-Stadt (heute Chemnitz). Nach dem Wechsel in die Bundesrepublik 1961 arbeitete er zunächst als freier Lektor für die Münchner Bavaria. Ab 1963 Dramaturg in der Fernsehspielabteilung des WDR. Zusammenarbeit mit Regisseuren wie Wolfgang Petersen, Bernhard Wicki, Peter Beauvais und Volker Schlöndorff. Von 1979-1998 Chef des WDR-Fernsehspiels. Gunther Witte ist der Erfinder des TATORT.

Herr Witte, können Sie etwas zu der Entstehung und Konzeptualisierung des TATORT sagen. Von welchem Sender kam die Initiative, von welchen Personen?

Der Anfang liegt ja erstaunlich weit zurück. Ich bin eigentlich ein bescheidener Mensch, möchte aber darauf hinweisen, dass es meine Idee war, den TATORT zu machen. Wichtig ist, dass der TATORT in einer bestimmten Zeit entstanden ist, nämlich als die ARD mit Schrecken feststellen musste, dass es eine Konkurrenz gibt, die in der Lage ist, einen zu überflügeln. Das war die berühmte Unterhaltungsoffensive, die das ZDF Ende der sechziger Jahre einleitete. Im Krimibereich gab es dort ab 1969 den *Kommissar*. Es war die Zeit, als Günther Rohrbach Chef des WDR-Fernsehspiels war. Er hat immer sehr strategisch gedacht. Er hat nicht nur die Konkurrenz zum ZDF im Auge gehabt, sondern auch zum NDR-Fernsehspiel unter Egon Monk, das danach unser Vorbild war. Wir wussten damals schon, dass man nicht nur die elitären Dinge machen kann, sondern dass man sich auch mit populären Spielformen beschäftigen muss. So forderte Rohrbach meinen Kollegen Peter Märthesheimer zu einem Spaziergang hier im Kölner Stadtwald auf und verteilte dabei die Aufgaben. Märthesheimer sollte eine Familienserie entwickeln, und ich musste mich um Krimis kümmern.
Ich habe dann nicht allzu lange nachgedacht. Ich erinnerte mich an meine Zeit als Student in Ostberlin, eine Zeit, als es noch kein Fernsehen, aber den Hörfunk gab. Da ich im Osten lebte und studierte, war ich ein freudiger RIAS-Hörer. Meine Lieblingssendungen waren *Schlager der Woche* und eine Sendung, die hieß *Es geschah in Berlin* [mit Ivo Veit]. Das waren Hörspiele mit Geschichten auf der Basis von tatsächlichen Vorkommnissen. Diese Erinnerung brachte mich auf den Gedanken, etwas, das im Hörfunk erfolgreich war, im Fernsehen zu wiederholen. Das passierte ja auch in Unterhaltungsshows, mit Frankenfeld zum Beispiel, die hatten ja auch alle vorher ihre Sendungen im Hörfunk.
Und dann kam mir die Idee, dass man irgendwie die föderale Struktur der ARD nutzen könnte. Ich dachte, wenn man jetzt jedem ARD-Sender einen Kommissar anbietet und ihn lokal ansiedelt, dann bekommt man unheimlich farbige Geschichten. Ich wollte das von Anfang an TATORT nennen und das jeweils mit dem Zusatz »Tatort Berlin«, »Tatort Köln«, »Tatort München« und so weiter ...
Ich habe das meinem Chef Rohrbach vorgeschlagen, habe ihm mitgeteilt, dass ich erfolgreich nachgedacht hatte. Wir fuhren dann zur vierteljährlichen Koordinationssitzung der ARD-Fernsehspielchefs. Ich habe auch schon immer strategisch gedacht und bin da regelmäßig mitgefahren, was mir den Vorteil einbrachte, dass ich die Akten kannte, über Termine informiert war und mich irgendwie unabkömmlich machen konnte.
Rohrbach willigte ein, so dass ich mein TATORT-Konzept dort vorstellen konnte. Und da das eine müde Runde war, bekam ich erst einmal gar keine oder eher ablehnende Reaktionen. Aber als sich die Position der ARD gegenüber dem ZDF weiter verschlechterte, bat Rohrbach mich noch einmal, das TATORT-Konzept vorzutragen, er wollte es durchsetzen. Ich erhielt in der nächsten Konferenz hier in Köln große Zustimmung. Rohrbach hat dann eine Korrektur gemacht, er meinte, wir müssen die Städte gar nicht dazu nehmen und nennen

Zu Gast (l): Trimmel (r.) in der Finke-Folge BLECHSCHADEN

es einfach TATORT. Wie kein Mensch bei »Monitor« an den Apparat denkt, sondern an die Sendung *Monitor*, wollten wir einen einfachen Titel. Dann gab es einen Auftrag an den Bayerischen Rundfunk, sich um einen Vorspann und die Musik zu kümmern. Es ging dann alles sehr schnell. Wir beschlossen, sofort mit der Reihe anzufangen.

Das muss '69 gewesen sein ...

Ja. Dann ergab sich ein ganz zentrales Problem, nämlich wie kommt man so schnell zu Filmen, die muss man ja erst produzieren. Da haben dann alle sehr pragmatisch reagiert und haben gesagt, wir kucken mal, was wir im Schrank haben, das geben wir alles in die Reihe TATORT rein.

Und da fielen dann zum Beispiel die ersten Trimmel-Folgen rein.

Genau, die waren schon produziert. Der Süddeutsche Rundfunk hat am raffiniertesten reagiert. Die hatten einen Dokumentarfilm über Mannheim mit kriminalistischem Einschlag gedreht und haben den dann auch eingebracht [AUF OFFENER STRASSE, 7.2.1971]. Wir beim WDR hatten auch ein Problem mit unserem Kommissar. Das war nämlich der Zollfahnder Kressin, der eigentlich eine Märchenfigur war und nichts mit dem TATORT zu tun hatte. Den nahmen wir, weil auch wir zunächst nichts anderes zu bieten hatten. Dabei hatte ich für den TATORT zwar nur wenige, aber wichtige Kriterien aufgestellt. Der Kommissar muss die Hauptrolle spielen, die Geschichten müssen realistisch, jedenfalls vorstellbar sein, und, das war am Anfang ein Kriterium, es muss einen Gast-Kommissar geben. Da es so viele Kommissare gab und ich Angst hatte, ob man eine Reihe mit so vielen Hauptpersonen machen könne, beschlossen wir, in jeder Folge kurz einen zweiten Kommissar von einem anderen Sender auftreten zu lassen.

Das ging bis Mitte der siebziger Jahre etwa.

Dann fanden wir es irgendwie albern und haben es gelassen. Ich will nur sagen, das Kriterium der Realitätsbezogenheit, das war eigentlich das scharfe Schwert, das unseren WDR-Kommissar hätte killen können.
Wir hatten die Pressekonferenz in Hamburg, die Horst Jaedicke [damaliger Fernsehspiel-Koordinator] leitete. Wir haben das Label gezeigt, die Musik vorgespielt und unsere Kommissardarsteller präsentiert. Mir war dabei sehr blümerant, auch andere waren skeptisch. Wir sagten, wir machen das mal für zwei Jahre und dann sehen wir weiter. Und zu meiner größten Überraschung ist bis heute nie wieder bemängelt worden, dass das möglicherweise zu viele Kommissare wären.

Das ist schon erstaunlich, dass man sich mit einer solchen Vielzahl von Figuren im TATORT einlässt. Im Kino würde so etwas nicht funktionieren.

Ja. Ich finde es heute noch rätselhaft, dass es funktioniert. Ich finde es schön, aber ich wundere mich.

Zu Gast (II): Marianne Buchmüller beim Haferkamp-TATORT RECHNUNG MIT EINER UNBEKANNTEN

Sie sprachen gerade von realitätsbezogen. Können Sie skizzieren, was Sie damals mit dem Begriff »realistisch« verbunden haben, Anfang der siebziger Jahre, wo es die Studentenbewegung gab und den Appell zur Sozialkritik?

Glauben Sie jetzt bloß nicht, dass das irgendetwas mit Politik zu tun hatte oder dass geplant war, was man heute rückblickend mit gutem Gewissen sagen kann, nämlich dass der TATORT ein Bild von Jahrzehnten bundesrepublikanischer Wirklichkeit wiedergibt. Es war nur gemeint, dass Geschichten erzählt werden sollten, bei denen der Zuschauer merkt, das hat sich nicht irgendein hohles Hirn ausgedacht, sondern das sind Kriminalfälle, die man nachvollziehen kann, von denen man glauben kann, dass sie tatsächlich passiert sind. Nur das war gemeint, überhaupt nichts Ideologisches oder Politisches.

Wie war denn die Verbindung zur Reihe »Stahlnetz«, die von 1958-1968 lief und die man als Vorläufer des TATORT ansehen könnte, da gab es ja auch eine personelle Kontinuität, zum Beispiel über Wolfgang Menge und Jürgen Roland.

Ich muss sagen, an *Stahlnetz* habe ich gar nicht gedacht, das kannte ich auch nicht, da ich ja erst später, 1961, in die Bundesrepublik gekommen war. Das *Stahlnetz* hat ja viel konsequenter behauptet, wir erzählen Geschichten nach den Akten, wie auch die Hörfolge *Es geschah in Berlin*, von der ich sprach. Soweit wollte ich gar nicht gehen. Ich wollte kein Dokumentarspiel machen, was es ja zur damaligen Zeit bereits vor allem im ZDF gab. Ich wollte nur verhindern, was wir anfangs selbst mit dem Kressin gemacht haben, dass Krimiformen entstehen, die mit der Realität überhaupt nichts zu tun haben. Da haben wir später sehr darauf geachtet, wenn man auch sagen muss, dass unser Schimanski auch wieder eine gewisse Abweichung war.

Können Sie erzählen, wie eine öffentlich-rechtliche Kommissar-Figur entwickelt wird?

Ich war nun gerade an der Entwicklung der Kressin-Figur beteiligt, der wirklich kein öffentlich-rechtlicher Kommissar war, der besonders dadurch auffiel, dass er mit zwei schönen Frauen im Bett lag [KRESSIN UND DER TOTE MANN IM FLEET, 10.1.1971], Eva Renzi und Sabine Sinjen, was für einen öffentlich-rechtlichen Kommissar ja nicht gerade üblich war ...

... und dann kommt der humorlose Trimmel rein und sagt, »jetzt wird gearbeitet« ...

... wir haben keineswegs die Verpflichtung gespürt, dass sich die Polizei-Beamten im WDR so verhalten müssten, wie sich die Beamten der Polizei nach ihrem Dienstverständnis zu verhalten hätten. Wir haben beim WDR versucht, die Kommissar-Figuren gegen die Konvention zu bauen. Auch Felmy, der gegenüber Kressin sicherlich der kon-

Zu Gast (III): Kressin bei JAGDREVIER

ventionellere Kommissar war, hatte doch auch Ecken, die sich sperrten, auch gegen die TATORT-Konvention. Bei Schimanski ist das ohnehin klar, aber auch der Flemming und Ballauf/Schenk haben ihre unkonventionellen Seiten. Die WDR-Kommissare hatten nie den Kommissar Keller [*Der Kommissar*] oder den Köster [*Der Alte*] zum Vorbild.

Gab es in der Entstehungszeit Quoten-Überlegungen, hat man sich überlegt, so gewinnen wir den Sonntagabend?

Nein, in der Anfangszeit nicht. Man wusste, dass eine Krimi-Reihe gut laufen würde.

Die sechziger Jahre sind noch davon bestimmt, für den Zuschauer ein Fenster zur Welt qua Fernsehen aufzumachen. In den Siebzigern und damit meines Erachtens auch im TATORT stellt man plötzlich anhand des Fernsehens die Frage nach sich selbst. Es gibt so etwas wie eine innenpolitische Wendung des Fernsehens.

Das war schon eine Absicht. Man sollte das aber nicht zu programmatisch sehen, es ist eher unbewusst vonstatten gegangen. Das ständige Wechseln in der Akzeptanz von ausländischen und deutschsprachigen Krimiserien ist da ganz wichtig. Und die aufwendigeren Produktionen, das waren die ausländischen, wie zum Beispiel *The Avengers* [Mit Schirm, Charme und Melone], die sehr erfolgreich in den sechziger Jahren liefen, das waren große Figuren, die dem Zuschauer gefielen. Und wenn man deutsches Fernsehspiel macht, dachten wir, muss es etwas mit uns zu tun haben. Aber das war nicht so ausgesprochen.

Das öffentlich-rechtliche Fernsehen hat einen wichtigen Beitrag zur demokratischen Selbstverständigung in der Bundesrepublik geleistet. Wie kann man das mit Spielfilmen bewerkstelligen?

Man kann das sicherlich nicht so abstrakt sehen und auch nicht so, dass man immer wieder betont, das öffentlich-rechtliche Fernsehen ist ausgewogen. Man kann es so sehen, dass das Fernsehen eine klare Haltung vermitteln sollte, klare Positionen hinter den Produkten zeigt. Insofern denke ich, dass auch das fiktionale Fernsehen in einer Zeit, in der Frau Noelle-Neumann gesagt hat, der Regierungswechsel 1969 sei durch das linke Fernsehen zustande gekommen ...

... die »Rotfunk«-Kampagne ...

... da hat das fiktionale Fernsehen sicherlich eine Rolle gespielt, wenn auch nicht die große Rolle, die wir damals für möglich gehalten haben. Aber man kann überhaupt nicht ausschließen, dass da Quantität in Qualität umschlägt. Wenn Sie über Jahre gutes fiktionales Programm machen, mit Emotionen, mit starken Wirkungen, kann ich mir schon vorstellen, dass so etwas bei einer Reihe von Leuten einen aufklärerischen Effekt hat. Und allen Leuten, die da heute Zweifel haben und sagen, das

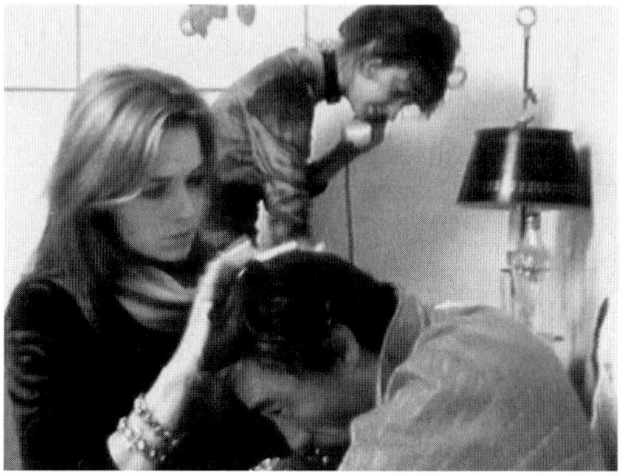

Zu Gast (IV): Trimmel in KRESSIN UND DER TOTE MANN IM FLEET

geht nicht mehr, denen würde ich auch heute noch widersprechen und entgegenhalten, dass so etwas immer noch möglich ist.
Und dass Rohrbach *Holocaust* [1979] gegen den starken Widerstand in der ARD durchsetzte – dass hat ohne Zweifel die Entscheidung des Bundestages zur Aufhebung der Verjährungsfrist beeinflusst. Das ist ein sehr greller Fall, wo direkte Bezüge zwischen fiktionalem Programm und politischer Entscheidung erkennbar sind.

Es gab 1974/75 das Film- und Fernsehabkommen, es gab den Höhenflug des Neuen Deutschen Films. Man fragt sich, warum kein Regisseur des Neuen Deutschen Films für den TATORT angetreten ist.

Da kann ich Ihnen eine Geschichte erzählen. Wenn ich an die vielen Aspekte denke, mit denen ich zu tun hatte, ist für mich im Nachhinein der schmerzlichste, dass ich selber verhindert habe, dass Fassbinder einen TATORT gemacht hat. Er wollte unbedingt einen machen, der im Fußball-Milieu spielt. Ich hatte auch schon ein Exposé auf dem Tisch, das hatte wohl der Müller-Scherz geschrieben, das war irgendwie schrecklich. Da hat meine Pingeligkeit in Qualitätsfragen wohl falsch gegriffen. Ich habe denen das Exposé zurückgegeben, und heute denke ich, ich hätte es den Fassbinder machen lassen sollen, da wäre auf jeden Fall etwas Spektakuläres dabei herausgekommen. Also, das ärgert mich sehr. Fassbinder ist ja nicht zufällig der erfolgreichste dieser Neuen Deutschen Filmemacher gewesen, die meisten oder viele von ihnen waren ja eher Kopf-Regisseure, die wenig Erfolg hatten. Interessanterweise war aber der erfolgreichste Regisseur aus dieser Generation, der es auch zu Weltruhm gebracht hat und auf den die Vertreter des Neuen Deutschen Films sehr lange von oben herab gekuckt haben, Wolfgang Petersen. Und der ist ja einer der wichtigsten TATORT-Regisseure.

Fassbinder hat 1972 für den WDR »Acht Stunden sind kein Tag« gemacht. War das auch der Zeitraum, wo er den TATORT machen wollte?

Ich glaube schon. *Acht Stunden sind kein Tag* ist übrigens Peter Märthesheimers Ergebnis unseres Stadtwaldspaziergangs.

Hat Fassbinder Ihnen gegenüber erklärt, warum er unbedingt einen TATORT machen wollte?

Nein, das hat er nicht. Aber er hatte ja in jeder Hinsicht einen Hang zu populären Stoffen, und er hatte ein ganz klares Verständnis von Fernsehen. Er war nicht einer von unseren lieben Freunden, die, wenn sie interviewt werden, nicht mit einem Wort darauf eingehen, dass sie mit Fernsehen zu tun beziehungsweise vom Fernsehen Geld bekommen haben. Er hat ganz bewusst für das Fernsehen produziert, *Berlin Alexanderplatz* [1980] war Fernsehen, *Acht Stunden sind kein Tag* war Fernsehen, und so wäre auch ein Fassbinder-TATORT Fernsehen gewesen. Er hatte da keine Berührungsängste.

Zu Gast (V): Kommissar Lutz (r.) in NACHTFROST

Zu Gast (VI): Haferkamp in DUISBURG-RUHRORT

Wo wir schon bei »Acht Stunden sind kein Tag« sind, es gab beim WDR in den siebziger Jahren ein ganz starkes Bemühen, sozialkritisches, auch didaktisches Fernsehen zu machen, Probleme der Arbeitswelt zur Geltung zu bringen ...

Das gab es in ganz verschiedenen Facetten. Sogar der Berliner Arbeiterfilm ...

... Lüdcke, Kratisch ...

... und Ziewer – das haben wir produziert, nicht die Berliner ...

... »Die große Flatter« [1979] ist eine WDR-Produktion ...

... es gab dann eine Fehlentwicklung in den siebziger Jahren, wo das immer didaktischer wurde und man die Filme mehr und mehr nach Themen ausrichtete und ihre Figuren zu Funktionsträgern degradierte. Da gab es keine lebendigen Menschen mehr und keine Emotionen. Das war eine Sackgasse, das muss man so sehen.

Woher kamen diese Entwicklungen? Dachte man, man müsste dem Arbeiter gerecht werden, ihm auf dem Bildschirm der Nation Präsenz verschaffen? Wollte man den Zuschauer erziehen?

Ja. Aber das war natürlich positiv gemeint ...

... Bewusstseinserweiterung? ...

... Bewusstseinserweiterung, politische Einflussnahme.

Es gab Verbindungen zur Dortmunder »Gruppe 61«, zum »Werkkreis für Literatur der Arbeitswelt«, Wallraff arbeitete mit dem WDR zusammen wie auch Max von der Grün. Aber in den Haferkamp-TATORTen der siebziger Jahre kommen Arbeiter nicht vor. Es sind bürgerliche oder kleinbürgerliche Dramen, Dramen im Wohnzimmer, der Studienrat und der mittelständische Unternehmer als Verbrecher.

Das stimmt. Sie sagen das aus Ihrer Position heraus, und die Unternehmer haben das aus ihrer Position heraus bemängelt. Wir haben dann immer gesagt, die großen Verbrechen finden halt auch bei den Reichen statt. Ich denke, das hat noch einen anderen simplen Grund. Die bundesdeutschen Künstler kommen alle aus bürgerlichen Kreisen und tun sich halt sehr schwer in der Gestaltung von Arbeitern. Das Gleiche trifft auch auf die Schauspieler zu.
Wenn ich mir die hervorragenden Autoren der Haferkamp-TATORTe anschaue, zum Beispiel Herbert Lichtenfeld, der als Kleinbürger in seinem Reihenhäuschen lebt, oder Karl Heinz Willschrei, der damals ein Yuppie mit weltläufiger Geste war, oder der Rechtsanwalt Peter Hemmer – alles Leute, die wirklich nicht die geringste Beziehung zu Arbeitern hatten.

Die Haferkamp-TATORTe sind aber – wiederum auf eine unbewusste Weise – eine radikale Milieukritik an der Wohlstandsrepublik der siebziger Jah-

re. Die Männer sexuell frustriert, orientierungslos und der Melancholie verfallen, sie gehen fast alle fremd. Das Verbrechen ist ein Drama zwischen Ehemann und Ehefrau.

Es ist das Ende des Wiederaufbaus und der Perspektive des Aufstiegs, in den siebziger Jahren kam es zur ökonomischen Stagnation. Mag sein, dass sich das im TATORT auswirkt und in den Köpfen der Macher und Produzenten vorhanden ist.

Ist der TATORT nicht unglaublich deutsch, unglaublich bundesrepublikanisch? Können Sie eine solche Überlegung nachvollziehen?

Das ist nachvollziehbar. Vielleicht hat das aber auch mit der Nutzung des Föderalismus zu tun, damit, dass jeder Sender mehr oder weniger erfolgreich den Ehrgeiz hat, einen Beitrag einzubringen und auch im TATORT zu zeigen, hier sind wir, hier ist der Ruhrpott, und hier sind wir in Bayern, hier ist Hamburg mit dem Hafen. Das führt also zwangsläufig zu einem Puzzle der unterschiedlichen Landschaften. Und in Verbindung damit, dass wir glaubhafte Geschichten erzählen wollten, ergibt sich dann ein Bild von diesem Land. ♦

[Das Gespräch fand am 16. Oktober 1999 in Köln statt.]

Erwähnte Folgen:

AUF OFFENER STRASSE (SDR, 7.2.1971)
Kommissar Lutz
Regie: Theo Mezger.
Buch: Leonie Ossowski, Gunther Solowjew.

BLECHSCHADEN (NDR, 13.6.1971)
Kommissar Finke
Regie: Wolfgang Petersen.
Buch: Herbert Lichtenfeld.

DUISBURG-RUHRORT (WDR, 28.6.1981)
Hauptkommissare Schimanski und Thanner
Regie: Hajo Gies.
Buch: Horst Vocks, Thomas Wittenburg.

JAGDREVIER (NDR, 13.5.1973)
Kommissar Finke
Regie: Wolfgang Petersen.
Buch: Herbert Lichtenfeld.

KRESSIN UND DER TOTE MANN IM FLEET
(WDR, 10.1.1971)
Zollfahnder Kressin
Regie: Peter Beauvais.
Buch: Wolfgang Menge.

NACHTFROST (NDR, 20.1.1974)
Kommissar Finke
Regie: Wolfgang Petersen.
Buch: Herbert Lichtenfeld.

RECHNUNG MIT EINER UNBEKANNTEN
(WDR, 23.4.1978)
Kommissar Haferkamp
Regie: Wolfgang Becker.
Buch: Peter Hemmer.

Der TATORT und die Aufklärer

Von Lorenz Engell und Wolfgang Kissel

Fernsehen und Aufklärung

In einer demokratischen Kultur werden die wichtigsten Anliegen an den zugänglichsten Orten verhandelt: in der Trivialität. Nicht die philosophischen Seminare, sondern Populärkultur und Massenmedien verhandeln, wenngleich verkappt, die drängenden Grundfragen der Zeit. Das gilt auch für das erfolgreichste Genre des erfolgreichsten Mediums der Gegenwart, die Kriminalserie im Fernsehen. Natürlich geht es im Kriminalgenre stets um Aufklärung, in des Wortes gesamter Bedeutungsbreite. Erkenntnisgewinn und Ausgang aus der Unmündigkeit sind die Anliegen des Kriminalfilms.

Seine Helden sind Aufklärer. Das wissen wir nicht erst seit Umberto Ecos *Der Name der Rose*. Anders als Horkheimer und Adorno vermutete der kundige Kracauer, der ins Kino ging und Kriminalromane las, den trivialkulturellen Leitbildern hafte etwas Visionäres an, das es aus ihnen herauszulesen gelte. Wie es gegenwärtig um die Aufklärung und ihr Ansehen bestellt ist, können die Kriminalserien deshalb vielleicht besser erweisen als Abhandlungen, wenn man sie zu lesen versteht. Drei Jahrzehnte TATORT geben Anlass, dieser Vermutung und mit ihr dem Schicksal des Aufklärers und seines Anliegens, der Aufklärung, in den letzten Dekaden, in denkbar schwierigen Zeiten also, nachzugehen.

Die Lohmann-Tradition: Dialektik der autoritären Aufklärung

Eine frühe Landmarke des deutschen Kriminalgenres, der Ursprung des deutschen Fernsehkommissars und zugleich ein Beispiel der Ambivalenz der Aufklärung, die im Gelingen dennoch fehlgeht, ist Fritz Langs Film *M – Eine Stadt sucht einen Mörder* (1931). Die Aufklärung des Verbrechens – ein psychopathischer Kindermörder geht um – gerät zum Wettrennen zwischen den wohlorganisierten Kräften der Unterwelt, die den Störenfried der Lynchjustiz zuführen wollen, und der Polizei, die dagegen die staatlich verfasste Gerechtigkeit im Namen des Volkes durchzusetzen hat. Der Kräfte der Finsternis sind zwei: Dem unberechenbaren irrsinnigen Mörder, der Unvernunft und Unmoral vereint, steht die überaus rational und effizient verfasste professionelle Verbrecherschaft, eine Art Gegenstaat gegenüber, von Lang nicht von ungefähr unter die fraglose Führung eines als Nazi ikonographierten Schränkers, dargestellt von Gustaf Gründgens, gestellt. Gemessen am Kindermörder sind die Verbrecher Aufklärer; aber eben nur halbe Aufklärer: Sie gehen zwar methodisch und logisch vor und bringen durchschaubare Verfahren der Erkenntnisgewinnung in Anwendung, an denen jedermann, bis hinunter zum letzten blinden Bettler, partizipieren kann, sie können aber ihre Handlungsweise nicht legitimieren. Das Tribunal der Verbrecher genügt eben nicht den eigenen Kriterien, wie es das Grunderfordernis der Aufklärung verlangt, es hält sich nur mühsam an primitivste formale Abläufe und ist am Ende genau so finster, unberechenbar und blutrünstig wie die Taten, die es sühnen will. Auf sie selbst angewandt, müsste die (falsche) Aufklärung die illegitimen Aufklärer selbst hinter Gitter bringen; sie ist am Ende vielleicht sogar schlimmer als der blanke Irrsinn in Gestalt des Mörders, den die Staatsgewalt vor dem Volkszorn rettet.

Gegen die falschen Aufklärer aber steht in *M* die Aufklärungsarbeit der Polizei, mediengerecht personifiziert in der Figur des Kommissar Lohmann. Der Systematik der Verbrechensaufklärung wird breit Raum in der Darstellung gegeben: Razzia (die nicht der Sache, sondern der Vortäuschung von Aktivität dient und also gar nichts einbringt), Zeugenbefragung (die wegen der Widersprüchlichkeit der Aussagen nicht weiterführt), Spurensuche (die erste, noch vage Erkenntnisse erbringt), Aktenstudium im Polizeiarchiv (aus dem Studium der Geschichte lernen) und logische Schlussfolgerung sind ihre klaren Methoden. Entscheidend allerdings für den Erfolg Lohmanns sind am Ende – und hier zeigen sich erste Risse im aufklärerischen Konzept – Zufall, Intuition und Inspiration, durchaus vernunftlose, weil nicht erklärbare und nicht demokratisierbare Erkenntnishilfen. Als Staatsbeamter ohne Fehl ist Lohmann durch seinen Diensteid moralisch wie formal legitimiert und auf dem Dienstwege kontrollierbar, aber er bedarf auch dieser Rückendeckung, weil seine Vorgehensweise allein der Vernunft des Aufklärers nicht restlos gehorsam wäre.

Und hier zeigt sich das Problem der Autorität, denn die Aufklärung eines Verbrechens bedarf nicht nur der Vernunft, sondern auch der Autorität, ja der Gewalt, falls nicht sogar in der polizeilichen Vernunft selbst schon Autorität und Gewalt angelegt ist. Deutlicher noch als in der bloßen Handlung des Films zeigt sich dies in der filmischen Ausgestaltung des Kommissar Lohmann, der gerade deshalb zur Vaterfigur, zum Urbild für den deutschen Film- und Fernsehkommissar werden kann. Lohmann ist ein zwar nicht unbedingt unvitaler und bisweilen sogar höchst lebhafter, kleiner, jedoch leicht übergewichtiger, Zigarre rauchender, Kaffee trinkender und mit den Merkmalen des Hypertonikers ausgestatteter Mann. Er ist gekleidet in einen schlecht – nämlich etwas knapp – sitzenden Anzug mit zu kurzen Hosenbeinen, drinnen, in seinem unaufgeräumten Büro – die Unordnung, der Aufklärung an sich unzuträglich, verweist auf die Inspiration – meist in Hemdsärmel und Weste, draußen in jenem gedeckten Staubmantel mit der unglücklichen Länge bis zum Oberschenkel agierend, der zum Erkennungszeichen des Ermittlers überhaupt geworden ist und den deutsche Fernsehkommissare bisweilen heute noch tragen.

Lohmann wird, nicht zuletzt durch den Einsatz suggestiver Untersichten, als eine Autoritäts-, genauer: als eine Vaterfigur inszeniert. Die Ganoven der Berliner Unterwelt, die er jagt, die er kennt und mit denen er auch zusammenarbeitet, wenn es denn sein muss, um einen wirklich Bösen zu fangen, sind seine »Kinder«, die er väterlich ermahnt, »keen Quatsch« zu machen und die ihn im Gegenzug mit kindischen »Lohmann, Lohmann«-Rufen begrüßen. Im Zusammentreffen mit der Unterwelt tritt Lohmann grundsätzlich von oben, aus dem Licht her auf, schaut auf seinen Widerpart herunter und behält so die Übersicht des Aufklärers. Familiäre und staatliche Autorität, gepaart in der patriarchalen Figur des Vater-Beamten, sind also, *M* folgend, notwendige Bedingungen einer gelingenden Verbrechensaufklärung, Bedingungen, die jedoch zugleich die Katastrophe der Aufklärung mit herbeiführen werden. Die verordnete Aufklärung von oben kann nicht funktionieren, aber eine andere Form steht nicht zur Verfügung. Gerade durch die filmische Zeichnung im Detail wird klar, dass auch Lohmann die Gegenkräfte in Anspruch nehmen muss. Der Studie dieses Zusammenhangs widmet Lang, zunächst durchaus ambivalent, vor 1933 zwei weitere Filme, die berühmten *Dr. Mabuse, der Spieler* (1922) und *Das Testament des Dr. Mabuse* (1932/33), in denen er wiederum Kommissar Lohmann gegen die in der Figur des Dr. Mabuse nunmehr gebündelten, nämlich irrsinnig rationalen Kräfte des Bösen, der falschen Aufklärung, ins Feld schickt; jetzt schon in klarer Bezugnahme auf den bevorstehenden Zusammenbruch. Das größte aller Verbrechen war nur im Film durch Aufklärung gerade noch zu verhindern.

Vermeidung und Verarbeitung: Die fünfziger und sechziger Jahre

Nach dem Krieg muss eine neue Haltung zur Fiktion der Verbrechensbekämpfung und zur Figur des Aufklärers gefunden werden; und so deutsch wie die problematische Tradition der Kommissarfigur, so eigen werden auch die Lösungsversuche ausfallen. Zum einen wird der Versuch unternommen, das Problem zu lösen, indem man den Kommissar zum Verschwinden bringt. Das kann etwa geschehen, indem der Polizist als Abschnittsbevollmächtigter weitgehend unter politische Kuratel gestellt wird. Die politische Aufklärung, deren endgültige Verwirklichung im Sozialismus unmittelbar bevorsteht, lässt die Aufklärung eines Verbrechens als akzidentiell, als Nebensache erscheinen. Die Kräfte des Lichts werden sich am Ende nachhaltig durchsetzen und dem Verbrechen sowieso keine Chance geben. Das Bild des Polizisten in Film und Fernsehen fällt entsprechend blass als vorübergehendes Erfordernis aus; dem Täter und dem Opfer gibt der Kriminalfilm der DDR viel mehr Gewicht als dem Aufklärer.

Polizeiarbeit in den Fünfzigern: *Stahlnetz* (Helmut Oeser, Horst Beck, Heinz Engelmann)

Die Kommissarfigur kann aber auch im Rahmen der Westanbindung zum Verschwinden gebracht werden. In der von Wolfgang Menge und Jürgen Roland geschaffenen Fernsehserie *Stahlnetz* (nach dem amerikanischen Vorbild *Dragnet* aus den frühen fünfziger Jahren), zuerst von 1954 bis 1962 ausgestrahlt, wird das Bild einer hektischen, aber geplanten, durch und durch funktionalistischen und professionellen Polizeiarbeit gezeigt, in der die Täter häufiger durch menschliches Versagen auffallen als die Polizisten. Der seltsame Versuch, die reifenquietschenden Verfolgungsjagden amerikanischer Serienkrimis mit biederen Polizeikäfern in den damals vergleichsweise leeren gepflasterten Straßen West-Berlins oder Hamburgs zu imitieren, wirkt heute rührend, aber im Rückblick durchaus richtungsweisend für die weitere Entwicklung. Auto-Verfolgungsjagden gehören bis heute zu den ausgesprochen neuralgischen Punkten im Erscheinungsbild des deutschen Serien-Krimis, optisch wie konzeptionell: Da der amerikanische Serienkrimi, anders als es der deutschen Tradition der Verbrechensaufklärung entspricht, wenigstens in der Tendenz nicht zwischen Handlung und Reflexion unterscheidet, haben Actionszenen dort ein ganz anderes Gewicht und bilden einen organischen Kontext, während sie im deutschen Serienkrimi lange Zeit hindurch ein Fremdkörper bleiben werden.

Eine andere Lösung für das Dilemma der Aufklärung ist, Deutschland als Schauplatz und damit die Tradition unzulänglicher, ja katastrophal verlaufender Aufklärung zum Verschwinden zu bringen. Deutsche Krimis werden ins Ausland verlegt; im Groschenroman (*Jerry Cotton*) nach Amerika, im frühen Fernsehkrimi bevorzugt nach England.

Der Kommissar: Reinhard Glemnitz, Erik Ode (als Kommissar Keller) und Günther Schramm mit Willy Semmelrogge, der später Haferkamps Mitarbeiter Kreutzer spielen wird

Der schlanke, fast sportive und kantige, zurückhaltende und korrekte Heinz Drache wird, nun in einem echten Trenchcoat mit doppelter Knopfreihe und Wadenlänge, als Inspektor in den deutschen Edgar-Wallace-Verfilmungen zum Sinnbild des Versuchs, sich einer anderen Traditionslinie des ermittelnden Aufklärers anzunähern; ein ähnlicher Ansatz des deutschen Fernsehens der fünfziger und sechziger Jahre sind die damals Aufsehen erregenden, mehrteiligen Francis-Durbridge-Kriminalfernsehspiele, in denen etwa Horst Bollmann oder Hardy Krüger die Ermittler gaben. Zum dritten aber wurde, wenngleich nicht ungebrochen und zunächst nicht vom damals noch vorsichtigen Fernsehen, sondern vom Kinofilm, auch die Lohmann-Tradition des autoritären und schwergewichtigen deutschen Vater-Polizisten wieder aufgenommen, den seine staatsbeamtische Gesinnung kennzeichnet, so oder so: Heinz Ehrhardt spielt die (Verkehrs-)Polizistenparodie Dobermann in *Natürlich die Autofahrer*; 1962 wagt Fritz Lang sich mit dem unglücklichen *Die 1000 Augen des Dr. Mabuse*, einer in der Rückschau doch visionären frühen bildschirmkritischen Überwachungsstaatsvision, an den von ihm selbst gestifteten Zusammenhang heran. Lohmann wird jetzt dargestellt von Gert Fröbe, von nahezu unverändertem Erscheinungsbild in physischer Präsenz und Garderobe, nur leicht dem Zeitgeschmack angepasst. Dass Fröbes Typus ihn im übrigen eher für Verbrecher, ja Oberverbrecherfiguren wie Bonds *Goldfinger* geeignet erscheinen ließ, bringt die Problemlage, nämlich die Ambivalenz der Aufklärerfigur präzis zum Ausdruck. Das nachhaltige Scheitern dieses Films zeigt, dass die

Fritz Wepper und Horst Tappert in *Derrick*; links: Klaus Löwitsch, der 1982 den Polizeihauptmeister Rolfs in SO EIN TAG ..., dem TATORT ohne Kommissar, spielt; rechts: Horst Michael Neutze, 1987/88 Kommissar Schreitle beim SDR-TATORT

Zeit noch nicht reif war, an dieser Figur weiterzuarbeiten.

Die Rückkehr der Väter: Um 1970

Um 1970 ändert sich dies. Das deutsche Fernsehen nimmt sich der Sache an und beginnt auf breitester Front, am Bild des deutschen Kriminalkommissars zu arbeiten. Und es nimmt den einzigen Faden wieder auf, an den es sich halten kann, eben die Tradition des Lohmann. Dies ist der Hintergrund, vor dem sowohl die Figur des Hauptkommissars Trimmel im ersten TATORT als auch sein ZDF-Gegenspieler Kommissar Keller (Erik Ode) aus *Der Kommissar* fungieren, ebenso wie die erfolgreichen Ermittler des *Polizeiruf 110* des Fernsehens der DDR. Trimmel ist Lohmann dabei in äußerer Anmutung wie in der Charakteristik am nächsten; er ist ein schwerer, altersloser und bisweilen lauter Mann, raucht Zigarren, auch seine Anzüge sitzen schlecht und seine Hosenbeine sind ebenso zu kurz wie sein Mantel. Wie sein Vorbild ist er ein extrem harter Arbeiter, ein überaus erfahrener Polizist, der keiner Gefährdung – auch nicht der der eigenen Karriere – aus dem Weg geht, der aber seinen eigenen, nicht uninspirierten Kopf hat und um jeden Preis durchsetzt.

Trimmel tut alles, was er tut, aus Pflichtbewusstsein als deutscher Beamter; er ist autoritär bis zur Unerträglichkeit; er verletzt und versetzt seine Umgebung mehr oder weniger methodisch mit dem fraglosen Vorrecht des Patriarchen. Neu aber ist, dass Trimmel auch ein angedeutetes Privatleben besitzt. Wo Lohmann ausschließlich im Dienst und in Diensträumen gezeigt wurde, hat Trimmel ein kleinbürgerliches, bescheidenes Zuhause; ein erster Schritt zur Normalisierung der Figur des Aufklärers. Kommissar Keller ist demgegenüber wesentlich zurückgenommen, schon visuell, denn er ist eher klein und keineswegs übergewichtig. Die Geste des Durch-die-Haare-Fahrens, die Lohmann und Trimmel sich als Zeichen schwerer Arbeit angewöhnt haben, kann er schon mangels Haarwuchs nicht nachahmen – aber auch er ist eine autoritäre, wenngleich schon kultiviertere Vaterfigur. Wo die anderen gewitzt sind, ist er weise; seine Erfahrungen sind nicht nur professioneller, sondern menschlicher Art. Da seine Fälle überwiegend in der Bildungs- und Oberschicht angelegt sind, hat er es leichter, kultiviert zu sein; seine geheimnisvolle Menschenkenntnis versetzt ihn in die Lage, ebenbürtig mit Verdächtigen zu verkehren.

Stärker noch als bei Trimmel nämlich wiegt beim *Kommissar*, dass er oft die Autorität dessen in Anspruch nimmt, der die Lösung des Rätsels einfach weiß, sie intuitiv erfasst, ohne dass er sie erklären könnte; die vom Aufklärer Kant kritisierte Erkenntnisweise des Aristokraten. Entsprechend gestaltet sich auch sein Verhältnis zu dem ihn umgebenden Team. Er ist von Befehlsempfängern der Sohnesgeneration umgeben, die seine Befehle befolgen, seinen Eingebungen lauschen und sie in Handeln umsetzen, die auch schon einmal anstelle des Kommissars in kurzem Sprint einen Verdächtigen verfolgen und stellen dürfen.

Unübertroffen in dieser Rolle ist bekanntlich Doppelassistent (erst bei Kommissar Keller, später bei *Derrick*) Fritz Wepper; sein legendäres »Is' gut, Chef« meint »Jawohl, Papa«. Zu dem post-Lohmannschen Typus des aufklärenden Patriarchen gehört auch ein Unikum wie der von Beppo Brem gespielte Inspektor Franz Josef Wanninger mit seinen »seltsamen« Methoden, der, fast schon als Großvatertyp ausgestaltet, und ebenfalls mit einem gut eine Generation jüngeren Assistenten, Föschl, gegeben von Maxl Graf, noch bis Anfang der achtziger Jahre die volkstheaternahe Vision von einem verdeckt arbeitenden Ermittler darbieten durfte. Unnachahmlich jene Folge, in der der Endfünfziger im Trachtenjanker an einer LSD-Party im Schwabinger Milieu teilnahm – es war die Zeit von Minirock, Außenrolle, Plateausohle und ausgestelltem Hosenbein –, ohne Verdacht zu erregen. In allen diesen Fällen ist die polizeiliche Professionalität des Aufklärers mindestens ebenbürtig gepaart mit seiner Autorität; die Aufklärung wird nach wie vor von Staats wegen durchgeführt, sie kommt von oben. Dieser Typ erweist sich, zählt man alle Varianten und Abschattungen auch innerhalb des TATORT-Personals wie etwa Fritz Eckhardts Chefinspektor Marek hinzu, oder *Derrick* und den seinerseits in der Tradition des *Kommissars* stehenden *Alten*, Kommissar Köster, gespielt von Siegfried Lowitz, als äußerst zäh- und langlebig.

Kressin und die Aufklärung als Pop-Kultur: Die frühen siebziger Jahre

Die föderale Struktur der ARD begünstigt von Beginn des TATORT an – im Gegensatz zum flächendeckenden Zentralismus beim ZDF und beim Fernsehen der DDR – die Pluralität; es gibt nicht nur einen amtierenden Ermittler, sondern jeweils mehrere, ganz verschieden, schärfer und schwächer konturierte; nicht alle sind so profiliert wie Trimmel. Mit der Vielfalt der Ermittler entsteht auch der Zwang zur Unterscheidbarkeit und damit zur Diversifizierung der Aufklärungsansätze.

Schon der dritte TATORT 1971 bringt eine neue Figur auf, deren Zuschnitt bis dahin im deutschen Ermittlermilieu keinerlei Tradition hatte: den Zollfahnder Kressin (Sieghardt Rupp). Kressin ist ein physisches Wesen; nicht nur, weil er ausgesprochen sportlich ist und viel Körpereinsatz zeigt, sondern auch, weil er ein Mann ist mit einem Sinn für Frauen; er bevorzugt dabei den käuflichen oder käuflich wirkenden Typ. Er zeigt sich mit offener Hemdbrust, engen Hosen und mit leichtem Goldschmuck als nahezu lateinische Erscheinung; er hat keine Familie und auch keinen Assistenten als Sohn-Ersatz. Er zieht dem Dienstkäfer schnellere Autos vor. Neu ist auch, dass Kressin einen dauerhaften, jedenfalls durch mehrere seiner Fälle hindurch gehaltenen, mächtigen und reichen verbrecherischen Gegenspieler hat, den Großgangster Sievers (Ivan Desny), dessen Kressin niemals habhaft wird.

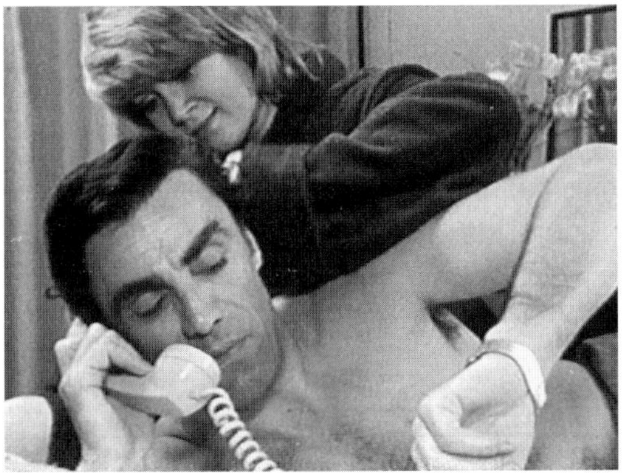

Die Frau im Bett, die Welt am Draht: Sieghardt Rupp als Zollfahnder Kressin (mit Gitte Haenning)

Dass die Figur des Kressin in der deutschen Fernsehkritik als »anarchistisch« eingestuft wird, ist wiederum symptomatisch für die staats- und autoritätsbesessene Lesart der Aufklärung: Kressin ist selbstverständlich kein Anarchist, sondern der Aufklärer im Gewand des Pop und als solcher im Kielwasser angelsächsischer Vorbilder schwimmend, auf die sein Schöpfer, Wolfgang Menge, stets ein offenes Auge hielt. Die Ästhetik des Pop war schon länger von englischen und amerikanischen Kriminal- und Agentenserien propagiert und auch ins deutsche Fernsehen getragen worden, *The Avengers* (Mit Schirm, Charme und Melone), *Department S*, *The Saint* (Simon Templar) und *The Man from U.N.C.L.E.* (Solo für O.N.C.E.L.) vertraten sie. Die zu lösenden, häufig völlig phantastischen Fälle und ihre Aufklärung gerieten in diesen Serien zu einem belanglosen, bisweilen witzigen und bei aller Spannung leichten Spiel; die Ermittler, in der Regel keine regulären Polizisten, sondern selbsternannte oder im Auftrag geheimer Organisationen agierende Agenten, hielten ironische Distanz zu den Vorgängen um sich herum und zeichneten sich vor allem durch kühle Professionalität, durch modernste Ausstattungen und durch eine Bejahung der aktuellen modischen Entwicklungen aus. Menschliche Tiefe fehlte hier völlig; die Affirmation des Oberflächlichen und die Verteidigung der Errungenschaften der avancierten Konsumdemokratie dominierte, ablesbar an der allzeit perfekten äußeren Erscheinung und Ausstattung der Ermittlerfiguren, die den Genüssen des Freien Marktes gegenüber zugänglich waren.

Das Familienmodell und mit ihm die traditionell patriarchale Verankerung der Aufklärerfigur treten demgegenüber zurück; die Beziehung des erotischen Austauschs zum Warentausch wird, wie es etwa das *Playboy*-Magazin propagiert hatte, an die Stelle familialer Bindungen gesetzt. Der Unterschied zwischen den Guten und den Bösen bestand darin, dass die Guten die ambivalenten Kräfte der technisch-ratioiden Moderne durch einen zeitgemäßen Stil auszubalancieren verstanden, durch einen sicheren und exquisiten Geschmack, wie ihn exemplarisch die Figuren von John Steed und Emma Peel aufwiesen. Die Bösen dagegen waren entweder einseitige Fanatiker der Moderne, durchgedrehte, nach Weltherrschaft strebende Erfinder und Wissenschaftler etwa, oder aber hartleibige Konservative, die jegliche Modernisierung und die neuen, leichteren Lebensauffassungen ablehnten. Äußerlich fielen sie stets durch schlecht sitzende Kleidung und durchaus auch durch sexuelle Verklemmtheit auf.

Die Figur des Kressin ist, neben *Percy Stuart* aus der gleichnamigen Vorabendserie des ZDF, vielleicht der einzige Versuch, Anklänge an das Motiv des Pop und seine Playboy-Philosophie in deutschen Serienprodukten zur Geltung zu bringen. Dabei war natürlich vor dem Hintergrund der gewohnten deutschen Ernsthaftigkeit vorsichtig und zurückgenommen zu verfahren. Immerhin ist Kressin kein regulärer Polizist, sondern »nur« Zollfahnder und als solcher eigentlich für Vergehen zuständig, die die Regulierung des internationalen Warenkreislaufs betreffen oder hier ihren Ursprung haben. Seine lockeren Sprüche und seine Vorliebe für Erotik der leichten, käuflichen Art sprechen die Sprache des Pop und lassen seine Kollegen Trimmel und Keller wie schwerfüßige, tiefenschürferische Fossilien erscheinen; deren Langlebigkeit tut dem Vergleich keinen Abbruch. Dass eine solche Figur auch im *Polizeiruf 110* keine Parallele findet, liegt bei der engen Anbindung an die Äußerlichkeiten des Konsumsystems auf der Hand; hier bleibt es dabei, dass der Aufklärer vor allem ein Erzieher im traditionellen moralischen Sinne sein soll und nicht nur ein Geschmacksmuster.

Kommissar Haferkamp und die sozialliberale Ära

Aber auch in Westdeutschland setzt Kressin sich nicht als Modellfigur durch; er wird schon rasch abgelöst durch einen neuen Typus des Ermittlers, der dem Projekt des Sozialstaats deutscher Prägung, der Aufklärung nicht einfach an Kaufkraft binden will, eher gerecht wird. 1974 tritt zum ersten Mal der Essener Kommissar Haferkamp (Hansjörg Felmy) auf, begleitet von seinem etwa gleichaltrigen Assistenten Willi Kreutzer (Willy Semmelrogge). An der Lohmann-Tradition wie auch am Zollfahnder Kressin gemessen, ist Haferkamp ein Aufklärer ohne Eigenschaften. Er ist nicht sonderlich soigniert oder gar modisch aufgeschlossen; er tritt leise auf und ohne sonderlich väterliches Gehabe etwa seinem Assistenten Kreutzer gegenüber, in den seinerseits einige Elemente der Lohmann-Tradition eingeflossen sind, von der Physis und der Zigarre bis zur milieusicheren Schlitzohrigkeit. Die beiden so verschiedenen Figuren verbindet eine enge Kollegialität, die in Alltagsrituale gegossen wird wie das wiederkehrende »Mahlzeit, Heinz« – »Mahlzeit, Willi«.

Haferkamp ist in seiner sachwalterischen, vernunftorientierten und dabei auf merkwürdig emotionslose Weise menschlichen Art ein bescheidenes und auf Sympathieträgertum hin gestaltetes Ideal der frühen Schmidt-Ära, bereinigt um die Handschrift der Macht und ihrer Arroganz: Der vielleicht beste Haferkamp-TATORT, DER FEINKOSTHÄNDLER (10.9.1978), gerät zur Abrechnung mit dem Haustyrannentum. Dazu fügt sich, dass Hansjörg Felmy im deutschen Nachkriegsfilm mit der Sohnesrolle begonnen und dabei, Zufall oder nicht, auch als Sohn eines von Hans Albers gegebenen Vaters agiert hatte; Albers wiederum war bekanntlich in den vierziger Jahren der väterliche Film-Kommissar der UFA. Haferkamp ist ein Mann, der (gelegentlich) nicht mehr weiter weiß; tritt dies ein und reicht die professionelle, akribische und ganz unaufgeregte Polizeiarbeit nicht mehr aus, wird er nicht zum Medium ferner Inspiration, sondern er trifft sich mit seiner geschiedenen Frau, einer gut beschäftigten, klugen Fotografin, und fragt sie um Rat. Diese persönliche Situation, die Haferkamp gleichermaßen von Libertinage und Patriarchat trennt, ist nicht konfliktfrei, wird aber von beiden vergleichsweise kühl gehandhabt; die Vernunft kontrolliert das Gefühl, ohne es völlig zu verbannen. Mehr als zuvor wird die Grenze zwischen dem Berufs- und dem Privatleben aufgelöst, ohne dass dies jedoch Folgen gezeitigt hätte; zu sehr ist alles Persönliche zurückgenommen. Das Interieur seiner Dachwohnung ist es am Ende, das Haferkamp, der Shellack-Jazzplatten sammelt und auf einem alten Grammophon anzuhören pflegt, doch noch mit persönlicher Kontur ausstattet – ein abgemilderter Widerschein des Pop-Prinzips.

Die äußerst erfolgreiche Etablierung der Haferkamp-Figur überrascht nicht, wenn man sieht, was sie vorwegnimmt. 1976 nämlich wird der deutschen Polizei ihre traditionelle, durch alle Systemwechsel hindurch erhaltene blaue Uniform samt Tschako und langem Mantel weggenommen. Mit der Gestaltung einer durchaus im Geiste der Haferkamp-Figur zurückgenommenen, weniger mit autoritärer Tradition belasteten Uniform wird Heinz Oestergard beauftragt, der das Modedesign des Versandhauses *Quelle* prägte und damit den Geschmack der breiten kleinbürgerlichen Kundenschicht einer ganzen Generation. Das Resultat war die heute noch gültige grün-sandfarbene Uniform mit grünen oder weißen Schirmmützen, eine Art Tarnprojekt, das den Polizisten unauffälliger und etwa dem Förster ähnlicher machte (ein Revier hatte er ja schon traditionell innegehabt). Dieser

Jenseits von Libertinage und Patriarchat: Haferkamp und seine Ex-Frau Ingrid (Karin Eickelbaum)

Versuch des ikonographischen Rückbaus autoritärer Strukturen, der Versuch, die Amtsautorität optisch zu verflachen, durchzieht geradezu die deutsche Polizeigeschichte nach dem Kriege; oft spielen dabei auch finanzielle Erwägungen eine Rolle. Dass die deutsche Polizei, nicht nur im Fernsehen, lange Zeit statt auffälliger Porsches lieber diskret und langsam Käfer fuhr, wurde schon erwähnt.

Schimanski und die Revolutionen der achtziger Jahre

Und dann kam das Jahrzehnt der Revolutionen. Sie kamen in mehreren Etappen und aus verschiedenen Richtungen und führten, jede auf verschiedene Weise, zum Zusammenbruch der Monopole, der Hegemonien und der klaren Ordnungen. 1981 trat, gestaltet hauptsächlich von Regisseur Hajo Gies und von Darsteller Götz George, Horst Schimanski mit seinem Partner Christian Thanner (Eberhard Feik) auf den Plan. Einen schärferen Kontrast zu Heinz Haferkamp konnte es kaum geben. Schimanski war mit Eigenschaften geradezu aufgeladen, was ihn zum unwahrscheinlichsten aller TATORT-Aufklärer machte und ihn den Traditionsrahmen des deutschen Polizisten scheinbar sprengen ließ. Über keinen ist soviel geschrieben und diskutiert worden wie über ihn. Auch er wurde flugs zum Anarchisten erklärt; die Aufklärung schien bei ihm verloren. Seine Unbeherrschtheit und Unberechenbarkeit; seine Unfähigkeit zur ruhigen Reflexion über ein Problem, ja bisweilen sogar zum Sprechen in längeren, gegliederten ganzen Sätzen; sein physischer Handlungszwang und seine vollkommen chaotisierte Lebensführung standen jeglicher regulären Einordnung in den deutschen Polizeikosmos im Wege. Von familiären Bindungen, auch komplexen und alterierten, keine Spur. Seine Ermittlungsmethoden erschienen vollkommen planlos und führten jedes Mal zu erheblichen Verwicklungen, aus denen ihn Thanner oder sein Polizeipräsident, mit dem er per Du verkehrte (!), befreien mussten.

Alles in allem schien Schimanski überhaupt nicht dem Bild des Polizisten nachgebildet, sondern dem des mittleren Kriminellen. Es ist kein Wunder, dass etwa in der Folge GRENZGÄNGER (13.12.1981), geschrieben von Felix Huby und in der Regie Ilse Hofmanns, zwischen dem Kriminellen, einem früheren Polizisten, und dem Polizisten kaum ein Unterschied festzustellen ist. Die fiktive Biographie, mit der Schimanski wohl als einziger TATORT-Kommissar ausgestattet ist, weist ihn denn auch aus als ehemaligen Automaten- und Autoknacker, der dann zum Polizisten konvertierte. Der Unterschied zwischen den Guten und den Bösen, zwischen den Kräften des Lichts und denen der Finsternis, war in den amerikanischen Serien schon länger im Schwinden begriffen. Lieutenant Kojak etwa arbeitete viel auf der Straße, mitten im kriminellen Milieu; die eine Hälfte der Kleinkriminellen arbeitete mit ihm gegen die andere zusammen. Kojak prügelte Aussagen aus seinen V-Leu-

Unbeherrscht und unberechenbar: Schimanski (in DER TAUSCH)

ten heraus, als sei er selbst ein Mann des Syndikats. Seine Diensträume waren in erbärmlich heruntergekommenem Zustand; es herrschte dasselbe Chaos wie draußen auf den Straßen.

Später, in *Miami Vice*, werden die Ermittler regelrechte Doppelexistenzen führen; sie leben in der Welt der Polizei nicht mehr als in der Welt des Verbrechens. Die Polizisten Crockett und Tubbs sind zugleich die Obergangster Cooper und Burnett, und mehr als einmal verwischen die Grenzen. Ähnlich wie in vielen Schimanski-Fällen ist der Kampf gegen das Verbrechen, ist das Unternehmen der Aufklärung aussichtslos. Das Verbrechen, das organisierte zumal, gehört zur Realität; es prägt sie sogar. Ohne Drogendollars und Waffengeschäfte würde die Wirtschaft kollabieren, und mehr als einmal decken und fördern die Oberbehörden das Verbrechen aus politischen Gründen. Eben dieses Motiv kehrt in Schimanskis letztem Fall, dem FALL SCHIMANSKI (29.12.1991), wieder; und auch wenn die deutsche Fassung des Problems erneut etwas abgemildert verläuft, so ist dennoch nicht zu leugnen, dass die in *M* angelegte Grundidee von Schimanski vom Kopf auf die Füße gestellt wird. Stand dort die Unterwelt für die falsche Aufklärung, für die illegitime Parallelpolizei, so wird nun der Aufklärer zum legitimierten Kriminellen, der sich an den Methoden seiner Gegner orientiert und ihnen auch der Denkungsart nach immer näher kommt. Aufklärung kommt nicht mehr von oben, nicht einmal von außen, sondern von innen, aus den Verhältnissen selbst, die es aufzuklären gilt; die durch eine Figur wie Haferkamp schon abgeflachte vertikale Ordnung ist durch eine ungleich komplexere horizontale Ordnung ersetzt worden, ohne jedoch daraus, wie in der Pop-

Vision, ein gleichberechtigtes Spiel zwischen Aufklärer und Verbrecher entstehen zu lassen.

Immer noch sind Verbrecher und Polizisten auf demselben Weg unterwegs zu verschiedenen Zielen; die Dialektik der Aufklärung aber hat die Richtung gewechselt. Dazu fügt sich, dass Schimanski, der auf den ersten Blick als lupenreiner Macho erscheinen könnte, tatsächlich mit Eigenschaften und Verhaltensweisen belegt wird, die die Trivialkultur normalerweise für Frauen bereithält. Er ist nervlich belastenden Situationen nicht gewachsen; er ist in seinen Fällen nicht nur moralisch, sondern vor allem emotional vollkommen engagiert; er ist vernünftigen Argumenten nicht zugänglich. Er weint vergleichsweise häufig. Er begegnet sexuell interessierten Frauen, von denen ihn der Lauf der Ereignisse in aller Regel wieder trennt. Schimanski gehört damit, wie sein Verwandter Sonny Crockett aus *Miami Vice*, zum Typus des *She-Man*, der in der geschlechtsspezifischen Zeichnung unscharfen Figur. Und in noch einer Hinsicht wechselt mit der Fernsehfigur Schimanski eine Orientierung. Erstmals gelingt es nämlich dem deutschen Fernsehen, was sonst überhaupt nur das amerikanische versucht hat, nämlich ein Erscheinungsbild zu lancieren; nicht nur nachzubilden, was draußen vorfindlich ist, sondern eine trivialkulturelle Ikone zu schaffen, vergleichbar dem Schoko-Lolly und der Glatze Kojaks: Die Schimmi-Jacke, ein ursprünglich völlig nebensächliches Accessoire, wird zum Modeartikel und, mehr noch, zur persönlichen Identitäts-, ja Bekenntnisbildung herangezogen. Konsequent endet der letzte Schimanski-TATORT mit einer langen Einstellung auf die von Schimanski vom Dach geworfene Jacke: Er quittiert – vorerst – den Dienst.

Pluralisierung als Medienstrategie der späten achtziger Jahre

Die zweite Etappe der Revolution war ganz anderer Natur und hatte mit Aufklärerfiguren zunächst gar nichts zu tun, wohl aber mit einem gewissen Verständnis der Aufklärung als Ausgang aus der Unmündigkeit. Das Fernsehmonopol der mit dem Informations- und Bildungsauftrag versehenen öffentlich-rechtlichen Anstalten wird aufgehoben; private, nicht am höheren Auftrag, sondern am Gewinn orientierte Anbieter betreten, nur notdürftig kontrolliert, den Markt und rollen ihn, langsam zunächst und später schneller, auf. Der Autoritätsverlust der ehemaligen Monopolisten, deren Nachrichtensprecher immer noch für regierungsamtliche Auskunftsbeamte gegolten hatten, ist nicht reparierbar, und jedes auch nur kurze Zusammentreffen mit Fernsehredakteuren lehrt, dass der Schock, den die öffentlich-rechtlichen Anstalten, die Eltern des bundesrepublikanischen Fernsehens, damals erlitten haben, nur sehr allmählich, teilweise bis heute nicht verarbeitet wurde.

Der Bildungs- und Aufklärungsauftrag des Öffentlich-Rechtlichen Fernsehens erweist sich, jedenfalls zunächst, zunehmend als unverkäuflich, was seltsamerweise, außerhalb der Sender, vor allem jene entsetzt, die sich seinerseits für die Liberalisierung des Fernsehmarktes eingesetzt haben, weil ihnen Monopole, Informations- oder Wissensmonopole etwa, als undemokratisch erschienen. Die Vermehrung der Kanäle von drei oder vier auf drei- oder vierundzwanzig (und irgendwann vielleicht auf noch einmal des Zehnfache) hat die Tätigkeit des Fernsehens völlig verändert. Die Benutzungsweisen haben sich vervielfacht; neben der traditionellen, konzentrierten Aufnahme eines Stückes vom Anfang bis zum Ende gibt es die beiläufige Benutzung des Fernsehens als Geräusch- und Lichtquelle etwa bei der Hausarbeit oder die untereinander wiederum signifikant verschiedenen Nutzungsarten der Fernbedienung, *Grasing*, *Zapping*, *Channel Switching*, *Channel Hopping*. Das ist das Ende jeglicher Programmstruktur.

Mit diesen grundlegenden Umwälzungen und dem enorm angestiegenen Produktionsbedarf ergibt sich auch eine Veränderung im Bild des Aufklärers, allein schon dadurch, dass nunmehr unentwegt ältere Fernsehsendungen, auch ältere Kriminalserien, in Nachspielkanälen und Dritten Programmen wiederholt werden. Das führt dazu, dass alle Ermittler und Kommissare, die abgelegten wie die noch aktuellen, dem Zuschauer ungeachtet ihrer Zeitgebundenheit und ihrer Stellung in der Entwicklungsreihe zugleich zur Verfügung stehen; die Kommissare Keller, Köster, Veigl, Trimmel, Derrick und Haferkamp ermitteln unvermittelt und nahezu in freiem Zugriff wählbar neben Stoe-

Szenen einer Ehe: Brockmöller und Stoever

ver, Ehrlicher, Batic und Flemming; von den neuen und alten Ermittlern aus *Polizeiruf 110* gar nicht zu sprechen. Schimanski war der vorerst – und vermutlich auf lange Zeit – letzte Kommissar seiner Größenordnung. Nach Schimanski und nach der Liberalisierung des Fernsehmarktes, nicht zuletzt nach dem Zusammenbruch des europäischen Sozialismus, kann es eigentlich keine Aufklärer von flächendeckendem emblematischem Format und Anspruch mehr geben.

Schon während der Schimanski-Ära hatten sich weitere Neuorientierungen im Zuschnitt des Ermittlers ergeben; die Verflachung der Hierarchien, die Vervielfachung der aufklärerischen Grundansätze, die Ersetzung vertikaler durch horizontale Komplexität liefen neben und nach Schimanski weiter. Die Feminisierung des Aufklärungsgeschehens, die Paarbildung und die Revitalisierung ausgeschiedener und abgelegter Figuren nehmen dabei wichtige Funktionen ein. Seit 1979 schon klärte eine Frau, Kommissarin Buchmüller (Nicole Heesters), im TATORT auf, auf die 1981 mit Kommissarin Wiegand (Karin Anselm) erneut eine Frauenfigur folgte. 1985 kehrte in einer Art fernbedienungsähnlicher Zeitverschränkung ein leicht gealterter, aber nicht weniger eleganter Heinz Drache ins aktuelle deutsche Ermittlungsgeschehen zurück als Berliner Hauptkommissar Bülow. Paul Stoever (Manfred Krug) und seinen Partner Peter Brockmöller (Charles Brauer) verbindet eine mit latent homoerotischen Motiven untermalte Beziehung. 1987, anlässlich des zweihundertsten TATORTs, wurde ein Nonsens-TATORT aus alten Folgen zusammengeschnitten und notdürftig durch nachgedrehtes Material zusammengehalten, BLUTRAUSCH, in dem Inge Meysel an der Seite der Polizeisau Luise ermittelte. 1988 trat mit dem Saarbrücker Max Palu in der Regie H.C. Blumenbergs (unmöglich, in dessen Spielfilm-Debüt *1000 Augen* die Mabuse-Anspielung zu übersehen) eine ganz neue Aufklärerfigur auf den Plan, ein zeitlich und örtlich präzis auf die Toskana-Fraktion zugeschriebener Wein- und Literaturliebhaber, wären da nicht seine schrecklich billigen Hemden, der alte Mantel, das Rennrad, die Boxershorts.

Nach der Revolution: Um 1990

Und ab 1989 geht es mit den Vervielfältigungen, mit dem Zeitalter der Neuen Unübersichtlichkeit erst so richtig los. Nach der Revolution in der DDR, mit der ein autoritäres Regime hinweggefegt worden war, wurde die Frage nach der autoritären und post-autoritären, der patriarchalen und post-patriarchalen, der familialen und post-familialen Strukur der deutschen Aufklärung neu aktualisiert. Der übernommene Dresdner Kommissar mit dem sprechenden Namen Ehrlicher setzt, gespielt von Peter Sodann, mit seiner schweigsamen und handlungsarmen, aber physisch hochpräsenten Statur die Tradition des väterlichen Aufklärers fort, begleitet von seinem wendigeren, aber kritischen Assistenten Kain, der ihm die neuen Verhältnisse immer und immer wieder nahe bringt. Ehrlichers Vorgesetzter in Dresden ist – in den ersten beiden Folgen – der aus dem Ruhestand vereinigungsbedingt zurückgekehrte Kommissar Veigl aus München. In der Folge *Das Duell* des *Polizeirufs 110* (1990) spielt erstmals die Familie des Kommissars Beck eine Rolle; Becks Sohn gerät in die 89er Unruhen in Ost-Berlin und in die Versuche der Polizei, sie mit irregulären Mitteln niederzuschlagen. Auch hier also wird, genremäßig korrekt, der Vorgang des Umbruchs in einen Vater-Sohn-Konflikt und in ein Problem der Überlagerung der staatlichen und der familialen Autorität gegossen.

Doch diese Entwicklung ist keineswegs repräsentativ für das Ganze, das es in dieser Form nicht mehr gibt. Daneben und parallel wirken beispielsweise auch dem Diskurs des Autoritären ganz entgegengesetzte Tendenzen im TATORT. Seit 1989 ermittelt beispielsweise mit der eindeutig ins Lesbische ikonographierten Lena Odenthal (Ulrike Folkerts) die bislang stärkste Frauenfigur des TATORT, die sogar – derzeit einzig unter den TATORT-Ermittler/innen – eine Fan-Site im Netz besitzt. Und nach der Neukonzeptionierung anfangs der neunziger Jahre gibt es im *Polizeiruf* nicht weniger als fünf Aufklärerinnen, darunter auch eine Polizeipsychologin. Weiterhin bemerkenswert ist eine zögerliche, aber entscheidende Neubewertung des Verhältnisses zur Visualisierung der Gewalt. Aus der Feder von Friedhelm Werremeier, dem Trimmel-Erfinder (!), und unter der Regie von Ilse Hofmann (die an allen jüngeren Entwicklungen des Genres erheblichen Anteil hat und zu einer Art Zentralfigur geworden ist), entsteht, gegeben von Klaus Löwitsch, der Privatdetektiv *Peter Strohm*, der erste einigermaßen stimmige Action-Ermittler im deutschen Fernsehen.

Die Action-Elemente nehmen seither nicht nur im TATORT deutlich zu; die neue *Schimanski*-Reihe ist dafür genauso Beleg wie die Schenk/Ballauff-Fälle. Das hat noch dazu die Folge, dass mehr und mehr auch visuelle Attraktionen in den Vordergrund geraten. Die Aufklärung ist nicht nur physisch geworden, sondern auch sichtbar. Aufklärung heißt jetzt weniger, gut zu sehen als vielmehr, gut auszusehen. Kommissar Markowitz aus Berlin beispielsweise, verkörpert von Günther Lamprecht, tritt, ein schwerer Mann, in edelstem, an die Ikonographie des Gangsters der dreißiger Jahre gemahnendem Tuch auf, mit Weste und weitem geschnittenen Anzug, langem braunen Wollmantel und weichem, breitkrempigen Hut; seine Fälle löst er (in peripatetischer Anspielung?) vor allem im Gehen. Mit dem Münchener Kommissar Ivo Batic (Miroslav Nemec) rückt erstmals ein (Halb-)Ausländer in die erste Reihe, dem noch dazu mit Franz Leitmayr (Udo Wachveitl) ein gänzlich unabhängiger, in der Tendenz leichtsinniger Partner zur Seite gestellt wird; fast ein Konkurrent, dessen Porsche zwar nie richtig anspringt, der sich aber in den reich facettierten Gefährdungsmilieus der neunziger Jahre recht sicher zu bewegen weiß.

Mehr Action: Klaus J. Behrendt als Max Ballauf (WILLKOMMEN IN KÖLN)

Vorübergehende Aufklärung der neunziger Jahre

Völlig heterogen gerät dann das Team des Düsseldorfer Kommissars Flemming (Martin Lüttge). Er lebt, gelegentlich am Joint seines heftig adoleszierenden Sohnes ziehend, auf dem Land; seine Assistentin, eine ausgesprochen gut gekleidete, studierte Soziologin aus besserem Hause und scharfzüngige Ermittlerin, hat vor ihrem Einsatz bei der Mordkommission im Bereich der Straßenkriminalität gearbeitet; der zweite Assistent, etwas fahrig und für Action-Passagen zuständig, hat finanzielle Probleme und arbeitet deshalb im Nebenjob als Kellner. Schließlich steigt er ganz aus und emigriert in die kanadische Wildnis; später zieht sich auch Flemming in die Frühpensionierung und auf sein Hausboot, Assistentin Miriam in die Ehe mit ihrem Staatsanwalt »Heinzi« zurück. Aufklärung ist auf die Dauer zu anstrengend geworden und bedarf der Flexibilisierung. Vielleicht ist das, der Teilzeit-Aufklärer, der Aufklärer auf Zeit, die weitestgehende Variante der neunziger Jahre. Auch der zurückgekehrte Schimanski betreibt die Verbrechensaufklärung nur noch gelegentlich und nebenbei, und der – in der lokalen Tradition bestens gekleidete – Berliner Kommissar Roiter (Winfried Glatzeder) besitzt ein ererbtes Vermögen, das ihm einen Rückzug ins Privatleben jederzeit gestatten würde. Schließlich ist eine der markantesten Figuren des *Polizeiruf 110*, der von Kurt Böwe gegebe-

Aufklärung im Gehen: Günter Lamprecht (mit Richy Müller und Karin Baal in TÖDLICHE VERGANGENHEIT)

ne Kommissar Groth, auch er Teil eines wunderbar gearbeiteten Teams, das er mit seinem Kollegen Hinrichs bildet, ein reaktivierter Ruheständler.

Asymptotisch kann in dieser Vision jede(r) ein Aufklärer sein, wenigstens eine Zeitlang. Während der amerikanische Serienkrimi in den neunziger Jahren weitgehend stagniert oder zum Muster der Aufklärung im Höheren Auftrage zurückkehrt wie in *In the Heat of the Night* (In der Hitze der Nacht) oder, immerhin hochraffiniert angelegt, in *Twin Peaks* und *The X-Files* (Akte X), hat das deutsche Fernsehen – mittlerweile produzieren ja auch die Privaten Serienkrimis – die Herausforderung der Zeit angenommen und dem Orientierungsmangel und der Abwesenheit klarer, allgültiger Lösungsperspektiven, der Auflösung der Programme eine positive Vision beigelegt, statt sie, was ja immerhin auch möglich gewesen wäre, durch neue alte Vaterfiguren kompensatorisch zu befrieden. Und die Realität der frühen neunziger Jahre beeilt sich, dem neuen Regime der Flexibilität und der Differenz nachzukommen. Das in jenen Jahren aktuelle, neu eingeführte Dienstfahrrad der Polizei ist nicht etwa ein hochtechnisiertes City-Bike, sondern ein ganz normales Touren- oder Postfahrrad und auch als solches verwendbar, wenn die Polizei es nicht mehr brauchen sollte. Schon werden Polizeiautos nicht mehr in den Polizeifarben lackiert, sondern als weiße Normalautos erworben und durch Aufklebefolien zu Polizeiautos gemacht; das erhöht ihre Wiederverkäuflichkeit nach Dienstende. So kann jedes Auto mal ein Polizeiauto sein. Da die Aufklärung die Verhältnisse nicht in sich aufnehmen konnte, löste sie sich in die Verhältnisse hinein auf.

Geschlossene Systeme: Medien und Aufklärung im TATORT heute

Doch die Dialektik des Trivialen will, dass gerade in diesem Motiv der Teilzeit-Aufklärung ein neuer Fluchtpunkt erahnbar wird, der dem Ermittlungsgeschehen nach der irreduziblen Vielfalt und Ziellosigkeit der Postmoderne eine neue, ablesbare Tendenz verleiht. Die Stichwörter für diese Entwicklung heißen Kontingenz, Reflexivität und Medialität des Aufklärungsgeschehens. Aufklärung ist nur eine Variante unter mehreren möglichen. Genau darin liegt das Motiv der Kontingenz als Grundstruktur der Zweiten Moderne, die der Einsinnigkeit und Gerichtetheit klassischer Aufklärung (aus dem Dunkel ins Licht) entgegensteht und sich in idealtypischer Weise in der Fernbedienung vergegenständlicht und in ihrem Gebrauch ganz untheoretisch alltagsnah realisiert; ihre Moral heißt: Es gibt immer eine Alternative, das Gegebene ist nicht gegeben, sondern gewählt, und ich könnte immer auch anderswo sein. Dieses medienbewusste Motiv lässt sich bis in die Video-Anmutung der Bildgebung und der Montage in den Roiter/Zorowski-TATORTen verfolgen, die sich, erstmals im TATORT, nicht mehr an den konzentrierenden, Aufmerksamkeit heischenden Standards des Spielfilms, sondern an den Zerstreuungen und Beiläufigkeiten des elektronischen Mediums orientiert; allerdings mit diesem Vorgehen (noch) scheitert. Kaum ein TATORT der letzten Jahre thematisiert nicht direkt oder indirekt, hauptsächlich oder nebenbei, den Eingriff der Medien in die Aufklärungsprozesse und damit natürlich sich selbst. Die neuen Ermittler sind sich auch ihres Charakters als Fernsehfiguren bewusst. Sie besitzen als Kunstprodukte einer Sendereihe im Unterschied zu den Verhältnissen im wirklichen Leben (wobei sich immer häufiger die wirklichen Lebensläufe nach künstlichen Biographien der Fernsehfiguren modellieren) nur eine höchst begrenzte Halbwertzeit und eine eingeschränkte Perspektive. Die Ausbildung der Persönlichkeit ist nicht mehr so entscheidend wie das Handling der medialen Verfahren. Und die neuen Kölner Kommissare Ballauf und Schenk (Klaus J. Behrendt und Dietmar Bär) bilden nicht nur – neben Brockmöller/Stoever, Batic/Leitmayr, Schimanski/Thanner und Roiter/Zorowski – ein weiteres heterogenes Aufklärerteam, sondern sind beide Rückkehrer, der eine aus dem alten Flemming-Team, der andere aus der eher rührenden *Kommissar Kleefisch*-Reihe des WDR-Fernsehens.

Ererbtes Vermögen: Winfried Glatzeder als Ernst Roiter (mit Ivan Desny, l.)

Solche Wiederaufnahmen geschehen ganz bewusst und geraten sogar zu Selbstbezüglichkeiten; wenn etwa Kommissar Roiter (Winfried Glatzeder) im Kino *Die Legende von Paul und Paula* (Hauptrolle: Winfried Glatzeder) betrachtet. Neu ist auch, die Aufklärung nicht mehr ausschließlich als Beobachtung der und Reflexion auf die Handlung (der Inkriminierten und der Opfer) zu behandeln, sondern als tatsächlichen Eingriff in die Handlung auf der Ebene der Handlung. Aufklärung geschieht jetzt nicht mehr aus der Situation der Unbeteiligten heraus, sondern aus der Mitte der Vorgänge selbst. Der Aufklärer beobachtet nicht mehr aus der Position des überlegenden und überlegenen Dritten heraus, sammelt nicht mehr als unabhängige Instanz Informationen und Daten und zieht Schlüsse daraus. Er wird zur Variablen unter Variablen.

Hätte nicht schon der amerikanische Kriminalroman seit der Zeit um 1930 diesen Weg eingeschlagen, dann könnte man darin einen Reflex auf die einschichtige Logik des Rechners sehen, der zwischen dem Datenmaterial, das er aufnimmt, und dem Programm, nach dessen Anweisungen er

Eingeschlossen in der Black Box: Freddy Schenk und Max Ballauf

die Daten bearbeitet, keinen Unterschied mehr macht. Dies ist allerdings nur möglich in einem nach außen völlig abgeschlossenen Raum, im Inneren einer Black Box, die von außen nicht einsehbar und von der das Außen nicht erkennbar ist. Die Eingeschlossenheit in die Black Box ist die notwendige Kehrseite der neuen Auffassung von der Aufklärung als Handlung. Bezeichnend für die neue Erkenntnis-Situation ist deshalb das Kölner Polizeipräsidium in seiner TATORT-Version bei Schenk und Ballauf. Es wird als ein nach außen völlig abgeschotteter Innenraum ohne jegliches Fenster nach außen gezeigt. Die Aufklärung erblindet. Der Aufklärungsapparat ist ein in sich geschlossenes System, das nach eigenen Binnengesetzen und jedenfalls ohne Verbindung zur Außenwelt funktioniert; Beobachtung findet nicht statt. Die Reflexion innen und die Handlung außen stehen in keiner Abbildungs- oder Korrespondenzbeziehung mehr. Gelingende Aufklärung erfordert den Ermittlern jetzt einen ständigen und möglichst bruchlosen Wechsel zwischen den gegeneinander abgeschotteten Welten mit ihren jeweils eigenen Gesetzen ab.

Ausblick: Reflexive Aufklärung

Wenn es aber, wie oben gesehen, im Krimi zur Polizeiarbeit jetzt in der Polizeiarbeit selbst eine Alternative gibt, dann müssen sich die Ermittler immer wieder fragen lassen, warum sie eigentlich, allen Rückschlägen und dramatischen Strapazen zum Trotz, überhaupt noch Aufklärung betreiben, nachdem die klassische Position, aus der heraus die Frage beantwortbar war, nämlich die moralische Position, abgesichert durch den Beamteneid, nicht mehr ausreichend begründbar ist. Noch dazu, wo sie, wie besonders in der neuen *Schimanski*-Staffel, tendenziell aber auch bei anderen Ermittlern, deutlicher als je hervortritt, im Grunde mit den gleichen Methoden arbeiten wie die, denen das Handwerk zu legen sie übernommen haben.

Die neue Aufklärung, die ohnehin, wie gesehen, dem Subjekt (das heißt der Aufklärerpersönlichkeit) eine geringere Wichtigkeit zugesteht als dem Verfahren, fordert von den Ermittlern eine neue Art der Verantwortung, die mit berufsbedingtem beamtischen Diensteifer nichts mehr zu tun hat: Ausgang aus der Unmündigkeit. Leider aber sind ihnen zugleich mit den alten Sicherheiten auch die Möglichkeiten abhanden gekommen. Längst ist jede allgemeine Regel, nach der die Welt in Gut und Böse einteilbar ist, unter dem Druck wachsender Komplexität verdunstet. Längst sind Verrat und Verwicklung in den eigenen Reihen zum Hauptproblem der Verbrechensbekämpfung geworden und sind andererseits die Polizistinnen und Polizisten bevorzugte Verbrechensopfer. Auch Subjekt und Objekt der Aufklärungsbeziehung sind kaum mehr gegeneinander differenzierbar. Warum unter diesen Umständen überhaupt noch Polizeiarbeit, wieso noch TATORT? Auch hierauf weiß das Paradigma der Selbstbezüglichkeit eine Antwort: Aufklärung als auf sich selbst anwendbarer Prozess kommt nie an ein Ende; sie trägt ihr Ziel stets vor sich her, wie der Zug bei Musil, der seine Schienen mit sich führt. Es geht der Aufklärung am Ende um sich selbst, genau wie dem Medium, das bekanntlich seine eigene Botschaft ist. ♦

Erwähnte Folgen:

DER FALL SCHIMANSKI (WDR, 29.12.1991)
Hauptkommissare Schimanski und Thanner
Regie: Hajo Gies.
Buch: Axel Götz, Thomas Wesskamp.

DER FEINKOSTHÄNDLER (WDR, 10.9. 1978)
Oberkommissar Haferkamp und
Kommissar Kreutzer
Regie: Hajo Gies.
Buch: Martin Gies.

GRENZGÄNGER (WDR, 13.12.1981)
Hauptkommissare Schimanski und Thanner
Regie: Ilse Hofmann.
Buch: Felix Huby.

SO EIN TAG (SFB, 7.2.1982)
Polizeihauptmeister Rolfs
Regie: Jürgen Roland.
Buch: Uwe Erichsen, Jürgen Roland

DER TAUSCH (WDR, 13.4.1986)
Hauptkommissare Schimanski und Thanner
Regie: Ilse Hofmann.
Buch: Chiem van Houweninge, Hartmut Grund.

TÖDLICHE VERGANGENHEIT (20.5.1991)
Hauptkommissar Franz Markowitz
Regie und *Buch:* Marianne Lüdcke.

WILLKOMMEN IN KÖLN (WDR, 5.10.1997)
Hauptkommissare Ballauf und Schenk
Regie: Kaspar Heidelbach.
Buch: Nikolaus Stein von Kamienski.

Sex & Crime. Ein etwas anderer Blick auf 30 Jahre deutscher TV-Kriminalgeschichte

Von Hans Krah

Essen, Hotel Stella, ein Uhr nachts: Der Mann aus Zimmer 21 macht sich im Badezimmer zurecht, verabschiedet sich von seiner Geliebten und schleicht sich, ohne gesehen zu werden, vom Tatort, um zurück zu Frau und Heim ins kleine Sudenrath zu fahren. Doch Anna, seine Frau, wartet bereits im Auto. Der Fall des Fremdgehens ist aufgeklärt ohne Hilfe eines Kommissars und gleich zu Beginn von DER MANN AUS ZIMMER 22 (8.12.1974). Anna Maurer (Eva-Maria Meineke) macht ihm keine Szene, sie wollte »es nur wissen«, sie bleibt ruhig. »Gewisse Bedürfnisse« gesteht sie ihrem Mann denn durchaus zu, auf einem »gewissen Niveau« ließen sich diese auch arrangieren, aber das gewählte Objekt der Begierde lässt ihr ein »du bist verrückt« entfahren: Die Geliebte von Walter Maurer (Alexander Kerst), Oberstudiendirektor und Stadtratskandidat in Sudenrath, ist Ursula Danz (Monica Bleibtreu), »die Danz«, die Frau eines Kollegen. Während Studienrat Danz häufig die Vertretung für Maurer in der sechsten Schulstunde übernimmt, wegen dessen kommunalpolitischer Verpflichtungen, vertritt dieser ihn ebenso häufig in einer »sexten Stunde« bei dessen Frau.

Aber noch eine zweite Aufdeckung geschieht in diesen ersten Minuten. Noch bevor das private Ehebruchsdrama undramatisch und unemotional von der dominanten, über den Dingen stehenden Anna angegangen wird, ist das Hotel Stella auch Tatort eines Kriminalfalles geworden, der nicht nach dem *Whodunit*-Prinzip funktioniert. Maurer (und mit ihm der Zuschauer) beobachtet beim Verlassen seines Tête-a-tête-Raumes den titelgebenden Mann aus Zimmer 22 beim Verlassen dieses Raumes und entdeckt dessen Hinterlassenschaft: eine weibliche Leiche, deren unverhüllte linke Brust ein Sexualdelikt signalisiert. So eng liegen, zumindest räumlich, Ehebruch und Mord zusammen. Und ebenso eng liegen die Aufrechterhaltung der gesellschaftlichen Stellung und des bürgerlichen Scheins und das Zulassen von Verbrechen und Verdächtigung Unschuldiger zusammen. »Sudenrather Moral« von den einen genannt, schlicht als »mies« bezeichnet von Ursula Danz: Um seinen Ruf zu wahren, verschweigt Maurer sein Wissen, bestärkt durch seine Frau, die sich zu alt fühlt, um, wie die junge Ursula, die Heldin zu spielen und ihren Besitzstand aufzugeben: »Ich gehöre hierher«, sagt Frau Maurer, und Maurer präzisiert: »In dieses Haus, in dein Haus, in dein Elternhaus, in diesen Mahagonikäfig.« So wird nach Ruth Wollnitz mit Petra Müller ein zweiter weiblicher Hotelgast innerhalb von 24 Stunden ermordet aufgefunden und mit dem vorbestraften Zimmerkellner Elmar Holz (Ulli Lommel) ein eindeutig unschuldiger, aber irgendwie wahrscheinlicher Täter verhaftet, zumindest nach den psychologischen Theorien des Kriminalassistenten Kaslik (Ulrich von Dobschütz).

Doch denen stehen die Überlegungen von Hauptkommissar Haferkamp entgegen, der bereits nach 17 Minuten Filmzeit, noch bevor es ein zweites Opfer gibt, über das erste Opfer richtig vermutet: »Könnte sein, dass sie nichtsahnend einen Triebtäter angelockt hat«. »Der Mann aus Zimmer 22« ist der drei Wochen zuvor aus der Heilanstalt entlassene, geistesgestörte Holger Sawerts, wie wir am Ende erfahren, der als Triebtäter und Serienmörder seine Opfer, vom Typ alle ähnlich, beim ersten brutalen Zupacken »im Schub« erwürgt: kein Raub, keine Vergewaltigung, kein Kampf.

Mit dem ersten brutalen Zupacken ist das aber so eine Sache, wie die Folge im weiteren Verlauf vorführt. Denn bevor der Mann aus Zimmer 22 sein drittes Opfer, die Kellnerin Helga Jankowski (Marie-Luise Marjan), ebenfalls blond und vollbusig, erwürgen kann, folgt er ihr (und mit ihm die Kamera) erst einen halben Tag durch die Essener Innenstadt. Er beobachtet sie zu Hause beim Wäscheaufhängen, wobei die Kamera den Blick des Täters simuliert und dem Zuschauer voyeuristisch von unten das Höschen von Helga freigibt, das sich unter dem äußerst knappen Minirock eher nicht verbirgt – Aufnahmen (wie das gesamte Erscheinungsbild Helgas mit dem kurzen weißen Popelin-

Frau Beimer und das Biest: DER MANN AUS ZIMMER 22

mantel und den langen Schaftstiefeln), die wir von der ebenfalls Helga geheißenen und ebenfalls von Marie-Luise Marjan gespielten Mutter Beimer aus der *Lindenstraße* eher nicht erwarten. Zuletzt wartet der Triebtäter in ihrer Wohnung, bis sie nachts nach der Arbeit nach Hause kommt.

So bleibt auch Zeit für die parallel stattfindenden Ermittlungen von Haferkamp, Zeit für Ursula Danz, Walter und Anna Maurer, Zeit für Sudenrath (»Hübsch haben Sie es hier«) und die Sudenrather Beziehungsprobleme, Zeit für ein Zu-sich-selbst-Kommen von Walter, ein Überwinden der Sudenrather Moral und des Einflusses seiner Frau, Zeit für eine endgültige Aufklärung, bei der im Showdown Helga von Haferkamp gerade noch im letzten Moment gerettet werden kann – wenn auch eher unspektakulär: Holger Sawerts ist nicht Kurt Raabs Haarmann aus dem ein Jahr zuvor von (TATORT-Elmar Holz) Ulli Lommel gedrehten Film *Die Zärtlichkeit der Wölfe* (1973), und bis zu *The Silence of the Lambs* (Das Schweigen der Lämmer, 1990, Regie: Jonathan Demme) ist es noch ein langer Weg. Schon eher ist Sawerts – der keuchende Triebtäter aus Lüdenscheid, die traurige Gestalt mit ihrem dunklen Popelinmantel – mit seinem leicht mongoloiden Blick, seiner Statur und Bewegung nach als Reminiszenz auf Peter Lorres »M« (*M – Eine Stadt sucht einen Mörder*, 1931, Regie: Fritz Lang) zu erkennen. Er entbehrt damit als Zitat und stereotyp überzeichnete Filmfigur der »Vitalität«, die ihn als echte und ernsthafte Bedrohung glaubhaft machen würde. Der Triebtäter fungiert nur als Katalysator; bedroht ist die filmische Welt eher von Oberstudiendirektoren wie Walter Maurer und deren Heimlichkeiten, so dass einen am Ende das Gefühl beschleicht, dass man sich bei der Titelgebung vertan hat: Eigentlich müsste es »Der Mann aus Zimmer 21« heißen. Im Abspann wartet man denn auch vergeblich auf die Angabe der Rollenbesetzung für Holger, den Mann aus Zimmer 22.

Von Triebtätern, Übervätern und genialen Monstern

Nicht die »Synthese« von Sex & Crime, wie sie im Triebtäter, Lust- und Serienmörder am reinsten vorhanden zu sein scheint, steht in den TATORTen der siebziger Jahre im Mittelpunkt. Nicht die Mordserie eines Triebtäters, der nicht anders kann, ist fokussiert, sondern die Konsequenzen der bewussten Wahl einer Möglichkeit interessieren: hier die Wahl, zu schweigen und etwas geheim zu halten. Nicht die Serie, die Reihe und damit das Berechenbare, Vorhersehbare – Haferkamp weiß auf den ersten Blick Bescheid – und das An-sich-Abweichende stehen im Vordergrund, sondern die Fehltritte eines Mitglieds der besseren Gesellschaft. Das sind die Fälle, die die Kommissare Haferkamp, Lutz und Finke bevorzugen. So wird denn in REIFEZEUGNIS (27.3.1977) kein Hehl daraus gemacht, dass der »grüne Mann«, ein medienpräsenter Serientäter, der angeblich Sina (Nastassja

ROT ... ROT ... TOT: Renate Schroeter, Curd Jürgens

Kinski) im Wald überfallen wollte und anschließend den zur Rettung herbei eilenden Micha tötet, nur dazu dient, von der eigentlichen Täterin Sina abzulenken. Wiederum ist es kein *Whodunit*.

Das Wissen/Nicht-Wissen des Zuschauers um den Täter hat in dieser Konstellation keine dramaturgische Relevanz. Ebenfalls scheint es Kommissar Lutz in ROT ... ROT ... TOT (1.1.1978) wenig zu gefallen, die Morde an der Friseuse Kathinka Behr und dem Dienstmädchen Fräulein Meier einem geistesgestörten Triebtäter, der es auf Rothaarige abgesehen hat, zuschreiben zu sollen, zumal der Tatort, der Stuttgarter Killesberg, ein Villenviertel und Nobelwohnort ist. Julia Pfandler (Renate Schroeter), zweite Frau des wohlsituierten und dort ansässigen Dr. Konrad Pfandler (Curd Jürgens), zufällig ebenfalls rothaarig, hilft es denn auch wenig, dass sie abends eine schwarze Perücke trägt, um sich so vor dem Serienmörder zu schützen. Sie wird das dritte Opfer, mit Notwendigkeit. Denn die Serie ist eigens für sie erdacht: Ob rot oder schwarz, der Serienmord ist eine Inszenierung ihres Ehemanns, eines hochbegabten Versicherungsmathematikers, der die Reihe als Motivation vortäuscht, um von dem eigentlichen Motiv abzulenken. Julia betrügt Pfandler in aller Offenheit, was ihm schließlich zuviel wird. Ehemann tötet Ehefrau aus Eifersucht – das ist die simple Quintessenz der Geschichte, und gerade auf der Grundlage dieser Banalität entfaltet sich die dramaturgische Raffinesse, die diesen TATORT, ebenfalls kein *Whodunit*, dennoch sehenswert macht.

Erst Ende der achtziger Jahre wird der klassische Triebtäter reanimiert, von stereotypen Klischees befreit und zum wirklichen (TATORT-)Leben erweckt. Das heißt einerseits: Es wird normalisiert. Mit dem etwas älteren Geissler (Hans-Joachim Grubel), der durch eine neue Familie einschließlich Kind ein anderer Mensch geworden zu sein scheint, dem jüngeren Appold (Michael Roll), der freiwillige Therapiesitzungen macht und eine Freundin hat, und dem allein und abgeschieden wohnenden, bogenschießenden Koslowski (Michael Mendl) wird in DIE NEUE (29.10.1989) ein Spektrum von Triebtätern aufgezeigt, das Label Triebtäter dadurch aufgeweicht und durch einzelne Fälle individualisiert. Andererseits vollzieht sich hier mit Lena Odenthals Übertritt von der »Sitte« zur Kripo und ihrem Eintritt in die Welt der TATORT-Kommissare gleichzeitig der Eintritt in eine neue Dimension der Konzeption von Abweichung, die den Beginn eines neuen Tätertyps markiert, der in der Figur Koslowski schon angelegt ist, auch wenn er noch nicht der Mörder ist: Der »Wolf« (*Die Zärtlichkeit der Wölfe*) mutiert zum »Monster« (DIE ZÄRTLICHKEIT DES MONSTERS, 31.10.1993), und das Monster bedroht die Normalität, so zumindest im Horrorfilm und Psychothriller. *The Silence of the Lambs* zeigt Spuren im TATORT.

Doch zunächst zurück zu ROT ... ROT ... TOT und Dr. Konrad Pfandler. Denn auch von hier führt der Weg in die Monsterwelt der Neunziger. Die Ehe von Pfandler und seiner zweiten Frau Julia ist kinderlos, und, vor allem, sie ist eine Altersmesalliance. Julia ähnelt der ersten Frau Annette, mit dem Unterschied, dass Julia rot-, Annette schwarzhaarig ist. Die Ähnlichkeit war der Grund der Heirat, denn Pfandler kommt von Annette nicht los – er will das Gleiche zweimal haben

Lena Odenthal (Ulrike Folkerts) und Carsdorff (Manfred Zapatka) in DIE ZÄRTLICHKEIT DES MONSTERS

(man kann sich dann durchaus fragen, wer da als schwarzperückte Julia noch alles mitermordet wird). Julia spricht ihre Motivation der Heirat – und Pfandlers Motivation des Mordes – jedenfalls explizit aus: »Viele junge Mädchen lieben ihren Vater und heiraten eben jemanden, der ihr Vater sein könnte.« Scheidung ist damit ausgeschlossen, denn vom Vater trennt nur der Tod (Tod des Vaters in TOD IM ELEFANTENHAUS, [20.4.1987]; Tod der Tochter in BLINDEKUH, [20.4.1992]; Tod von beiden in ROSEN FÜR NADJA, [15.2.1998]).

Pfandler als der intellektuell wie musisch hochbegabte, geniale ältere Mann kann als Prototyp des Übervaters gelten, der liebesunfähig eine eigene Art der Liebe, zumeist eine tödliche, entwickelt und den es zu überwinden gilt. Insbesondere ist es die junge Kommissarin Lena Odenthal, die immer wieder mit solchen Fällen konfrontiert wird und als Projektionsfläche einer solchen »Liebe« dienen muss. Ist Pfandler aber noch ein Wolf unter Wölfen, dazu kein sehr viriler, so sind Carsdorff (Manfred Zapat-ka) aus DIE ZÄRTLICHKEIT DES MONSTERS, Oberst Kampmann (Jürgen Schornagel) aus NAHKAMPF (19.10.1997) und insbesondere der pathologische Pathologe Dr. Otto Sorenski (Matthias Habich) aus DER KALTE TOD (6.10.1996) mit krimineller Energie pur ausgestattet und strotzen vor »Männlichkeit«, die sie bei der kleinsten Kränkung in ihren Superhirnen das perfekte Verbrechen inszenieren lässt. Aus Eifersucht, aus Angst, verlassen zu werden, aus kindlicher Besitzergreifung morden sie, zumeist mit Lust und zumeist die Geliebten, Stella, Margot, Martina. Nur Kampmann inszeniert die Ermordung des Rivalen, ein perfektes Verbrechen, das ihm nicht nachgewiesen werden kann. Seine Frau kann seinen Hang zur Perfektion

Oberst Kampmann (Jürgen Schornagel), Odenthal

allerdings ebenso für ihren Racheplan nutzen. Wissend, dass er nie aufgibt, verbarrikadiert sie sich im Eigenheim, lässt jedoch das Schlafzimmerfenster im ersten Stock offen. Oberst Kampmann als perfekter Stratege entdeckt selbstverständlich diesen vermeintlich strategischen Schwachpunkt bei seiner Rückkehr aus dem Polizeipräsidium und wird von ihr, als er auf diesem Wege Zugang ins Haus sucht, erschossen: Sie habe ihn für einen Einbrecher gehalten, gibt sie zu Protokoll.

Raummächtigkeit im rein topographischen Sinn ist ein wesentlicher Bestandteil dieses Spiels. Seien es die Pole Kaserne und Polizeipräsidium in NAHKAMPF, die Kampmann und Odenthal gegeneinander auszuspielen versuchen, sei es Lenas neue Wohnung, in die Carstorff in DIE ZÄRTLICHKEIT DES MONSTERS eindringt und seine Spuren hinterlässt, sei es die Pathologie mit ihren Gängen und unterirdischen Kellern in DER KALTE TOD – wer den Raum beherrscht, dominiert die Psyche des Gegners und im Extremfall auch dessen Körper: Lena auf dem Seziertisch ist zur Bluthochzeit vorbereitet.

Wenn es nicht gegen die Geliebten geht, übernimmt eben die Ermittlerin Lena die Rolle der Tochter und Ersatzgeliebten. Die Monster-Genies sind eloquent (im Gegensatz zu Holger Sawerts, der außer einem Keuchen keinen Laut hervorbringt) und auf die Ermittlerin fixiert. Sie suchen deren Nähe, das Tête-a-tête. Im Spiel mit der Macht, im Verhältnis von Faszination und Grauen wird der Kriminalfall so zum metaphorischen Liebesspiel (oder auch zum echten, wenn der Gegner nicht ganz dem obigen Bild entspricht wie Ben Broder in DER SCHWARZE ENGEL [13.11.1994]), dessen Höhepunkt der Tod ist. Crime ersetzt Sex. Das sollte uns aber nicht wundern. Denn: »... so gesehen sind alle menschlichen Beziehungen erotischer Natur«, erfährt Thanner (und wir mit ihm) in MIRIAM (3.4.1983) aus der neuen *Brigitte*.

Schwule und Lesben, Normalität und Stigmatisierung

Mit den genialen Monstern schlüpfen aber noch andere in die TATORT-Welt herein, eben nicht nur die Hannibal Lecters, sondern auch die Buffalo Bills, diejenigen, die etwas anderes sein wollen, als sie sind, und anders sind, als sie sein sollten; anders als du und ich eben. Was sich in IRREN IST TÖDLICH (14.4.1985) in Katzuko Yamabayaschis: »›Ich nehme kein Geld‹ – ›Auch nicht für das Alibi?‹ – ›Ich mache keine Alibi, ich bin anständig, ich nur machen normal!‹« noch eher naiv und unernst als Bonmot (worin sich auch die oben vorgeführte Vermengung von »Sex & Crime« auf einer anderen Ebene wiederfindet) artikuliert, die Differenz von »Normalität« und sexueller Abweichung, wird in den Neunzigern zunehmend zur Handlungsachse und zum Merkmal der Figurenzeichnung. Insofern sexuelle Abweichung dabei der Stigmatisierung von Tätern – und Opfern – dient, ist hier eine ausgrenzende Tendenz sichtbar. Ein Titel wie SCHULDLOS SCHULDIG? (7.2.1988) verdeutlicht in seiner Paradoxie die Ausdifferenzierung von Gesetz und Moral (und der Film deren Hierarchisierung). Das Verbrechen wird zum »konkomitanten« Delikt, der kriminalistische Diskurs übernimmt für die Sexualmoral die Funktion des Besens. Ausgekehrt wird der masochistisch veranlagte Klaus in HIMMEL UND ERDE (28.11.1993) genauso wie der Transvestit/Transsexuelle Lukas alias Judith alias Cocoon in LIEBE, SEX, TOD (6.4.1997, nicht mein Lieblings-TATORT). Dessen Referenz auf *The Silence of the Lambs* beschränkt sich nicht auf diesen »Buffalo Bill« (der bereits ein Jahr zuvor in der Krimiserie *Beckmann und Markowski: Im Zwiespalt der Gefühle* fernsehgerecht verarbeitet wurde), sondern kupfert auch dessen Montagetechnik ab.

Nackt und tot (I): Harry Tischler in LAUF EINES TODES

Wer »immun gegen den normalen Sex« ist, ist noch lange nicht immun gegen Verbrechen. Ganz im Gegenteil. Schwule zum Beispiel. Sie sind Opfer wie Dr. Karl-Heinz Hammerschmidt aus WER NICHT SCHWEIGT, MUSS STERBEN (10.3.1996), der Jurist des Hausbesitzers und Waffenhändlers Meister, der sich durch »homosexuelle Praktiken« erpressbar gemacht hat und damit nicht mehr tragbar war. Wie Harry Tischler aus LAUF EINES TODES (21.1.1990), der von einem seiner »Ponys« (die Bezeichnung für Callboy), Peter »Jerry« Baginski, im Bett wie auf einem Schlachtfest zugerichtet wurde, wie Till Bornemann aus MORD IN DER AKADEMIE (24.4.1994), der von seinem früheren »Aushälter« Heinz erdrosselt wurde, weil er sich Pia zugewandt hatte. Oder wie der Holländer Jens in BEI AUFTRITT MORD (31.3.1996), der von seinem Freund und Gelegenheitsstricher Klaus Berg versehentlich mit dem Messer getroffen wird, da dieser ein schlechter Messerwerfer ist – Jens überlebt. Schwule sind aber auch Täter wie eben Heinz, Jerry und Klaus und wie Herr Beckermann aus DIE ZÄRTLICHKEIT DES MONSTERS, der aus Eifersucht eine Achtundsiebzigjährige ermordet. Zumeist sind sie aber Opfer und Täter: Till hat seine Ermordung verdient, da er Heinz mit AIDS angesteckt hat, Heinz ist somit auch als Täter Opfer; der Chauffeur Harry Tischler war ein »mieser, gemeiner Sadist«, der im Zweitberuf einen Ring für Callboys betrieben hat.

Lesben ergeht es nicht viel besser (wenn man davon absieht, dass Lena Odenthal anfänglich in DIE NEUE latent als lesbisch angesehen werden kann). Ilona Vogtländer erschießt in Selbstjustiz den Menschenhändler Plewitsch, nachdem zuvor dessen Handlanger Janis Ilonas Freundin Petra er-

Nackt und tot (II): Till Bornemann in MORD IN DER AKADEMIE

drosselt hat. Vom lesbischen Paar bleibt in EINZELHAFT (21.8.1988) nichts übrig, zumal Schimanski sich Ilonas angenommen hat. Und in EIN EHRENWERTES HAUS (8.1.1995) ist es ausgerechnet die »sympathische«, durch ein steifes Bein hinkende Mechanikerin Jo, die stellvertretend für die übrigen Hausbewohner den Mord an Ralf Steiner ausführt und sich fragen lassen muss: »Seit wann interessierst du dich für Männer?«

Wenn sie nicht gerade vom Crime betroffen sind, sind Schwule in »ihren« Räumen situiert, wie der Travestiekünstler in ROSEN FÜR NADJA, der »schillernd veranlagte« (so heißt auf Ostdeutsch wohl »bi«) Tänzer Ron (Diego Wallraff) in BEI AUFTRITT MORD oder der Hausbesitzer Rudolf Vermeier (Peter Fricke) in EIN EHRENWERTES HAUS. Gerade hier wird deutlich, dass Fernsehschwule gerne dazu verwendet werden, ideologische Argumente zu illustrieren, dass das Interesse nicht an ihnen als Personen sondern, als Zeichen besteht. Der aus dem Westen zurückgekehrte wohlhabende Rudi, der zahlungskräftigere Mieter möchte und politische Freunde hat, mit dem Oberstaatsanwalt in die Sauna geht und diese Beziehungen gegen die Ermittlungsarbeit Kommissar Ehrlichers einzusetzen gedenkt, dient in diesem Dresdner TATORT der Verarbeitung und Verhandlung von Mentalitäten im innerdeutschen Ost-West-Kontext. Als Schwuler verweist er auf das Nicht-Dazugehörige, Abweichende und repräsentiert das Nicht-Gewollte, von dem man sich abgrenzen will. Ähnliches gilt für Till Bornemann aus MORD IN DER AKADEMIE und Harry Tischler aus LAUF EINES TODES: Till ist die Chiffre für Unbeständigkeit schlechthin und stellt den Gegenentwurf zu Treue (nach dem alleinseligmachenden AIDS-Test) dar, Harry markiert die Abweichung, die eigentlich seinem Chef Branding, dem Staatsrat für Umweltschutz, zugeschrieben werden muss: Dieser lebt in einer Traumwelt, so wird vermittelt, da sein Engagement für den Umweltschutz an den Bedürfnissen der Arbeiter vorbeigeht; er ist »weltfremd«, was sich eben darin äußert, dass er von dem Doppelleben seines Chauffeurs nichts wusste. Unwissenheit schützt aber vor Strafe nicht; bei dieser Nähe zum Anderen bleibt nur der Selbstmord.

Und beim Abschied von Schimanski (DER FALL SCHIMANSKI, 29.12.1991) fungiert Schwulsein als Zeichen des Anti-Manns per se, zu dem Schimmi dekonstruiert wird – als Gag allerdings und nicht so richtig. Das Lachen ist auf seiner Seite, wenn die Polizeipsychologin sein spätes Coming Out attestiert (weil er mit einem Mann zusammenlebt). So richtig schwul werden durfte Schimanski, der »Mann«, also doch nicht, und das Ende zeigt, wo's lang geht: »Mäuschen«, der richtige Schwule und Schimmis Mitbewohner, darf helfen, Schimmi wieder nach oben zu bringen. Falls er wirklich »über seinen eigenen Schwanz gestolpert ist« (was ihm Thanner schon in EINZELHAFT prophezeite), dann muss man ihn nur in einem symbolischen Akt wieder aufrichten: Nur Fliegen ist schöner! – Gerade diese aufdringliche Deutlichkeit verdeckt den Blick auf die frühen Schimanskis mit ihrem Spaß am Untergründigen und Subversiven; die Männerfreundschaft mit Thanner konnte da auch anders, nämlich schwul, gelesen werden. Wie schon auch Kommissar Finkes Undercover-Auftrag in STRANDGUT (25.6.1972): Wer sich auf Sylt als Vater und Sohn

»Vater und Sohn«: STRANDGUT

ausgibt und es nicht ist, legt gerade in den Siebzigern doch ganz andere Vermutungen nahe, als dass es sich bei den beiden Herren um Kommissar und Assistent und eine rein berufliche Angelegenheit handelt!

Die Siebziger: Mord versus Moral, Jugend versus Establishment

Zurück in die Siebziger und zur tatsächlich praktizierten Sexualität (denn eine solche ist für Schwule im TATORT prinzipiell nicht vorgesehen respektive in Bildern darstellbar).

Elmar Holz, der Gelegenheitsdieb und Kleingigolo aus DER MANN AUS ZIMMER 22, konnte jede haben – mit Ausnahme der »kühlen, fast kalten« Ruth Wollnitz, dem ersten Opfer. Deren dominante Art wird ihm fast zum Verhängnis, philosophiert doch Assistent Kaslik über das Täter-Opfer-Profil und damit das Motiv, »beide neurotisch, beide labil, beide zutiefst liebesbedürftig«. Zum Mord reicht das aber nicht aus, nicht in den TATORTen der Siebziger. Kleinganoven, deren Betätigungsfeld im sexuellen Kontext liegt, als Frauenbeglücker, Zuhälter, Erpresser oder Heiratsschwindler, scheinen immun gegen Schwerstkriminalität zu sein. So beteuert Elmar: »Das ist bei mir nicht drin«, und auch Heiko, Kieler Zuhälter in NACHTFROST (20.1.1974), weist den Verdacht, Renate Pickart, frei(an)schaffende Gelegenheitsprostituierte, ermordet zu haben, von sich: »Mord ist bei mir nicht drin«. Wir glauben ihm, und es zeichnet den richtigen Kommissar aus, dass er dies auch glaubt – oder desinteressiert nicht weiterverfolgt (und es zeigt, wie das Beispiel Kaslik aus DER MANN AUS ZIMMER 22 nahelegt, warum Assistenten Assistenten sind). Eine gewisse subversive Sympathie der TATORTe für diese Charaktere, die sich auch in einer liebevollen Charakterzeichnung – man denke an die Brüder Poski aus STRANDGUT [1] – widerspiegelt, lässt sich für die Siebziger-Jahre-Folgen nicht bestreiten. So darf sich Elmar bei der Entlassung aus der Untersuchungshaft von Assistent Kaslik mit dem in Höflichkeitsform vorgetragenen Götzzitat »Sie können mich am Arsch lecken« verabschieden, ohne strafrechtliche Folgen befürchten zu müssen (§ 185, 194 [3]: »Beamtenbeleidigung«). Zwanzig Jahre später ist diese Immunität verjährt; Klaus, der wahnsinnige Gigolo aus HIMMEL UND ERDE, mordet durchaus (erhält dafür aber auch die »adäquate« Strafe, er wird erschossen).

DER MANN AUS ZIMMER 22 mag aber noch in anderen Hinsichten als repräsentativ für die siebziger Jahre gelten. Ein Thema ist die Differenz zwischen Großstadt und Kleinstadt, die sich eben gerade im Umgang mit Sexualität und Moral manifestiert. Walter Maurers Ausbruch aus Sudenrath ist dabei gleichzeitig der versuchte Ausbruch aus seiner Generation – eine Grenze, die ebenso deutlich gezogen wird, wie sie an einer offenen und freizügigen Sexualmoral orientiert ist. Sex dient als kulturelles Zeichen der Jugendgeneration (und ist damit vorerst den sowieso eher älteren Ermittlern verschlossen, sieht man von Zollfahnder Kressin ab) und repräsentiert deren Lebensausdruck und Lebensgefühl (ein weiteres Beispiel wäre RECHNEN SIE MIT DEM SCHLIMMSTEN, 24.9.1972). An diesem Gefühl will Maurer als Grenzgänger partizipieren. Der Ehebruch des Oberstudiendirektors mit der jungen Ursula Danz ist auch deswegen

»verrückt« und jenseits dessen, womit sich Frau Maurer arrangieren kann, da er das System des Establishments sprengt und ein Zeichen des Zugehörigsein-Wollens Walters zum fremden Raum der Jugend setzt. Und dieser Raum ist durch Bewegung gekennzeichnet. So wenig sich Anna, die »gnädige Frau«, wie es heißt, aus ihrem Elternhaus wegbewegen möchte und durch das Festhalten am Gegebenen, freiwillig im Mahagonikäfig, quasi monolithisch erstarrt und tot erscheint, so sehr möchte Walter als Beuteholer am neuen Leben partizipieren, am neuen Leben, das sich statt in Perlenkette und Dauerwelle (Anna) in Kurzhaarfrisur und Hosen (die Danz) und statt in Triebbeherrschung und Unterdrückung von Emotionen in Begehren, Normverstoß und gelebter Sexualität niederschlägt. Und wer sich aus der Jugendgeneration die sechste Stunde aufs Auge drücken lässt und zum Vertreter der Anderen wird, wie Studienrat Danz, Freund der Volkshochschule, hat sein Potential verspielt und ist selbst schuld, wenn er nichts kapiert und das Leben wie der TATORT an ihm vorübergeht.

»Vielleicht, wenn sie Kinder gehabt hätten ...«

Was weiter bleibt, ist die Differenz der Schichten: die Unterschicht, die nicht mordet, zumindest nicht untereinander, und die Oberschicht, das gehobene Bürgertum, das auffällig oft durch die dominante, starke, feine Frau aus besserem Hause repräsentiert wird, die ihre Energien nicht in Kindern ausgelebt hat und wohl deshalb mit einem kriminellen Potential schwanger geht. »Vielleicht, wenn wir Kinder gehabt hätten« – resümiert Elisabeth Vasemeier (SPIEL MIT DEM FEUER, 17.5.1987), ein Paradeexemplar dieser Sorte, angesichts ihres Mordes an Monika Karges, der schwangeren Freundin ihres Mannes Dr. Friedrich Wasemeier (Jürgen Arndt), Regierungsschulrat und Landtagskandidat. Dass sie dabei bei ihrem Geständnis verklausuliert zum Mythos greift und sich selber als ihres Mannes Medea bezeichnet, zeigt sowohl ihre Bildung als auch ihren Stil, den sie auch beim Morden und dem Reden darüber nicht ablegt. So wie Glauke, Iasons zweite Frau, im Hochzeitskleid, einem Geschenk Medeas, im Mythos verbrennt, so auch Monika Karges, die Glauke Dr. Friedrich Wasemeiers, der Iason des TATORTs.

Mord aus Rache und damit Mord aus Liebe also: auch wenn Sex in der Beziehung nebensächlich ist und Elisabeth über die Bettgeschichten ihres Mannes Bescheid weiß, die Erkenntnis um den Mangel in dieser Beziehung folgt – Eskalation inklusive.

So auch, um die Siebziger nicht zu schnell zu verlassen, in RECHNUNG MIT EINER UNBEKANNTEN (23.4.1978). Dass Kontaktanzeigen tödlich enden können, erfährt Roswitha Mattusch (Edith Hanke) am eigenen Leibe und der Zuschauer nach wenigen Minuten. Josef Rosenkötter (Peter Matic), der Täter, denkt nämlich nicht daran, wie er geschrieben hat, sich nach dem Tod seiner Frau wieder zu verheiraten, zumal seine Frau Else (Gertrud Kückelmann) noch lebt. Noch. Denn Else muss sterben, damit mit Hilfe ihrer Lebensversicherung die finanziellen Schwierigkeiten der Firma beseitigt werden können. Das weiß Else und das will sie auch, und deshalb musste Frau Mattusch sterben. Gemeinsam wird der Plan entwikkelt und in die Tat umgesetzt, für den Versicherungsbetrug eine Unbekannte zu morden und die Tote als Else auszugeben. Soweit klappt das »perfekte Verbrechen« auch. Aber Rosenkötter plant einen doppelten Betrug, nun nicht mehr rein juristisch: Er betrügt Else mit der »ziemlich attraktiven« jungen Lehrerin Karin (Susanne Beck), die mit im Hause wohnt, und plant, nun ja »Witwer«, die Versicherungsprämie mit ihr durchzubringen. Ehefrau Ilse weiß davon nichts. Als sie es erfährt, nimmt nun das Ehedrama seinen Lauf. Als Tote lebt Else erst so richtig auf und entwickelt eine verbrecherische Dynamik, mit der ihr Mann Joseph nicht gerechnet hat: Rechnung mit einer Unbekannten.

Während Rosenkötter versucht, auch wirklich Witwer zu werden, dringt Else im Gegenzug zu Hause ein und erschießt den Eindringling in die Ehe, die Lehrerin. So gleichermaßen mit einem Mord ausgestattet, können beide dann einträchtig nebeneinander auf der Couch sitzen und Kommissar Haferkamp erwarten, zwischen ihnen nur der Stoffhund, der für »unser erstes Baby« bestimmt war.

Vielleicht, wenn sie Kinder gehabt hätten ... wieviele Verbrechen wären dann nicht geschehen?

»Unzucht mit Abhängigen«: REIFEZEUGNIS

Vielleicht hätte Gert Dittmann, »Versager«, der es in fünfzehn Jahren nur zu einer Mansardenwohnung und »nicht mal« zu einem Kind gebracht hat, seiner Kindfrau Evi (verwöhntes Einzelkind eines Bauunternehmers) dann doch am Fenstersims Halt gegeben und sie nicht nach fünfzehnjähriger Ehe bewusst in den Tod stürzen lassen (DAS LEDERHERZ, 3.5.1981).

Vielleicht hätte die distinguierte, teetrinkende Eva Waldner dann nicht aus Versehen die Schauspielerin Vera Kraske erstochen (BLASSLILA BRIEFE, 25.7.1982), als diese in der Rolle des *MacGuffins* Marion Winterfeld eigentlich den Ehemann von Grete Steinbeiss beschwichtigen sollte, von Eva fälschlicherweise aber für diese, die Geliebte ihres Mannes Lutz, gehalten wurde – ganz zu schweigen vom Nachbarn Herrn Mau, der als Zeuge auch noch beseitigt werden musste. Vielleicht hätte der Karnevalsprinz »Elektro Schuba« dann nicht Selbstmord begehen müssen, als Prinz mit Liebesaffaire und vermeintlicher Mörder seiner im dritten Monat schwangeren Freundin (DER MÖRDER UND DER PRINZ, 17.5.1992).

Vielleicht wäre der Physiker und Versager Günter Fischer dann nicht in die Fänge von Frau Dr. Lore Ewers geraten und erpressbar geworden, seinem Schwiegervater Franz Willigerot die Topsecret-Unterlagen über dessen neuen Laser zu entwenden – und vielleicht hätte dann dieser nicht aus Liebe zu seiner Tochter Sophie, die nach einer Abtreibung keine Kinder mehr bekommen kann, den Mord an Lore als Verbrechen Günters inszeniert, um so gleichzeitig seine untreue und betrügerische Verlobte Lore und den ungeliebten Schwiegersohn loszuwerden (VERBRANNTES SPIEL, 28.2.1993).

Und vielleicht hätte die fragile Anna Lottmann ihren vitalen Ehemann Klaus dann stärker an sich binden können (in SCHLAFLOSE NÄCHTE, 8.9.1996), so dass ihr Vater Walter Sievering ob der Liebschaften seines Schwiegersohns nicht ausrasten und versuchen hätte müssen, alles, was Klaus »liebt(e)« – Christine Becker, den Sohn aus erster Ehe, Charley, seine Eishockeymannschaft (samt Frau des Trainers) – zu zerstören.

Vielleicht – aber dann hätte es auch keine TATORTe gegeben. Kinderlose Ehefrauen jedenfalls bleiben auch im Alter die Töchter ihrer Väter.

Beruf: Lehrer, Berufung: Sex & Crime

RECHNUNG MIT EINER UNBEKANNTEN wie DER MANN AUS ZIMMER 22 beschäftigen sich mit Vertretern einer Berufsschicht, die in den Siebzigern mehr als nur ihren Beruf zu repräsentieren scheinen: die Lehrer. Als Verbindungsglied zwischen den Generationen oder als Aufsteiger und Einsteiger in die Räume der höheren Gesellschaft (über Walter Maurer, Anna und ihr Elternhaus heißt es: »Sie passt rein, er nicht«) wird ihnen prinzipiell Mobilität und Flexibilität zugesprochen, eine Flexibilität, die sie quasi zwischen die Fronten bringt und die sich im (problematischen) Umgang mit Normen äußert. Insbesondere scheint ihnen eine Anfälligkeit für erotische Verlockungen eigen zu sein. Zumindest wird diese Problematik gerne an ihnen abgebildet, wie eben auch im wohl bekanntesten TATORT, REIFEZEUGNIS. Unzucht mit Abhängigen wird dort betrieben, wie es Helmut Fichte (Christian Quadflieg), Deutsch-, Englisch-, Sportlehrer, selbst benennt (§ 174 StGB: heute »Sexueller Missbrauch von Schutzbefohlenen« geheißen), der mit der 17jährigen Schülerin Sina (Nastassja Kinski) seit einem halben Jahr intim ist, seiner Frau, Biologie- und Mathelehrerin, damit die Ehe bricht und von den Schülerinnen Inge und Kathrin dadurch zum Notenbetrug erpresst werden soll. Und da wäre noch ein Totschlag: Sina, von Klassenkamerad Micha zum Sex erpresst, wehrt sich. Eigentlich konsequent, dass Sina Lehrerin werden will.

Mobilität der besonderen Art führt CHERCHEZ LA FEMME ODER DIE GEISTER AM MUMMELSEE (4.3.1973) vor: eine Ausflugsgesellschaft im Reisebus »Kieler Sprotte« auf einer Tour im Schwarzwald. Die »Ethnographie der Provinz« auf Rädern bietet ein Panoptikum der schleswig-holsteinschen Gesellschaft, vom »dänische Hefte« schmuggelnden Herrn Brödersen, der als armer Mann einer reichen Frau sich so ein paar Groschen dazuverdient, bis zu Pastor Petersen und seiner »Schwesternschaft«. Alles brave Kieler Bürger. Dabei sind auch Fräulein Tuchowski, Fräulein Kern, Fräulein Lorenz. Letztere kompensiert ihr Fräuleindasein: Sie ist Frau Doktor Lorenz, darauf legt sie Wert: »Diese Anrede steht mir zu«, und sie ist Studienrätin. Die ersten beiden, späte Mädchen, versuchen auf andere Weise ihr Fräuleindasein zu beenden: Herr Klein, dieser charmante Lebemann und Stenz, »nach allen Seiten offen«, hat sich der beiden Freundinnen auf der Reise angenommen; Eifersüchteleien sind vorprogrammiert. Während nun am Mummelsee ein Austausch von Kulturgütern vorgenommen wird, Pornos aus dem Norden (für die Männer) für Mörike aus dem Süden (rezitiert von den Frauen), wird Fräulein Tuchowski im See ertränkt. Ihr »Hochzeitstag« wird zum Todestag, ganz wie es das Mörike-Gedicht *Die Geister am Mummelsee* voraussagt. Doch so ernst hätte Fräulein Martha Tuchowski das mit ihrem Hochzeitstag nicht nehmen müssen, ist doch ihr Verlobter Klaus-Dieter Klein nicht nur Vertreter, sondern nebenbei auch Heiratsschwindler, der neben Fräulein Tuchowski auch deren Freundin Fräulein Kern ein Heiratsversprechen gegeben hat.

Kommissar Gerbers (Heinz Schimmelpfennig) erster Fall weist schnell einen Tatverdächtigten auf, eben Herrn Klein, der auch noch in andere Machenschaften verwickelt zu sein scheint; reist doch seinetwegen sogar Kommissar Finke aus Kiel an, um ihn in einem anderen Fall zu verhören. Viel Aufwand für einen *red herring*, denn selbstverständlich (siehe oben) ist Klein (sogar in beiden Fällen, wie Finke konstatiert) unschuldig: »Ich gehöre dazu«, kann Klein bei seiner Rückkehr vom Präsidium mit Blick auf die im Frühstücksraum versammelten »braven Kieler Bürger« gegenüber der Bedienung süffisant behaupten, und keiner wagt, dies zu bestreiten. Nicht mehr dazu gehört der Reiseleiter Herr Lüdecke, der als zweites Opfer ermordet wird – im Zimmer von Brödersen, »Swinkram« lesend. Aber auch der »Swinkram« ist ein *red herring* und lenkt nur davon ab, was wir uns zwar nicht schon immer gedacht haben, wofür wir aber im Kontext sensibilisiert sein sollten: »cherchez la femme«, vor allem, wenn sie Lehrerin ist. Frau Doktor Lorenz hat in Zürich eine »Dummheit« begangen und sich auf ein Verhältnis mit Lüdecke eingelassen. Am Mummelsee werden sie von Fräulein Tuchowski im Bus in flagranti überrascht. Aus Angst, dass es – die Affäre mit Standesunterschied, wie Frau Doktor präzisiert – rauskommt, bringt sie die Tuchowski um, um dann, »es darf nicht rauskommen«, Lüdecke als Mitwisser des möglichen Motivs mit einem Brieföffner zu erschlagen. Und Lüdecke wäre nicht der Letzte, ließe Kommissar Gerber Frau Doktor weiter gewähren. Einmal konzentriert überlegt, wer über die Morde etwas wissen könnte, und schon findet sich ein Opfer nach dem anderen. Wehe, wenn sie losgelassen sind, die Studienrätinnen.

Liebe und Profession: Privatheit und Öffentlichkeit

Soweit die Siebziger. Und die Achtziger? Zunächst einmal tobt sich hier Schimanski aus, auch im Bett. Sex an sich ist nicht mehr Zeichen einer bestimmten Generation oder von Delinquenz, Sex hat sich emanzipiert. Normaler Sex. Deutlich wird dies auch daran, dass private Sexualität und daraus entstehende Probleme zum (Kapital-)Verbrechen alleine nicht mehr auszureichen scheinen. In Schimanskis erstem Fall DUISBURG-RUHRORT (28.6.1981) ist eine Leiche zwar noch der Eifersuchtsreaktion eines gehörnten Ehemanns zuzuschreiben, die zweite aber schon nicht mehr. Die TATORTe der Achtziger kon-

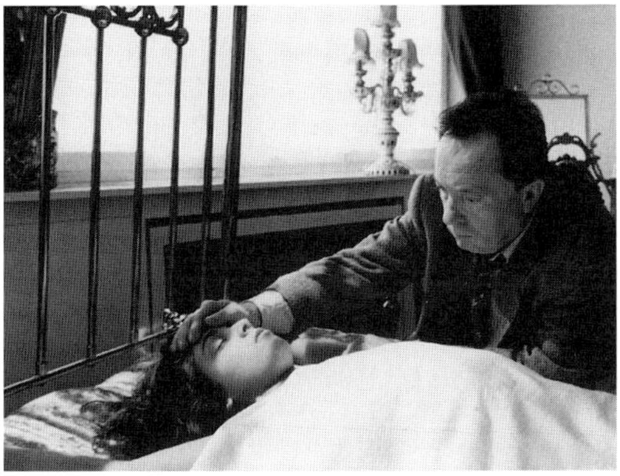

Das Thema eint die Republik: Ehrlicher in LAURA, MEIN ENGEL; Freddy Schenk in MANILA

struieren häufig neben einer Privatgeschichte eine zweite Dimension des professionalisierten, institutionalisierten und organisierten Verbrechens. Diese überlagert die erste, ist zunehmend für die Todesfälle verantwortlich und motiviert und katalysiert Verbrechen. (Im Laufe der achtziger Jahre scheint sich als neue Leitdifferenz die Spannung und Wechselwirkung von Intimität einerseits und Gesellschaft andererseits im kulturellen Denken zu etablieren. Insofern ist diese Installierung einer zweiten Ebene nicht spezifisch für Sex & Crime und eigentlich ein eigenes Thema. So bringt in ZWEIERLEI BLUT (22.7.1984) eben nicht der Sohn den italienischen Freund der Mutter, sondern der Schwarzarbeiter beschäftigende Stadionwart Ludwig »seinen« Gastarbeiter um. Zwei weitere Beispiele, in denen die Ermittlungen zwischen den Polen »Privatheit« (Mord aus Eifersucht) und »Professionalität« oszillieren, sind: HÄNDE HOCH, HERR TRIMMEL (4.5.1980), in dem Franz Rossko seinen Freund Max Prange »vielleicht auch wegen« dessen Frau Mathilde ermordet (und dann bei ihr den Platz von Max einnimmt), der Mord aber nicht dem Pelzhändler Weinrich zuzuschreiben ist, der durch seine dunklen Geschäfte von Prange erpresst wurde. Und FLUCHT NACH MIAMI (18.4.1993), in dem der Ehemann die Ehefrau ermordet, aber nur deshalb, weil diese – wie viele andere Ehefrauen, vornehmlich aus dem Osten – wegen der Rückzahlung eines Kredits zur Hausfrauenprostitution genötigt wurde (§ 302a StGB: »Wucher«).

Sex & Crime gehen dann insofern und verstärkt eine Liaison ein, als auch die zweite Dimension in einem per se sexualisierten Kontext situiert ist. Dies kann an einschlägig dafür bekannte Räume gebunden sein – das Rotlicht-Milieu wie zum Beispiel St. Pauli in STOEVERS FALL (5.7.1992) –, oder an bestimmte Personengruppen: Die Ware Kind als Sexualobjekt scheint dabei in allen Varianten ein beliebtes Thema zu sein; ob bei Schimanski (KINDERLIEB, 27.10.1991), Ehrlicher (LAURA, MEIN ENGEL, 1.5.1994) oder Batic und Leitmayr (FRAU BU LACHT, 26.11.1995), das Thema eint die Republik. Wie die Beispiele bereits zeigen, hat man damit die Achtziger auch (fast) schon verlassen. Der konkrete Fall interessiert dabei weniger. Er dient als Fallbeispiel und steht repräsentativ für andere, eingebettet in ein Label, einen Typ, einen Paragraphen. Er ist nur mehr ein »kleines Rad in großer Geschichte«, wie in FRAU BU LACHT expliziert wird.

Die Fronten sind dabei durch den moralischen Konsens a priori geklärt, wie MANILA (19.4.1998), ein später Nachzügler zum Thema Kinderprostitution, mit dem Holzhammer und viel rhetorischer Betroffenheit vermittelt. Dort, wo es im TATORT um eine Abbildung aktuellster gesellschaftlicher Themen geht (gerade im Bereich der Sexualmoral), scheint (zumindest gegenwärtig) die Tendenz zu bestehen, aufgrund einer missverstandenen Authentizität anfällig für eine allzu plakative und einer (Pseudo-)*Political Correctness* verpflichteten

Inszenierungsweise zu sein (AIDS und MORD IN DER AKADEMIE oder fast alle Folgen des Kölner Teams Ballauf/Schenk wären weitere Beispiele).

Insofern leuchtet es ein, dass dieses »kleine Rad« auch fast vollständig vernachlässigt werden kann, um Platz für die Kommissare – und deren Liebesleben – zu machen: SALÜ PALU (24.1.1988), MORD IN DER AKADEMIE, LIEBE, SEX, TOD.

Väter und Töchter – und Mütter

Doch noch einmal zurück zu den Achtzigern. Die Lehrer sind zwar noch da, das Faszinosum des Besonderen ist aber verflogen; sie sind nur noch reines Opfer wie Monika Karges in SPIEL MIT DEM FEUER oder in verbalen Anspielungen zu finden wie im ersten Schimanski DUISBURG-RUHRORT. Lehrer ist ein Beruf wie jeder andere, das besondere Interesse daran ist weg. So eben auch an Giacomo Valpone, Lehrer und Opernfreund, der in TRIMMEL UND ISOLDE (19.9.1982) anfangs noch als möglicher Tatverdächtigter eingeführt wird, um im Laufe der Geschichte dann schlichtweg vergessen zu werden; er taucht in der Handlung nicht mehr auf, zwölf Schüler als Zeugen sind einfach zuviel. Dabei begann alles so schön: mit einer *Tristan und Isolde*-Aufführung in der Hamburger Staatsoper am 30.09.1981, unter dem Dirigenten Siegfried Mattuschek, dem größten lebenden Wagnerinterpreten. »Nun banne das Bangen, holder Tod« (zweiter Aufzug, zweite Szene), flüstert Isolde Bothüter ihrem Freund und Geliebten Giacomo bewegt zu. Die Fortsetzung des Zitats, »... sehnend verlangter Liebestod!«, kommt allerdings nicht mehr über ihre Lippen, wie denn die obigen Worte auch das Einzige sind, was sie im ganzen TATORT von sich gibt: Am nächsten Tag liegt sie tot in ihrer Wohnung, mit einer Wagnerbüste erschlagen – Liebestod? Zumindest Mord beim Liebestod, denn um den Lärm zu übertönen, den er selbst macht, dient dem Täter als Schallschutz das Abspielen von Wagners Musik. Oder war es doch ein »Sexualunfall zwischen Musikverrückten«, wie Claus Bothüter (Hartmut Becker), geschiedener Ehemann von Isolde und der Tat verdächtigt, spekuliert: »Die Leute bei Wagner sind ja nicht glücklich, wenn's nicht irgendwo wehtut.« Trimmel jedenfalls findet das alles – Wagners *Tristan* insbesondere – unmoralisch oder, was das Gleiche ist, schicksalshaft, und seine Frau berichtet, sie habe einfach die »Augen zugemacht«.

Die Augen auf hatte aber die neunjährige Tochter von Isolde, ebenfalls Isolde mit Namen, die Zeugin des Mordes. Sie ist aber zunächst nicht vernehmungsfähig (da der Täter »das Balg« – so Assistentin Stiller [Elisabeth Ackermann] – in einen Schrank gesperrt hat) und verweigert später die Aussage.

Die Augen auf macht aber auch Erich Schenkel (Klausjürgen Wussow), der Ex von Marlies Effenberger (Christiane Krüger), als diese, die jetzige Verlobte von Claus Bothüter, nackt vor ihm im Zimmer steht und ihm ihre herzförmig geschnittenen Schamhaare zeigt.

Nebenbei bemerkt: Solche horizontalen, synchronen Beziehungsreihen mit kriminellem Potential finden sich auch in BLECHSCHADEN (13.6.1971), mit Monika Speer als Freundin von Herrn Breuke, dessen Frau Helga Herrn Seidel zum Geliebten hat, der neben ihr weitere Beziehungen unterhält, oder in DER MORD DANACH (23.6.1985): Nick Stolze ist Geliebter von Frau Reismüller, deren Mann Dr. Reismüller nun mit Kate Bollmann ein Verhältnis hat, zunächst aber mit Ariane Plessing befreundet war, die sich deswegen von ihrem Mann Jörg Plessing scheiden ließ, der eine erneute Bindung anstrebt. Oder in BOMBENSTIMMUNG (12.10.1997). Das Verbrechen wird dabei zumeist durch die Gleichzeitigkeit mehrerer Beziehungen ausgelöst.

Doch zurück zu Marlies Effenberger. Sie demonstriert mit diesen nackten Tatsachen, wer für den »Sinn für originelle Späße« verantwortlich ist: Claus Bothüter. Denn auch die tote Isolde hatte diesen Haarschnitt, wie Erich Schenkel als Anwalt erfahren hat und Marlies verwundert berichtet, galt Isolde doch angeblich als Eisbrocken. So zumindest hat Claus sie Marlies gegenüber dargestellt. Als sicher gilt durch dieses Indiz, dass Claus auch nach der Scheidung von Isolde und bereits während seiner Beziehung zu Marlies noch mit Isolde geschlafen hat. Und damit wird im Zusammenhang mit den übrigen Ermittlungen nahegelegt, dass Bothüter auch der Mörder von Isolde ist. Doch dies kann ihm in der Verhandlung nicht

Beziehungsreihen: Herr Seidel (Götz George) und Frau Breuke (Ruth-Maria Kubitschek) in BLECHSCHADEN

nachgewiesen werden. In *dubio pro reo* lautet das Urteil des Richters, der zugleich aber auch auf eine höhere Gerechtigkeit verweist. Und diese stellt sich prompt ein, in Form von Isolde, der Tochter. Denn Claus, wie sie ihren Vater nennt, ist ihre große Liebe, und deshalb verschweigt sie ihr Wissen. Wenn es am Ende lapidar heißt, »die Kleine hat ihren Vater ganz für sich«, meint das auch, dass Bothüter im »Purgatorium Isolde« gefangen ist, da sie ihn ganz in der Hand hat. Ist er doch durch ihre Zeugenschaft andauernd erpressbar – auch zum Inzest, wie in der Diskussion der Anwälte bereits zuvor thematisiert wird.

Hier sind sie wieder, die Väter mit ihren – diesmal leiblichen – Töchtern (die zumeist zu ihren Müttern kein gutes Verhältnis haben); auch die tote Isolde hatte einen Vaterkomplex und konnte sich nicht von ihm lösen, ist ihr Vater doch jener Siegfried Mattuschek, der Dirigent.

Die Richtung der Fixiertheit scheint sich im Laufe der (Kriminal-)Geschichte allerdings umzudrehen. In den Achtzigern sind es verstärkt die Töchter, von denen das prekäre Verhältnis zum Vater ausgeht. So hat sich Miriam Schultheiß (Sunnyi Melles) von ihrem Vater losgesagt, da sie ihn verdächtigt, beim Tod ihrer Mutter vor zwanzig Jahren nicht unschuldig zu sein (MIRIAM). Wie wenig diese Lossagung aber mit einer mentalen Befreiung vom Vater zu tun hat, zeigen die Nachforschungen, die sie in Auftrag gibt. Es stellt sich

Inzest: Herr Frevert und seine Tochter, Stoever und Brockmöller in BLINDEKUH

heraus, dass die Mutter noch lebt, unter der Identität von Frau Jakobs, einer früheren Hausangestellten; diese musste statt Dina Schultheiß einen »Verkehrsunfall« erleiden, damit so ein Skandal vermieden werden konnte: Dinas Verhaftung stand unmittelbar bevor, da sie ihren Liebhaber, Croupier in einem illegalen Spielcasino für die Oberschicht, ermordet hatte. Dieses Wissen führt aber nur zu einer Veränderung in der Beziehung zu ihrem Vater. Dina Schultheiß bleibt für ihre Tochter Miriam gestorben, während sie nach zehnjähriger Absenz in das Haus ihres Vaters zurückkehrt und – da Schultheiß sich wegen Anstiftung zum Mord verantworten muss – seine gesellschaftliche Rolle weiterführt, »the show must go on«.

Eine Familienzusammenführung der anderen Art zeigt fünf Jahre später EINZELHAFT: Die bereits erwähnte Ilona Vogtländer (Brigitte Karner), die Lesbe, versucht (im Gegensatz zu Miriam) die Unschuld ihres Vaters zu beweisen. Rolf Vogtländer sitzt wegen Mordes an seiner zweiten Frau Eva im Gefängnis, schweigt zur Tat selbst aber nach wie vor. Besessen von seiner Unschuld, ist Ilona in ihren Recherchen unbeirrbar, sie werden zum Lebensinhalt. Doch sie täuscht sich. Als Ilona erkennen muss – durch das Geständnis ihres Vaters –, dass er tatsächlich der Täter ist, da Eva ihn mit dem Spediteur Plewitsch (Juraj Kukura) betrogen hatte und gleichzeitig Puffmutter in dessen Bordell international importierter Hausfrauen war, ahmt sie ihm den Mord nach: Sie erschießt Plewitsch.

Später sind es dann die Väter, die nicht loslassen können und die Töchter für sich beanspruchen; sie wollen sie vor dem »Zugriff« fremder Männer schützen, die sie ihnen wegnehmen könnten (TOD IM ELEFANTENHAUS, VERBRANNTES SPIEL). Dass Väter den Söhnen die Frauen wegnehmen, ist eine Variante, die eher in den Siebzigern favorisiert wird, die mit der Angst der Söhne vor den Frauen verbunden wird, wie etwa in ROT ... ROT ... TOT oder in NACHTFROST – einer von beiden scheint dann aber auch immer der Mörder zu sein.

Die Vereinnahmung der Tochter durch den Vater geht denn bis zu deren »Einverleibung« (§ 173: »Inzest«, § 177: »Vergewaltigung«), wie EIN EHRENWERTES HAUS eher unterschwellig und ROSEN FÜR NADJA auf vergangene Ereignisse bezogen zeigen und wie in BLINDEKUH zentral vorgeführt wird. Wie sich Herr Frevert (Diether Krebs) mit seiner 16jährigen Tochter Irene seit zweieinhalb Jahren vergnügt, muss nicht verbal vermittelt werden. Als anständiger Deutscher liebt Herr Frevert Urlaubsvideos und sieht sich auch selbst gerne vor der Kamera beim Missbrauch seiner Tochter agieren. Oral, von hinten, »normal«. Da ist es nicht nötig, dass er seine Tochter auch noch real ermordet. Irenes »ich bin irgendwie tot« bewahrheitet sich dann zwar auch nicht nur metaphorisch, sie ist das Opfer, als Mörder muss am Ende »eigentlich der Falsche« verhaftet werden: Nicht ihr Vater, sondern Jakob Samow (Joachim Hermann Luger),

Nackt und tot (III): Motte (René Schnoz) in FALSCHE LIEBE

der »fremde Mann«, den Irene mochte, von dem sie sich aber nicht umarmen lassen wollte und so bei einem Versuch seinerseits tragischerweise verunglückte. So ganz der Falsche, wie Kommissar Stoever räsoniert, war er aber auch nicht. Denn schließlich ist er dreifacher Familienvater, der mit der Babysitterin nicht anzubandeln hatte.

Und was praktizieren die Mütter? FALSCHE LIEBE (20.12.1992). Ein einziger Film, aber ein Horror-Kabinett an Müttern. Da gibt es Yvonnes Mutter, eine feine Dame, alleinerziehend, da ihr Mann (ein schöner Mann, ein Casanova, ein echter Hallodri, wie dessen Mutter schwärmt) vor 25 Jahren im Auto einer Prostituierten umgekommen ist, die das Beste für Yvonne (Erika Skrotzki) will und immer noch erziehend ist, obwohl Yvonne mittlerweile Frau Doktor Dormin und als Kunsthistorikerin am Museum tätig ist. Und da gibt es Mutter Odenthal, eine nervige Schlampe, deren Mann Leo vor zwölf Jahren das Weite suchte, und nun scheint sich dieses Drama mit Freund Karel zu wiederholen. Wie gut, dass es Töchter gibt, die immer für einen da sind, jedenfalls aus der Perspektive der Mütter da sein sollten: Auch Kommissarinnen sind von Müttern nicht verschont.

Was aber ist das Beste für Yvonne? Zumindest nicht Matthias »Motte« Bechner (René Schnoz), denkt sich die Mutter, denn der ist schließlich eine doppelte Mesalliance: jünger als Yvonne und ärmer als Yvonne. Beides scheint Yvonne nicht nur zu reizen, sondern auch gut zu tun. Aus der Stille, Weite und Sterilität ihrer Kunstwelt führt er sie zu den echten Bildern des Lärms, der Enge und des Drecks. Statt der Kulturschickeria zeigt er ihr das Elend. Und statt den Avancen des intellektuellen Direktors Storm gibts Männlichkeit und Motte im Bett. Leben eben!

Aber auch ein richtiger Mann hat eine Mutter. Mottes Mutter ist der Rauschgiftdealer Jelenak-Mutter (Wilfried Basner), für den er früher gearbeitet hat, was ihm Gefängnis einbrachte. Nicht für Mutter zu arbeiten bringt aber den Tod, wie Mottes Freund Horst »Hotte« Kneist zu spüren bekommt. Dann lieber Tod spielen und aus dem Leben, dem kalten in Deutschland und dem von Yvonne verschwinden, zumal Yvonnes Mutter 30.000 DM dafür bietet. Einmal Tod, wenn auch fingiert, immer Tod, so die Genreregel, zumal der Tod von Motte visuell vor Yvonne und vor dem Zuschauer inszeniert wird. Was tot ist, muss tot bleiben, alles andere wäre Betrug. Motte kehrt zwar zurück (Karel übrigens auch) und rettet Yvonne, wird aber von Mutter erschossen.

Delikt: Nackter Mann

Welches Vergehen musste Motte mit dem Tod bezahlen, kann man sich abschließend fragen, und die Antwort fällt etwas unerwartet aus, mit Blick auf 30 Jahre deutsche (Kriminal-)Geschichte: nicht wegen seiner kriminellen Vergangenheit, nicht, weil er nicht hundertprozentig treu war und auch nicht, weil er sich selbst für 30.000 DM verkauft hat, wage ich provokant zu behaupten. Sein schlimmstes Vergehen war ein Nackttanz, den nicht nur Yvonne als direkte Zuschauerin und deren Großmutter als Voyeurin vorgeführt bekommt, sondern auch der Zuschauer: Wer sich aber als Mann, ohne äußeren Grund und ohne Gefühl einer Tabuverletzung – aus reiner Freude am eigenen Körper –, nackt der Kamera anbietet und alles zeigt, speziell

Nackt und tot (IV): Fritz Laible (Bernd Tauber) in BIENZLE UND DIE SCHÖNE LAU

seine vordere Mitte, kann damit rechnen, dass er diesen Exhibitionismus nicht überlebt (§ 183 StGB: »Ein Mann, der eine andere Person durch eine exhibitionistische Handlung belästigt, wird mit Freiheitsstrafe bis zu einem Jahr oder mit Geldstrafe bestraft«). So zeigt uns in FALSCHE LIEBE die auf den Tanz folgende Einstellung auch die Leiche Mottes, hier zwar erst fingiert, aber Motte selbst bleibt bis zum Ende visuell tot (und dann auch richtig).

Noch eine Marginalie angesichts der Großmutter: Ach ja, die Voyeure und Spanner. Sie kommen hier leider viel zu kurz, wie sie bei Sex & Crime ja auch zu kurz kommen, zumindest was den ersten Teil davon anbelangt. Einige Beispiels-TATORTe dazu: REIFEZEUGNIS, LIEBE, SEX, TOD, DIE ZÄRTLICHKEIT DES MONSTERS, BLUTHUNDE (21.12.1997), ARMER NANOSCH (9.7.1989).

Auch in MORD IN DER AKADEMIE ist es die letzte Einstellung Till Bornemanns vor dem Mord, die ihn uns nackt zeigt, seinen Luxuskörper und sein Kapital präsentierend, eben alles was er hat und zum Sich-aushalten-Lassen braucht. Weniger attraktiv – zugegebenermaßen – ist demgegenüber Fritz Laible in BIENZLE UND DIE SCHÖNE LAU (28.3.1993), wenn er uns sein Leible zeigt, beim eher unerotischen Vorspiel mit der schönen (oder hier grad' argen?) Lau. Aber was hilft's! Auch er taucht nicht mehr auf (aus dem Blautopf). Auch ein nackter Oberkörper kann bereits tödlich sein, wie Felix Rust in LIEBE, SEX, TOD erfährt, muss aber nicht. Stigma des Perversen ist er aber allemal. Dass mag bei Ron aus BEI AUFTRITT MORD noch angehen, da hier die Erkennbarkeit der Abweichung gewährleistet ist und diese durch die Bühnensituation einer ständigen Beobachtung unterliegt – als Tänzer darf er dem Klischee nach ja sowieso »schillernd veranlagt« sein. Bei den braven Biedermännern und versteckt Perversen ist ein solcher Index – wenn nackt, dann pervers (Ausnahmen bestätigen natürlich die Regel: Auf Schimanski trifft sie gerade nicht zu – oder doch?) – aber offenbar notwendig. Wenn in FRAU BU LACHT Dr. Zimmer eingeführt wird, wie er oberkörperfrei die Fenster seines Büros putzt, was kann er dann schon noch anderes sein als ein abgefeimter Kinderschänder, der dies auch noch ideologisch vertritt (und in der Vergangenheit die Gegner der Volkszählung vertreten hat). Auch Freverts Nacktheit verweist auf den Inzestler (BLINDEKUH), während Nacktheit und *Body Styling* in BLUTHUNDE mit der perversen Ader des Teams Mike, Oliver und Linda zusammenfällt, durch selbstinszenierte Unfälle die Ersten am Tatort zu sein und so die spektakulärsten Bilder zu drehen. Wer so skrupellos ist, lässt sich auch beim nackten Liebesakt zuschauen.

Ein solcher wird uns auch gleich zu Beginn von INFLAGRANTI (28.12.1997) geboten (§ 183a StGB: »Erregung öffentlichen Ärgernisses«): Nachdem uns Peter Broders mit freiem Oberkörper und wenigen Worten und Gesten ohne weiteres überzeugen konnte, dass er ein ultrabrutaler, unsympathischer Schläger und Macho ist, dem man es nur gönnt, dass seine Frau Nicole ihn betrügt (der Anlass des Streits), beschläft er sie. Das verheißt nichts Gutes, wie wir inzwischen ahnen, und so überrascht es nicht, dass sein letztes Stündlein innerhalb der nächsten 90 Minuten schlägt. Jan, sein kleiner Sohn, sorgt dafür: Er sperrt ihn in die Sauna ein (Kinder können so grausam sein). Nun

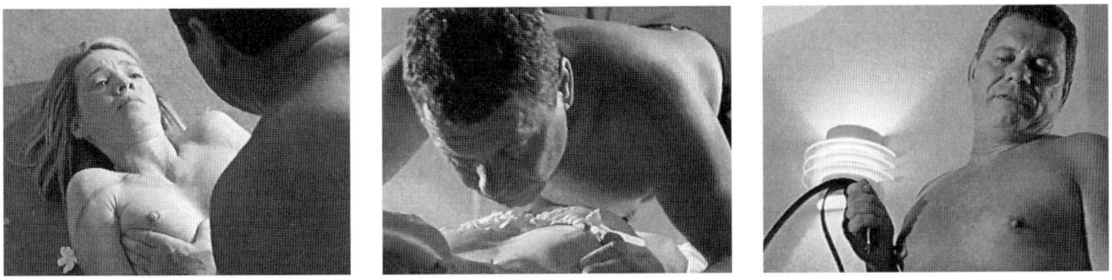

Nackt und tot (V): Peter Broders (Ronald Nitschke) in INFLAGRANTI

wäre der Weg frei für Nicole und Achim Keitel, ihren Geliebten. Nur schade, dass die beiden noch zu Lebzeiten von Peter in dessen Haus auf dessen Sofa vor laufender Kamera ... ups (Sohnemann Jan sieht zwar nicht zu, ist aber stimmlich präsent; in »grausamer« Vernachlässigung ihrer Mutterpflichten macht Nicole keinen *Coitus Interruptus* und geht nicht ans Telefon, sondern lässt Jan auf den Anrufbeanworter ins Leere sprechen). Der nackte Mann aber hat Folgen. Nach dem Höhepunkt kommt der Fall. Als Achim Jan auf ein Baugerüst folgt, um ihn zu retten, schießt die toughe Kommissarin Inga Lürsen (Sabine Postel), da sie denkt, Achim ist der Mörder und will Jan als Zeugen beseitigen (das denkt zu diesem Zeitpunkt auch nur noch sie, der Zuschauer jedenfalls nicht). Der Schuss hat Folgen, Achim erschrickt und stürzt zu Tode. Etwas ins Grübeln kommt man da schon, warum der unschuldige Achim Keitel sterben musste: »Gesetz der Serie« oder »Gesetz der Sitte«? ♦

Anmerkung

1 Vgl. den Beitrag von Wolfgang Struck in diesem Band.

Erwähnte Folgen:

ARMER NANOSCH (NDR, 9.7.1989)
Hauptkommissare Stoever und Brockmöller
Regie: Stanislav Barabas.
Buch: Asta Scheib, Martin Walser.

BEI AUFTRITT MORD (MDR, 31.3.1996)
Hauptkommissar Ehrlicher und Kommissar Kain
Regie: Hans Werner.
Buch: Klaus Richter.

BIENZLE UND DIE SCHÖNE LAU (SDR, 28.3.1993)
Hauptkommissar Bienzle
Regie: Hartmut Griesmayr.
Buch: Felix Huby, Werner Zeindler.

BLASSLILA BRIEFE (SWF, 25.7.1982)
Hauptkommissarin Wiegand
Regie: Stanislav Barabas.
Buch: Kurt Rittig.

BLECHSCHADEN (NDR, 13.6.1971)
Kommissar Finke
Regie: Wolfgang Petersen.
Buch: Herbert Lichtenfeld.

BLINDEKUH (NDR, 20.4.1992)
Hauptkommissare Stoever und Brockmöller
Regie: Werner Masten.
Buch: Ulrich Kressin.

BLUTHUNDE (BR, 21.12.1997)
Hauptkommissare Batic und Leitmayr
Regie: Peter Schulze-Rohr.
Buch: Norbert Ehry.

BOMBENSTIMMUNG (WDR, 12.10.1997)
Hauptkommissare Ballauf und Schenk
Regie: Kaspar Heidelbach.
Buch: Peter Zingler.

CHERCHEZ LA FEMME ODER DIE GEISTER AM MUMMELSEE (SWF, 4.3.1973)
Kommissar Gerber
Regie: Wilm ten Haaf.
Buch: Dieter Waldmann.

DUISBURG-RUHRORT (WDR, 28.6.1981)
Hauptkommissare Schimanski und Thanner
Regie: Hajo Gies.
Buch: Horst Vocks, Thomas Wittenburg.

EIN EHRENWERTES HAUS (MDR, 8.1.1995)
Hauptkommissar Ehrlicher und Kommissar Kain
Regie: Petra Haffter.
Buch: Stefan Kolditz.

EINZELHAFT (WDR, 21.8.1988)
Hauptkommissare Schimanski und Thanner
Regie: Theodor Kotulla.
Buch: Frank Göhre.

DER FALL SCHIMANSKI (WDR, 29.12.1991)
Hauptkommissare Schimanski und Thanner
Regie: Hajo Gies.
Buch: Axel Götz, Thomas Wesskamp.

FALSCHE LIEBE (SWF, 20.12.1992)
Kommissarin Odenthal
Regie: Susanne Zanke.
Buch: Ulli Stephan.

FLUCHT NACH MIAMI (WDR, 18.4.1993)
Hauptkommissar Flemming
Regie: Uli Stark.
Buch: Nikolaus Stein, Jacki Engelken.

FRAU BU LACHT (BR, 26.11.1995)
Hauptkommissare Batic und Leitmayr
Regie: Dominik Graf.
Buch: Günter Schütter.

HÄNDE HOCH, HERR TRIMMEL (NDR, 4.5.1980)
Hauptkommissar Trimmel
Regie: Carlheinz Caspari.
Buch: Friedhelm Werremeier.

HIMMEL UND ERDE (BR, 28.11.1993)
Hauptkommissare Batic und Leitmayr
Regie: Markus Fischer.
Buch: Ljubisa Rictic.

INFLAGRANTI (RB, 28.12.1997)
Hauptkommissarin Lürsen
Regie: Petra Haffter.
Buch: Sabine Thiersler.

IRREN IST TÖDLICH (NDR, 14.4.1985)
Hauptkommissar Stoever
Regie: Wolfgang Storch.
Buch: Peter Hemmer.

DER KALTE TOD (SWF, 6.10.1996)
Hauptkommissarin Odenthal
Regie: Nina Grosse.
Buch: Sascha Arango.

KINDERLIEB (WDR, 27.10.1991)
Hauptkommissare Schimanski und Thanner
Regie: Ilse Hoffmann.
Buch: Gabi Pauler, Hartmunt Grund.

LAUF EINES TODES (NDR, 21.1.1990)
Hauptkommissare Stoever und Brockmöller
Regie: Wolfgang Storch.
Buch: Lothar Hirschmann.

LAURA, MEIN ENGEL (MDR, 1.5.1994)
Hauptkommissar Ehrlicher und Kommissar Kain
Regie: Ottokar Runze.
Buch: Richard Hey.

DAS LEDERHERZ (SWF, 3.5.1981)
Hauptkommissarin Wiegand
Regie: Imo Moszkowicz.
Buch: Irene Rodrian.

LIEBE, SEX, TOD (BR, 6.4.1997)
Hauptkommissare Batic und Leitmayr
Regie: Peter Fratzscher.
Buch: Christian Jeltsch.

MANILA (WDR, 19.4.1998)
Hauptkommissare Ballauf und Schenk
Regie und Buch: Niki Stein.

DER MANN AUS ZIMMER 22 (WDR, 8.12.1974)
Oberkommissar Haferkamp und Kommissar Kreutzer
Regie: Heinz Schirk.
Buch: Oliver Storz.

MIRIAM (WDR, 3.4.1983)
Hauptkommissare Schimanski und Thanner
Regie: Peter Adam.
Buch: Horst Vocks, Thomas Wittenburg, Peter Adam.

DER MÖRDER UND DER PRINZ (WDR, 17.5.1992)
Hauptkommissar Flemming
Regie: Kaspar Heidelbach.
Buch: Nikolaus Stein, Jacki Engelken, Wolfgang Hesse.

DER MORD DANACH (SWF, 23.6.1985)
Hauptkommissarin Wiegand
Regie: Ivan Schumacher.
Buch: Sylvia Hoffman.

MORD IN DER AKADEMIE (WDR, 24.4.1994)
Hauptkommissar Flemming
Regie: Ulrich Stark.
Buch: Claus-Michael Rohne.

NACHTFROST (NDR, 20.1.1974)
Kommissar Finke
Regie: Wolfgang Petersen.
Buch: Herbert Lichtenfeld.

NAHKAMPF (SWF, 19.10.1997)
Hauptkommissarin Odenthal
Regie und Buch: Thomas Bohn.

DIE NEUE (SWF, 29.10.1989)
Kommissarin Odenthal
Regie: Peter Schulze-Rohr.
Buch: Norbert Ehry.

RECHNEN SIE MIT DEM SCHLIMMSTEN (NDR, 24.9.1972)
Hauptkommissar Trimmel
Regie: Peter Schulze-Rohr.
Buch: Peter Schulze-Rohr, Friedhelm Werremeier.

RECHNUNG MIT EINER UNBEKANNTEN (WDR, 23.4.1978)
Oberkommissar Haferkamp und Kommissar Kreutzer
Regie: Wolfgang Becker.
Buch: Peter Hemmer.

REIFEZEUGNIS (NDR, 27.3.1977)
Kommissar Finke
Regie: Wolfgang Petersen.
Buch: Herbert Lichtenfeld.

ROSEN FÜR NADJA (HR, 15.2.1998)
Kommissar Brinkmann
Regie und *Buch:* Heinz Schirk.

ROT ... ROT ... TOT (SDR, 1.1.1978)
Kommissar Lutz
Regie: Theo Mezger.
Buch: Karl Heinz Willschrei.

SALÜ PALU (SR, 24.1.1988)
Hauptkommissar Palu
Regie: Hans C. Blumenberg.
Buch: Felix Huby.

SCHLAFLOSE NÄCHTE (SWF, 8.9.1996)
Hauptkommissarin Odenthal
Regie und Buch: Hartmut Schoen.

SCHULDLOS SCHULDIG? (SFB, 28.2.1988)
Hauptkommissar Bülow
Regie: Thomas Engel.
Buch: Peter Scheibler

DER SCHWARZE ENGEL (SWF, 13.11.1994)
Kommissarin Odenthal
Regie: Nina Grosse.
Buch: Stefan Kolditz.

SPIEL MIT DEM FEUER (SWF, 17.5.1987)
Hauptkommissarin Wiegand
Regie: Wolfgang Storch.
Buch: Knut Boeser, Barbara Piazza.

STOEVERS FALL (NDR, 5.7.1992)
Hauptkommissare Stoever und Brockmöller
Regie: Jürgen Roland.
Buch: Willi Voss.

STRANDGUT (NDR, 25.6.1972)
Kommissar Finke
Regie: Wolfgang Petersen.
Buch: Herbert Lichtenfeld.

TOD IM ELEFANTENHAUS (NDR, 20.4.1987)
Hauptkommissare Stoever und Brockmöller
Regie: Bernd Schadewald.
Buch: Sven Freiheit.

TRIMMEL UND ISOLDE (NDR, 19.9.1982)
Hauptkommissar Trimmel
Regie: Peter Weck.
Buch: Friedhelm Werremeier.

VERBRANNTES SPIEL (MDR, 28.2.1993)
Hauptkommissar Ehrlicher und Kommissar Kain
Regie: Bodo Fürneisen.
Buch: Knut Boeser.

WER NICHT SCHWEIGT, MUSS STERBEN (MDR, 10.3.1996)
Hauptkommissar Ehrlicher und Kommissar Kain
Regie: Hans Werner.
Buch: Klaus Richter.

DIE ZÄRTLICHKEIT DES MONSTERS (SWF, 31.10.1993)
Kommissarin Odenthal
Regie und *Buch:* Hartmut Schoen.

ZWEIERLEI BLUT (WDR, 22.7.1984)
Hauptkommissare Schimanski und Thanner
Regie: Hajo Gies.
Buch: Felix Huby, Fred Breinersdorfer.

Supergirls – Die Geschichte der TATORT-Kommissarinnen

Von Sabine Holtgreve

Ich fühle mich heute sehr frei«, bekennt Hannelore Elsner, als Alice Schwarzer sie im März 2000 zu ihren beruflichen Perspektiven befragt [1]. Drei Monate später nimmt die 56jährige den deutschen Filmpreis für ihre Darstellung im Kinofilm *Die Unberührbare* (2000, Regie: Oskar Roehler) entgegen. Bekannt wurde Hannelore Elsner jedoch in der Rolle der *Kommissarin*. In schwarzer Lederjacke, Pumps und mit einer Waffe in der Hand war die selbstbewusste Ermittlerin seit 1993 erfolgreich im Vorabendprogramm unterwegs, um schließlich 1997 zweimal unter dem Dach der TATORT-Reihe Mörder ins Schwitzen zu bringen. Hannelore Elsner konnte ihren Dienst mit der Waffe entspannt verrichten, denn sie war nicht allein. Ihre Vorgängerin und Mitstreiterin Lena Odenthal (Ulrike Folkerts) hatte bereits acht Jahre lang gekämpft, nicht nur gegen das Verbrechen, sondern auch für die Akzeptanz von Frauen in der Rolle des TATORT-Kommissars.

In meiner Erinnerung ist Lena Odenthal die erste Kommissarin, die zurückschlägt. Respektvoll schauten wir auf dem WG-Fernseher einer Frau zu, die ein beträchtliches Aggressionspotential mitbrachte. Vor Lena Odenthal gab es Hanne Wiegand (Karin Anselm). Die war kühl, blond, ein bisschen traurig und erinnerte mich an meine Mutter. Ihrer Beliebtheit tat das keinen Abbruch. Trotzdem wurde Hanne Wiegand zu selten gesendet, um sie richtig kennen zu lernen. Jedenfalls kam man nie so richtig zu ihr durch, was war wohl die Ursache für ihre anhaltende Melancholie? Heute ahne ich, es könnte etwas mit ihrem Beruf zu tun haben. Oberkommissarin Marianne Buchmüller (Nicole Heesters) und Hauptkommissarin Wiegand waren die beiden ersten TATORT-Ermittlerinnen. Erdacht hatte sie der SWF. Sie steckten in dem Dilemma, einerseits Identifikationsangebot für alle Frauen sein zu müssen und andererseits nicht weniger erfolgreich zu erscheinen als ihre männlichen Kollegen. Traditionslinien waren für die TATORT-Frauen nicht vorhanden. Der Titel »Frau Kommissar« wurde höchstens für die Gattin des Ermittlers im Munde geführt. 83 Folgen lang war der TATORT im Ersten Männersache, dann nahm 1978 die erste TATORT-Kommissarin ihren Dienst auf.

»Mit den Waffen einer Frau« – Kommissarin Marianne Buchmüller

Oberkommissarin Buchmüller war ein publizistisches Ereignis [2]. So schrieb zum Beispiel der *Gong*: »In die Domäne von Männern wie Ode, Tappert oder Felmy bricht jetzt eine Frau ein: Vom Südwestfunk kommt der erste Kommissar mit Dauerwelle und Lippenstift.« [3] Der Einbruch in die Männerdomäne war vom Südwestfunk beabsichtigt, schließlich wollte der kleine Sender sich von der Konkurrenz abheben. Richard Hey, erfolgreicher Autor von Hörspielen und Theaterstücken, entwickelte die Figur der Oberkommissarin Marianne Buchmüller [4]. Von Hey stammt auch der Vorschlag, die Theaterschauspielerin Nicole Heesters zu besetzen. Die Schauspielerin wechselte ins Fernsehfach und musste bereit sein, ihre Rolle neu zu definieren.

Wenn für den TATORT insgesamt die ZDF-Reihe *Der Kommissar* als Vorbild galt, gab es dort nur das vielzitierte Fräulein Rehbein, Sekretärin von Beruf und von Kommissar Keller liebevoll »mein Rehlein« genannt. Anders sah es in der ab 1966 im deutschen Fernsehen ausgestrahlten englischen Serie *The Avengers* (Mit Schirm, Charme und Melone) aus und später bei *Charly's Angels* (Drei Engel für Charlie). Bei Emma Peel und Charlies Engeln trat Sexappeal in Kombination mit Waffenkunst und Karate auf. Mit den Heroinnen der angloamerikanischen Serien hatte Nicole Heesters jedoch wenig gemeinsam. Sie wehrte sich dagegen, zur Projektionsfläche eines neuen kämpferischen Frauentyps zu werden: »Man glaubt wohl eine Frau in solcher Position müsse nun alles Weibliche ablegen und quasi als Supermann auftreten. Das ist aber nicht so. Für mich ist Kommissarin ein Beruf wie jeder andere, der wohl eher mit Psychologie als mit wilder Schießerei zu tun hat.« [5]

»Dauerwelle und Lippenstift«: Nicole Heesters als Kommissarin Buchmüller in DER MANN AUF DEM HOCHSITZ

Die Kommissarin verzichtete auf ihre Dienstwaffe. »Die Waffen einer Frau« beschreibt Nicole Heesters als besonderes Gespür für zwischenmenschliche Beziehungen. Anlässlich der 300. TATORT-Folge erinnert sie sich daran, dass ihre Kommissarin über große Intuition verfügt habe. Dass die Ermittlerin diese Fähigkeit ausgerechnet »in den stillen Stunden beim Friseur« oder als »plötzliche Erkenntnis beim Bügeln« ereilt haben sollen, stimmt allerdings bedenklich [6]. Als erste deutsche TV-Kommissarin der Nachkriegszeit orientierte sich Nicole Heesters an überkommenen Frauenbildern. Die Kommissarin als pflichtbewusste Angestellte, die ein wenig Glanz in ihrer Freizeit sucht.

In ihrem ersten Fall DER MANN AUF DEM HOCHSITZ (29.1.1978) erscheint die Kommissarin als selbstbewusste Frau mit Erfahrung. Von ihren Vorgesetzten wird sie geschätzt. Infrage gestellt wird sie nur von außen: Tatzeugen und Verdächtige begegnen der Frau Kommissarin eher skeptisch. Im Gegensatz dazu haben sich die Mainzer Kollegen mit ihrem Schicksal offenbar abgefunden: »Mer regeln das mehr kollegial. Mer rauche nit mehr, weil sie der Qualm stört, dafür lässt sie uns ab und zu einen hebe.« Zwar sieht man die Kommissarin noch beim Kaffee kochen (gelernt ist eben gelernt); ihren Assistenten nennt sie jedoch liebevoll »mein Lamm«, was man gut und gerne als Kommentar zu Übervater Ode verstehen kann. Nicole Heesters verleiht ihrer Figur eine Art weltläufige Eleganz, sie erscheint klar, kühl und ohne Falsch. Gefühle kommen bei der Grand Dame des Verbrechens nur wohldosiert zum Tragen. Sie besteht auf einer klaren Trennung zwischen Beruf und Privatleben. Nur eine

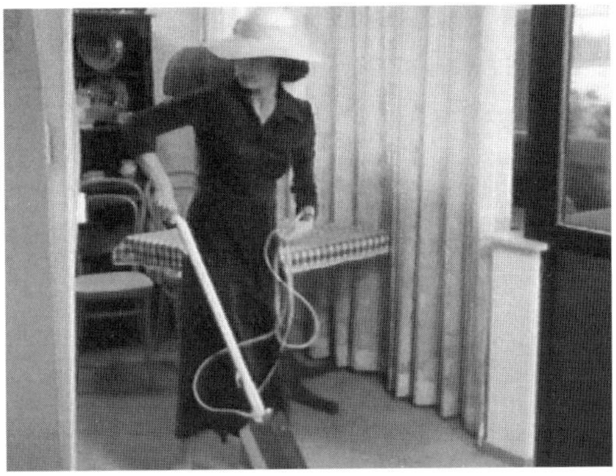

DER MANN AUF DEM HOCHSITZ

Sekunde legt sie ihren Kopf gegen den einer Frau, die nicht begreifen will, dass ihr Mann ein Mörder ist.

Im Subtext von DER MANN AUF DEM HOCHSITZ geht es um das Scheitern von traditionellen Rollenvorgaben. Der Täter gerät hier in eine Krise, weil seine Erziehung nicht zulässt, dass er über seine Probleme redet. Das vielschichtige Gesellschaftsportrait von Autor Richard Hey gibt einen gelungenen Rahmen für den ersten Auftritt der Kommissarin ab. Komisch wirken im Nachhinein die sorgsam eingeführten Spuren von Privatleben. Marianne Buchmüller sammelt Porzellanpüppchen und hat ein Faible für große Hüte. Ein besonderes Prachtexemplar, das sie günstig erstanden hat, trägt sie anschließend – wohl aus Mangel an Gelegenheit – beim Staubsaugen. Auch der libertinär eingestellte Liebhaber, den sie am Telefon auf Distanz hält, um sich später ausgiebig mit ihm in den Kissen zu räkeln, passt in die Mustererfüllung eines wechselvollen Frauendaseins.

In der zweiten und dritten TATORT-Folge mit Marianne Buchmüller ist nichts mehr von diesen privaten Vorlieben zu spüren. Der Südwestfunk steuerte in den siebziger Jahren einen, maximal zwei TATORTe jährlich zum ARD-Programm bei. Aufgrund der großen Produktionsabstände blickt die erste Kommissarin auf wenig Kontinuität in ihrer Entwicklung zurück. Die Figur verblasst, nicht nur in unserer Fernseherinnerung [7].

Nach drei Fällen wird Marianne Buchmüller abgelöst von Karin Anselm, alias Kommissarin Hanne Wiegand.

Die Frau ohne Eigenschaften – Kommissarin Hanne Wiegand

Es dauert volle 15 Minuten, bis im LEDERHERZ (3.5.1981) die neue Kommissarin das erste Mal in Erscheinung tritt. Es geht um ein Ehedrama. Der Kammerspiel-TATORT von 1981 setzt ganz auf das expressive, nachdrückliche Spiel seiner Akteure. Kommissarin Wiegand tritt dem augenrollenden Mordverdächtigen eher verhalten gegenüber. Behutsam und beharrlich tritt sie mit ihm ins Zwiegespräch. Sie kocht ihm Kaffee und näht ihm das titelgebende Lederherz auf die selbstgestrickte Wolljoppe. Frau Wiegand hat einen Hang zur Hausarbeit. Zugeständnis an das tradierte Frauenbild oder Strategie, den Täter in Sicherheit zu wiegen? Das bleibt Hanne Wiegands Geheimnis, wie so vieles andere auch. Die private Ebene bleibt bei der neuen SWF-Kommissarin ausgespart, ihre Ansichten zum Fall gehen selten über die Sachebene hinaus. Im TATORT der frühen achtziger Jahre wird die Kommissarsfigur zum pessimistischen Beobachter gesellschaftlicher Veränderungen. Hanne Wiegand hält Distanz. Dass sie selbst als das Resultat erfolgreicher Emanzipation zu sehen ist, schwächt die Kommissarin ab mit dem Verweis auf noch immer bestehende Ressentiments. »Ich weiß, es ist schrecklich, von einer Frau

Ihr letzter Fall: Karin Anselm als Hauptkommissarin Hanne Wiegand in AUSGEKLINKT (mit Michael Lesch)

verhört zu werden, aber Sie werden Ihren Schock überwinden und aussagen«, hält sie einem Tatverdächtigen in PEGGY HAT ANGST (23.5.1983) entgegen. Die Schauspielerin gibt bei der Programmzeitschrift *Gong* zu Protokoll, sie verstehe sich »nicht als Frauenrechtlerin«, denn »es ist heutzutage nicht mehr abendfüllend, nur als Frau geboren zu sein« [8].

Wiegands Stärken, ihre Intellektualität und ihre trocken-ironischen Kommentare, schützen sie nicht vor persönlichen Niederlagen. Ihre Haltung ähnelt dem Sarkasmus von Kommissar Haferkamp. Doch wo sich Hansjörg Felmy mit seinen Zuschauern im Sympathie-Verbund fühlen durfte, erscheint Hanne Wiegand als vereinzelte, zunehmend müde Kämpferin. »Wieso komme ich mir neben Ihnen so altmodisch vor?«, fragt die Kommissarin in PEGGY HAT ANGST. »Vielleicht, weil Sie's sind«, antwortet Peggy (Hannelore Elsner). In ihrem stärksten TATORT spielt die Kommissarin eher eine Nebenrolle. Trotzdem geht es in PEGGY HAT ANGST um ihr Thema und die Frage, was passiert, wenn man mit gesellschaftlichen Entwicklungen nicht Schritt halten kann. Die Folgen der Studentenbewegung und die Forderung nach sexueller Befreiung bedeuten für den Taxifahrer Stefan Gabler Angst und Überforderung. Er wird zum Frauenmörder und beginnt als nächstes, Peggy nachzustellen. Das Fotomodell Peggy ist Grenzgängerin zwischen Aufbruch und Tradition. Sie ist selbstbewusst und sehnt sich nach echter Geborgenheit. Diese Figur, die Hanne Wiegand beim Vornamen nennt, aber konsequent siezt, kommt der Kommissarin am ehesten nahe. Beide schöpfen ihre Emotionen aus dem gleichen Pool: Sie treten den Menschen freundlich gegenüber, ob-

Karin Anselm und Hannelore Elsner als Fotomodell Peggy in PEGGY HAT ANGST

wohl sie damit meistens verlieren. Zwei Frauen spüren eine Verwandtschaft, jenseits ihres Charakters und ihrer Herkunft. PEGGY HAT ANGST gehört heute zu den Klassikern der TATORT-Reihe, weil hier Gesellschaftsanalyse mit starken Figuren und einem spannenden Kriminalfall einhergeht.

Das ungleichgewichtige Verhältnis zwischen Fall und Kommissarin spiegelt ein Grundproblem der Reihe wieder: Immer wieder kommt das Privatleben und damit die differenzierte Zeichnung des festen Personals zugunsten des Kriminalfalls zu kurz. Karin Anselm ist nicht die einzige TATORT-Darstellerin, die über mangelnde Facetten ihrer Rolle klagt: »Nein, viel zu lachen gaben die Drehbuchautoren meiner Kommissarin nicht. Wie sehr hätte ich ihr zum Ausgleich ein kraftspendendes Privatleben gewünscht [...]. Aber niemand gönnt ihr ein Leben nach Dienstschluss. Allein, tapfer und herzzerreißend engagiert war sie dem Täter auf der Spur – und sonst gar nichts«. [9]

Nach sieben TATORT-Folgen geht Hanne Wiegand auf Wunsch ihrer Darstellerin in den Vorruhestand. In ihrem letzten Fall, AUSGEKLINKT (23.5.1988), wird eine Frau gezeichnet, die von allen Seiten unter Druck gerät. Von ihrem Kollegen gemobbt, von ihrem Chef für unzurechnungsfähig erklärt, gelingt es ihr nicht mehr, den Täter zu überführen. Als die Kommissarin ihren Dienst quittiert, überwiegt die Resignation. Man hätte der Figur ein anderes Ende gewünscht.

»Even Cowgirls get the Blues« – Lena Odenthal

1989 kam »Die Neue«. Der SWF blieb seiner Tradition treu, Frauen mit der Aufgabe der Ermittlung zu betrauen, und schuf ein Markenzeichen: Lena Odenthal. Die *anchorwoman* des Senders polarisierte. TV-Kritiker und Zuschauer waren sich uneins. Den einen erschien diese junge, durchsetzungsfähige, vorzugsweise aneckende Powerfrau als Antwort auf ihre Träume, den anderen war sie schlicht zu aggressiv, zu burschikos, zu wenig anlehnungsbedürftig. Lena Odenthal unterschied sich deutlich von ihren beiden Vorgängerinnen. Lediglich in der Wahl des Kostüms spiegelte sich anfangs das Bemühen um Kontinuität. Doch das Mäntelchen mit Pelzkragen, das die Neue trug, wurde auf Initiative der Darstellerin Ulrike Folkerts bald ersetzt durch die Unisex-Garderobe der achtziger Jahre: Jeans, Turnschuhe, Lederjacke. Peter Schulze-Rohr hatte die noch relativ unbekannte Darstellerin am Theater in Oldenburg entdeckt. Mit 28 Jahren war Lena Odenthal, wie ihre Darstellerin, deutlich jünger als ihre Vorgängerinnen. Sie brachte weniger an Erfahrungen und mehr an Spontaneität mit. Die Resignation und ermüdete Kampfkraft, die das Berufsleben der Hanne Wiegand gezeichnet hatten, waren der Odenthal noch unbekannt.

Fernsehspielchefin Susan Schulte erinnert sich: »Wir wollten keine ›Basisgespräche‹ mehr; es sollte

Lederjacke statt Pelzmantel: Odenthal, Assistent Mario Kopper und Stefanie Stappenbeck in ENGELCHEN FLIEG

nicht mehr grundlegend thematisiert werden, wie merkwürdig es ist, dass eine Frau als Kommissarin arbeitet. Lena Odenthal sollte emotional eingeführt werden. Sie war jünger, und sie ging selbstverständlich mit ihrer Waffe um.« Dass die Kommissarin ihre Waffe auch benutzt, zeigte sie gleich in ihrem ersten Fall. In DIE NEUE (29.10.1989) wird sie von ihrem Gegenspieler Koslowski (Michael Mendl) in die Enge getrieben und drückt ihm darauf ihre Pistole an die Schläfe, mit den Worten »Machen Sie das nie wieder, sonst erschieß' ich Sie!« Die Abneigung gegen den mutmaßlichen Täter ist bei Lena Odenthal Programm, sie will ihn mit allen Mitteln überführen.

Ulrike Folkerts erweiterte das Aktionsspektrum des SWF-TATORT. Mit der Schauspielerin, die Action-Szenen als Herausforderung sieht, endete die Zeit des eher psychologischen, körperlosen Umgangs mit dem Verbrechen. Die neue Kommissarin setzte ihren Körper ein, nicht als erotischen oder sensorischen Instinktapparat, sondern als Instrument bei Kampf und Verfolgung. Action-Bereitschaft, persönliches Engagement und mangelnde Rücksichtnahme auf gesellschaftliche Konventionen machen Lena Odenthal zu einer Verwandten von Horst Schimanski. Allerdings agiert die Kommissarin stärker vor dem Hintergrund einer Moralvorstellung, die beinhaltet, dass Ungerechtigkeit und Gewalt nicht sein dürfen. Wohingegen der Duisburger Kommissar meist aus Betroffenheit handelt. Und wo »Schimi« als Prototyp eines neuen Mannes Gefühle zeigt, schnieft, schreit und scheitert, behält Odenthal ihre Fassung. Schimanskis ausgeprägte Libido und sein Hang, sich in die Täterin zu verlieben, würden bei der Kommissarin ein verächtliches Grinsen provozieren. Sie

Psychoduell: Lena Odenthal gegen die Karrierefrau Silke Tennenbaum (Brigitte Karner) in DIE KAMPAGNE

selbst hat sich nur einmal gründlich in den Falschen verliebt, in der Folge DER SCHWARZE ENGEL (13.11.1994). V-Mann Ben Broder (Dominic Raacke) war ein gutaussehender Mörder. Am Ende musste sie ihn erschießen, das war hart, aber notwendig.

Wenn die Kommissarin in Gefahr gerät, dann ist stets ihr Körper bedroht. In der Folge DER KALTE TOD (6.10.1996) wird diese körperliche Bedrohung auf die Spitze getrieben im Zweikampf mit dem Pathologen. Professor Sorensky (Matthias Habich) plant, Lena Odenthal bei lebendigem Leib zu sezieren. Festgeschnallt auf einem OP-Tisch, beginnt der Wahnsinnige mit dem Skalpell erst ihre Kleider und dann ihren Körper anzuritzen. Es ist der Regie von Nina Grosse zu verdanken, dass diese Szene nicht wie eine symbolische Vergewaltigung inszeniert wurde. Der Zweikampf zwischen Sorensky und Odenthal markiert deutlich, wie schwierig es ist, das Kräfteverhältnis zwischen Täter und Kommissarin ausgewogen darzustellen. Häufig wurde hier, in der Amtszeit der Kommissarinnen, mit Klischees nicht gespart. Um die Spannung dramaturgisch zuzuspitzen, tritt die weibliche Ermittlerin den Zweikampf gegen ihre zumeist männlichen Gegner alleine an. Das Spiel mit der physischen Übermacht des männlichen Täters und der potentiell unterlegenen Frau, die geopfert wird, provoziert Suspense.

Die Schauspielerin Ulrike Folkerts setzte sich gegen das simple Schema Mann = Täter, Frau = Opfer zur Wehr. Sie will ihre Lena Odenthal nicht direkt in die Höhle des Löwen gehen lassen, denn diese unlogischen Alleingänge beschädigen ihre Figur, so Folkerts. Die Schauspielerin kritisiert hier nicht den Wagemut der Figur, sondern dramaturgisch schwache Drehbücher. Wenn die Motivation der Figur nicht stimmt, wirken die Alleingänge der Kommissarin schlicht unprofessionell.

In der *Hörzu* forderte die Schauspielerin Gleichberechtigung: »Ich möchte, dass mehr Mörderinnen ins Spiel kommen, und als Besetzung stelle ich mir eine Schauspielerin zwischen 40 und 50 vor, denn die haben's in der Branche schwer.« [10] In Thomas Bohns DIE KAMPAGNE (5.3.1995) wurde dem Wunsch Ulrike Folkerts' entsprochen. Ihre Gegenspielerin ist hier die Karrierefrau Silke Tennenbaum (gespielt von Brigitte Karner), die mit einer großangelegten Werbekampagne nach dem Mörder ihres Kindes fahndet. Die Kritik lobte bei dem Fall das »furiose Psychoduell zweier jeweils auf ihrem Fachgebiet äußerst erfolgreicher Frauen« [11]. Auch in RENDEZVOUS (4.6.1990) und KALTE HERZEN (2.4.2000) trat Lena Odenthal gegen Frauen an, bei TOD IM ALL (12.1.1997) kämpfte sie sogar gegen ein Alien.

Ulrike Folkerts nutzt ihren Erfolg nicht nur dazu, konkret für die Belange ihrer Figur zu kämpfen. Im Unterschied zu ihren Vorgängerinnen nimmt sie die Aufgabe an, als Kommissarin stellvertretend für viele Frauen zu sprechen. Auf die Frage der Zeitschrift *Emma*, ob sie Frauen ermutigen wolle, antwortet sie mit einem entschiedenen »Ja!« [12]

Inzwischen hat die Schauspielerin ihr zehnjähriges Dienstjubiläum hinter sich. Die am längsten amtierende TATORT-Kommissarin ist zur Klassikerin geworden. Auch wenn die Figur inzwischen gereift ist und neben ihrer Härte auch manchmal Verletzlichkeit zeigt, bleibt Lena Odenthal sich treu. Als roughes Cowgirl ist sie allein auf weiter Steppe.

Ladycop, Ladycop – Lea Sommer und Inga Lürsen

Hannelore Elsner als Lea Sommer gab nur ein kurzes Gastspiel beim TATORT. Die Schauspielerin war mit der HR-Reihe *Die Kommissarin* im Vorabendprogramm bereits sehr erfolgreich, als der NDR auf die Idee kam, die Reihe im Hauptabendprogramm fortzusetzten. Statt sich über diese »Beförderung« zu freuen, fürchtete Elsner, »ihre Figur« könnte vom TATORT-Label vereinnahmt wer-

Hannelore Elsner mit Til Schweiger
in *Die Kommissarin*

den. Verständlich, denn es hatte lange gedauert, bis die Figur Konturen annahm. »Die Tigerin« sollte die Krimireihe der Hessen ursprünglich heißen, in der eine Protagonistin namens »Martina Winter« raubkatzengleich agiert. Hannelore Elsner nahm sich der Figur an, und so wurde aus Martina Winter »Lea Sommer«. In der Vorabendreihe, die 1993 startete, war die Verbrechensbekämpfung noch Teamarbeit. Elsner spielte die Jägerin. Mit Minirock und Stöckelschuh trieb sie die Täter in die Enge. Dabei wird sie immer wieder chronisch unterschätzt und rächt sich mit einer wachen Kombinationsgabe. Auf der offiziellen Fanpage Hannelore Elsners wird Lea Sommer als eine *Femme fatale* mit Durchsetzungsvermögen beschworen: »Sie ist eine gefühlvolle Frau, intuitiv, aber auch hart, ohne verhärtet zu sein. Sie hat ein Faible für schicke Kostüme unter der Lederjacke und weiß ihre Attraktivität durchaus einzusetzen, wenn sie von Nützlichkeit ist.« [13] An der Seite der Kommissarin spielte mit Til Schweiger ein Mann, der für seine Kollegin gerne das Actionfach übernahm. Darüber hinaus war Assistent Nick Sommers bevorzugtes Flirtobjekt. Lea Sommer spielt gerne mit dem Feuer, und ihre Beziehungen zum männlichen Geschlecht sind eigentlich immer erotisch aufgeladen.

In den beiden 1997 ausgestrahlten Personality-TATORTen steht Hannelore Elsner im Mittelpunkt. In beiden Fällen verliebt sich die Kommissarin in den Tatverdächtigen. Die Kombination aus Liebe, Sex und Tod scheint der Quell zu sein, aus dem sie ihre Inspiration zieht, beziehungweise die Autor/innen ihre Phantasie speisen. Bodo Kirchhoff und Eva Maria Mieke bauten die Spannung auf den persönlichen Verstrickungen ihrer Hauptfigur auf, das Geschlecht der Kommissarin spielt dabei eine zentrale Rolle. Durch die Liebe zum Feind ist die Protagonistin gleich mehrfach gefährdet, denn sie verliert als Liebende, wenn das Objekt ihrer Begierde sich als Verbrecher entpuppt. Und sie kann ihr Job, ja ihr Leben verlieren, wenn sie den Täter nicht überführt. Kein leichtes Spiel also für eine Kommissarin, die Gewalt und Waffen verabscheut und Berufliches von Privatem nicht trennen kann.

In ALPTRAUM (4.5.1997) verfolgt das Böse Lea Sommer bis ins Schlafzimmer. Der maskierte Serientäter ist der Kommissarin in die Wohnung gefolgt und wirft sie nun auf das Bett. Zwischen den Kissen, mit einem Elektroschocker bedroht, wird die Unterwerfung der weiblichen Protagonistin wie eine Vergewaltigung inszeniert. Erst nachdem der Täter die Kommissarin ein zweites Mal überwältigt hat, nimmt der Alptraum sein Ende: Trotz ihrer misslichen Lage behält Lea Sommer im Finale den Überblick und bricht schlussendlich den Willen ihres Gegenspielers.

Am Ende sehen wir einen Serientäter, der sein ödipales Trauma mit dem Mord an erfolgreichen Frauen kompensiert. Auch wenn die Kommissarin am Ende gewinnt, hinterlässt die Geschichte einen schalen Beigeschmack. Die Spannung funktioniert hier in erster Linie über Herabsetzung und physische Auslöschung der Frauenfiguren.

In GEFÄHRLICHE ÜBERTRAGUNG (31.3.1997) geht es ebenfalls um Psychodefekte. Hier ist Lea Sommers Gegenspieler ein fehlgeleiteter Therapeut (Hansa Czypionka), der seine junge Patientin erst in die Abhängigkeit und dann in den Tod treibt. Das Katz-und-Maus-Spiel zwischen Jägerin

INFLAGRANTI: Sabine Postel als Hauptkommissarin Inga Lürsen, Rufus Beck als Kommissar Stefan Stoll

und Gejagtem findet seinen kulinarischen Höhepunkt beim gemeinsamen Feigenverzehr. Wieder einmal diniert die Kommissarin mit dem Mörder.

Der Ausflug ins Hauptabendprogramm bescherte Lea Sommer zu viel Psycho-Erotik und zu wenig Aktion. Erst als die Kommissarin ab 1999 wieder im Vorabend mit ihrem Assistenten antrat, gingen ihre Stärken wieder die richtige Allianz ein: Sexappeal ist nur eine Facette der Figur, die sich mit wachem Verstand und gelegentlichen Temperamentsausbrüchen in der Männerwelt behauptet.

Kommissarin Inga Lürsen nahm 1997 im Auftrag von Radio Bremen den Dienst beim TATORT auf. Das schicke Kostüm von Lea Sommer tauschte Inga Lürsen gegen den Hosenanzug ein, auch wenn diese Kleidung bei Verfolgungsjagden ebenso wenig taugt. Ihre Darstellerin, Sabine Postel, war bereits in der ARD-Vorabendserie *Nicht von schlechten Eltern* erfolgreich zu sehen. Der TATORT knüpft daran an und zeigt die Kommissarin als patente, humorvolle Person, die gelegentlich ausflippt. Inga Lürsen ist eine, von der man sich gerne den Umzug organisieren lässt, schießen kann sie nicht so gut. Ihre Stärken liegen eher in der Kopfarbeit als in körperbetonter Action. Trotzdem muss sich die Hanseatin beim TATORT häufig an der Aktionsfront bewähren. So wird zu Beginn des Falls DIE APOKALYPTISCHEN REITER (24.10.1999) erst einmal eine ausgiebige Verfolgungsjagd nebst Schießerei in Szene gesetzt, aus der die Kommissarin wie durch ein Wunder heil hervorgeht. Privat kann sie sich ihre Liebhaber aussuchen. Das Klischee »vom Feind in meinem Bett« bleibt ihr weitgehend erspart, auch wenn sie sich in diesem Fall in den Tatverdächtigen verliebt.

Inga Lürsen ist die erste TATORT-Kommissarin mit einer politischen Vergangenheit: Bevor sie zur Polizei überlief, war sie in der Anti-AKW-Bewegung aktiv. In dem Fall VOLL INS HERZ (13.9.1998) wird die Kommissarin von ihrer Vergangenheit eingeholt. Damals in Brokdorf nannte man sie und ihre Freundin Conny »das rote Duo«. Jetzt bringt Conny die Kommissarin in einen Zwiespalt, denn sie ist eine gesuchte Mörderin. Lürsens Konflikt mit der Freundin wäre ausreichend, um für die Kommissarin zur Zerreißprobe zu werden. Leider wird die Geschichte überlagert von diversen anderen Verbrechen. Dennoch glaubt man der alleinerziehenden Mutter gerne, dass sie schon einiges erlebt hat. Ihrer besten Fälle – so scheint es – liegen jedoch noch vor ihr.

»Ich möchte Teil einer Marketing-Zielgruppe sein«

Mitte der Neunziger übernehmen immer mehr Kommissarinnen das Zepter im Deutschen Fernsehen: Iris Berben ermittelt als ZDF-Kommissarin *Rosa Roth*. Hannelore Hoger verleiht *Bella Block* ihr unnachahmliches Temperament. Im Oktober 2000 startete das ZDF die neue Krimireihe *Jenny Berlin*. Und der SWR denkt gerade über eine zusätzliche weibliche Ermittlerin nach. Bei den privaten Anbietern war RTL lange Zeit mit *Doppelter Einsatz* an der Spitze der Reformbewegung. Sabrina Nicolaidou (Despina Pajanou) und Vicky Seibert (Eva Scheuer, die später von Sylvia Haider ersetzt wurde) sind das weibliche Dreamteam der Vorabendszene. Auch wenn Kommissarin Nicolaidou in ihrem Auftreten stark an Lena Odenthal erinnert, ist die RTL-Serie die bisher konsequenteste Weiterführung des Gedankens: »Lassen wir doch mal die Mädels ran.«

Die neunziger Jahre können als Hoch-Zeit der weiblichen TV-Ermittlerinnen gelten. Bald wird jeder Sender ein bis zwei Frauen Kommissarin spielen lassen. Dramaturgisch, wie im Leben auch, sind die weiblichen Ermittlerinnen stärker belastbar. Außerdem garantieren die Vorstellung vom Ungleichgewicht der physischen Kräfte und die daraus resultierende höhere Gefährdung der Ermittlerin den Thrill. Frauen können mitfühlen, sich verlieben, schwach sein, ohne aus der Geschlechterrolle zu fallen. Und mit der Waffe in der Hand sehen sie einfach besser aus – so will es das Klischee. Aber so leicht haben es sich die Wegbereiterinnen dieses Trends nicht gemacht. Im TATORT versuchten die Kommissarinnen erst unauffällig in der Männerriege zu bestehen, dann kämpften sie gegen jedes Klischee, um inzwischen das eine oder andere Mal genüsslich nachzugeben.

Der Boom der TV-Kommissarinnen hat viele Mütter. Zum einen die Zuschauerin: »Ich bin eine Zielgruppe« steht auf ihrem T-Shirt, und sie wünscht sich *rolemodels*, die Spaß machen und Lust an der Identifikation. Krimiformate, die wie die Champions-League und der Action-Film lange Zeit als Hort männlicher Zuschauer galten, werden inzwischen von Rezipientinnen erobert.

Wurde vormals die Abwesenheit weiblicher Vertreter in der Senderhierachie für das Fehlen weiblicher Figuren-Konzepte [14] verantwortlich gemacht, so hat sich dies mittlerweile zumindest teilweise geändert. Mit Gabriela Sperl beim BR, Susan Schulte beim SWR, Liane Jessen beim HR, Rosemarie Wintgen beim MDR und Doris Heinze beim NDR liegt die Leitung von fünf ARD-Fernsehspiel-Redaktionen in Frauenhand. Zwar lässt sich nicht unbedingt vom Geschlecht der Verantwortlichen auf eine frauenspezifische Programmpolitik schließen. Trotzdem spiegelt diese Tatsache eine Veränderung der Produktionswirklichkeit wieder, die für die Erfindung der TATORT-Kommissarinnen notwendige Voraussetzung war.

Frauen finden sich Anfang der Neunziger in allen Berufssparten. Im Fernseh-Krimi gibt es neben der Kommissarin die Polizeipsychologin und

Einsamkeit: Lena Odenthal in DIE NEUE

die Pathologin. Die Frauen in Führungspositionen haben an den Folgen der Individualisierung ebenso zu knapsen wie ihre männlichen Kollegen. Nur im Kühlschrank brennt noch Licht, wenn Lena Odenthal abends nach Hause kommt. Einsamkeit wird zu einer konstanten Begleiterin der Karriere-Frau. Hinzu kommt der Druck, jeden Tag aufs Neue zu beweisen, dass man an der richtigen Stelle sitzt. Was die Rollenbiografie der Fernseh-Kommissarin heute kennzeichnet, ist schon immer Charakteristikum gewesen für die Vita der männlichen Fernsehkommissare. Ob nun geschieden wie Kommissar Haferkamp oder als Single wie fast alle anderen: Die TATORT-Kommissare fristen ihr Dasein als einsame Wölfe – dank ihres beruflichen Engagements um ein intaktes Privatleben gebracht. Wie ihre Kolleginnen leiden die Männer unter dem Verbrechen und würden am liebsten aus Frust manchmal gar nicht zum Tatort gehen. Winkt also an der Spitze der Emanzipation bloß das gleiche Los, mit dem sich die männlichen Rollenvertreter schon längst abgefunden haben? Vielleicht, aber das macht nichts. Auch wenn die Geschichte vom Supergirl nur eine Legende ist, gehören die Kommissarinnen zu den Helden das Alltags, auf die ich nur ungern verzichten möchte. ♦

Anmerkungen

1 »Ich fühle mich heute sehr frei«. Hannelore Elsner im Gespräch mit Alice Schwarzer. In: Emma, Nr. 2-3/2000, S. 36.

2 Die Rolle der Kommissarin brachte Hauptdarstellerin Nicole Heesters bereits vorab mehr Presse als alle ihre vorherigen Rollen zusammen, wurde in der Zeitschrift *Quick* behauptet. »Die Kommissarin schaffts mit den Waffen einer Frau«. Heidemarie Krause in: Quick, 1.9.1978.

3 Eine Dame geht auf Mörderjagd. Krimi-Vorschau '78. In: Gong, 22.10.1977.

4 Bereits 1973 hatte er einem Kriminalroman mit der Figur der Katharina Ledermacher eine ähnliche Kommissarin agieren lassen.

5 Heesters zitiert nach Gong, 22.10.1977.

6 Heesters zitiert nach: Ihre Kommentare, Kommissare ... In: Pressestelle/Öffentlichkeitsarbeit des WDR (Hg.): TATORT 300! Köln 1994, S. 32-33, hier S. 33.

7 Doris Rosenstein widmete der Kommissarin 1999 eine ausführliche Untersuchung: Marianne Buchmüller ermittelt. Zum Debüt der ersten TATORT-Kommissarin. In: Gesetz & Moral. Öffentlich-rechtliche Kommissare. Augen-Blick, Nr. 30, Marburg 1999, S. 79-109.

8 Anselm zitiert nach Gong 18/1981, S. 23A: »Karin Anselm als neue Kommissarin: kleine Person (1.56m) kommt beim TATORT groß raus.«

9 Anselm zitiert nach: Ihre Kommentare, Kommissare ..., a.a.O., S. 33.

10 Folkerts zitiert nach Hör Zu: »Ich will endlich austeilen«, 19.11.1999.

11 Psychoduell. Kritik zum TATORT DIE KAMPAGNE. In: Südkurier, 7.3.1995.

12 »... darauf haben die Frauen gewartet«. Gespräch mit Ulrike Folkerts. In: Emma, Nr. 5-6 1997, S. 44.

13 Zitiert nach: www.hannelore-elsner-fanpage.de.

14 Vgl. Ursula Ganz-Blättler: »Serienhelden auf der Suche nach sich selbst«. In: Models und Machos? Frauen und Männerbilder in den Medien. Hg.: Christiane Hackl. Konstanz 1994, S. 151-183, hier S. 159f.

Erwähnte Folgen, nach Kommissarinnen:

Oberkommissarin Buchmüller:
DER MANN AUF DEM HOCHSITZ (SWF, 29.1.1978)
Regie: Erich Neureuther.
Buch: Richard Hey.

Hauptkommissarin Wiegand:
DAS LEDERHERZ (SWF, 3.5.1981)
Regie: Imo Moszkowicz.
Buch: Irene Rodrian.

PEGGY HAT ANGST (SWF, 23.5.1983)
Regie: Wolfgang Becker.
Buch: Norbert Ehry, Wolfgang Becker.

AUSGEKLINKT (SWF, 23.5.1988)
Regie und *Buch:* Sylvia Hoffman.

Hauptkommissarin Odenthal:
DIE NEUE (SWF, 29.10.1989)
Regie: Peter Schulze-Rohr.
Buch: Norbert Ehry.

RENDEZVOUS (SWF, 4.6.1990)
Regie und *Buch:* Martin Gies.

DER SCHWARZE ENGEL (SWF, 13.11.1994)
Regie: Nina Grosse.
Buch: Stefan Kolditz.

DIE KAMPAGNE (SWF, 5.3.1995)
Regie und *Buch:* Thomas Bohn.

DER KALTE TOD (SWF, 6.10.1996)
Regie: Nina Grosse.
Buch: Sascha Arango.

TOD IM ALL (SWF, 12.1.1997)
Regie und *Buch:* Thomas Bohn.

ENGELCHEN FLIEG (SWF, 1.11.1998)
Regie: Hartmut Griesmayr.
Buch: Dorothee Schön.

KALTE HERZEN (SWF, 2.4.2000)
Regie und *Buch:* Thomas Bohn.

Hauptkommissarin Sommer:
GEFÄHRLICHE ÜBERTRAGUNG (NDR, 31.3.1997)
Regie: Petra Haffter.
Buch: Eva-Maria Mieke.

ALPTRAUM (NDR, 4.5.1997)
Regie: Bodo Fürneisen.
Buch: Bodo Kirchhoff.

Hauptkommissarin Lürsen:
INFLAGRANTI (RB, 28.12.1997)
Regie: Petra Haffter.
Buch: Sabine Thiersler.

VOLL INS HERZ (RB, 13.9.1998)
Regie: Ulrich Stark.
Buch: Gabriella Wollenhaupt.

DIE APOKALYPTISCHEN REITER (RB, 24.10.1999)
Regie: Martin Gies.
Buch: Bernd Schwamm.

Der proletarische Kommissar. Walter Richter als Trimmel

Von Knut Hickethier

Dem ersten Kommissar des TATORT gilt besondere Aufmerksamkeit, steht er nicht nur für den Neubeginn, sondern auch für die Abgrenzung gegenüber vorhandenen Verkörperungen der ermittelnden Staatsgewalt im deutschen Fernsehen Anfang der siebziger Jahre. »Der Bulle« nannte der erste Trimmel-Forscher Til Radevagen die Gestalt des ersten, vom Norddeutschen Rundfunk kommenden Kriminalkommissar [1], der am 29.11.1970 mit TAXI NACH LEIPZIG die TATORT-Reihe eröffnete, eine Gestalt, die Walter Richter körperlich machtvoll in Szene setzte.

Trimmel ist ein Hamburger Polizist mit eigentümlich berlinerndem Slang: ein Großstadt-Cop mit deutlich proletarisch-kleinbürgerlichem Habitus. Damit setzt er sich gegen die immer etwas zu jovial wirkende Vaterfigur des *Kommissars* ab, den das ZDF kurz zuvor in der Besetzung von Erik Ode etabliert hatte, der sich wiederum – als ein bekannter Schauspieler des Boulevardtheaters – an der Darstellung des Maigret durch Rupert Davies orientiert hatte. Die *Maigret*-Serie war Mitte der sechziger Jahre auch im deutschen Fernsehen erfolgreich und hatte eine europäische Variante der bis dahin stark amerikanisch geprägten Fernsehermittler durchgesetzt [2]. Ode gab die patriarchale Gestalt, die gerade durch die geringe körperliche Größe Amtsgewalt und im leisen Ton unmissverständlich Autorität behauptete. Er war auf dem Bildschirm der Garant des Bestehenden in einer gerade von politischem Wechsel, kulturellen Brüchen und Studentenbewegung in Unruhe versetzten Bonner Republik.

Von einer solchen Konstellation ist Richters Trimmel weit entfernt. Er braucht weder eine jugendliche Assistentenschar, wie sie Ode umgab, noch eine Ehefrau und Sekretärin (»Rehlein«). Er ist der am Ende immer allein agierende »alte Hund«, der, einmal auf die Fährte gesetzt, es »in der Nase hat, ob etwas faul« ist, wie es gleich in der ersten TATORT-Folge heißt.

Die Figur des Trimmel weist Kanten auf. Einerseits ungeschlacht mit seinem massigen Körper, ist er andererseits auch körperlich behände und unerwartet fit, wenn er den smarten Volkspolizisten Peter Klaus (gespielt von Hans Peter Hallwachs) niederschlägt. Angesichts seines ungeheuren Bier-, Schnaps- und Zigarrenkonsums ist dies eine phänomenale Leistung. Bei ihm hat man sofort den Eindruck, er habe schon in unterschiedlichen Berufen erfolgreich seinen Mann gestanden, habe allen Widrigkeiten getrotzt, so dass ihn auch diesmal nichts erschüttern kann. Bodenständig, realitätsnah, volksverbunden wirkt er. Der proletarische Habitus wird durch das breite, immer unrasiert dunkel wirkende Gesicht verstärkt. Die buschigen schwarzen Augenbrauen, das dunkle, strähnig nach hinten gestrichene Haar, in dem es trotz des Alters noch keine weißen Haare gibt, unterstützen den Eindruck eines Typus.

Wenn Trimmel in der opulenten Wohnung des Unternehmers Landsberger (Paul Albert Krumm) steht und dessen Reichtum sinnend bestaunt, macht er seine Klassenherkunft deutlich. Die Schiebermütze, die er, hier privat ermittelnd, als Tarnung aufgesetzt hat, erscheint als eine ihm selbstverständliche, »angegossen« sitzende Kopfbedeckung. Und als er, wieder zur Tarnung, ein leichteres Sakko und ein weißes Hemd mit Schillerkragen für die ihm als Kommissar und Staatsbeamten verbotene Fahrt in die DDR anzieht, bewegt er sich ganz souverän darin, so als habe er, eben in der Tradition der Arbeiterbewegung der zwanziger Jahre stehend, nie etwas anderes getragen. Dem Reichtum, der ihm in dieser Unternehmerwohnung von allen Einrichtungsgegenständen signalisiert wird, steht er zunächst erstaunt, dann abwartend und beobachtend gegenüber. Die Kamera lässt ihm auch Zeit, sich in dieser Welt als fremd darzustellen, ein bisschen unbeholfen zu wirken, linkisch fast, obwohl der Zuschauer längst erkannt hat, dass er hier offenbar trickreich Leimruten für den Gegner auslegt, sich gerade deshalb zunächst etwas tumb darstellt, aber dann durchaus sein Verhalten ändern und den bissigen Ermittler hervorkehren kann.

Der proletarische Gestus knüpft an andere Rollen an, die Richter zuvor gespielt hat. In Dieter Meichsners *Besuch aus der Zone* (1958) spielt er den Werkmeister in der DDR, der zu dem in den Westen gereisten Unternehmer (Siegfried Lowitz) Kontakt und Treue hält und sich damit, auch hier ein brummiges proletarisches Urgestein und gleichzeitig SED-Mitglied, den Zorn der Parteifunktionäre zuzieht. Oder seine Rollen in den Hauptmann-Stücken *Die Ratten* (1959) und *Fuhrmann Henschel* (1962) weisen ihn als einen volkstümlich bärbeißigen Koloss aus, der sich seiner Herkunft selbstverständlich bewusst und ihrer auch sicher ist. Und in den Kinospielfilmen von Walter Koppels Hamburger Realfilm (*Lockende Gefahr*, 1950) spielt er den Seemann, der unter der rauen Schale ein weiches Herz sitzen hat. Diese Rollenbiografie lebt er in der Trimmel-Rolle weiter aus, gibt ihr im Zeichen der westdeutschen, als klassenlos etikettierten Wirtschaftswundergesellschaft etwas Urständiges, In-sich-Ruhendes, das sich von den Zeitläufen nicht sonderlich irritieren lässt.

Natürlich ist es, gerade in TAXI NACH LEIPZIG, auch Programm und ironische Anspielung. Auf den Wahnsinnstrip, als Undercover-Ermittler in die abgeschottete DDR zu fahren, um dort dem mysteriösen Tod eines Kindes nachzuspüren – bei dem noch nicht einmal sicher ist, ob es überhaupt einem Verbrechen zum Opfer gefallen ist –, auf diese Fahrt in die »Zone« macht sich kein eleganter West-Kommissar. Sondern ein Kommissar, der von Auftreten und Habitus her in diesem »Arbeiter-und-Bauern-Staat« eigentlich zu Hause sein müsste. Das geschieht schon mit einem gewissen Augenzwinkern, wie sich Trimmel für diese Reise ein betont historisches Outfit als Proletarier gibt und damit als verschroben-naiv erscheint. Denn dadurch erscheint das Erbe des proletarischen Standes im Westen eben doch wohl besser aufgehoben, Trimmel als proletarischer Kommissar kann sich dort viel ungezwungener seinen eigenen Gewohnheiten hingeben als in dem Staat, der sich soviel auf seine proletarische Tradition zugute hält.

Der junge Volkspolizist, mit dem es Trimmel dann im Osten zu tun bekommt, ist erklärtermaßen Arbeitersohn, seine Biografie wird kurz angedeutet, während Trimmels Herkunft nicht erwähnt wird. Trimmel ist einfach da. Nur die Beziehung zu einem alten Freund aus der Vorkriegszeit, mit dem er telefoniert – auch dieser ist, allerdings im Osten, bei der Polizei – deutet an, dass es da eine Vergangenheit gibt, die vor der Teilung eine gemeinsame war und die auch über die Teilung hinweg noch das Andauern menschlicher Verbindungen garantiert. Der junge Volkspolizist, den Hallwachs hier mit kurzgeschorenen Haaren gibt, findet nach einer zünftigen Prügelei über alle politischen Differenzen hinweg den richtigen Klassenzugang zu Trimmel. Das wiederum bemerkt die Angestellte Eva Billsing (Renate Schroeter), Braut des Volkspolizisten, erst irritiert und erstaunt, dann misstrauisch. Hier werden auch verschiedene Milieus miteinander konfrontiert, und Trimmel markiert eine Art »Urgestein«, etwas, auf dem alle neueren Verhaltensweisen aufbauen.

Trimmel setzt sich in seinem Vorgehen über viele Vorschriften hinweg, wie Erik Odes *Kommissar* es nie getan hätte. Und seltsamerweise bleibt Trimmel dabei letztlich unbehelligt, ob er nun als Hamburger Polizist im hessischen Frankfurt ermittelt, ohne die Kollegen zu verständigen, oder ob er in der DDR dem Tod eines leukämiekranken Kindes nachgeht. Das liegt vor allem daran, dass er nicht wirklich auf Erfolg im Sinne einer Verhaftung oder einer Verurteilung aus ist. Weil er im Dienste der höheren Gerechtigkeit und der Wahrheitssuche arbeitet, waltet bei ihm auch eine poetische Gerechtigkeit. Und als Vertreter des Guten muss er schließlich den letzten Dingen auf die Spur kommen.

Trimmel repräsentiert die Funktion des Aufklärers, der für den Zuschauer arbeitet. Dieser soll wissen, was war, und dass es eben Taten gibt, die sich letztlich nicht vor Gericht ahnden lassen, die im Gestrüpp der widersinnigen deutschen Teilung verhakeln, ja durch diese erst möglich werden. Als Landsberger, von Trimmel durch insistierende Nachfragen überführt, zugeben muss, sein todkrankes Kind – für den beabsichtigten Tausch mit seinem anderen, in der DDR lebenden unehelichen Sohn – mit dem Kissen erstickt zu haben, weiß Trimmel, dass das lebenslang schlechte Gewissen für den Vater Strafe und Belastung genug

TAXI NACH LEIPZIG: Trimmel besucht den Unternehmer Landsberger

ist und der Fall deshalb nie in einer Kriminalstatistik erscheinen wird.

Als Ermittler kommt ihm, der bei seinen Fällen immer in unterschiedliche, meist abgehobene und sehr spezielle Milieus hineingerät, gerade sein proletarischer Gestus zustatten. Ob er in das Ärztemilieu hineingerät (in DER RICHTER IN WEISS, 10.10.1971) und es dort mit einer raffinierten Frau zu tun bekommt (gespielt von Erika Pluhar), oder mit den Fluggesellschaften und der großen weiten Welt (AE 612 OHNE LANDEERLAUBNIS, 12.9.1971), ob er ins Fußballgeschäft eintaucht (PLATZVERWEIS FÜR TRIMMEL, 19.8.1973) oder sich mit einem Piratensender (TRIMMEL UND DER TULPENDIEB, 10.10.1976) beschäftigt, der Kommissar ist oft mit neuartigen Berufsbereichen konfrontiert, die im Krimi Anfang der siebziger Jahre nicht unbedingt genrespezifisch waren. Das kennzeichnete ja den Neuen Deutschen Kriminalroman und seine Verfilmungen in und außerhalb der TATORT-Reihe in den beiden Hauptprogrammen ARD und ZDF.

Trimmel ermittelte nicht aufgrund von Spezialkenntnissen, sondern auf der Basis des »gesunden Menschenverstandes«, er entwickelte eine Art schlitzohrige Bauernschläue, um mit der gespielten Naivität des »kleinen Mannes« die Täter erst in Sicherheit zu wiegen und sie dann doch zu stellen. Natürlich ist auch die Figur des Hauptkommissars Trimmel nicht ganz ohne Kenntnis der Figur des amerikanischen Großstadtcops entwickelt, doch steht sie dank Walter Richter mehr in einer spezifisch deutschen Tradition der Kommissare.

Mit Trimmel setzte der NDR härtere Akzente im deutschen Kriminalgenre, gab ihm eine neue Farbe, die gleichwohl in der norddeutschen Tradition stand und an die frühen *Stahlnetz*-Folgen erinnert, in denen das Ermittlungsmilieu auch eine bodenständige, jedoch noch moderatere, mittelständischere Färbung besaß. Mit Trimmel etablierte sich auch eine Kooperation mit dem Rowohlt-Verlag, der die Trimmel-Romane des ehemaligen Gerichtsreporters Friedhelm Werremeier mit dem Gesicht Walter Richters versah und damit auf den engen Verbund von Buch und Fernsehen verwies. Der Neue Deutsche Kriminalroman, wie er später genannt und in den Romanen von Hansjörg Martin, Michael Molsner, -ky, Irene Rodrian und vielen anderen seine Ausprägung fand, hatte in der Figur des Trimmel in den Romanen und Filmen von Werremeier seinen besonderen Akzent gefunden.

Der ARD gelang es mit der TATORT-Reihe, ein dem spezifisch föderativen Gefüge der Bundesrepublik entsprechendes Serienwerk zu etablieren. Wer den Blick jedoch nur auf amerikanische Serien konzentrierte, dem musste der TATORT als Kompromiss erscheinen, vielleicht auch als Unfähigkeit, eine kontinuierliche Seriengestalt wie den *Kommissar* oder *Derrick* zu etablieren. TATORT hat inzwischen alle Konkurrenten hinter sich gelassen, hat zum föderativen Verständnis dieser Republik beigetragen und die Ermittler überall in der

Republik am Werk gezeigt, nicht nur in der »heimlichen Hauptstadt des Krimis«, in München.

Trimmel als der Norddeutsche, der Berliner, der so unbeirrt und zugleich trickreich den verborgenen Dingen auf der Spur bleibt, zeigt etwas von den Traditionen, auf denen diese Republik aufgebaut hatte. In Trimmel spiegelte sie sich als ein sehr handfestes, zupackendes Wesen, das sich in ihm eher fremden Milieus bieder und einfältig geben konnte, um dahinter auf ein unbedachtes Wort, einen verräterischen Fingerzeig zu lauern und dann zuzupacken. ♦

Anmerkungen

1 Thomas Til Radevagen: Der Bulle. Trimmel – ein bundesdeutscher Krimi-Star und seine Mediengenese. Berlin 1980.

2 Knut Hickethier: Die umkämpfte Normalität. Kriminalkommissare in deutschen Fernsehserien und ihre Darsteller. In: Karl Ermert / Wolfgang Gast (Hg.): Der Neue deutsche Kriminalroman. Beiträge zu Darstellung, Interpretation und Kritik eines populären Genres. Rehburg-Loccum 1985, S. 189-206.

Hauptkommissar Trimmel – Sämtliche Folgen, chronologisch:

TAXI NACH LEIPZIG (NDR, 29.11.1970)
Regie: Peter Schulze-Rohr.
Buch: Peter Schulze-Rohr, Friedhelm Werremeier.

EXKLUSIV! (NDR, 11.7.1971)
Regie: Peter Schulze-Rohr.
Buch: Friedhelm Werremeier.

AE 612 OHNE LANDEERLAUBNIS (NDR, 12.9.1971)
Regie: Peter Schulze-Rohr.
Buch: Friedhelm Werremeier.

DER RICHTER IN WEISS (NDR, 10.10.1971)
Regie: Peter Schulze-Rohr.
Buch: Peter Schulze-Rohr, Friedhelm Werremeier.

RECHNEN SIE MIT DEM SCHLIMMSTEN (NDR, 24.9.1972)
Regie: Peter Schulze-Rohr.
Buch: Peter Schulze-Rohr, Friedhelm Werremeier.

PLATZVERWEIS FÜR TRIMMEL (NDR, 19.8.1973)
Regie: Peter Schulze-Rohr.
Buch: Peter Schulze-Rohr, Friedhelm Werremeier.

GIFT (NDR, 21.7.1974)
Regie: Peter Schulze-Rohr.
Buch: Friedhelm Werremeier.

TRIMMEL UND DER TULPENDIEB (NDR, 10.10.1976)
Regie: Peter Schulze-Rohr.
Buch: Friedhelm Werremeier.

TRIMMEL HÄLT EIN PLÄDOYER (NDR, 27.3.1978)
Regie: Peter Schulze-Rohr.
Buch: Friedhelm Werremeier.

HÄNDE HOCH, HERR TRIMMEL! (NDR, 4.5.1980)
Regie: Carlheinz Caspari.
Buch: Friedhelm Werremeier.

TRIMMEL UND ISOLDE (NDR, 19.9.1982)
Regie: Peter Weck.
Buch: Friedhelm Werremeier.

Anfang und Ende der Libertinage: Kressin – Zöllner ohne Schranken

Von Harald Keller

»Sind Sie wirklich Zollbeamter?«
»Leider. Wieso?«
»Dann sollten Sie sich was schämen.«

Mitunter war das Fernsehen in den frühen Siebzigern schon weiter, als man heute meinen möchte. So leistete sich das ZDF zeitweilig ein vorwitziges »Satiremagazin« mit dem Titel *Express*. 1970 unternahmen dessen Autoren einen nicht alltäglichen Feldversuch: Sie steckten mehrere langmähnige, teils auch schnauzbärtige junge Männer in Polizeiuniformen und ließen sie in Pulheim als leger auftretende »Eintagspolizisten« Streife gehen. Die Reaktionen der daraufhin befragten Passanten waren deutlich:
»Um Jottes willen. Ich bin nämlich selbst 'ne alte Polizistenfrau. Wenn ich so 'ne Mann hätte, den hätt' ich upjehange.«
»Unmöglich. Da fehlt Kraft und Gehalt.«
»Um Gottes willen. Lieber Mann. Der muss verbrannt werden ...«
Derartige Aussagen fanden ihren Widerhall in brieflichen Äußerungen, mit denen empörte Zuschauer ihren Unmut über das ungezogene Betragen des vom Fernsehen in die Welt gesetzten Zollfahnders Kressin zum Ausdruck brachten. Zwar trug Kressin keine Uniform, pflegte sich für gewöhnlich ordentlich zu rasieren und zwang sein üppiges Haupthaar unter Zuhilfenahme eines fettig glänzenden Schmiermittels zu einer eben noch akzeptablen Frisur. Ansonsten aber schlug er gehörig über die Stränge, führte unverschämte Rede, zollte Vorgesetzten keinerlei Respekt, missachtete die Dienstregeln und tollte mit ständig wechselnden Gespielinnen in irgendwelchen Lotterbetten herum – und so, das steht wohl außer Frage, benimmt sich ein deutscher Beamter nicht. Andererseits brachten die Schandtaten dieses Sittenstrolchs dem Zollwesen ungeahnten Prestigegewinn – nach der Episode KRESSIN UND DER TOTE MANN IM FLEET erhielt das Kölner Zollamt 30 Bewerbungen, deren Absender sich ausdrücklich auf die TV-Ausstrahlung bezogen.

In der Presse wurde er als »der Ordnungshüter mit der Ganovenflottheit«, »Playboy-Zöllner«, »WDR-Supermann« apostrophiert und vor allem als »007 vom Zoll« oder »James Bond vom Rhein« immer wieder mit dem omnipotenten Mordbeauftragten Ihrer Majestät aus der erfolgreichen britischen Agentenfilmreihe in Verbindung gebracht. Mit seinen Cowboy-Manieren und seinem rustikalen Aplomb aber erinnerte er vielmehr an einen ganz anderen Helden: Sheriff Walt Coogan aus Don Siegels *Coogan's Bluff* (1968). Wie Coogan (Clint Eastwood) bewegt sich Kressin in den meisten seiner Fälle auf fremdem Terrain, er legt sich mit örtlichen Behördenvertretern an, löckt schon nachgerade zwanghaft wider bestehende hierarchische Systeme und macht sich Frauen nicht allein zum Zwecke der sexuellen Befriedigung dienstbar, sondern benutzt sie obendrein wie selbstverständlich auch zur Erreichung seiner jeweiligen beruflichen Ziele. Anders als dem letztlich lernfähigen Coogan liegt es Kressin völlig fern, seinen Partnerinnen angemessene Gratifikationen für ihre Mitarbeit zukommen zu lassen – deren Lohn besteht allein in seiner aufs Körperliche reduzierten, in dieser Form aber großzügig gewährten Zuwendung.

Bürgerschreck mit Pensionsanspruch

Kressins erster öffentlicher Auftritt ereignete sich am 10. Januar 1971. Nach den Kommissaren Trimmel (NDR) und Liersdahl (Saarländischer Rundfunk) nahm damit der dritte TATORT-Kriminalist den Dienst auf. KRESSIN UND DER TOTE MANN IM FLEET stand innerhalb des Kressin-Zyklus eigentlich an dritter Stelle, die Ausstrahlungsreihenfolge hatte aber aus produktionstechnischen Gründen geändert werden müssen. So kam es denn, dass der wenig zimperliche Zöllner als heimkehrender Urlauber eingeführt wurde, der sich in Hamburg, fern seines Zuständigkeitsbereichs, en passant mit einer Drogenschmugglerbande befasst, wobei ihm gleich zwei willige Grazien behilflich

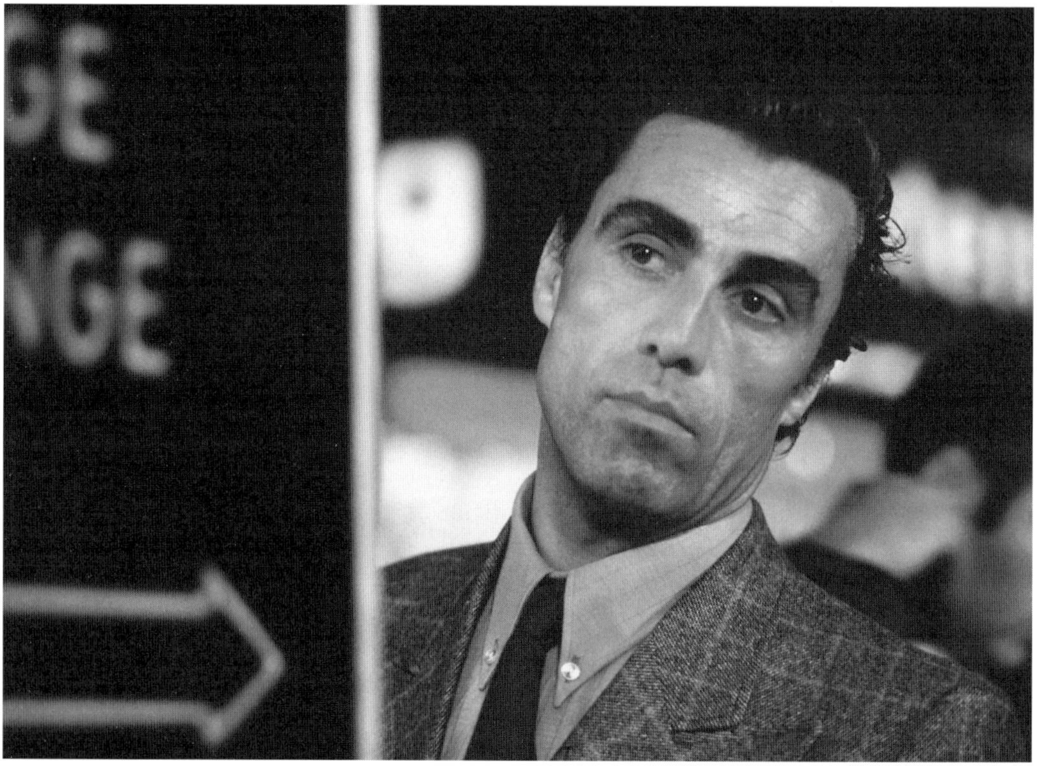

Sieghardt Rupp als Zollfahnder Kressin

sind. Diese beiden, sehr sexy dargeboten von Sabine Sinjen und Eva Renzi, brachten nicht nur Kressins Blut in Wallung. Die Leserbriefredakteure der Fernsehzeitschriften erlebten herrliche Zeiten – schon schlimm genug, dass die lebensfrohen Urlauberinnen im Trio mit Kressin auf dessen Matratze herumklabauterten. Aber zudem waren sie auch noch anderweitig verheiratet und machten skandallöserweise keinen Hehl daraus, dass sie ihr an Vergnügungen reiches, weil von wohlhabenden Ehemännern finanziertes Edel-Hippie-Dasein nach Herzenslust genossen. Diese »nicht mehr ganz taufrischen ›Pop‹-Geschöpfe« (*Süddeutsche Zeitung*) karikierten einen zeitgenössischen Schickeria-Typus und hatten – vergleiche Eva Renzis Mitwirkung in Will Trempers *Playgirl* (1966) – zugleich Zitatcharakter. Der ironische Umgang mit Exterieurs, Attributen und medial generierten Images aber war ein dem Gros des Publikums noch völlig fremdes Verfahren. Man nahm ernstlich Anstoß daran, dass zwei Ehefrauen so emanzipiert wie ungeniert und ganz selbstverständlich ihre erotischen Bedürfnisse auslebten. Auch einige Kritiker sahen schwarz: »In miserabelster Akustik, die alles das unverständlich machte, was in dem auf Verfremdung und Verdunklung angelegten Drehbuch Wolfgang Menges noch verständlich blieb, lieferte der WDR seinen Beitrag zu der *Kommissar*-Konkurrenz der ARD, TATORT. [...] Als Hauptakzente schmuggelten sich in diesen Schmuggler-Krimi eine Menge kaltschnäuzig-zynischer Verhaltensformen verheirateter Frauen im Urlaub von der Ehe hinein. Sieghardt Rupp als Zollfahnder in Dreipunktsex-Ferien vollzog seine entsprechend unsympathische Rolle in schauspielerischer Bravour.« (*Kölnische Rundschau*)

Der Rezensent des *Kölner Stadt-Anzeigers* hingegen war belustigt, ahnte aber schon Böses: »Diese WDR-Ausgabe der neuen Krimireihe war höchst unkonventionell, verblüffend wahrscheinlich für manchen Bürgergeschmack, der sich kaum vorstellen mochte, dass ein Zollfahnder bei aller Tüchtigkeit auch das Leben eines kleinen Playboys spielen kann.« Er sollte recht behalten. Vor allem die eigentlich recht züchtigen Bettschäkereien blieben haften. »Jene Szene [...]«, wunderte sich die *Zeit* später, »hat mittlerweile etwas Sagenhaftes angenommen. Sie wird, Monate danach, immer noch beschworen, sobald von Kressin geschrieben wird.«

Der enorme Wirbel schadete der Quote nicht. Im Gegenteil – das große Echo machte neugierig auf die nächsten Eskapaden des bald allseits als »Lümmel vom Zoll« gehandelten Schwerenöters, der bereits zwei Monate später wieder in Aktion treten sollte. Zudem bezogen – und beziehen auch heute noch – viele Zuschauer gerade aus der oft hingebungsvoll geschürten Erregung über die Sittenverstöße des Fernsehens besonderen Lustgewinn; manche finden in der verbalen oder schriftlichen Aufarbeitung ihrer Empfindungen wohl auch ein Ventil für Frustrationen der alltäglichen Art [1].

Ich bin ein Bonvivant, Madame

Wenngleich von deutlich anderem Kaliber als seine Kollegen, war Kressin doch in die Riege pflichtbewusster TATORT-Kommissare aufgenommen worden. Gunther Witte, Produzent einiger Kressin-Filme und innerhalb der ARD für die TATORT-Koordination zuständig, erläutert rückblickend: »Die Kressin-Reihe wurde konzipiert, als es TATORT noch gar nicht gab. Der WDR betrachtete diese Filme als einen günstigen Weg, schnell viel in die neue Krimi-Reihe einbringen zu können, auch wenn das Konzept nicht ganz zu TATORT passte.«

Die zuständige Redaktion verstieß gleich gegen mehrere Vorgaben, denn die Übereinkunft lautete, einen Polizisten im Kommissars-Rang ins Zentrum der Geschichten zu stellen. Auch sollten die Filme regionalen Bezug aufweisen. Nicht alle Kressin-TATORTe aber waren in dessen Dienstbereich im Köln-Bonner Raum angesiedelt. Der »Anti-Beamte« (*Kölner Stadtanzeiger*) verfügte über eine

Wechselnde Gespielinnen (I): KRESSIN STOPPT DEN NORDEXPRESS

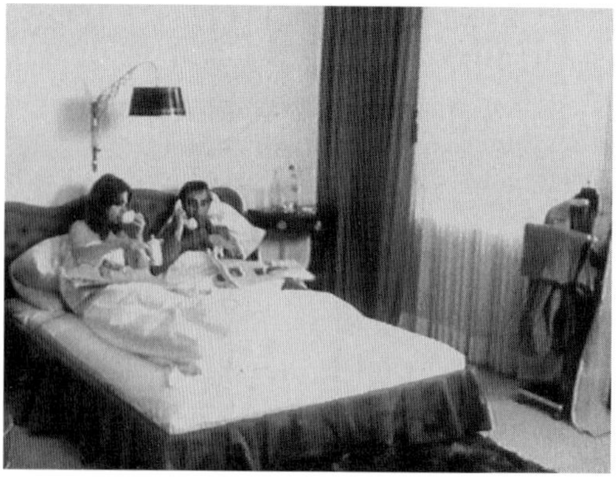

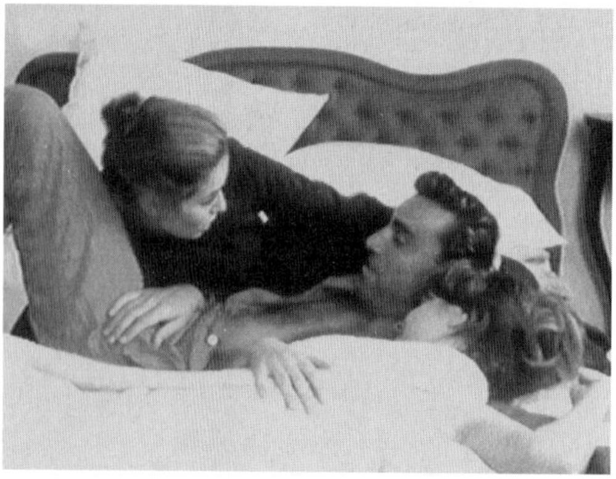

Wechselnde Gespielinnen (II): KRESSIN UND DER TOTE MANN IM FLEET

deutlich größere Reichweite als andere Gesetzeshüter des deutschen Fernsehens; *Der Kommissar* des ZDF beispielsweise wirkte im direkten Vergleich unbeweglich, gar provinziell. Der Stromer Kressin trieb sich in Hamburg herum und reiste sogar über die Grenzen, nach Belgien, in die Niederlande oder nach Dänemark – auf Staatskosten, versteht sich. Wenn es auch etwas gekünstelt wirkte, hob dieses internationale Flair die WDR-TATORTe doch heraus aus dem Fernsehangebot und spiegelt in gewisser Weise zeittypische Strömungen. Im vorangegangenen Jahrzehnt waren die Bundesbürger reiselustiger geworden, stellvertretend entwickelte das Fernsehen eine gewisse Neugier für die Alltagskultur des benachbarten Auslands. Es offerierte Ratgebersendungen, Magazine, unterhaltsame Reiseberichte und Quizsendungen mit Titeln wie *Rate mit – Reise mit*. Wie jene boten die Kressin-Krimis verheißungsvolle Bilder aus attraktiven Metropolen wie Amsterdam und Kopenhagen. Freilich waren nicht nur die herkömmlichen Sehenswürdigkeiten staunenswert. Anfang 1970 hatte die ARD in der Reihe *Zeichen der Zeit* über eine Kopenhagener Sexmesse berichtet, und wie von ungefähr gerät einige Monate später auch Zollfahnder Kressin einsatzbedingt in einen dänischen Erotikshop – er soll nämlich, so erklärt er anzüglich, ein paar Hefte für die Frau seines Vorgesetzten mitbringen.

Urheber der Kressin-Filme war Wolfgang Menge, hinlänglich genreerfahren als Autor der eng an das US-amerikanische Original *Dragnet* (Polizeibericht) angelehnten Reihe *Stahlnetz*, die zwischen 1958 und 1968 vom Norddeutschen Rundfunk produziert wurde, aber auch Autor anerkannter Fernsehspiele wie *Die Dubrow-Reise* (1969). 1970 hatte er in kurzer Folge gleich zweimal für Aufsehen gesorgt, mit dem von Peter Zadek inszenierten Zeitstück *Ich bin ein Elefant, Madame* (1970) und mehr noch mit der TV-Utopie *Das Millionenspiel* (1971). Darin schilderte er, nach einer Kurzgeschichte von Robert Sheckley, eine spektakuläre Unterhaltungs-Show, deren Kandidat sich einer Gruppe von Killern stellt und eine Million Mark erhält, sofern er das Fernsehstudio lebend erreicht. Die von Show-Blocks umrahmte, beklemmend realistische Menschenjagd – nach der Ausstrahlung am 18. Oktober meldeten sich mehrere Zuschauer sowohl als potentielle Killer wie auch als Kandidaten – hatte wütende Reaktionen provoziert. Am Abend der Ausstrahlung verzeichnete der WDR knapp 1.000 Anrufe mit teils extremen Aussagen. Von »fertigmachen« war da die Rede, von »Nervenheilanstalten«, man wollte die Verantwortlichen »mit dem Maschinengewehr jagen« und namentlich Menge »umlegen«. Ein umstrittenes, vieldiskutiertes Fernsehereignis sondergleichen, das noch sehr präsent war im öffentlichen Bewusstsein, als Menge im erstausgestrahlten Kressin-Film einen vergleichsweise heiteren Tonfall anschlug und die Krimihandlung in Witz und Ironie kleidete. Der Name Menge weckte Misstrauen; die anhaltende Fassungslosigkeit, der stupenden Manipulationsmacht des Mediums offenen Auges erlegen zu sein, könnte erklären, warum auch in diesem Fall viele Zuschriften und Kritiken so ungewöhnlich harsch ausfielen.

Auch der streitbare Autor selbst brachte Einwände vor. Mit Missmut reagierte er auf die Besetzung der Hauptrolle mit dem immerhin durch die Mitwirkung in einigen Italowestern (darunter *Per un pugno di dollari* [Für eine Handvoll Dollar, 1964, Regie: Sergio Leone]) geadelten Sieghardt Rupp. Der *Stern* zitierte Menge mit den Worten: »Jeder Autor hat beim Schreiben eine konkrete Vorstellung von der Figur, die er erfindet. Rupp als Kressin – das ist, als ob man die Rolle für Kirk Douglas schreibt, und hinterher spielt sie Peter Alexander.«

»Sie sehen aus wie einer, der nichts tut.« »Das sagt mein Chef auch immer.«

Zum Gegenstand öffentlichen Ärgernisses wurde vor allem Kressins pathologische Promiskuität. Seine Devise: »Jede Frau will erobert sein.« In KRESSIN STOPPT DEN NORDEXPRESS (2.5.1971) hat er sich von seiner Kopenhagener Gespielin Birgit (noch jung und pausbäckig: Gitte Haenning) noch nicht einmal verabschiedet, als der ölige Bonvivant auch schon strategische Winkelzüge für die Annäherung an eine attraktive Mitreisende erprobt. Zwar schmuggelt die sympathische Dänin kofferweise Pornohefte, aber bei derlei Bagatellfällen zeigt sich Kressin großzügig und bewahrt sie beim Grenzübertritt

Wechselnde Gespielinnen (III): KRESSIN UND DER LASTER NACH LÜTTICH

sogar vor der Entdeckung durch seine uniformierten Kollegen.

Strafverfolgung ist für Kressin ohnehin reine Ermessenssache. In einem Fall lässt er sogar eine Mörderin beinahe entkommen, die aus verschmähter Liebe getötet hatte. Unnachsichtig und mit höchstem Einsatz verfolgt er hingegen das große, gewerbsmäßig betriebene Verbrechen. Zumeist geht es um Schmuggel großen Stils, um Rauschgift, Alkohol, Waffen, geraubte Kunstwerke. Kressins Interesse gilt nicht den kleinen Wasserträgern und Laufburschen, er ist auf die Hintermänner aus, hochmögende Persönlichkeiten zumeist, die ihre dunklen Geschäfte hinter seriösen Fassaden verbergen. Der Prototyp eines solchen Wirtschaftskriminellen heißt Sievers (Ivan Desny). Er kreuzt – eine weitere Besonderheit der Kressin-TATORTe – immer wieder den Weg des Protagonisten, ohne dass es diesem gelänge, den alerten Drahtzieher grenzübergreifender Gaunereien dingfest zu machen.

Sievers lässt sich unschwer als ein Abkömmling der berühmten Schurken des Kinoserials identifizieren; er ist die gemäßigte Version eines Fantomas, Mabuse oder Fu Man Chu. Er scheint allgegenwärtig und bleibt doch fortwährend außer Reichweite. Während sein Verfolger Kressin durch bemühte Saloppheit Weltläufigkeit vorzugaukeln versucht, ist sie Sievers wesenseigen. Er verfügt über Geschmack und gute Manieren und bewegt sich in luxuriösem Ambiente wie auf angestammtem Terrain. Kressin hingegen erscheint hier als Fremdling, und er ist es auch. Sievers weiß sich überlegen, bewahrt stets Haltung und begegnet sogar seinem hartnäckigen Widersacher Kressin mit ausgesuchter Höflichkeit, der hingegen lässt seinen Emotionen freien Lauf. So mutet sein aussichtsloser Kampf gegen den gewieften Gentleman-Verbrecher an wie der blindwütige Kreuzzug eines Mannes aus kleinen Verhältnissen, der sich als Aufsteiger die Attribute des Geldadels zwar aneignen, seine niedere Herkunft aber nicht verhehlen kann. Doch Kressin hat nicht nur das Recht, sondern auch die Moral auf seiner Seite, denn Sievers konnte seinen Reichtum und seine Privilegien nur auf Kosten der Allgemeinheit erwerben.

Ein kaum lösbarer Widerspruch der Reihe bestand darin, dass Kressin zugleich für Aufsässigkeit und – als Staatsbediensteter – für Affirmation einzustehen hatte. Immerhin lässt seine Attitüde die gesellschaftlichen Umbrüche der Endsechziger zumindest erahnen: Normen und Werte sind in Frage gestellt, Notabeln und Autoritäten können nicht mehr per se mit Respektsbezeugungen rechnen. Kressins Vorgesetzter (Hermann Lenschau) reagiert mit Verunsicherung, er besäße die Befugnis, wagt aber nicht, Kressins tolldreiste Eskapaden durch ein Machtwort oder gar disziplinarische Maßnahmen zu unterbinden. So gönnt sich der egozentrische Parvenü Kressin auch selbst gelegentlich ein kleines Vergehen. Auf dem Amsterdamer Flughafen will er partout »ein paar Flaschen Whiskey, ein paar Flaschen Genever und noch ein paar Stangen Zigaretten« erwerben. Denn: »So billig krieg' ich das nie wieder.«

»Aber das darfst du doch gar nicht alles mitnehmen«, mahnt seine Begleiterin naiv.

»Aber Kindchen«, erklärt Kressin nachsichtig, »ich bin doch vom Zoll.«

Kressin und der junge Film

Neben den progressiven Inhalten sorgte auch deren filmische Umsetzung für Irritationen bei Kritik und Publikum. Die Regisseure der Kressin-TATORTe entfernten sich denkbar weit von der statischen, theaternahen Inszenierung des klassischen Fernsehspiels, in jenen Tagen noch ein geläufiges Programmangebot. Vielmehr waren sie unverkennbar kinoorientiert. Vor allem die jüngeren Entwicklungen des Filmgeschehens färbten durch, die entfesselte Kamera des *Cinema verité* und die Spontaneität der *Nouvelle vague*. Beim ersten Kressin-Film führte Jost Vacano die Kamera, der zuvor unter anderem Peter Schamonis Langfilmdebüt *Schonzeit für Füchse* (1965) fotografiert hatte und später Stammkameramann des Niederländers Paul Verhoeven wurde, mit dem er zunächst in Europa und hernach auch in Hollywood zusammenarbeitete. In seiner Filmographie finden sich mittlerweile Großproduktionen wie *Das Boot* (1979, Regie: Wolfgang Petersen), *Robocop* (1987, Regie: Paul Verhoeven) und *Total Recall* (1990, Regie: Paul Verhoeven). Bei der Fernsehkritik des Jahres 1971 fand Vacano wenig Beifall: »Jost Vacano«, giftete die *Süddeutsche Zeitung*, »sonst ein

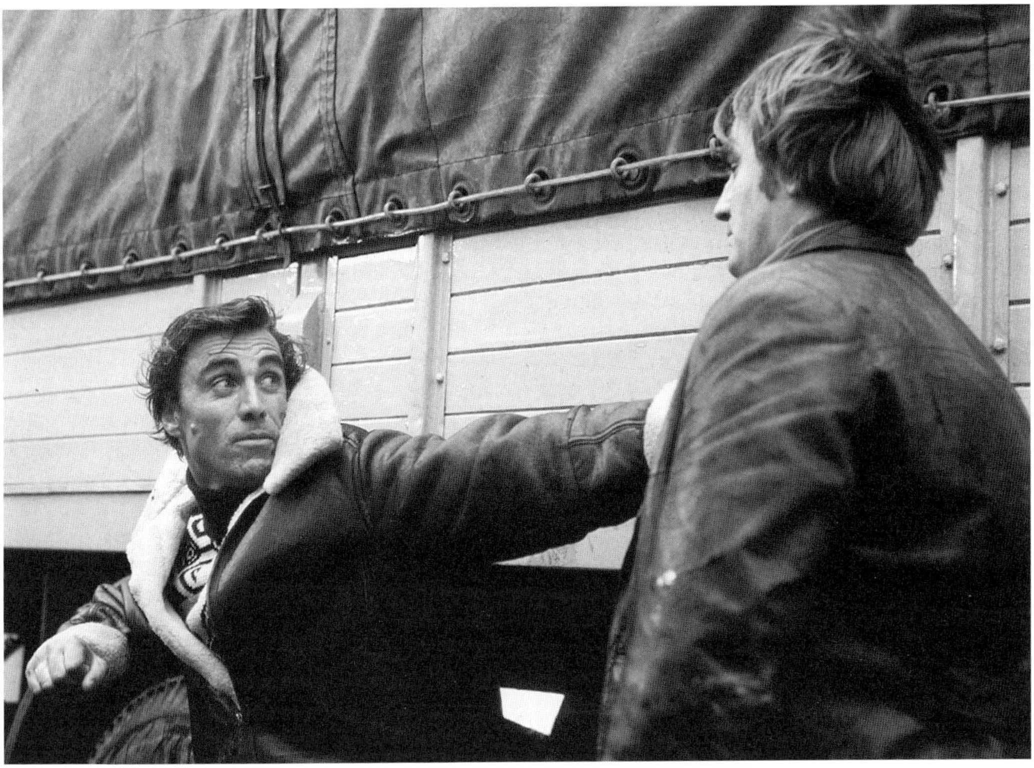

Action: KRESSIN UND DER LASTER NACH LÜTTICH

bewundernswert ökonomischer Kameramann, spielte im Auftrag von Regisseur Peter Beauvais mit der Gummilinse herum, dass es ein Graus war.«

Größeren Beifall fand die ursprünglich als Auftakt der Reihe vorgesehene Fortsetzung KRESSIN UND DER LASTER NACH LÜTTICH (7.3.1971). Tom Toelle, der bereits *Das Millionenspiel* in Szene gesetzt hatte, übernahm die Regie und setzte auf handfeste Action – »diesmal geht's viel prüder und härter zu, dies ist nicht mehr ein gedehnter Anti-Krimi mit abwegigen Dialogen, sondern ein kurzatmiger Action-Film mit rauhen Prügeleien, bei denen brutale Hiebe ausgeteilt und eingesteckt werden wie in blutigen Leinwand-Reißern«, urteilte der *Kölner Stadt-Anzeiger* in seiner Ankündigung.

Dem setzte Rolf von Sydow mit KRESSIN STOPPT DEN NORDEXPRESS noch eins drauf – der beamte Herumtreiber durfte zwar wieder ausgiebig flirten, musste aber auch raufen, einiges einstecken und obendrein bei voller Fahrt eine von Gangstern gekaperte Lokomotive erklettern.

Nachdem die ersten drei Beiträge in zweimonatlichem Abstand gesendet worden waren, verging bis zur Ausstrahlung des nächsten Kressin-Abenteuers über ein Jahr. Wolfgang Menge verfasste unterdessen TATORT-Episoden für den Süddeutschen Rundfunk, derweil beim WDR mit dem in den Niederlanden lebenden gebürtigen Surinamesen Pim de la Parra (Jahrgang 1940) erstmals ein junger ausländischer Filmemacher den Regiestuhl übernahm, der gemeinsam mit Klaus Recht und Hans-Heinrich Ziemann auch das Skript beisteuerte. Der Fall KRESSIN UND DIE FRAU DES MALERS (28.5.1972) führte den erneut als Wüstling in Erscheinung tretenden Titelhelden denn auch nach Amsterdam, wo er entwendeten Kunstwerken nachspürte – in holder weiblicher Begleitung (Brigitte Skay), versteht sich. In einer winzigen Nebenrolle als Galerieangestellter ist in diesem Film Jeroen Krabbé zu sehen. Seit Mitte der achtziger Jahre gehört er zu den international tätigen Schauspielern, spielte nennenswerte Rollen in Hollywood-Filmen wie *The Prince of Tides* (Herr der Gezeiten, 1991, Regie: Barbra Streisand) und *The Fugitive* (Auf der Flucht, 1993, Regie: Andrew Davis) und debütierte 1998 als Regisseur. Pim de la Parras sehr stilisierte Inszenierung, vor allem seine kühne Überzeichnung sexueller Libertinage, fand wiederum wenig Zustimmung bei der Kritik.

Die Episode KRESSIN UND DER MANN MIT DEM GELBEN KOFFER (9.7.1972) stammte wieder von Wolfgang Menge, der einen veritablen Politthriller um Bonner Waffenhändler ablieferte. Ein idealer Stoff für den 33jährigen Regisseur Michael Verhoeven, damals ein bereits namhaft gewordener Vertreter des politisch engagierten, jungen deutschen Kinos, dessen von Brecht inspiriertes Lehrstück *O.K.* (1970) ein Jahr zuvor den Abbruch der Berliner Filmfestspiele bewirkt hatte. Gaststars in diesem Film waren die Bonner ARD-Korrespondenten Ernst Dieter Lueg und Friedrich Nowottny.

Nach diesem Film stellte Wolfgang Menge seine Mitarbeit ein. Während mit neuen Autoren verhandelt wurde, drehte als Gastautor und –regisseur der in Frankreich lebende US-Amerikaner Samuel Fuller, eine Ikone der Nouvelle-vague-Filmer und ihrer Apologeten, mit TOTE TAUBE IN DER BEETHOVENSTRASSE (7.1.1973) den wohl ungewöhnlichsten Beitrag der Reihe. Hier wurde Kressin zum Nebendarsteller, nachdem ihn zu Beginn des Films eine Schussverletzung ins Bett zwingt. Die Hauptrolle übernahm gemäß Fullers Wünschen der US-Amerikaner Glenn Corbett, der Jahre später als Mitwirkender der TV-Serie *Dallas* (1978-1991) auf deutsche Bildschirme zurückkehrte. Seine Partnerin war Fullers Ehefrau Christa Lang. Stammkomponist Klaus Doldinger, dessen dichte, groovende Soundtracks eine Art akustisches Erkennungszeichen der Kressin-Filme darstellten, fand in diesem Fall keine Beschäftigung. Statt seiner sorgte die Kölner Band *Can* für ungewohnt psychedelische Klänge, die hervorragend mit Fullers bizarren Einfällen korrespondierten. Auch hier sei auf einen prominenten Mitwirkenden verwiesen: Hans-Christoph Blumenberg, seinerzeit Filmkritiker, später selbst TATORT-Regisseur, spielte den Handlanger des Helden.

Ein sanfter Abgang

Nach Fullers höchst extravagantem Beitrag und erneuten wütenden Reaktionen des Publikums endete die Reihe mit biederer Krimiroutine. Karl Heinz Willschrei schrieb das Buch, Rolf von Sydow inszenierte KRESSIN UND DIE ZWEI DAMEN AUS JADE (8.7.1973). Ein paar Sticheleien gegen die Kollegen von der Kriminalpolizei waren noch drin, ansonsten durfte der merklich gebändigte und ungewohnt melancholische Kressin nicht mehr tun als einen Verdächtigen nach dem anderen zu verhören. Er unterschied sich nun kaum noch von braven Dienstleistern wie dem *Kommissar* und verwandten TATORT-Kollegen. Damit war der Figur aller Reiz genommen und das Ende abzusehen, zumal Sieghardt Rupp Pressevertretern gegenüber bereits mehrfach seinen Unmut geäußert hatte über die jüngste Entwicklung seiner Rolle. Im *Stern* zog Günter Rohrbach, Leiter der WDR-Fernsehspielabteilung, ernüchtert Bilanz: »Kressin war eine Figur mit Widerhaken. Die Deutschen wünschen sich als Krimi-Kommissare gern Vaterfiguren. Jede Form von Selbstironisierung nehmen sie sehr übel.« Gunther Witte, 1998 befragt, stimmt dem zu: »Kressin war in der Tat umstritten. Die Zuschauer mochten ihn sehr oder lehnten ihn total ab. Intern war sie nicht umstritten, weil wir diese Figur für originell, auffällig und wirkungsvoll hielten. Ich denke, das gilt heute noch. Kressin ist Kult und Klassik zugleich. Abgesetzt wurde Kressin insofern auch nicht, den Autoren gingen, ehrlich gesagt, die Fälle aus, und wir wollten uns dann auch gern einem neuen Kommissar zuwenden [...].«

Ehe ein gewisser Horst Schimanski in Kressins Fußstapfen trat und seinerseits den Volkszorn schürte, blieben Verstöße gegen die Dienstordnung vorerst einem Ausländer vorbehalten: dem von Nicolas Freeling erdachten Inspecteur Piet *Van der Valk*, der ab Herbst 1972 namens des WDR, aber außerhalb der TATORT-Reihe Amsterdamer

Kressin als Nebendarsteller: TOTE TAUBE IN DER BEETHOVENSTRASSE

Verbrechern nachsetzte. Im April 1974 bezog Kommissar Haferkamp (Hansjörg Felmy) seine Essener Diensträume. Der neue WDR-TATORT-Ermittler verzehrte brav seine Frikadellen nach Hausmacherart und bediente mustergültig das Verlangen nach einer verlässlichen, leidenschaftslosen, rundum gutbürgerlichen Vaterfigur. [2] ♦

Anmerkungen

1 Vgl. Harald Keller: Schrei in der Stille. In: agenda 18, März/April 1995, S. 3.

2 Quellen und weiterführende Literatur: Pressestelle/Öffentlichkeitsarbeit des WDR (Hg.): TATORT 300! Köln 1994. – Hartmut Bitomsky: »Kressin und ...« Ein Fernseh-Held. Druckfassung eines Beitrages zu der Reihe *Telekritik*. In: Rundfunk und Fernsehen. 20. Jg. 1972/74, S. 522-537. – Robert Fischer / Joe Hembus: Der Neue Deutsche Film 1960-1980. München 1981. Peter Paul Kubitz (Hg.): Der Traum vom Sehen: Zeitalter der Televisionen. Ausstellungskatalog. Amsterdam/Dresden 1997. – Egon Netenjakob: TV-Filmlexikon. Regisseure, Autoren, Dramaturgen 1952-1992. – Frankfurt/M. 1994. Lee Server: Sam Fuller. Film is a battleground. Jefferson (N.C.) / London 1994.

Zollfahnder Kressin – Sämtliche Folgen, chronologisch:

KRESSIN UND DER TOTE MANN IM FLEET
(WDR, 10.1.1971)
Regie: Peter Beauvais.
Buch: Wolfgang Menge.

KRESSIN UND DER LASTER NACH LÜTTICH
(WDR, 7.3.1971).
Regie: Tom Toelle.
Buch: Wolfgang Menge.

KRESSIN STOPPT DEN NORDEXPRESS
(WDR, 2.5.1971)
Regie: Rolf von Sydow.
Buch: Wolfgang Menge.

KRESSIN UND DIE FRAU DES MALERS
(WDR, 28.5.1972)
Regie: Pim de la Parra jr.
Buch: Klaus Recht, Pim de la Parra jr., Hans Heinrich Ziemann.

KRESSIN UND DER MANN MIT DEM GELBEN KOFFER
(WDR, 9.7.1972)
Regie: Michael Verhoeven.
Buch: Wolfgang Menge.

TOTE TAUBE IN DER BEETHOVENSTRASSE
(WDR, 7.1.1973)
Regie und *Buch:* Samuel Fuller.

KRESSIN UND DIE ZWEI DAMEN AUS JADE
(WDR, 8.7.1973)
Regie: Rolf von Sydow.
Buch: Karl Heinz Willschrei.

Aufstand gegen die Zeichen. Samuel Fullers TOTE TAUBE IN DER BEETHOVENSTRASSE

Von Olaf Karnik

»Amerikanischer« TATORT – fremdes Deutschland?

Nach der Erstausstrahlung von TOTE TAUBE IN DER BEETHOVENSTRASSE am 7. Januar 1973 in der ARD (der erste TATORT in deutscher Synchronisation – zwecks internationaler Vermarktung hatte Fuller in Englisch gedreht!) erntete der Film bei Zuschauern und Fernsehkritik wenig Lob. Schon vor der Ausstrahlung entschuldigte sich der Fernsehsprecher im Auftrag des WDR dafür, dass dieser TATORT trotz deutscher Kulisse ein eher amerikanischer Film geworden sei und erklärte: »Wir zeigen ihn trotzdem.« [1] Die *NRZ* vom 9.1.1973 sah ein »Chicago am Rhein« und berichtete, dass während der Sendung 60 bis 70 Zuschauer beim WDR angerufen haben, weil sie die Handlung nicht verstanden [2]. In der *Welt* fragte Ekkehard Böhm: »Woran lag es, dass ein so seltsam ungereimter Film voll innerer Brüche zustande kam? Merkwürdig hölzern wirkten die Schieß- und Prügelszenen, unglaubwürdig die Gestalten im deutschen Milieu. [...] Wie amerikanisch dieser Film war, spiegelte sich auch in der Besetzung wider: Die Darsteller waren importiert, an der Spitze der Westernheld Glenn Corbett. Und das Lockvögelchen Christa Lang aus Essen ist – Fullers Ehefrau. Fuller müssen diese Widersprüche aufgegangen sein, denn er wich aus in die Ironie, schließlich in die böse Karikatur.« [3] Und die *FAZ* behalf sich bei der Einordnung dieses ungewöhnlichen TATORT erst mal damit, dass sie Fullers bekanntes Credo zitierte: »Film ist ein Schlachtfeld: Liebe, Hass, Gewalt, Aktion, Tod, mit einem Wort: Emotion«, um dann festzustellen, dass »die Serie eher Fuller nivelliert hat, als dass es dem amerikanischen Routinier gelungen wäre [...] eine besonders überzeugende und originelle Variante zu bieten. [...] So hatte er seine im Grunde universelle Geschichte eines Politikers mit kompromittierenden Fotos eines erpressenden Syndikats nur noch in die besondere Umgebung von Bonn und Köln zu integrieren. Exakt das gelang aber kaum [...], der gewählte Schauplatz verlor nur selten den Charakter der Beliebigkeit. Irritierend waren vor allem die vielen retardierenden Passagen in Fullers Film. Abgesehen von der Anfangs- und Schluss-Sequenz [...] war der übrige Film merkwürdig schleppend inszeniert. Zwar erkannte man das Bemühen um Verhaltensstudien, aber keiner der Charaktere hatte so viel Vielschichtigkeit, dass dieser eminent ausgedehnte Versuch der Psychologisierung plausibel geworden wäre. [...] Fullers Problem war diesmal, dass er [...] mit der für ihn fremdartigen deutschen Mentalität nichts Rechtes anfangen konnte.« [4]

Lauter Beobachtungen, die auf den ersten Blick zutreffen. Zweifelsohne scheiterte Fuller am TATORT-Format. Der damals für den WDR-TATORT zuständige Kölner Zollfahnder Kressin (Sieghardt Rupp) spielte sogar nur eine auf wenige Minuten begrenzte Nebenrolle – die Lösung des Falles hatte Fuller seinem amerikanischen Detektiv Sandy (Glenn Corbett) überlassen. Und die TATORT-typische Spiegelung bundesdeutscher Realität wollten Zuschauer und Kritik bei Fuller auch nicht entdekken. Kein deutscher Film also, aber auch kein US-Krimi – denn Spezifika wie spannende Story, kulinarische Action-Szenen, psychologisch plausible Charakterzeichnung, authentische Milieuzeichnung wurde Fuller auch kaum gerecht. Als Hollywood-Outcast und von der europäischen Filmkritik als Autorenfilmer identifiziert, hatte Samuel Fuller anderes im Sinn, als Formate zu bedienen oder Genre-Definitionen zu entsprechen.

Eine Lesart in der *Süddeutschen Zeitung* schien Fullers Intention nahe zu kommen: »Samuel Fuller kümmerte sich nicht um deutsche Fernsehgesetze, er drehte einen Film, der ihn persönlich interessierte. [...] Dabei entwickelte sich die alte Fuller-Story von zwei vom Verbrechen gezeichneten Menschen, die das Verbrechen zueinander bringt und deren Liebe schließlich auch am Verbrechen scheitert. [...] Fuller verschränkte konsequent ein rasantes äußeres Geschehen mit einer menschlichen Tragödie. Er filmte – und das ist bei diesem Genre

Fuller und Beethoven

im deutschen Fernsehen bisher nicht sehr oft gelungen – mit großem Ausdruck Dialoge, Blicke, Beiläufigkeiten und Höhepunkte eines Falles« [5].

Intensitäten von Atmosphären, Stimmungen – wer sich bei TOTE TAUBE IN DER BEETHOVENSTRASSE nur auf die schwer nachvollziehbare Handlung konzentriert, verpasst das Wesentliche. Fullers Film ist durch einen extrem elliptischen Erzählstil gekennzeichnet. Durch bloße Andeutungen, zahlreiche Auslassungen und verwirrende Anschlüsse schafft er eine Erzählstruktur der Brüche, Fragmente und Passagen, die den Zuschauer nicht zum Gefangenen von Plot und Suspense machen, sondern andere Aufmerksamkeiten erzeugen will: Orte, Landschaften und Physiognomien; Räume, Situationen, zwischenmenschliche Beziehungen – und wie all das von Geschichte, Funktion, Ordnung und Macht gezeichnet ist. In den Dialogen von Fullers Figuren zeigt sich die Auflösung von Kommunikation in Codes, in deren Blicken die Sehnsucht nach Befreiung davon. Und in den »Beiläufigkeiten« offenbart sich der Aufstand gegen die Zeichen. Echt/unecht, wirklich/unwirklich: Aus dieser Bipolarität entwickelt sich die Spannung und dramatische Handlung in TOTE TAUBE … . Konsequent bis ins Detail konstruiert Fuller daraus zahlreiche Gegensätze: Zeichen vs. Authentizität, Fremdbestimmung vs. Autonomie, allgemein vs. besonders, Zweckrationalität vs. eruptive Emotionalität …

Zitate, Referenzen, Verweise

Fuller integriert Original-Ausschnitte aus anderen Filmen (eine Saloon-Sequenz aus *Rio Bravo* [1959, Regie: Howard Hawks]; eine Szene mit Christa Lang als Prostituierte aus Godards *Alphaville* [1965]), verweist auf berühmte Film-Szenen (die Duschszene in *Psycho* [1960, Regie: Alfred Hitchcock]; der in einen Kriminalfall verwickelte Fotograf in der Dunkelkammer aus *Blow Up* [1966, Regie: Michelangelo Antonioni]) und zitiert die Filmmusik aus *The Bridge on the River Kwai* (Die Brükke am Kwai, 1957, Regie: David Lean) – die einmal als Erkennungszeichen gepfiffen wird. Schließlich engagiert er mit Stéphane Audran eine Ikone des europäischen Autorenfilms für einen komplett überflüssigen Gastauftritt in der Rolle des Dr. Bogdanovich (wie der amerikanische Kult-Regisseur Peter Bogdanovich!). Solche Gastauftritte, Referenzen und Zitate waren in den sechziger und siebziger Jahren im Autorenfilm üblich – bei Fuller dienten sie aber nicht allein dem guten, intertextuellen Zweck, auf die Relevanz von »Filmgeschichte« hinzuweisen beziehungsweise distinguierten Genuss zu verschaffen. Eher übernehmen die Zitate und Referenzen eine wichtige inhaltliche Funktion. So enttäuscht Fuller mit seiner Anspielung auf die berühmte *Psycho*-Sequenz bewusst entsprechende Suspense-Erwartungen: Unter der Dusche wird Sandy überwältigt, kein Messer, kein Blut, lediglich ein paar Hiebe, und im Anschluss ein Verhör. Als wollte Fuller demonstrieren, dass es ihm auf Schockwirkung gerade nicht ankommt. Und den kurzen Ausschnitt aus *Alphaville* mit Christa als Prostituierter verwendet Fuller als visuellen Beleg für ihre gegenüber Sandy geäußerte Selbstkritik, dass sie immer nur eine Schauspielerin gewesen sei. Damit verdoppelt Fuller ihr Rollenspiel – und betont ihre »unechte« Identität. Auch bei Sandy, der Ausschnitte aus *Rio Bravo* im Kölner *Lupe*-Kino sieht, dient das Zitat zur Charakterzeichnung. Die rauen Gebärden der Cowboys und die Entladung von Spannung in Gewalt entlocken dem amerikanischen Detektiv au-

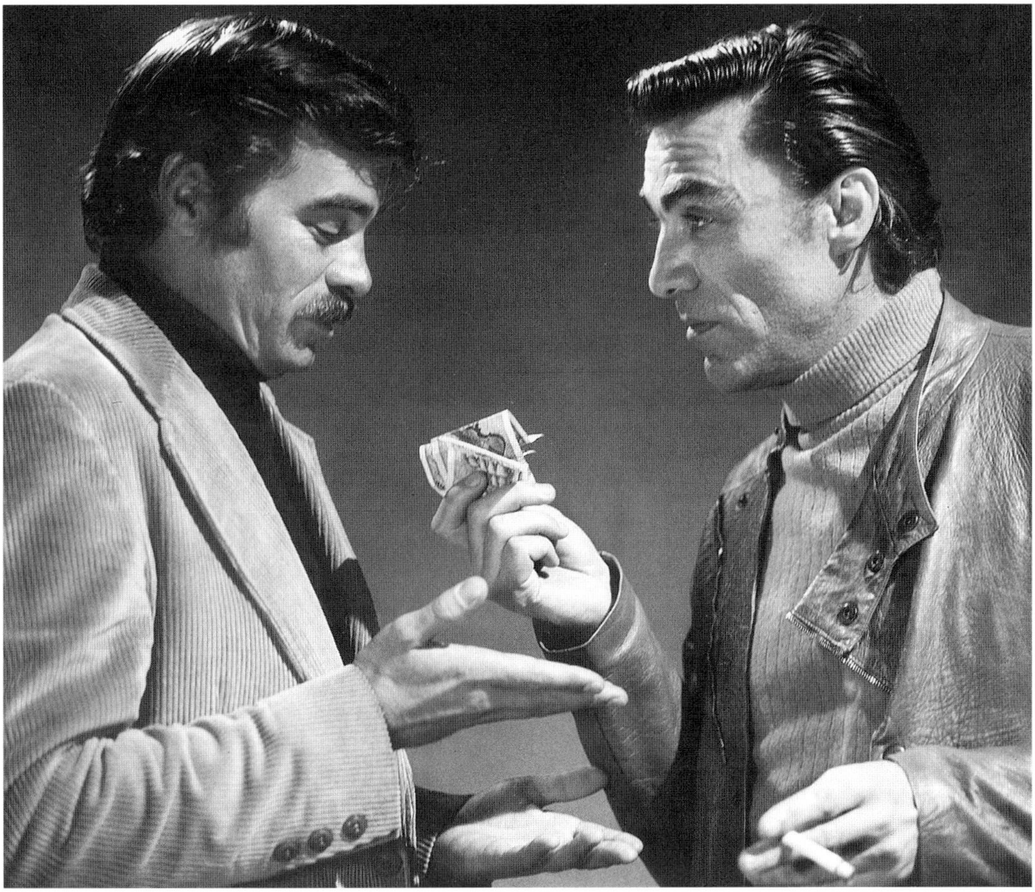

Sandy (Glenn Corbett) und Kressin (Sieghardt Rupp)

thentische Reaktionen: Lachen, Grinsen, Freude. Auf diese Weise wird Sandy als »Echter« gekennzeichnet – und als Identifikationsfigur etabliert.

Auch auf der Ebene der Zitate und Referenzen offenbart sich der Antagonismus, aus dem sich Fullers Tragödie speist: Subjektivierung und Individuation erfolgen immer schon anhand vorgelebter Handlungen, Erfahrungen und Sinngebungen anderer, die in symbolische Formen geronnen sind. Die Zeichen, die nicht weichen.

Orte, Räume, Plätze

Auf der Suche nach Drehorten an Rhein und Ruhr findet Fuller Schauplätze, die ihm von Filmaufnahmen weitgehend »unberührt« erschienen. Dazu gehört die »neue Hauptstadt« Bonn, speziell Beethovens musealisiertes Geburtshaus [6]. Fuller, der die Story angeblich erst nach Besichtigung der Drehorte geschrieben hat, ging es bei der filmischen Eroberung dieser Orte um eine »Anzahl beispielloser Erstmaligkeiten für die Deutschen« [7].

Das Bonner Beethovenhaus »entweihte« Fuller, indem er es als Ort quasi-sexueller Handlungen zeigt: Mit eindeutiger Absicht spricht Sandy dort eine junge Frau an, die darauf erwidert: »Mich anzusprechen wie eine Hure! In dieser Weihestätte! Beethoven!« Des Weiteren zählten zu den »verbotenen Aufnahmeorten«: ein Krankenhaus-

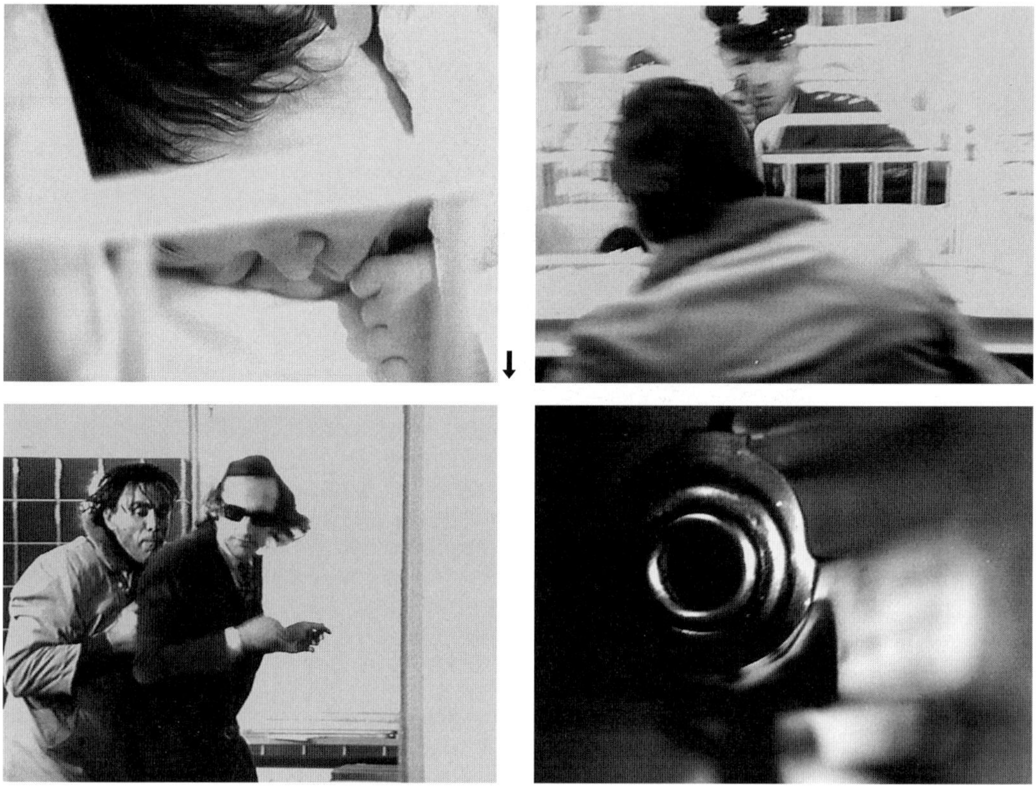

»Verbotene Aufnahmeorte«: Action auf der Babystation

zimmer, in dem neugeborene Babys liegen und wo Fuller gleich zu Beginn des Films eine Schießerei stattfinden lässt; der Kölner Straßenkarneval, wo Detektiv Sandy gegen Ende seinen als Clown verkleideten Widersacher Charlie Umlaut erwürgt; Krupps Lokomotiv-Fabrik in Essen, wo dem vom Syndikat als Lockvogel angesetzten politischen Vertreter Chinas nachkriegsdeutsche Modernität demonstriert wird; schließlich ein Sex-Shop auf der Kölner Hohe Straße, in dem Christa einen affektierten Tanz mit Stéphane Audran vor Publikum aufführt. Die Gegen-den-Strich-Verwendung dieser Orte (Beethovenhaus als Kontakthof, Mord im Karneval usw.) verstand Fuller als Übertretung symbolischer Ordnung. Ähnlich verfährt er im kunstgeweihten Bahnhof *Rolandseck*, wenn er dort zwischen Klavierflügel und Gemälden eine Schießerei stattfinden lässt, oder im auf offizielle Staatsempfänge abonnierten Hotel *Petersberg* am Rhein, wo Sandy und Christa einen afrikanischen Politiker korrumpieren.

Eine subtilere Form der Um- beziehungsweise Re-Codierung wählt Fuller an Orten, die schon Anfang der siebziger Jahre als touristische Klischees galten: Den wolkenverhangenen Drachenfels in Königswinter filmt er als Caspar-David-Friedrichsche Gefühlslandschaft (mit Sandys und Christas Liebesdialog im Off) – und ruft so die romantische Aura, die der Ort längst verloren hat, noch einmal auf. Und das »heilige« Glockenläuten des Kölner Doms überführt er mit einem grandiosen Mix in die damals hochmoderne, polyrhythmische Architektur der Kölner Gruppe *Can* [8].

Fullers ästhetische Methode der Neu-Codierung von Orten, Räumen und Plätzen will nicht einfach »Schauplätze wählen« oder etwas »als Kulisse verwenden«. Es geht darum, das Allgemeine des Ortes zu besondern, seine Symbolhaftigkeit zu durchkreuzen, seine festgelegte Ordnung, Bedeutung und Funktion zu erschüttern. Unvertrautes schaffen: Deswegen geht von den bekannten Orten in Fullers Film auch eine irritierende Leere aus. Sie stehen nicht mehr für das, als was sie gelten. Die Frage ist also nicht, ob die bundesdeutsche Wirklichkeit getroffen ist, sondern: Welche Wirklichkeit zeichnet Fuller?

Stéphane Audran

Codes, Chiffren, Masken, Rollen

»Anweisungen: chiffriert. Ich hab' sie entschlüsselt«, sagt Christa einmal. »Sie sind nicht das, was Sie zu sein vorgeben«, bemerkt Mr. Novak, ein potentielles Erpressungsopfer, zu ihr auf der Rheinschifffahrt. Bevor Christa für das Syndikat arbeitete, war sie Schauspielerin. »Mein ganzes Leben war immer nur, so tun als ob. Jetzt sind meine Rollen erfassbar. Sie sind echt«, erkennt sie beim romantischen Tête-à-tête mit Sandy auf dem Drachenfels. Aber es sind immer noch Rollen. Christa beherrscht mehrere Fremdsprachen, um mit den zu ködernden, ausländischen Politikern als *Raconteuse* Konversation zu betreiben. Mehrmals zeigt sie Fuller beim Einüben: Auch Sprachen sind Rollen, in die man schlüpfen kann. »Vorsicht! Vergiss nicht, was dir beigebracht worden ist: immer halten. Immer und überall halten«, empfiehlt Stéphane Audran ihr beim Tanz im Sex-Shop. Das ist die zentrale Devise des Films. Haltung bewahrt wird auch in *Mensurs Fechtschule*, der Zentrale des Syndikats, für das Christa arbeitet. Der Fechtkampf fungiert als Metapher für den kalten Krieg, den hier alle gegen alle führen: kultivierte Gewalt, nach Spielregeln, mit Masken. Und dieser kalte Krieg, den die Weltpolitik spielt, bietet Fullers Figuren die Legitimation für ihre gepanzerten Verhaltensweisen und codierten Kommunikationen: »Wie haben Sie ihn dazu gekriegt, mitzumachen?«, fragt Sandy, und Christa antwortet: »Hat Nixon Moskau erzählt, was er von Peking bekommen hat?« Sogar in dem Moment, wo individuell-authentisches Liebesgefühl artikuliert wird, kann dies nur mit metaphorisierenden Bezugnahmen auf politische, historische oder kulturelle Rahmenbedingungen geschehen. Christa: »Ich bin nicht religiös, aber wie kann ich an etwas glauben, wenn Gottes Gunst immer zu gewinnen ist, sei es durch Hass, Gewalt, Lügen. Ich bin kein Barbar, wie die in den Kreuzzügen, wo sie für ihren Christus sogar nackt gingen und Menschenfleisch vertilgten. Aber selbst angesichts der Kreuzzüge, ja, selbst angesichts der Kreuzzüge, so wahr mir Gott helfe, sage ich dir: Ich lieb' dich, Sandy. Verzeih mir, dass ich so eine bin.«

Fullers Protagonisten sprechen in Codes und Metaphern, sie entschlüsseln Chiffren, spielen Rollen, tragen Masken – und sind gefangen in symbolischen Verhältnissen, die überindividuelle Ordnungen repräsentieren. Für diese Wirklichkeit findet Fuller auch deutliche Bilder und Zeichen: Einmal zeigt Mensur, der Chef des Verbrecher-Syndikats, Christa und Charlie Umlaut Dias von Mao und Mr. Fong, dem nächsten Erpressungsopfer. Christa stellt sich vor die Leinwand: Im Lichtstrahl des Projektors wird ihr Gesicht von Mr. Fongs überdeckt. Auch körperlich sind Christa und Sandy von der Macht »gezeichnet«: Sandy trägt eine Tätowierung auf dem Oberarm, und Christas Erdbeer-Muttermal fungiert nicht nur als Erkennungszeichen, sondern als fleischgewordene Dienstmarke. Erst die authentische Erfahrung der Liebe zu Sandy veranlasst sie zu der Idee, das Mal entfernen zu lassen. Sandy aber möchte, dass sie es behält. In

Das Finale

solchen beiläufigen Dialogen wird die Illusion des Wunsches nach einem Jenseits der bestehenden Ordnung thematisiert. Sandys und Christas latente Sehnsucht nach Autonomie und Authentizität wird durch das Wissen um die eigene Fremdbestimmung jedes Mal konterkariert. »Ich bin versaut, und sie ist ein Schwein«, bemerkt Sandy gegenüber Kressin. Die daraus resultierende Verhaltenslogik ist Taktik: Jede Begegnung und Begebenheit wird danach eingeschätzt, ob sie als Mittel zum Zweck dient.

Ich + Ich + die Wirklichkeit

Sandys Job ist es, ein gefälschtes Foto zu beschaffen, das den gegen Nixon antretenden, amerikanischen Präsidentschaftskanditaten mit Christa in eindeutiger Pose zeigt. Das Syndikat erpresst Politiker, indem es sie betäubt, das heißt ihrer Wahrnehmung beraubt und dann in gestellter Szene mit Christa im Arm fotografiert. Sandy schleicht sich in die Organisation ein und spielt mit, um an das Foto zu gelangen. Schon Fullers Plot spielt mit der Idee einer inszenierten Wirklichkeit, die aber äußerst reale Effekte zeitigt. Was ist die Wirklichkeit?

Fotos geben nicht die Wirklichkeit wieder, sondern sind gestellt und manipuliert. Orte, Räume, Plätze erscheinen nicht als das, wofür sie stehen: unwirklich. Schockierende Szenen aus der symbolischen Wirklichkeit (zum Beispiel *Psycho*) werden bagatellisiert, andere (Christa in *Alphaville*) wiederum als Echtheits-Beleg für Unechtes herangezogen. Menschen sind den Wirklichkeitsdefinitionen der Macht unterworfen – sie agieren in

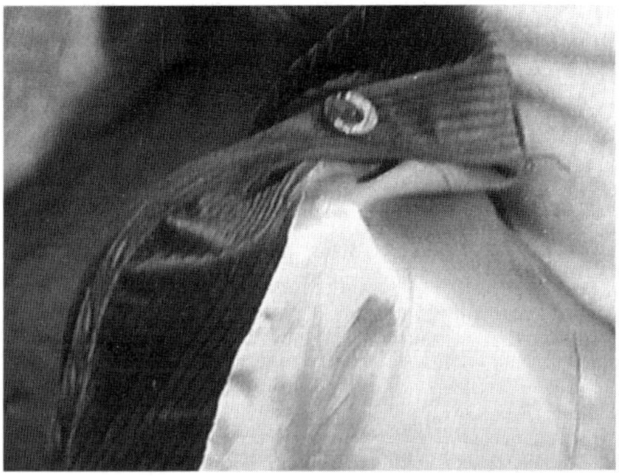

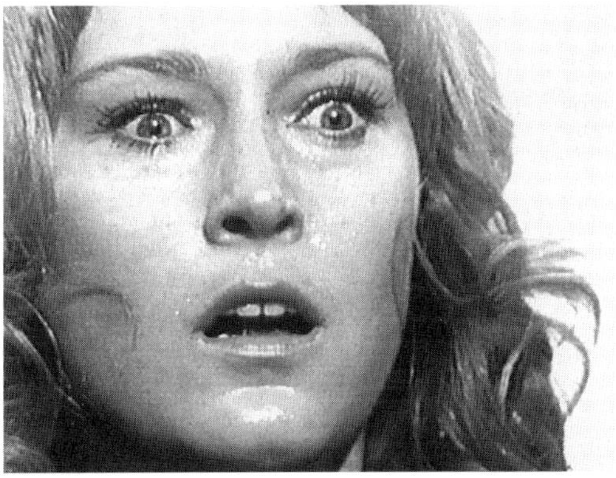

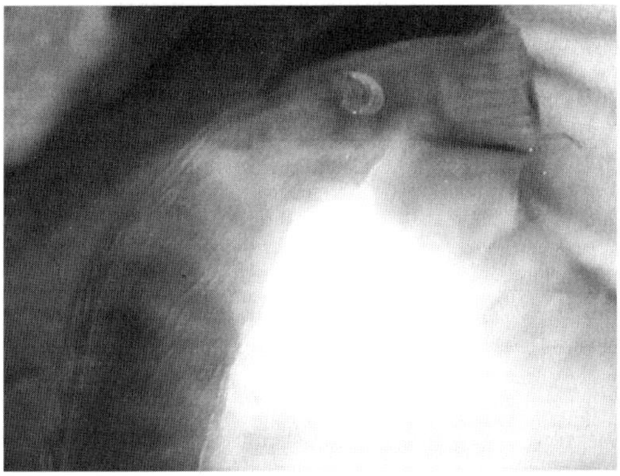

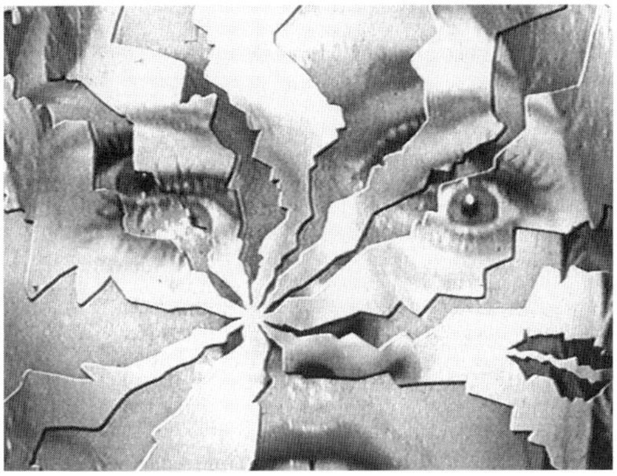

Rollen, Masken, Taktiken und Codes. In die umgestülpte Welt des karnevalistischen Schauspiels bricht das »reale« Reale ein: Ein Mord geschieht.

Wo Wirklichkeit als totale Inszenierung und Identität als fremdbestimmt erscheint, fragt Fuller: Wie ist Authentizität – als Begründung eigener Wirklichkeit – noch möglich? Durch die Latenz von Liebe und die Eruption von Gewalt. Doch die Konstellation ist pervers. Liebe berührt die Ordnungen der Wirklichkeit gefährlich, durch sie wollen Fullers Figuren »ins Reine kommen« und aussteigen. Liebe entkleidet. Ohne Masken und Kostüme geraten Christa und Sandy in den Karnevalszug, wo Sandy den als Clown verkleideten Charlie Umlaut erwürgt. Von nun an werden die Masken herunter gerissen, die Spielregeln gebrochen, die Bilder zerstört. Von Mensur zum Fechtduell auf Leben und Tod herausgefordert, geht Sandy mit dem gesamten Waffenarsenal auf den Syndikats-Chef los und schlachtet ihn schließlich mit einer Axt. Mit dem gesuchten Foto kann Sandy fliehen, wird jedoch plötzlich von Christa verfolgt und angeschossen. Auch sie will das Foto. Zu seiner Exekution bereit, rollen ihr Tränen über das Gesicht, während sie im Stechschritt über die Beethovenstraße schreitet. Schon auf dem Boden, erschießt Sandy Christa in Notwehr. In zwei kurzen Einstellungen zeigt Fuller, wie das Bild ihres Gesichts zerspringt – wie ein Foto, das auseinander gerissen wird.

Wo sich auch Liebe als trügerisches Bild entpuppt hat, scheint das Töten als einzige authentische Wirklichkeits-Erfahrung übrig zu bleiben. Es meint, was es tut – und ist endgültig. Zwar aus

Notwehr, geschieht jedoch auch das Töten im Zeichen einer Ordnung. Deswegen gibt es in der Beethovenstraße nur tote Tauben [9] – geborene Verlierer auf der Suche nach Authentizität; solche, die nicht mehr gewinnen können im Aufstand gegen die Zeichen. Und deswegen zeigt die letzte Einstellung in Fullers Film das Straßenschild, unter dem ein toter und ein schwerverletzter Körper liegen: Beethovenstraße. ♦

Anmerkungen

1 Zitiert nach Eckhart Schmidt: Samuel Fullers amerikanischer TATORT. In: Süddeutsche Zeitung, 9.1.1973.
2 Vgl. Marlis Haase: Chikago in Bonn. In: NRZ, 9.1.1973.
3 Ekkehard Böhm: Ein Amerikaner filmt Deutschland. In: Die Welt, 9.1.1973.
4 Krimi in Bonn. In: FAZ, 9.1.1973.
5 Eckhart Schmidt, a.a.O.
6 Vgl. Samuel Fuller im Interview mit Herman Weigel. Dead Pidgeon on Beethoven Street. In: Filmkritik, Nr. 193, Januar 1973, S. 33f.
7 Vgl. hier und im Folgenden Fullers Erfahrungen bei den Dreharbeiten unter dem Titel »Beethovens Geburtshaus als Filmstudio«. In: Stuttgarter Zeitung, 4.1.1973.
8 Für TOTE TAUBE ... haben *Can* den Track *Vitamin* C von der LP *Ege Bamyasi* neu bearbeitet. In vielen verschiedenen Auschnitten ertönt die neue Version des Stücks im Film, allerdings nie ganz.
9 *Dead Pidgeon* bedeutet im amerikanischen Slang: »Jemand, der nicht gewinnen kann, ein geborener Verlierer« – erklärt Samuel Fuller im Interview. Vgl. Filmkritik, Nr. 193, S. 29.

TOTE TAUBE IN DER BEETHOVENSTRASSE
(WDR, 7.1.1973)
Regie und *Buch:* Samuel Fuller.
Darsteller/innen: Sieghardt Rupp (Zollfahnder Kressin), Glenn Corbett (Sandy), Christa Lang (Christa), Anton Diffring (Mensur), Eric P. Caspar (Charlie Umlaut), Hans C. Blumenberg (Spindell), Anthony Chin (Mr. Fong), Alex d'Arcy (Mr. Novak), William Ray (Luthini), Fritz Gazerra (Fritz), Stéphane Audran (Dr. Bogdanovich).

Kommissar Finke und die Ethnographie der Provinz

Von Wolfgang Struck

Fährt man über Tönsdorf oder über Hasenfeld, wenn man von Travemünde nach Sieverstedt will? Ein Blick in den Atlas hilft da wenig, denn allein der Ausgangspunkt ist verzeichnet, das Ziel und die Zwischenstationen entstammen dagegen – vermutlich – der Phantasie von TATORT-Autor Herbert Lichtenfeld. Der Zeigefinger des Kieler Kriminalrats, der später seinen besten Ermittler nach Sieverstedt schicken wird, schwebt irgendwo dort über der Schleswig-Holstein-Karte, wo sich Namen finden wie Engelbrechtsche Wildnis, Hahnenkamp oder Bullendorf, im Dreieck zwischen Glückstadt, Elmshorn und Wedel, heute längst Teil des Hamburger »Speckgürtels«, in den Siebzigern, von denen hier die Rede sein soll, aber noch eine Gegend, über die der Kommissar aus Kiel sagen darf: »Aha – elf Gehöfte, drei Hunde und ein lahmer Gaul.« Und zwei Wege nach Travemünde. Als der Kommissar sie auf einem Blatt Papier aufzeichnet, um seiner Frage nach Tönsdorf oder Hasenfeld Nachdruck zu verleihen, erinnert das Ergebnis an eine Schlinge, mit Sieverstedt als Knoten. Der Weg in die Provinz ist nicht ohne Risiko.

»... Schleswig-Holstein meerumschlungen ...«

Zum ersten Mal machen wir diesen Weg im Juni 1971, aber die Welt im Film ist winterlich kalt, eine regnerische, unwirtliche Nacht. Blick auf eine dunkle Landstraße, aus der Ferne nähert sich ein schwankendes Licht, wird als Fahrradlampe erkennbar, ein alter Mann kommt schließlich, sein Fahrrad schiebend, auf die Kamera zu, bis sein Gesicht, nun von einer selbst nicht sichtbaren Lichtquelle gespenstisch beleuchtet, das Bild ausfüllt. Schnitt. Blick durch eine Fensterscheibe in einen Tanzsaal. Nach einem weiteren Schnitt befinden wir uns im Saal, die bisher nur undeutlich zu hörende Popmusik ist nun laut, in einer komplizierten Fahrt-Schwenk-Bewegung erfasst die Kamera Details des Raumes, zeigt einzelne Personen, unter anderem die Band, vier Musiker in hellblauen Smoking-Jacken, umkreist die Sängerin, kehrt schließlich wieder zu den Tanzenden zurück. Die Kamera bleibt immer nah an den Gegenständen, sie tastet den Raum ab, aber sie bietet keine Orientierung. Nur die langsame, kontinuierliche Bewegung verleiht auch dem Raum selbst Kontinuität. Dann sind wir wieder draußen bei dem alten Mann, der jetzt um das Haus herumgeht, durch ein anderes Fenster blickt, auf seriös gekleidete Herren bei einem Kartenspiel, offenbar ein Glücksspiel um nicht wenig Geld. Der Mann wendet sich ab, zieht ein Notizbuch aus der Tasche, schreibt, verschwindet dann im Dunkel.

Der Alte »hat sie nicht alle«, wie später der Ortspolizist dem Kommissar erklären wird, aber dafür hat er alles in seinem Buch (alles jedenfalls, was es über Sieverstedt zu wissen gibt, nämlich: wer, wann, wo, mit wem), zerlegt in minutiöse Einzelbeobachtungen, in denen sich erst bei hartnäckiger Lektüre die narrativen Linien einer Geschichte erkennen lassen. Nachdem der reine Tor in der Nacht verschwunden ist, legt sich der Titel über das Bild des halbdunklen Hofs: *BLECHSCHADEN. Von Herbert Lichtenfeld. Regie Wolfgang Petersen*. Aber auch danach setzt sich das Spiel mit den aneinandergereihten Ausschnitten, Fragmenten von Geschichten, Schicksalen, Lebenswelten fort, verweigert der Film hartnäckig eine zügige Plotentwicklung. Zwar liefert die als nächstes exponierte Schankstube nicht nur topographisch, sondern auch sozial die Verbindung zwischen Ballsaal und Kartenzimmer und rundet den *Krug* zu einer Art Mikrokosmos kleinstädtischen Lebens: auf der einen Seite das Hinterzimmer der Honoratioren, auf der anderen die Fete der Jugend, dazwischen ein Ort ländlicher Familiarität, freundlich-interessierten Miteinanders, mit der herzlichen Wirtin Hanne als unerschütterlichem Ruhepol einer Gemeinschaft, von der auch der reine Tor nicht mehr durch eine Fensterscheibe getrennt ist.

Hier äußern sich auch die ersten Spannungen, Ansätze für Geschichten: Peter, der eigentlich in Hamburg sein sollte, taucht überraschend auf und sucht seine (Ex-) Freundin Gerdi, die im Saal mit

Harald tanzt. Herr Seidel, der eben die Honoratioren beim *17+4* abgezockt hat, wird durch einen Telefonanruf zu einem nächtlichen Rendezvous bestellt. Aber kaum scheint das Mosaik einigermaßen Formen anzunehmen, kommen schon neue, schwer identifizierbare Steine hinzu. Ansichten einer luxuriösen, stilgerecht-modern eingerichteten Wohnung, das Restaurant eines Luxushotels, eine Frau am Telefon, ein Paar, das sich auf eine Liebesnacht freut, ein Blick durch halbgeschlossene Jalousien auf Seidel, der einer jungen Frau – nicht die, mit der er telefoniert hat – die Bluse auszieht und dann ihre nackten Brüste küsst.

Erst langsam wird das Netz amouröser Beziehungen erkennbar. Während Bauunternehmer Breuke (Friedrich Schütter) im fernen Travemünde alles für die Nacht mit Freundin Monika arrangiert hat, sucht Frau Breuke (Ruth Maria Kutbitscheck) die Gesellschaft von Prokurist Seidel (Götz George). Der aber kümmert sich erst noch um Inge Sandner, Möchtegern-Starlet aus der nächstgelegenen Kreisstadt, die er mit angeblichen Film-Kontakten animiert hat, die Hüllen fallen zu lassen. Ein weiteres Telefonat bringt alles wieder durcheinander. Eigentlich wollte sich Frau Breuke nur vergewissern, dass ihr Mann nicht mehr nach Hause kommt, aber eine Hotelangestellte verplappert sich, gibt einen Hinweis auf die weibliche Begleitung Herrn Breukes und schreckt dadurch wiederum diesen so auf, dass er überstürzt sein Tête-à-tête abbricht.

Er ist nicht der einzige, den es in die Nacht hinaustreibt. Gerdi und Harald haben die Fete im *Krug* verlassen und sind nun gemeinsam auf einem Fahrrad unterwegs. Und dann ist da noch Peter, der den beiden folgt, in einem dämonisch in Szene gesetzten, mit ausgeschalteten Scheinwerfern langsam durch die Dunkelheit gleitenden Opel Kadett A. Und der Alte mit seinem Fahrrad. Parallelmontagen verknüpfen die verschiedenen Szenarien, die, aufgelöst in Folgen von bedeutungsträchtigen Detailaufnahmen (eine Hand, die einen Zündschlüssel dreht, ein Schaltknüppel, ein Auspuff, ein von unten aufgenommenes Auto, das sich in Bewegung setzt), nun die Handlung des Films beherrschen, und scheinen sie gleichsam magisch auf einen gemeinsamen Fluchtpunkt zu leiten: die Landstraße vor Sieverstedt. Hier wird Breuke schließlich, abgelenkt durch einen Streit mit Monika, Harald anfahren, der inzwischen Gerdi nach Hause gebracht hat und nach einem Streit mit Peter nun selbst auf dem Heimweg ist. Breuke lässt sein Opfer verblutend auf der Straße liegen, setzt Monika am Taxistand ab und täuscht an der eigenen Garageneinfahrt einen Unfall vor. Harald wird von zwei LKW-Fahrern gefunden, stirbt aber wenig später; Peter, der bei seinem Streit mit ihm beobachtet worden ist, wird verhaftet, als er gerade dabei ist, Kratzer am Kotflügel seines Autos zu übermalen.

Schnitt. Nach 23 Minuten endlich ein *establishing shot*: die Luftaufnahme einer norddeutschen Kleinstadt im Morgenlicht, dann eine Reihe von Straßenansichten, um Sieverstedt zu exponieren, den Schauplatz des achten TATORT der ARD. Genau eine halbe Stunde ist vergangen, bis schließlich der NDR mit Klaus Schwarzkopf seinen zweiten Ermittler präsentiert.

Von Juni 1971 bis August 1978 wird Kommissar Finke sieben Reisen unternehmen in das weite Land zwischen der in dämonischer Urbanität gezeichneten Hafenstadt Kiel auf der einen Seite (NACHTFROST, 20.1.1974) und dem mondän-weltläufigen Seebad Kampen auf der anderen (STRANDGUT, 25.6.1972). Mit den beiden Extrempunkten sind zugleich die einzigen realen Fixpunkte benannt, die weiteren TATORTe Finkes verdichten sich zu archetypischen Modellen schleswig-holsteinischer Provinz, kleine Flecken, die sich mühsam behaupten gegen endlose Marschen im Westen, sich idyllisch einschmiegen in die Wälder- und Seenlandschaft im Osten, während die wirklichen Städte nur am Horizont auftauchen, als Fluchtpunkt oder als Bedrohung (Lübeck in REIFEZEUGNIS [27.3.1977], Kiel in HIMMELFAHRT [13.8.1978] oder KURZSCHLUSS [7.12.1975], Hamburg in BLECHSCHADEN [13.6.1971]). So jedenfalls zeichnen der Autor Herbert Lichtenfeld und die Regisseure Wolfgang Petersen und Rainer Wolffhardt (der den letzten Finke-TATORT, HIMMELFAHRT, inszenierte) das Land, in das sie einen eher urban geprägten, mürrisch-distanzierten Schwarzkopf/Finke auf Verbrecherjagd schicken. Ein paar Sätze im Dienstzimmer des Polizeirats (»Na, wie sieht's

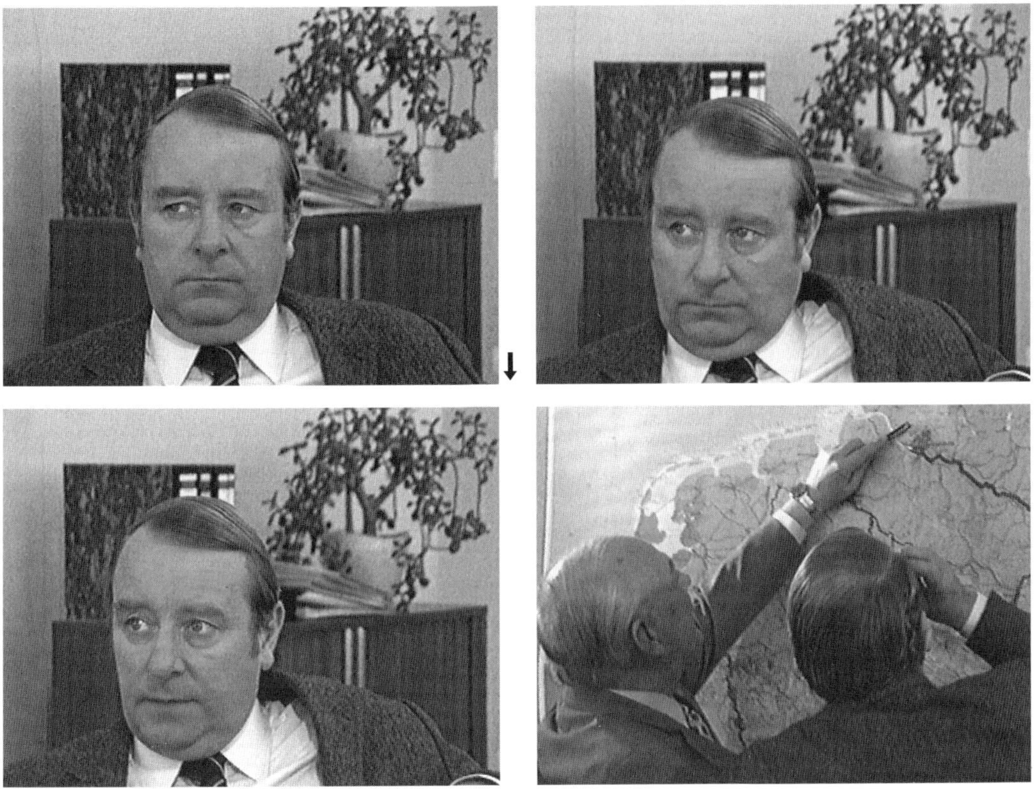

Reise in die Provinz: Kommissar Finke (Klaus Schwarzkopf) in BLECHSCHADEN

aus? Haben Sie Lust auf Sieverstedt?« – »Nee.« – »Macht nichts, das ist eine Weisung: Amtshilfe.«), ein Blick auf die Landkarte, und der Kommissar tritt ein in das Netz aus Bewegungen und Beobachtungen, das die lange Exposition von BLECHSCHADEN bereits entfaltet hat.

Zuvor jedoch wird ihm und uns noch schnell der Mann vorgestellt, der ihm auf vier seiner Fahrten – nach BLECHSCHADEN noch in STRANDGUT, JAGDREVIER (13.5.1973) und KURZSCHLUSS – begleiten wird: Kripoanwärter Jessner, frisch vom Lehrgang, Durchschnittsnote 1,7, gespielt von Wolf Roth als Vertreter einer Generation, die ihren Lebensstil, zumindest äußerlich, auch in die Institutionen zu tragen beginnt – wann außer in den frühen Siebzigern wären solche Frisuren, wäre solche Kleidung bei Kripoanwärtern denkbar gewesen? Einer Generation aber auch, für die Ausbildung zunehmend Erfahrung zu kompensieren beginnt. Dass es Jessner mit dem eigenbrödlerischen Praktiker Finke, der es nicht versäumt, auch auf seinen Notendurchschnitt hinzuweisen (3,1), nicht leicht haben wird, macht bereits diese erste Begegnung deutlich.

Man kann in diesem Team durchaus eine Spiegelung der Umstände entdecken, unter denen der erste, von NDR-Fernsehspielchef Dieter Meichsner produzierte TATORT der Finke-Reihe entstand. Denn Wolf Roth (Jahrgang '45) repräsentiert nicht nur die Generation, der auch Regisseur Petersen (Jahrgang '41) angehört, er spielte auch seine erste Rolle in dessen erstem Spielfilm: *Ich werde dich töten, Wolf* (1971), knapp ein Jahr zuvor entstanden als Abschlussarbeit an der *Deutschen Film-*

BLECHSCHADEN

und Fernsehakademie Berlin, zu deren erstem Jahrgang neben Petersen beispielsweise Harun Farocki, Hartmut Bitomsky oder Holger Meins gehörten. Während die ersten beiden später nach Möglichkeiten eines kritischen – und nicht zuletzt auch fernsehkritischen – Dokumentarismus fahndeten, der dritte den universellen Verblendungszusammenhang mit realen Bomben zu sprengen versuchte und so zu einem der begehrtesten Fahndungsobjekte der Siebziger wurde, wechselte Petersen, und mit ihm neben Roth auch der Kameramann Jörg-Michael Baldenius, der bereits *Ich werde dich töten, Wolf* fotografierte, von der Akademie in die Kulturindustrie. Eine Kulturindustrie allerdings, die zumindest in einigen ihrer Segmente – Meichsners NDR-Fernsehspielredaktion gehörte dazu – den Beweis anzutreten versprach, dass die Ansprüche an Professionalität, Konventionalität und Unterhaltungswert, die ein populäres Genre wie der Kriminalfilm stellt, nicht notwendigerweise aufklärerische Intentionen und kritische Einblicke in soziale Realitäten ausschließen müssen.

So werden viele der TATORT-Ermittler Aufklärer in doppeltem Sinne. Während sie einen Fall lösen, vermitteln sie zugleich Einblicke in unvertraute, fremde Welten, die jenseits des Mainstream liegen. Die Fahrten des Kommissar Finke und seines Assistenten Jessner führen dabei in ein besonders heikles Terrain. Die deutsche Provinz ist nicht einfach ein geographischer, sondern, spätestens seit dem 19. Jahrhundert, vor allem ein metaphysischer Raum: Heimat.

So war es jedenfalls bis in die ersten Jahrzehnte der Bundesrepublik, so war es vor allem im charakteristischsten Filmgenre jener Zeit, dem Heimatfilm, dessen früher Erfolg jedoch in eine um so nachhaltigere Abwehrreaktion umschlug. Wo der Neue Deutsche Film sich diesem Erbe nicht völlig verweigerte, näherte er sich ihm in einer Haltung vehementer Polemik, die vor allem das betonte, was allerdings schon von Anfang an kaum zu übersehen war: wie gnadenlos sich diese Heimat all denen entzieht, die auch nur um ein Winziges von ihren Normen abweichen. So ist die Provinz am Beginn der Siebziger ein Schlachtfeld, auf dem die Kämpfe der Metropolen mit drastisch vereinfachten Frontverläufen und in modellhaft zugespitzten Konstellationen nachgestellt werden konnten. Erst allmählich gerät dabei wieder in den Blick, was die politisch wie ästhetisch denunzierte Heimat verstellt hatte; die visuellen, (foto-)grafischen Qualitäten von »Landschaft« etwa, die den Raum zum Kinoraum werden lassen, oder die anarchischen Abgründe »modernisierungsresistenter« Milieus. 1971 allerdings, als Finke und Jessner etwas widerwillig in ihre Provinz aufbrechen, ist von dieser Dimension – zunächst – wenig zu spüren.

»Das Land ist weit«, wird Dorfpolizist Heise (Uwe Dallmeier) zwei Jahre später in JAGDREVIER feststellen. Aber klaustrophobischer ist es kaum darstellbar als in den dreißig Minuten von BLECH-

SCHADEN, in denen sich der Fall entwickelt, den zu lösen der Kieler Kommissar so wenig Lust hat. Die Dunkelheit, der Regen, Ausleuchtung, Perspektive, Schnitt verwehren jede Übersicht, der Blick wird immer wieder auf die wenigen, schlaglichtartig aufleuchtenden Details zurückgeworfen. Autos wirken wie Gefängnisse, Jalousien wie Gitter, die Wohnung der Breukes scheint nur aus Mauern zu bestehen, deren Massigkeit durch das großflächig-grelle, von braunen und orangefarbenen Blumen beherrschte Tapetenmuster nur noch gesteigert wird. Wirklich farbig ist allein der Tanzsaal, aber die Ornamente einer Popkultur der Sechziger bleiben provisorische Dekoration, jederzeit wieder entfernbar.

Gleichsam provisorisch auch der Anschluss an die Moderne, den die namenlose Band mit ihrer Musik wagt, sich nur mühsam von dem lösend, was dem Fernsehen als Volksmusik gilt. Und draußen vor den Fensterscheiben ist es regnerisch, kalt und so grau, dass BLECHSCHADEN über lange Passagen so wirkt, als sei er vor der Erfindung des Farbfernsehens gedreht. Schlimmer als die Trostlosigkeit der Nacht ist jedoch das Gewebe aus Heuchelei, Korruptheit und krimineller Energie, das sich in dem so idyllisch im Morgenlicht liegenden Städtchen abzeichnet.

Als Breuke erfährt, dass Harald bei rechtzeitiger Hilfe überlebt hätte, reagiert er nicht betroffen, sondern verstärkt nur seine Versuche, die eigene Schuld zu vertuschen. Zunächst scheint es für ihn gut zu laufen, der Verdacht konzentriert sich schnell auf Peter, und doch fühlt sich Breuke zunehmend bedroht. Ein Nachbar könnte mehr gesehen haben, als er sagt, und wird vorsorglich mit einem großen kommunalen Auftrag, den Gemeinderat Breuke ihm zuschanzt, ruhiggestellt. Hinter einem Erpresser-Anruf vermutet Breuke sogar Freundin Monika, der er zunächst Geld gibt und sie dann, als er seinen Irrtum eingesehen hat, sie aber das Geld nicht zurückgeben will, bewusstlos schlägt und – wie schon sein erstes Opfer – hilflos liegen lässt. Tatsächlich geht die Erpressung von Breukes nächster Umgebung aus: Frau Breuke will ihren Mann unter Druck setzen, um eine möglichst lukrative Scheidung zu erreichen, dabei soll ihr Geliebter Seidel, Prokurist der Baufirma Breuke, helfen. Der aber nutzt die Informationen, um Geld von seinem Chef zu erpressen. Als Frau Breuke dahinterkommt, dass sie von Seidel gleich doppelt, nämlich im Bett und im Kampf gegen ihren Mann, betrogen wird, versucht sie, sich beider auf einen Streich zu entledigen, indem sie Seidel ermordet und ihrem Mann die Schuld in die Schuhe schiebt. (Im wahrsten Sinn: Sie hinterlässt am Tatort Fußabdrücke von dessen Stiefeln).

Alle drei wissen, dass mit Peter ein Unschuldiger in die Mühlen der Justiz geraten ist, aber sie alle haben ihre Gründe, ihn dort zappeln zu lassen. Breuke geht sogar so weit, sich selbst als verfolgte Unschuld zu stilisieren: »Also schön ist das nicht, so vor allen Leuten zur Polizei gebracht zu werden.«. Die Klage bringt zugleich die Prämisse seines – und nicht nur seines – Handelns auf den Punkt: Egal was passiert, es darf das äußere Bild nicht beschädigen. Der Kratzer im Lack als größter anzunehmender Unfall: Blechschaden! Dabei sind hinter den sauberen Fassaden Sieverstedts offenbar kleinere Verfehlungen und Boshaftigkeiten an der Tagesordnung. Da ist etwa Breukes Nachbar, der Gärtnereibesitzer, der zwar nicht weiß, was Breuke zu verbergen hat, aber dessen Angst spürt und für sich ausnutzt, oder der Filialleiter der örtlichen Bank, der sich für eine Niederlage beim Kartenspiel gegen Seidel revanchiert, indem er dessen Chef von Unregelmäßigkeiten auf Seidels Konto berichtet.

Von der Polizei hat die ehrenwerte Gesellschaft normalerweise wenig zu befürchten. Die zwei Wachtmeister, zuständig nicht nur für das Städtchen, sondern auch für ein riesiges Umland, sind mit nächtlichen Ruhestörungen und Viehdiebstählen voll ausgelastet. Zeit bleibt da allenfalls noch für die Alterskontrolle beim Dorfschwoof der Jugend, nicht aber dafür, nach dem Unfall auf der Landstraße auch entlastende Spuren zu sichern. Das erklärt sich zwar, wie Kommissar Finke seinem übereifrig-arroganten Assistenten in einem hinreißenden Plädoyer klarmacht, aus der Überlastung, aber es ist doch bezeichnend für das, was sich bereits in den ersten Minuten abzeichnet: Das Auge des Gesetzes wacht schärfer über den Tanzsaal der Jugend als über das Hinterzimmer der

BLECHSCHADEN: Verstellte Blicke, enge Räume

Honoratioren. Dort aber entfaltet sich allemal die größere kriminelle Energie.

Es ist ein mühsamer Weg, die anfangs gemachten Fehler zu korrigieren, und einer der wenigen Verbündeten, auf den die Kieler Beamten dabei stoßen, ist eben jener alte Mann, aus dessen voyeuristischer Perspektive der Film die ersten Eindrükke von Sieverstedt präsentiert hatte. Der ist fassungslos über das, was er sieht, aber gerade dadurch kein schlechter Beobachter. Und sein Befremden über die Welt, zu deren Opfern auch seine Tochter gehört (Seidel hat sie geschwängert, das Kind aber nicht anerkannt), überträgt sich durchaus auf Finke. Der zunehmende Ekel über das, was er aufdeckt, ist ihm anzumerken, aber gleichzeitig lässt er sich zu keinem Zeitpunkt von Emotionen den nüchternen Blick trüben.

Eben diese Nüchternheit, mit der Klaus Schwarzkopf seinen Kommissar Finke spielt, konterkariert wirkungsvoll alle Ansätze von Tragik, die in dem psychologisch dichten Spiel Friedrich Schütters (Breuke) durchaus angelegt sein könnten. Konsequent jede Einfühlung verweigernd, gibt Finke zu verstehen, dass jemand, der das Leben eines Menschen opfert, nur um die eigene Welt in Ordnung zu halten, keinen Anspruch hat auf Mitleid. Und schon gar nicht auf Diskretion. Und so schickt er Breuke in Begleitung eines uniformierten Polizisten auf einen langen Gang durch Sieverstedt – mit dieser, dem Abspann unterlegten Bewegung endet der Film.

»Lieben Sie Ihren Beruf?« Finkes Frage an Jessner, die eigentlich eine Antwort ist, denn genau das hatte vorher einmal Jessner Finke gefragt, bleibt am Ende im Raum stehen. Zwar ist es den beiden Kripobeamten in einer Mischung aus kriminalistischer Feinarbeit und Spürsinn gelungen, das Knäuel von Lügen und Verbrechen zu entwirren und dabei sogar zu einem fragilen Team zusammenzufinden. Aber es bleibt ein bitterer Nachgeschmack, den auch das gute Essen im *Krug* nicht überdecken kann. »Lust auf Sieverstedt? – Nee!«

»... deutscher Sitte, hoher Wacht ...«

Dann vielleicht Lust auf Kampen, das Seebad, wo in den Siebzigern die ihr Leben genossen, die in der Bundesrepublik als schön, reich und berühmt gelten durften oder wollten. In einer Mischung aus Faszination und Abscheu, aus Geilheit und moralischer Empörung richteten sich die Blicke auf die Nordseeinsel Sylt, um zu sehen, was in den Sieverstedts der Republik hinter den Mauern verborgen blieb: die ostentative Zurschaustellung von Reichtum und von Fleisch. *Sonne, Sylt und kesse Krabben* (1971, Regie: Jerzy Macc) hießen Filme, die hier spielten und in denen man, beispielsweise, eine vorwiegend nackte Ingrid Steeger bewundern konnte.

Und genau so, wie man es als ein von den deutschen Medien mit Voyeurismus und Abscheu kreiertes Nordsee-Saint-Tropez kannte, präsentiert die Exposition von STRANDGUT, ein Jahr nach BLECHSCHADEN, den zweiten TATORT für Kommissar Finke: ein nacktes Paar in den Dünen, er älter, sie jung, gesehen durch das Teleobjektiv einer Fotokamera. Nur dass hier keine Bilder entstehen, mit denen auch politische Magazine gerne ihre Cover zierten, und auch kein privates Spanner-Archiv bereichert wird. Eine Viererbande nutzt vielmehr die Bigotterie gutsituierter Herren, die ihre Lüsternheit nicht gerne in der Öffentlichkeit ausgestellt sehen möchten, für eine professionell organisierte Erpressung.

Während Manuela und Christa (Ingeborg Schöner, Heidy Bohlau), jung und hübsch, die eine blond, die andere schwarzhaarig, die Opfer zum Liebesspiel in die Dünen locken, erledigen die Brüder Poski (Dieter Kirchlechner und Rolf Zacher) den Rest. Mondäne Welt und Unterwelt liegen eng beieinander. Waren es in BLECHSCHADEN die Jugendlichen, die eine Art Gegenwelt repräsentierten, in der man zunächst auch den Ort des Verbrechens vermuten konnte (um dann um so radikaler eines besseren belehrt zu werden), so konfrontiert STRANDGUT mit wirklichen, professionellen Kriminellen.

Nur die Mädchen können dabei zumindest teilweise einen ambivalenten Täter-Opfer-Status in Anspruch nehmen, sind durch unglückliche Umstände, Leichtsinn und gelegentlich sogar Zwang auf die schiefe Bahn geraten. Die Brüder Poski hingegen gehen ihrem Beruf mit sichtlicher Hingabe nach, als lustvoll ausgespielte Travestie bürgerlicher Normen, die Bereitschaft zum Mord einge-

STRANDGUT

schlossen. Nur dass sie zumindest im vorliegenden Fall keinen begehen. Christas Tod ist ein Unfall, den sich die Brüder nur zunutze machen, um ihr »Böse-Buben-Image« an richtiger Stelle zu befördern. Der zweite Todesfall ist ungleich komplizierter. Manuela möchte aus dem kriminellen Geschäft aussteigen und mit Dr. Kühne, einem reichen Arzt, ein neues Leben beginnen. Aber der Weg dahin führt über die Leiche ihrer Schwester. Die ist herzkrank und bei Kühne in Behandlung, und so entsteht der Plan, im Falle ihres Todes einfach die Identitäten der Schwestern zu tauschen. Da die Kranke aber zäh ist, zugleich Manuelas Situation immer prekärer wird, hilft Kühne schließlich nach. In seiner Lübecker Klinik wird Manuelas Schwester in Nordseewasser, mit dem Kühne Kurbehandlungen durchführt, ertränkt, dann einmal quer durchs Land transportiert und vor Sylt in die See geschmissen, die sie dann Finke und Jessner geradezu vor die Füße spült.

Die beiden ermitteln eigentlich *undercover* in der Erpressungs-Affäre, was vor allem reichlich Gelegenheit bietet, das ungleiche Paar, das hier Vater und Sohn mimen soll, menschlich einander näher zu bringen und zugleich noch einige Blicke zu werfen in die Welt der Reichen und Schönen, der FKK-Badestrände und Diskotheken, der Bars und Cafés, wo die Tasse Kaffee schon mal zehn Mark kosten kann (1972!).

Zieht man die Differenzen des Milieus ab, bleiben deutliche Parallelen zu BLECHSCHADEN. Ein erstes Delikt, dessen Zeuge wir werden, setzt die Ermittlungen in Gang, aber erst als die Kieler Kripo-Beamten bereits vor Ort sind, geschieht das eigentliche Verbrechen, bei dessen Aufklärung sich Zuschauer und Ermittler auf gleicher Höhe befinden. Dramaturgisch dient diese verzögert einsetzende *Whodunit*-Struktur natürlich der Spannungserzeugung, aber die Synchronisierung von Figuren- und Zuschauerperspektive weist auch noch einmal auf den Beobachterstandpunkt selbst hin.

Wieder ist es vor allem Finke, der Distanz aufbaut, etwa gegenüber dem hohen Herrn aus dem Innenministerium, der von den Poskis erpresst und zusammengeschlagen wurde, aber mit Rücksicht auf seinen guten Ruf lieber unglücklich gestürzt sein will. Unmissverständlich macht Finke klar, dass das erwartete männlich-kameradschaftliche Einverständnis (»Sie verstehen schon«) von ihm nicht zu bekommen ist, ebenso wenig wie Mitleid mit Dr. Kühne, der im Spiel von Wolfgang Kieling durchaus ähnlich tragische Züge gewinnt wie Friedrich Schütters Breuke in BLECHSCHADEN.

Nicht um Einfühlung geht es, sondern um Beobachtung, wenn in modellhaft zugespitzten Konstellationen entwickelt wird, wie jemand zum Verbrecher wird, um eine unliebsame Situation aufzulösen, eine unbequeme Wahrheit zu verdecken. Die Rahmenbedingungen unterscheiden sich dabei nur graduell. Auch Kampen ist ganz Oberfläche, auf Hochglanz poliert wie die »entkernten« Bauern- und Fischerhäuser oder wie der Strand, der

STRANDGUT: Finke mit seinem Assistenten Jessner (Wolf Roth); mit Dr. Kühne (Wolfgang Kieling)

jeden Morgen, bevor die Badegäste kommen, erstmal von allerhand Unrat gereinigt werden muss – und manchmal eben auch von Leichen. Nur ist diese Oberfläche bunter als in Sieverstedt. Und das Netz von Bewegungen, in denen Kampen ein Knotenpunkt ist, reicht sehr viel weiter. Am äußersten Ende des Landes, ist Kampen doch Teil einer Welt, in der man an der Ostseeküste in Nordseewasser ertrinken, in Lübeck sterben und in Sylt zum Strandgut werden kann, in der die Entfernung zwischen Frankfurt und Kampen ebenso wenig für einen verborgenen Seitensprung ausreicht wie die zwischen Sieverstedt und Travemünde. Diese Welt scheint mehr die Welt Jessners zu sein, der gern mit Fernschreiben wedelt und der dann auch mal eben zu einer Zeugenbefragung nach Frankfurt fliegen darf.

Der Film setzt die Dienstreise mit großem Aufwand in Szene. Die Befragung selbst wird dann allerdings, mangels psychologischen Geschicks Jessners, zum Fiasko (und auf dem Rückflug unterläuft auch dem Film ein kleiner Fehler: Die Lufthansa-Boeing, mit der Jessner nach der Zwischenlandung in Hamburg wieder abhebt, ist entschieden zu groß, um auf Sylt landen zu können). Unvermeidlich ist dabei natürlich ein Gastauftritt des Frankfurter Kriminalkommissars Konrad (Klaus Höhne). Wie auch schon der Ausflug in Trimmels Hamburg in BLECHSCHADEN ist das hier mehr als eine dem ARD-Föderalismus geschuldete Pflichtübung. Zunächst einmal spendet Konrad dem unglücklichen Jessner den väterlichen Trost, den Finke mal wieder verweigert. Vor allem aber wird noch einmal demonstriert, wie wichtig die Bewegungen selbst und die Relationen zwischen verschiedenen Orten für die Geschichten sind, deren dramaturgisches Zentrum in einer Topographie der Provinz zu suchen ist.

Diese kann nicht mehr die Geschlossenheit und die Statik einer die Moderne transzendierenden, sich selbst genügenden Heimat bieten, die einst der Heimatfilm jenseits der Metropolen gesucht hatte. Auf ambivalente Weise ist die Provinz längst Teil der modernen Welt. Zugleich aber ist sie Gegenstand einer Beobachtung, die aus der Ferne kommt, so dass die vermeintliche Heimat unter dem distanzierten, gleichsam ethnographischen Blick des Fremden, wie ihn idealtypisch der reisende »Aufklärer« Finke verkörpert, selbst als fremd erscheinen kann und muss. So ist es durchaus konsequent, dass am Beginn von Finkes TATORT-Laufbahn Straßen, eben der (Nicht-)Ort solcher ambivalenten, Distanzen zugleich schaffenden und aufhebenden Bewegungen, eine so große Rolle spielen. Und nicht erst hier. Bereits der allererste TATORT ist eine Straße: die Transitautobahn nach Berlin, auf der der Hamburger Kommissar Trimmel (Walter Richter) die Spur eines west-östlichen »Wechselbalgs« verfolgt und dabei in ein Land gerät, das ihm fremder nicht sein könnte und doch auf geradezu unheimliche Weise vertraut erscheint. TAXI NACH LEIPZIG (29.11.1970) lässt

Der Blick des Fremden: Die erste Szene von STRANDGUT

die DDR – die »Zone«! – als einen seltsam verwunschenen Ort erscheinen, an dem die gewohnten Regeln irgendwie verdreht sind. Trimmel darf nicht als Ermittler agieren, sondern muss wie ein Verbrecher seine Spuren verwischen, sein Gegenüber, ebenfalls Polizist, aber zugleich in das Verbrechen verstrickt, verfügt dagegen über den ganzen Polizeiapparat. Aber Trimmels Eingreifen rückt die Verhältnisse letztlich doch wieder zurecht, gerade aufgrund der Hartnäckigkeit, mit der er auf seiner Sicht der Dinge beharrt. Trimmel löst seine Fälle, indem er das Vertraute im scheinbar Fremden erkennt, oder, wo das nicht gelingt, indem er – trotzdem – handelt, als ob er es erkennen würde. Auch wenn das manchmal ein riskantes Spiel ist – in AE 612 OHNE LANDEERLAUBNIS (12.9.1971) etwa löst seine Eigenmächtigkeit während einer Flugzeugentführung fast eine (Luftfahrt!)-Katastrophe aus. Finke dagegen, der weit mehr beobachtet als handelt, wird dabei immer wieder das scheinbar Vertraute fremd, und eben das qualifiziert ihn weit eher zum Ethnographen.

Wie spektakulär Bewegungen auch jenseits des Interzonen- oder Interkontinentalverkehrs sein können, zeigt bereits die erste halbe Stunde von BLECHSCHADEN: Was sich hier, jenseits der sich andeutenden Geschichte, vor allem einprägt, sind Bewegung und Beobachtung selbst. Kinematographisch hervorgehoben, etwa durch ungewohnte Blickwinkel, scheinen ihre Vehikel, die Autos und Fahrräder, die Fensterscheiben, Vorhänge, Lampen, Hell-Dunkel-Kontraste, nicht so sehr von den Menschen benutzt zu werden als dass sie diese prägen, charakterisieren, auf Positionen, des Verfolgers und des Verfolgten etwa oder des Beobachters und des Beobachteten, festlegen.

Darüber hinaus sehen wir zwar signifikante Blicke, können auch meist erschließen, was die Beobachtenden sehen, verstehen aber doch – zunächst – nicht, welchen Sinn das Beobachtete, welchen Sinn das Beobachten für sie hat. Ähnlich verhält es sich mit vielen der Bewegungen, wir sehen Menschen gehen, laufen, fahren, ohne zu wissen, warum, woher, wohin. Unabhängig von ihrem jeweiligen konkreten Sinn konstituieren und strukturieren Beobachtung und Bewegung den Raum. So entstehen Differenzen: Stadt und Land, Innen und Außen, Oben und Unten, und zugleich Annäherungen, Beziehungen, Verbindungen. Eines der suggestivsten Bilder für eine solche Annäherung steht am Anfang von KURZSCHLUSS: die lange Fahrt eines VW-Käfer bis ins Zentrum eines kleinen Ortes, aufgenommen aus verschiedenen Perspektiven. Blick aus der Fahrerperspektive, im Gegenschuss das Auto von vorne/außen, aber aus so niedriger, fast auf den Straßenboden verlegter Kameraperspektive, dass kein Blick durch die Scheibe möglich ist, sondern sich die Haube und vor allem das Kieler Nummernschild bedrohlich vorstrecken. Dazwischen Details eines menschlichen Körpers, ein Blick auf eine Armbanduhr. Der Reißverschluss einer schwarzen Lederjacke wird heruntergezogen, eine Pistole darunter verborgen. Sehr ruhig und unspektakulär geschnitten, lässt diese Bilderfolge den Käfer doch wie einen Fremdkörper über die Dorfstraße rollen, den Weg eines Treckers, einmal sogar eines Pferdefuhrwerks kreuzen, langsam, aber bedrohlich und unaufhaltsam, vorangetrieben von der minimalistischen Musik Nils Sustrates, die an die Filmmusiken von John Carpenter denken lässt (tatsächlich wird Carpenter ein Jahr später in *Assault on Precint 13* [Assault: Anschlag bei Nacht, 1976] aus fast den gleichen Zutaten die wohl nervenaufreibenste Autofahrt der Filmgeschichte komponieren).

So kommt die Kriminalität von der Stadt aufs Land – im Käfer sitzt ein Kieler Berufsverbrecher, der wenig später eine Bank überfällt. Die Gegenbewegung, der Rückzug des Räubers, mündet in eine rasante Verfolgungsjagd (bei der der Ganove zwischenzeitlich von einem maladen VW-Käfer auf einen solideren Kadett umsteigen muss), die zwei andere Menschen mit in den Bannkreis des Verbrechens zieht: einen erfolglosen, alkoholabhängigen Vertreter und einen bis dahin pflichttreuen Polizisten, Ehemann und Vater, der sich mit dem Ausbau seines Einfamilienhauses in eine finanzielle und psychische Krise gestürzt hat. Am Ende von KURZSCHLUSS werden alle drei, die diese wilde Jagd einander nahe gebracht hat, tot sein. Eine ironische Pointe dabei ist, dass gerade das eigene Heim das bisher Fremde in das Leben hineinzieht und den Zusammenbruch der bisherigen Ordnung provoziert, dabei an der patriarchalen Fassade festhaltend. Eine Mutter gehört zu ihrem Kind, also scheidet eine Berufstätigkeit der Ehefrau aus – so bleibt dem von Günter Lamprecht gespielten Landwachtmeister nur der andere Weg in die moderne Gesellschaft, den auf unterschiedliche Weise bereits Sieverstedt und Kampen gewiesen haben. Denn über die Komplizenschaft mit dem großstädtischen Kriminellen, von Dieter Laser als eine Art dritter Bruder der Poskis gespielt, gerät er zumindest indirekt in den Bann einer Welt, deren Lebensmodelle deutlich und bewusst von den geltenden Normen abweichen. Das Haus auf dem Land kann davor gerade nicht schützen. Wohnen ist längst zur Ware geworden, den Gesetzen der Mode und des Kapitals unterworfen. Und so provoziert und fordert gerade die Immobilie Mobilität, nicht ohne aber zugleich die Bewegungsspielräume einzuengen, die Wege vorzugeben. In komplexen Annäherungen und Abgrenzungen, in sich wechselseitig spiegelnden Blicken verschlingen sich nicht nur Stadt und Land, sondern auch Fremde und Heimat, Gut und Böse, Sein und Schein. Und Alt und Neu. Die Ethnographie der Provinz ist zugleich eine Archäologie der Moderne.

Wo Bewegungen so dominant sind, erscheinen Orte, an denen es keine Bewegung mehr gibt, umso bedeutsamer. Gefängnisse sind solche Orte, selbst dann, wenn sie nicht von Mauern, sondern von endlosen Mooren umgeben sind. Genau da beginnt die dritte Finke-Folge JAGDREVIER. Nirgendwo scheint der Weg aus der Moderne so konsequent wie hier: Männer beim Torfstechen im Moor, schwere körperliche Arbeit, kaum Farben, Monotonie. Dann ein Ausbruch, aber der führt nur

JAGDREVIER

weiter in das Land hinein, dorthin, wo Straßen zu Wegen, Wege zu Pfaden werden, um dann irgendwann einfach aufzuhören.

»... wahre treu, was schwer errungen ...«

Tief in den Westen führt die Flucht, dorthin, wo sich um Bergenhusen herum aus den weiten Marschen der Flüsse Eider, Treene und Alte Sorge die Sieben Berge erheben, eine Geröllhalde, die eiszeitliche Gletscher hier aufgeschoben haben, knapp vierzig Meter hoch. Drumherum nichts als flaches Land, die Flüsse, dahinter die See. Das Land ist fruchtbar, die Höfe groß, als Bauer lebt man hier, auch in den Siebzigern noch, nicht schlecht. Das ist auch so in Niederau. Aber nicht alle, die dort leben, sind Bauern. Besitzt man kein eigenes Land, so wie Frau Borcherts (Karen Hüttmann), die vor langer Zeit mit ihrer Tochter Heike von ihrem Mann sitzen gelassen wurde, gibt es wenig, was man tun kann. Dann ist man angewiesen auf Kresch (Walter Buschhoff). Der bewohnt ein riesiges Anwesen außerhalb des Dorfes, ist »Hausbesitzer, Grundstücksmakler, schwerreicher Mann«, und hat auch die Bruchbude gekauft, in der die Borcherts leben.

So geht das, was Frau Borcherts mit Putzen bei Kresch verdient, größtenteils wieder an ihn zurück. Frau Borcherts hätte einiges über Kresch zu erzählen. Dass er ihre Tochter vergewaltigt hat beispielsweise. Aber sie schweigt gegen die vage Zusage, dass die Miete nicht noch weiter erhöht wird und dass die Wohnung nicht gekündigt wird, wenn die geplante Chemiefabrik in der Nähe entsteht und der Kresch seine Häuser leer räumt, um zehn Türken in jedes Zimmer zu setzen. Niemand mag Kresch, aber nur die, die es sich leisten können, begegnen ihm mit offener Ablehnung. Frau Borcherts gehört nicht dazu.

Auch ist in einer Silvesternacht einmal ein Mädchen in dem See hinter Kreschs Villa ertrunken, ein Unfall, sagen die Akten. Kein Unfall, sagt Dieter Brodschella (Jürgen Prochnow), genannt Ditsche, der die Tote geliebt hatte und rächen wollte. Deshalb ist er wegen versuchten Mordes verurteilt worden, deshalb ist er nun ausgebrochen. Und deshalb muss nun Kommissar Finke nach Niederau, um ihn wieder einzufangen und Kresch zu schützen.

JAGDREVIER beginnt mit einer Reihe von Parallelmontagen, die von Aufbruch (Ditsches Ausbruch, Finkes Einsatzbesprechung) und Ankunft der beiden Männer erzählen. Während Ditsche jedoch von den alten Freunden mit offenen Armen empfangen wird, stößt Finke, in dieser Folge allein unterwegs, auf unerwartete Schwierigkeiten. Der *Dorfkrug* vermietet schon lange keine Zimmer mehr, außerdem ist die Wirtin Ditsches Schwester. Der Dorfpolizist, dessen Wohnstube zugleich Amtszimmer ist, steht kurz vor der Pensionierung und ist, gerade Witwer geworden, schon damit überfordert, sein eigenes Haus in Ordnung zu halten. Darüber hinaus ist auch er, »wie wir alle hier

JAGDREVIER mit Jürgen Prochnow als Dieter Brodschella

irgendwie«, mit Ditsche verwandt. Und der Kaffee, den Finke im *Dorfkrug* serviert bekommt, könnte aus der gleichen Kanne stammen wie der, den sich in einer Paralleleinstellung Ditsche aus einer Thermosflasche einschenkt.

Auch wenn der Kommissar schließlich doch noch sein Zimmer bekommt (»da können Sie gleich sehen, dass wir nichts zu verbergen haben«), hat Ditsche eindeutig Heimvorteil. Er kennt die Leute, er kann sich auf ihre Solidarität verlassen, er kennt jeden möglichen Unterschlupf, er weiß auch, wie man sich auf der Kuhweide ein Frühstück verschafft – und wie man an Waffen kommt. Mit dem Western-Karabiner, den ihm die Freunde verschaffen, ist das *Outlaw*-Image äußerlich perfekt. Spätestens Ditsches Schießübungen (nachdem er das Magazin vergeblich leergeschossen hat, »erlegt« er sein Ziel schließlich mit einem Steinwurf) machen jedoch deutlich, dass Wachtmeister Heise wohl recht haben könnte: »Das ist ein ziemlicher Rabauke, aber ...« So geht denn auch der zweite Anschlag auf Kresch daneben. Finke dagegen bekommt wenig später zu spüren, was hinter Heises »aber ...« steckt. Als er Ditsche in einer Kiesgrube aufspürt, bei der Verfolgung einen Abhang hinunterstürzt und vom Kies begraben wird, rettet dieser ihm das Leben und schickt ihm sogar die verlorene Dienstwaffe per Post zurück. »Besser dem Ditsche in die Hände gefallen als dem Kresch« – wird der Dorfarzt das kommentieren und Finke den ersten Hinweis auf Kreschs üble Machenschaften geben.

So kehrt sich allmählich die Ausgangssituation – Finke jagt Ditsche, Ditsche jagt Kresch – um: Kresch holt sich einen Bodyguard zur Hilfe, um nun seinerseits Jagd auf Ditsche zu machen, dafür beginnt Finke, Kresch nachzuspüren, und wird dadurch selbst zum Gejagten. Kresch lässt nämlich seine politischen Verbindungen spielen, und so wird Finke nach Kiel beordert und nachdrücklich darauf hingewiesen, dass es keinen »Fall Kresch« gibt.

Je mehr sich Finke der Welt von Niederau annähert, um so weiter entfernt er sich von der Institution, die er vertritt, die aber ganz offensichtlich den Falschen schützt. Gegen die Anweisungen ermittelt er weiter gegen Kresch, dagegen lässt er Ditsche ein zweites Mal entkommen, als er ihn in einer verfallenen Ziegelei bereits gestellt und entwaffnet hat, aber nicht auf ihn schießen mag. So geht der physisch überlegene Ditsche einfach an Finke vorbei ins Freie, um einmal mehr in der Weite der Landschaft zu verschwinden. Assistent Jessner, der inzwischen einen Lehrgang auf der Polizeischule beendet hat und nachgekommen ist, hat für solche Sentimentalitäten kein Verständnis. Von Kresch verspottet, von seinem Vorgesetzten zurechtgewiesen, selbst von seinem Assistenten kritisiert, bleibt Finke trotzdem hartnäckig. Und behält recht. Er kann Kresch Vergewaltigung und Mord an Ditsches Freundin nachweisen. Dann der actiongeladene Showdown: Ditsche entgeht knapp einem Anschlag Kreschs, der danach die Kieler Kripo-Beamten in eine wilde Schießerei verwickelt und dabei ums Leben kommt. Doch die Konfrontation zwischen Einzelgänger und Apparat ist noch nicht beendet. Gegen den Willen Finkes wird eine Hundertschaft in Marsch gesetzt, um endlich auch Ditsche »einzufangen«. Doch der stellt sich, wie Finke erwartet hatte, selbst, kaum dass sich die Abgaswolke, die die Richtung Marsch abrückenden Mannschafts-LKW über Niederau hinterlassen, wieder verzogen hat.

JAGDREVIER ist der düsterste der Finke-TATORTe und zugleich derjenige, der am konsequentesten den Spuren von Heimat nachgeht. Während der Gegenpol, bisher durch die ehrenwerte Gesellschaft Sieverstedts und den Jetset Kampens repräsentiert, in Kresch kondensiert wird, einer Figur, die mehr Programm als Charakter ist, wendet sich die Aufmerksamkeit ganz den Menschen zu, die seinen Übergriffen ausgesetzt sind. Dabei entsteht ein sehr genau und mit Liebe zum Detail gezeichnetes Modell eines norddeutschen Dorfes. Sehr wortkarg, nicht selten mit plattdeutschen Anteilen, werden hier Figuren entworfen, die irgendwie zwischen den Fronten stehen: Frau Borchert etwa, die ihre eigene Tochter und dann auch noch Ditsche an Kresch verkauft und noch nicht einmal etwas dafür bekommt. Der Dorfpolizist Heise (grandios: Uwe Dallmeier), der um seine Beamtenpension fürchten muss und dem doch die Gemeinschaft im Dorf wichtiger ist. Ditsches Schwester und deren Mann, die auf äußerst zurückhaltende und doch beeindruckende Weise ihren Gast Finke davon überzeugen, wer gut und wer böse ist in dem Spiel (Vera Gruter und Karl-Heinz von Hassel, der schon als Sylter Bademeister dabei war und es später zum Frankfurter TATORT-Kommissar Brinkmann bringen wird). Ditsches Freunde (Volker Matzen und Klaus Helm) und vor allem Pitti, die Ditsche liebt und doch weiß, dass sie ihm niemals so nah sein wird wie ihre ermordete Schwester, für deren Rache er sein Leben opfert. Ihrer Zerrissenheit, ja Verzweiflung zum Trotz verleiht die visuelle Inszenierung diesen Figuren eine große Vertrautheit mit der Welt, in der sie leben. Lange Einstellungen mit unspektakulären, ruhigen Kamerabewegungen verbinden die Totalen, in denen sich die

Jenseits der Moderne: JAGDREVIER

Weite des Landes entfaltet, mit den Großaufnahmen von Gesichtern, nicht nur der Hauptdarsteller, sondern auch der um sie herum gruppierten tatsächlichen Bewohner der »Originalschauplätze«. Die allerdings sind das Ergebnis sorgfältiger Selektion. An den Häusern »Niederaus« ist zwar die Zeit nicht spurlos vorbeigegangen, aber mit ihren Ziegelsteinmauern, ihren niedrigen Dächern und Sprossenfenstern entstammen sie alle noch einer Epoche, bevor Stadtflucht und Fertighausboom die bundesdeutschen Dörfer architektonisch und sozial schrittweise, aber nachhaltig veränderten und einander mehr und mehr anglichen. Diese Tendenzen klammert der selektive Blick, in dem sich »Niederau« konstituiert, aus, um sich ganz an die allgegenwärtigen Spuren des Verfalls zu klammern, die vom Rückzug der alten Welt erzählen: eine längst stillgelegte Ziegelei, eine aufgegebene Kiesgrube, verlassene Höfe und Scheunen.

In auffälligem Gegensatz zu den bisherigen und auch den folgenden Finke-TATORTen bleibt die Geschichte strikt in den Grenzen dieses einmal festgelegten Raums, folgt beispielsweise nicht dem zum Rapport beorderten Finke nach Kiel, und löst auch das Problem des obligatorischen Gastauftritts auf eigene Weise. In der Gaststube steht ein Schwarzweiß-Fernseher und präsentiert den Leuten aus Niederau, und uns mit ihnen, den wohl denkbar größten Kontrast zu dem mürrisch seine Suppe löffelnden Finke, den man unter den frühen TATORT-Ermittlern finden konnte: KRESSIN UND DIE FRAU DES MALERS (28.5.1972) – eine mediale Selbstreferenz, die sich der TATORT an-

Eine Polizeiaktion als militärische Landnahme

sonsten, zumindest in seiner Frühzeit, versagt. Wie ein Wesen aus einer anderen Welt wirkt dieser James Bond in Diensten der Zollfahndung (Sieghardt Rupp), der sich auf Cocktail-Partys ebenso wohl fühlt wie auf Kunstauktionen, in Köln ebenso zu Hause ist wie in Amsterdam, die Befragung attraktiver Zeuginnen gerne auch mal im Bett durchführt und zwischendurch bewaffnete Gangster per Karateschlag außer Gefecht setzt. Eben dabei muss ihm nun ein Finke zusehen, dessen Gesicht noch gezeichnet ist von den Spuren des wenig rühmlichen »Action«-Auftritts in der Kiesgrube. Nicht mehr miterleben wird er, wie Kressin samt Damenbegleitung zum Finale nach Amsterdam aufbricht: Mittlerweile hat sich Dorfpolizist Heise zu ihm an den Tisch gesetzt, um beim Kieler Kommissar um Verständnis für seine Lage – den prekären Zwiespalt zwischen Dienstpflicht und dörflicher Solidarität – zu werben.

Dass Finke hier gleichsam zwischen Kressin und Heise platziert wird, verdeutlicht einmal mehr seinen Beobachterstatus, verdeutlicht, dass er, auch wenn er sich mehr als jemals sonst in seinen Fällen auf die Welt einlässt, über die er »aufklären« soll, doch ein Fremder in Niederau ist und bleiben wird. Und so erscheint in seinem Blick das, was eigentlich vertraut, »heimatlich« sein sollte, selbst als fremd.

Vertraut sind allenfalls die Kräfte, die Niederau zerreißen und die sich in ihren Wirkungen längst im Ort selbst manifestieren. Die Kapitalisierung des Wohnens etwa, für die Kreschs Villa steht, die als einziges Haus das »romantische« Reetdach besitzt, für das in den Siebzigern kein Bauer mehr die Feuerversicherungsprämie bezahlen konnte, so dass sich auch in Niederau längst eine hässliche Mischung aus Eternit und Wellblech breitgemacht hat. Oder die Industrialisierung, die die Segnungen über das Land verstreut, die in den Ballungsräumen keiner mehr haben will, seien es Chemiefabriken oder Kernkraftwerke. Wie eine militärische Landnahme wirkt es, wenn am Ende die Hundertschaft einrückt in das Land hinter den Sieben Bergen, in so düsteren Bildern inszeniert, dass der NDR im folgenden Jahr gleich zweimal, in NACHTFROST und in GIFT (21.7.1974), unter Finkes Beteiligung Wiedergutmachung leistete und Hundertschaften in positiver Funktion präsentierte.

In dieser Eroberung Niederaus manifestiert sich der sichtbare Ausdruck einer anonymen, allgegenwärtigen Macht, die entschlossen ist, endlich Schluss zu machen mit dem Cowboy-und-Indianer-Spiel eines anachronistischen Kommissars und eines provinziellen Möchtegern-Robin-Hood. Aber zumindest im TATORT, im Film, kann dieses Spiel gerettet werden, das Jäger und Gejagte mehr verbindet als trennt und bei dem die Figuren, indem sie sich gegenseitig respektieren lernen, so etwas wie Handlungsautonomie und persönliche Würde erlangen. So bietet die Düsternis von JAGDREVIER zugleich den Hintergrund für eine Geschichte um Ehre und Moral, Freundschaft und Vertrauen, um eine spröde, fragile Männerfreundschaft über viele Grenzen hinweg.

Und noch eine andere Grenzüberschreitung rettet den Film davor, in das melancholische Lamento verlorener Heimat zu verfallen: die Stilsicherheit, mit der er sich im amerikanischsten aller Genres, dem Western, bewegt. Die Art, wie hier die – von Nils-Peter Mahlau fotografierte – Landschaft an der Grenze zwischen Zivilisation und Wildnis, Moderne und Archaik, sich – noch einmal – öffnet für die Selbstfindung der Individuen jenseits ihrer institutionellen Überformung, rückt die Figuren aus dem realistischen Raum des Kriminalfilms in einen genuin filmischen Raum. So aber, gleichsam als Zitat, werden sie umso nachhaltiger Teil der modernen Welt, weil sie, trotz allem Realismus, Teil einer filmischen Welt sind. Und so ist es wiederum nur konsequent, dass dieser TATORT am Beginn der Laufbahn eines der wenigen deutschen Weltstars steht: Jürgen Prochnow. (Aber vielleicht ist JAGDREVIER für mich auch nur deshalb einer der schönsten TATORTe überhaupt, weil die alte Ziegelei bei Hude, in der sich *Outlaw* und Kommissar auf so ambivalente Weise nahe sind, auch zu den Spielplätzen meiner Kindheit gehörte.)

»... bis ein schön're r Morgen tagt ...«

Auf der anderen Seite gibt es die gescheiterten Fluchten in die Moderne, die auch Finke in die Welt Kressins führen. Da ist zum Beispiel Inge Sandner. Die ist jung, sieht gut aus, hat Spaß an Mode und Sex, fährt ein kleines Cabrio und hat große Pläne. Leider lebt sie in der Provinz. Aber auch dort kann man gelegentlich einen Mann aus der weiten Welt kennen lernen, oder zumindest aus Süddeutschland. Er fährt einen RO 80 – das »modernste« Auto, das je in Deutschland gebaut wurde, Bestandteil einer Ikonographie der Siebziger wie *Braun*-Design und *Olympia*-Park –, hat Kontakte »zum Film« und wird von Götz George mit genau jener Mischung aus physischer Präsenz, jungenhaftem Charme und schmuddeliger Erotik gespielt, die ihn zum Star gemacht hat. Wir kennen ihn schon: Seidel, der Prokurist aus BLECHSCHADEN.

Der hat zwar eine Fotogalerie verflossener Geliebter im Schrank, die selbst den allwissenden Dorfpolizisten beeindruckt, dafür aber nichts mit Film zu tun, und die »Probeaufnahmen« von Inges Stimme braucht er nur für seine Erpressungsversuche. So landet Inge statt in Geiselgasteig im Hinterzimmer der Sieverstedter Polizeiwache. Schlimmer getroffen hat es die Tote, die am Beginn von NACHTFROST, Nummer vier in der Finke-Reihe, in einer Kieler Wohnung gefunden wird. Sie wollte es zu etwas bringen, hatte auch das nötige Gespür, um eine Boutique für moderne Mode erfolgreich zu betreiben, aber ein eigener Laden rückt erst in greifbare Nähe, als sie als Gelegenheitsprostituierte der gehobenen Kategorie zu arbeiten beginnt. Das bringt Ärger mit dem professionellen Gewerbe, aber tödlich ist, wieder einmal, die Mischung aus sexuellem Begehren und öffentlicher Moral der »besseren Kreise«.

Die Rekonstruktion dieses gescheiterten Aufbruchs bewegt sich zwischen Vorstadtvillen, tristen Hinterhöfen und glitzernder Halbwelt. Dorthin führt zunächst die »heißeste« Spur: Zwanzigtausend Mark waren der Ermordeten geraubt worden, und von denen hat sich Zuhälter Heiko Schulz ein neues Auto gekauft – nicht irgendeins, sondern einen Ford Mustang, wie man ihn aus amerikanischen Filmen kennt. Einen festen Wohnsitz dagegen besitzt er nicht. Zur Zeit hat er sich direkt in dem Sexclub, in dem seine Damen anschaffen, eingemietet. Dorthin also führen die Ermittlungen, und so können wir mit Finke Zeuge eines Striptease werden, bei dem selbst der Slip fällt und den Blick auf die weibliche Schambehaarung freigibt – 1974 zur Hauptsendezeit! Finke hält sich hier weitgehend im Hintergrund, die Aufklärungsarbeit im »Milieu«, in Bars, Bordellen und auf dem Straßenstrich, bleibt Sache des Assistentenpaares, das, unterstützt von einem rührigen Vertreter des Kieler Gesundheitsamtes, in urbaner Umgebung an die Stelle Jessners tritt: Ursula Sieg, die wie Roth bereits in den DFFB-Filmen Petersens spielte, mit dem sie auch eine Zeitlang verheiratet war, und Hans-Peter Korff, der später als Berliner Kommissar Behnke seinen Blick in GEFÄHRLICHE TRÄUME (23.9.1979) vertiefen wird.

Der Ausflug in eine fremde, abenteuerliche Welt, bis hin zur stilgerechten Kostümierung für einen *Undercover*-Auftritt, macht ihnen sichtlich Spaß. Es ist, wie bereits auf Sylt, ein Spiel mit Rollen, die zumindest im Habitus von den Konventionen bürgerlichen Alltags abweichen, die ihren Ort aber nicht mehr, wie in JAGDREVIER, im vormodernen Raum einer Westernlandschaft finden, sondern im mythischen Herz der Moderne: der großen Stadt. Eine ausgedehnte Autojagd (angeführt natürlich von Heiko Schulzens Mustang) durch Straßenschluchten und Tunnelsysteme, über Stadtautobahnen und Hochbrücken, vorbei an Werft- und Hafenanlagen, inszeniert die – eigentlich gar nicht so besonders große – Stadt Kiel als urbanen Raum, in dessen Herz das »Milieu« verortet wird, die Bordelle und der Straßenstrich, zu denen die Ermittlungen führen. Zur Aufklärung des Falls allerdings tragen diese Action-Szenen nicht bei. Dafür bedarf es dann doch der spezifischen Qualitäten Finkes, Spürsinn, Intuition und vor allem eine mangelnde Scheu vor Autoritäten, die ihn gerade dann am hartnäckigsten werden lässt, wenn jemand soziale Privilegien in Anspruch nehmen will, um etwas zu vertuschen. Denn der Täter sitzt – wieder einmal – in einer Villa am Stadtrand: ein Heranwachsender aus »gutem Haus«, der zwischen den gutsherrlichen Männlichkeitsritualen des Vaters und der repressiven Sexualmoral der Mutter Probleme mit der Entwicklung einer eigenen Identität hat.

Der Zynismus dieser Welt lässt das Milieu der Verbrecher-Profis fast sympathisch erscheinen. Heiko Schulz mag skrupellos und gewalttätig sein – ein kaltblütiger Mörder ist er nicht. Aber das »Milieu« ist dennoch mehr als nur die Folie, die die Verbrechen der bürgerlichen Welt spiegelt. Auch wenn sich herausstellt, dass unter der Oberfläche das Geschäft mit dem Sex geradezu allgegenwärtig zu sein scheint (die Kundenkartei der Toten führt die Ermittler einmal durch die Stadt, in Großraumbüros, Kliniken und sogar auf die Kommandobrücke eines Fährschiffs, zu ihren Kunden gehörte darüber hinaus der Vater ihres Freundes, ein distinguierter Fabrikant, ihr Stiefvater, ein kleiner Druckereibesitzer, stellt illegale Pornohefte her), so bleibt das Spiel mit abweichenden Lebensmodellen, zu denen der normbrechende Umgang mit Sexualität gehört, grundsätzlich riskant. Die Alternativen zur Alltagsnormalität, die die Siebziger bereithalten, liegen oft nah bei der Kriminalität.

Der folgende KURZSCHLUSS führt in der (bereits beschriebenen) Annäherung von Großstadtkriminellem und Kleinstadtpolizisten Urbanität und Provinzialität zusammen, ohne das eine als Alternative für das andere erscheinen zu lassen. Der Kriminelle entzieht sich zwar den Zwängen, die das Leben des »ordentlichen« Familienvaters überschatten. Während der weder die ökonomischen noch die symbolischen Forderungen einer patriarchalen Ordnung zu erfüllen vermag, die seine Rolle an ihn stellt, wirkt die – offenbar nicht-eheliche – Beziehung von Berufsverbrecher und Bardame ungleich freier, unbelasteter und keinesfalls liebloser als die Ehe auf dem Land. Aber zu diesem Lebensstil gehört eben auch die Kriminalität – die in diesem Fall tatsächlich die Bereitschaft zum kaltblütigen Mord einschließt.

In weite Ferne gerückt erscheint diese Welt dagegen in REIFEZEUGNIS. Der letzte von Petersen inszenierte TATORT – und wohl sein bekannte-

Die ermordete Gelegenheitsprostituierte in NACHTFROST

ster – führt in den lieblichsten Teil des Landes, die »Holsteinische Schweiz«. Genauer: an den Rand einer kleinen Stadt, wo sich ein gutsituiertes Bürgertum etabliert hat, und in das kleinstädtische Gymnasium. Soziale Probleme spielen hier allenfalls ein marginale Rolle; der einzige *Underdog*, »vaterloses« Kind einer Alkoholikerin, ist relativ schnell aus der Schule und aus der Handlung verschwunden. »Notlagen« entstehen für den Nachwuchs der »Sieverstedts« allenfalls dadurch, dass die schulischen Fähigkeiten nicht den Erwartungen der Eltern entsprechen. Aber Leistungsdruck macht kreativ, und so lernen die Sprösslinge schnell, worauf es ankommt: Erpressbare Lehrer etwa sind beim schulischen Fortkommen allemal nützlicher als Nachhilfeunterricht.

BLECHSCHADEN

STRANDGUT

Ferner noch als die große Stadt ist jedoch die alte, metaphysische Heimat. Wer in der neuen Idylle wohnt, ist nicht der Scholle verhaftet, sondern verdient sein Geld in der Stadt, etwa in Kiel oder Berlin, wie die Eltern der Protagonistin, und hat sich gezielt eine Wohnumgebung mit hohem Erholungswert gewählt. Es gibt reichlich Wald, aber im grünen Jägeranzug steckt ein psychopathischer Frauenschänder. Und selbst das Kreuzworträtsel erfordert, wie Finke und sein Assistent erstaunt feststellen, ein kulturelles Wissen, das im alten Heimatfilm nicht zu erwerben war: Für eine »Eierpflanze mit neun Buchstaben« musste man wohl in den Fünfzigern noch nach Italien fahren. So lassen sich Finkes Modernisierungserfahrungen in ein Wortspiel bringen: Die Scholle, die er in der Dorfkneipe bestellen möchte, ist »aus«, dafür gibt's im Kreuzworträtsel Auberginen. In solcher Landschaft hat sich das Ehepaar Fichte (Judy Winter, Christian Quadflieg) eingerichtet. Studienrat und Studienrätin, jung, attraktiv, liberal und kinderlos, leben sie offenbar unbelastet von traditionellen Geschlechterrollen. Nicht nur ist Frau Fichte für die »harten« Wissenschaften Mathematik und Biologie zuständig, während ihrem Mann die »musischen« Fächer Deutsch und Englisch vorbehalten sind. Sie ist es auch, die die Entscheidungen fällt.

Aus dieser Souveränität und aus einem aufgeklärten, toleranten Umgang mit Sex heraus erscheint in gewissen Grenzen sogar eine »offene Zweierbeziehung« möglich. Jedenfalls wäre es keine Zerreißprobe für diese Ehe, dass Herr Fichte ein Verhältnis mit einer anderen Frau hat. Und dass es eigentlich gar keine Frau ist, sondern die 17jährige Schülerin Sina (Nastassja Kinski), drängt den »Fall« eher in die Schublade pädagogischer Verantwortung als in das der Eifersucht. Allerdings unterschätzt diese Liberalität erheblich die Tiefe der Emotion, die Nastassja Kinskis Oberstufen-Lolita auszulösen vermag. So bleibt von der rationalistischen Selbstsicherheit Frau Fichtes nur eine mühsam aufrechterhaltene Fassade, je weniger ihr gefühlsbetonter Mann seine Leidenschaften unter Kontrolle bringt. Auch er unterschätzt wiederum die Konsequenz einer jugendlichen Liebe, die buchstäblich über Leichen geht. Es erwischt dabei wieder einmal denjenigen, der offenbar von Beginn an zum Opfer bestimmt war, eben jenen sozialen Außenseiter unter den Schülern, der nicht so recht in das Idyll passen mag. Allerdings ist seine Rolle nicht nur in der Sozial-, sondern auch in der Handlungsstruktur tatsächlich marginal. Damit aber verlagern sich die Gewichte gegenüber den gleichsam sozialdemokratisch inspirierten Plot-Konstruktionen der bisherigen Finke-TATORTe erheblich. Zwar gab es auch bisher immer wieder große Gefühle oder geradezu archaische Motive wie Liebe, Eifersucht und Rache, die zu den Verbrechen führten, aber die eigentliche Aufmerksamkeit richtete sich ungleich stärker auf soziale Milieus, die auf ganz andere, konkretere Weise Verbrechen provozieren. REIFEZEUGNIS dagegen

JAGDREVIER

REIFEZEUGNIS

stellt die Lüge eines gesicherten, konfliktfreien Lebens einmal nicht durch gesellschaftliche Verhältnisse, sondern durch die Größe einer Emotion in Frage, für die im antiautoritären Lebensentwurf nicht so leicht ein Platz zu finden ist.

Darin kommt schließlich auch die Pendelbewegung zum Stillstand, die dafür gesorgt hat, dass Provinz nicht ohne ihren Gegensatz zu bestimmen ist. Bis auf eine Ausnahme vielleicht: Den Kontrapunkt zur sommerlichen Stadt am See bildet hier die Kältekammer des Kieler Leichenschauhauses, in dem einem fremden Toten die verdrängte Schuld aufgeladen werden soll. Wäre damit ein Ende der Reihe erreicht, dann bildet HIMMELFAHRT, Schwarzkopfs von Rainer Wolffhardt inszenierter Abschied als TATORT-Kommissar, ein satyrhaftes Nachspiel, in dem ein österreichischer Professor im Ruhestand (Bert Breit) und sein jugendlicher Verbündeter (Dominique Horwitz) die gerade erwachsen gewordenen Mitglieder der Feuerwehrkapelle einer Dithmarscher Kleinstadt durch gezielte Unterleibsschüsse außer Gefecht setzen – blutige Rache für eine kollektiv begangene Vergewaltigung am Vatertag. Einer der Gejagten flüchtet übrigens nach Kiel – in die Arme ganz ordinärer Straßenräuber.

»... Schleswig-Holstein stammverwandt; wanke nicht, mein Vaterland ...«

Über sieben Jahre hinweg entwickelte die Finke-Reihe, die Lichtenfeld und Petersen als junges Team begonnen hatten, eine erstaunliche inhaltliche, aber auch formale Kontinuität. Einen nicht geringen Anteil daran hat die Musik von Nils Sustrate, eines vor allem an Hamburger Theatern tätigen Komponisten und Dirigenten mit Faible für das Revue-Theater der zwanziger Jahre, der bereits zu Berliner Akademiezeiten Kompositionen zu Petersens Filmen beisteuerte. Vor allem aber natürlich Klaus Schwarzkopf, dessen zurückhaltendes, stilles und äußerst präzises Spiel die Grundlage bietet, auf der sich die Geschichten entfalten können und damit auch die beeindruckende Star-Galerie, die darin agiert.

Und Finke? Er ist autoritär, mürrisch und notorisch schlecht gelaunt, was er vor allem Untergebene spüren lässt: ein Kleinbürger, der von der Begegnung mit der großen Welt verunsichert ist, den das, was ihm fremd ist, ängstigt, und der seine Angst in ein moralisches Verdikt transformiert? Zugleich aber auch selbstkritisch, unbestechlich und fern jeder augenzwinkernden Komplizenschaft mit der Macht: ein unerschütterlicher Kämpfer für die Wahrheit? Beides würde ihm nicht gerecht. In erster Linie ist er ein vorurteilsloser Beobachter. Es lohnt sich, auf seine Reaktionen zu achten, etwa wenn er, der Walzer-Liebhaber, mit *Led Zeppelin* konfrontiert wird (BLECHSCHADEN). Oder mit der Andeutung lesbischer Liebe. Die Szene allerdings findet sich in keinem der sieben TATORTe, die unter Finkes Namen laufen, sondern in der Kieler Episode eines Falles, den er gemeinsam mit seinem Hamburger Kollegen Trimmel zu bearbeiten hat und in dem man vielleicht gerade deshalb mehr als sonst über ihn erfährt: GIFT. Hier fällt auch ein Satz, der Finke besser als alle anderen charakterisiert, auch wenn er nicht von ihm stammt, sondern vom Hamburger Polizeiobermeister Petersen, dem Meister ironischer Lakonie: »Aber machen Sie denn immer alles nach Vorschrift?«, will der Pförtner einer Mülldeponie wissen, der gegen einen kleinen Schein schon mal wegschaut, wenn die Fässer mit Giftmüll abgeladen werden. »Doch, meistens.« ♦

Kommissar Finke – Sämtliche Folgen, chronologisch:

BLECHSCHADEN (NDR, 13.6.1971)
Regie: Wolfgang Petersen.
Buch: Herbert Lichtenfeld.

STRANDGUT (NDR, 25.6.1972)
Regie: Wolfgang Petersen.
Buch: Herbert Lichtenfeld.

JAGDREVIER (NDR, 13.5.1973)
Regie: Wolfgang Petersen.
Buch: Herbert Lichtenfeld.

NACHTFROST (NDR, 20.1.1974)
Regie: Wolfgang Petersen.
Buch: Herbert Lichtenfeld.

KURZSCHLUSS (NDR, 7.12.1975)
Regie: Wolfgang Petersen.
Buch: Herbert Lichtenfeld.

REIFEZEUGNIS (NDR, 27.3.1977)
Regie: Wolfgang Petersen.
Buch: Herbert Lichtenfeld.

HIMMELFAHRT (NDR, 13.8.1978)
Regie: Rainer Wolffhardt.
Buch: Herbert Lichtenfeld.

Weitere erwähnte Folgen, alphabetisch:

AE 612 OHNE LANDEERLAUBNIS (NDR, 12.9.1971)
Kommissar Trimmel
Regie: Peter Schulze-Rohr.
Buch: Friedhelm Werremeier.

GEFÄHRLICHE TRÄUME (SFB, 23.9.1979)
Kommissar Behnke
Regie: Günter Gräwert.
Buch: Günter Gräwert, Georg Alten.

GIFT (NDR, 21.7.1974)
Kommissar Trimmel
Regie: Peter Schulze-Rohr.
Buch: Friedhelm Werremeier.

KRESSIN UND DIE FRAU DES MALERS (WDR, 28.5.1972)
Zollfahnder Kressin
Regie: Pim de la Parra jr.
Buch: Klaus Recht, Pim de la Parra jr., Hans Heinrich Ziemann.

TAXI NACH LEIPZIG (NDR, 29.11.1970)
Kommissar Trimmel
Regie: Peter Schulze-Rohr.
Buch: Peter Schulze-Rohr, Friedhelm Werremeier.

»In Wien gibt es kaum echte Großverbrechen ...« Ein Gespräch über zufällige Kommissars-Karrieren, ungeklärte Morde und das österreichische Idiom

Von Bernhard Natschläger

Sigmund Freud, geboren in Mähren, gestorben in London, dazwischen mehr oder weniger gelitten in Wien, soll sich bekanntlich schwer damit getan haben, an Zufälle zu glauben. Jede Lebensäußerung, so willkürlich sie auch scheinen mag, sei ein Ausdruck und zugleich auch die symbolische Erfüllung von unbewussten Wünschen und Gedanken. Egal, ob es sich um drollige Versprecher, anzügliche Witze, künstlerische Ergüsse oder um neurotische Symptome handelt, es wird schon seine guten Gründe haben, dass ausgerechnet das und nichts anderes gesagt oder getan wird – auch wenn man von diesen »guten Gründen« manchmal nicht einmal den Hauch einer Ahnung hat. Seitdem jedenfalls hat die Floskel »es war kein Zufall, dass ...« quasi wissenschaftlichen Sanctus.

Von nix kommt nix, sagt ein in Wien gebräuchliches Sprichwort – aber, in freilich gesetzterem Vokabular, eben auch die Psychoanalyse. So gesehen ist es höchstwahrscheinlich alles andere als ein Zufall, dass ein Fernsehkommissar wie Inspektor Marek ausgerechnet in Wien amtieren konnte. Hier passte er einfach hin, auch wenn er kurioserweise außerhalb der engen Stadt- und Landesgrenzen regelmäßig höhere Beliebtheitswerte einfuhr. Ob Marek in München Karriere gemacht hätte? Wohl kaum. In Berlin? Nicht einmal daran denken! Jedes Land hat scheinbar den Fernsehkommissar, den es verdient.

Doch die Entwicklung eines Fernsehkommissars und seine Akzeptanz beim Publikum gehen oft krause Wege. Die Entstehungsgeschichte der ersten ORF-TATORTe jedenfalls ist nicht so strategisch und linear, wie man es vielleicht gerne hätte. »Es hat sich so ergeben«, könnte als Motto der ersten Stunden gelten. Ob das ein Zufall war? Das Ergebnis jedenfalls ist bekannt und bereits Fernsehgeschichte.

Ernst Petz war Anfang der siebziger Jahre als sendungsverantwortlicher Redakteur im ORF für die TATORT-Reihe zuständig. Wir wollten von ihm wissen, wie man auf die Figur Inspektor Mareks gekommen sei?

Inspektor Marek war eine Figur, an deren Erfindung und Entwicklung Fritz Eckhardt, der den Inspektor lange verkörpert hat, federführend beteiligt war. Inspektor Marek war eine damals völlig neue Figur. Mit Marek trat das erste Mal ein Ermittler hemdsärmelig und mit Hosenträgern auf. Marek flogen, auch aufgrund seiner eher bodenständigen Art, die Herzen des Publikums zu. Als der TATORT erfunden wurde und auch der ORF Krimis liefern wollte, war klar: »Inspektor Marek«, der als Krimifigur und als Serie bereits etabliert war, wird auch der TATORT-Kommissar werden. Als günstiger Nebeneffekt ergab sich, daß es eben nicht nur bereits einen österreichischen TV-Kommissar, sondern auch schon die Studiokulissen eines dazugehörigen Kommissariats gab.

Ab 1971 gab es ihn also auch als TATORT-Kommissar: schnauzbärtig, körperlich etwas behäbig, geistig aber durchaus flink. Marek war einer, den man aufgrund seines Erscheinungsbildes eher zum Taubenfüttern in den Park – eine in Wien besonders beliebte Seniorenfreizeitbeschäftigung – schicken würde als an einen Mordschauplatz. Einerseits entsprach Marek zwar dem damals üblichen Image des älteren, mit Anzug und Krawatte bekleideten Polizisten, der mit großväterlicher Autorität in seinem Revier, seiner Stadt für Recht und Ordnung sorgt. Aber er hatte darüber hinaus auch etwas, was mit »Gemütlichkeit« nur unzureichend charakterisiert wird. Für Inspektor Marek war der berühmt-berüchtigte Wiener »Schmäh« eine zweite Haut, durch die immer wieder ein gehöriger Schuss Grantigkeit durchschien. Marek war eine Idealfigur, ein prototypischer Wiener Beamter: verbindlich, aber flexibel, charmant und bissig zugleich. Wer weiß, vielleicht erkannten sich die Österreicher zum Teil in »ihrem« TATORT-Kommissar wieder; möglich, dass der Spiegel, der den Österreichern mit Inspektor Marek vorgehalten wurde, manchen gar zu genau war, denn:

Bemerkenswert war, dass die Filme mit Marek in Deutschland immer besser liefen als in Österreich. Und dort immer: je weiter nördlich, desto besser. In Österreich selbst kam der Marek nie so gut an wie in Norddeutschland, wo er auch immer gute Kritiken hatte.

Der Umgang mit dem ersten österreichischen TATORT-Kommissar ist bezeichnend. Lange Zeit als gegeben hingenommen, da und dort vorsichtig kritisiert, hielt sich die Figur doch erstaunlich lang. Fritz Eckhardts Kriminalkommissar entwickelte sich mit der Zeit zu einer regelrechten Institution, die vermutlich noch länger angehalten hätte, meint Ernst Petz:

Wenn der Marek dann nicht irgendwann nackt in der Sauna aufgetreten wäre, was die damalige Intendanz sehr empört hat, wäre er heute noch TATORT-Inspektor.

Nichtsdestotrotz, nicht bloß aufgrund dieser im Nachhinein amüsanten Anekdote, war Fritz Eckhardt als TATORT-Kommissar im gesamten deutschsprachigen Raum eine singuläre Erscheinung. Nicht genug damit, dass er den ORF-TATORTen schon rein äußerlich einen unverkennbaren Stempel aufdrückte und die Entwicklung der Figur mitprägte. Eckhardt war im Regelfall auch als Autor, immer wieder sogar als Regisseur aktiv. Ob diese Personalunion nachträglich als Glücksfall oder als Krisenherd gesehen wird, wollen wir wissen.

Krise? Woher? Es gab damals weder die heute übliche Konkurrenzsituation mit anderen TV-Anstalten noch den andauernden Quotendruck. Statt dessen konnte eine gewisse Nonchalance kultiviert werden, die wohl zumindest unterschwellig für den offenbaren Charme der ORF-Produktionen verantwortlich war.

Von Eckhardt kenne ich einen Ausspruch: »Zehn Szenen à zehn Minuten sind ein Neunzig-Minuten-Film«, das heißt, er hat sich nicht sehr aufgehalten mit dramaturgischen oder spannungssteigernden Elementen. Er hat eine Geschichte erzählt. Die Krimis waren nicht viel anders als die damaligen Fernsehspiele. Einmal ist es sogar passiert, dass in einer Geschichte der Mord nicht aufgeklärt wurde. Ich sah das leider erst, als der Film schon fertig war. Eckhardt meinte, das sei nicht so wichtig, das würde niemandem auffallen. Und er hatte recht, es war genau ein Anrufer, der wissen wollte, wer den Taxifahrer umgebracht hatte. Und das bei Einschaltquoten von 55 Prozent. Trotz aller Schwächen haben die Marek-TATORTe aber immer sehr gut funktioniert, weil sie eben eine Geschichte erzählt haben. Es war eben nicht so, dass jemand gesprengt wird, dann gibt es eine Verfolgungsjagd, dann wird wieder jemand gesprengt und so weiter. Eckhardt hatte noch einen weiteren Bonus: Manche TATORTe waren zu kompliziert erzählt. Das passierte Eckhardt unter Garantie nie.

Eine Geschichte erzählen, keine selbstüberschätzenden Komplikationen, glaubwürdige Milieuschilderungen und (ganz wichtig) ein Ermittlerteam, das sich aus einer Riege von heiß geliebten Volksschauspielern zusammensetzt – das sind anscheinend die Voraussetzungen, unter denen selbst ein unaufgeklärter Mord verziehen wird. In solchen augenzwinkernd zum Besten gegebenen Episoden wie jener des nicht aufgedeckten Taxifahrermordes wird aber auch ein Teil dessen sichtbar, was das spezifisch Österreichische – eigentlich Wienerische – der Marek-TATORTe und ihrer Nachfolger ausmachte. Der Hang zur ironischen Selbstinszenierung, wie sie Jahre später auf skurrile Weise in der TV-Serie *Kottan ermittelt* auf die Spitze getrieben wurde, ist ein Merkmal, das sich, manchmal mehr, manchmal weniger, fast durch jeden österreichischen TATORT zog und noch immer zieht. Wenn Wiener TATORT-Kommissare einmal im Dunkeln tappen, sich ungeschickt anstellen oder eine falsche Spur verfolgt haben, so ist das nicht selten ein Grund zum Schmunzeln. Bei genauerem Hinsehen entwickeln sich solche Situationen zu einem Paradebeispiel angewandter Mentalitätsgeschichte. Österreichern sagt man gern und mit gewissem Recht einen deutlichen Hang zur Autoritätshörigkeit nach: Kaum etwas existiert in diesem Land, für das nicht im Zweifelsfall jemand um Erlaubnis gebeten werden könnte. Das bedeutet umgekehrt und praktischerweise aber auch, dass für fast alles jemand anderer zuständig und verantwortlich ist und dem man im Bedarfsfall am Zeug flicken kann. »Buckeln und sich abputzen«,

Der erste ORF-TATORT: Fritz Eckhardt (l.) als Oberinspektor Marek in MORDVERDACHT mit Paul Hörbiger

Unterwürfigkeit und Schadenfreude sind sehr eng verwandt, sie sind zwei Seiten derselben Medaille. Diesem Zusammenhang kommen die TATORT-Krimis mit Fritz Eckhardt mit geradezu genialer Bereitwilligkeit entgegen. Marek und sein Team sind nämlich immer beides: Kasperl und Krokodil, Papageno und Sarastro, Respektspersonen und Lachfiguren.

Der Umstand, dass österreichische TATORT-Produktionen immer wieder die Grenze zur Parodie streifen, mag darüber hinaus mit der natürlich klischeehaften, aber immer wieder gerne gepflegten Affinität der Wiener zum Morbiden zu tun haben. Diese Lust am Sterben (und am Scherzen darüber) trieb in österreichischen Kriminalfilmen – und somit logischerweise auch im TATORT – oft skurrile Blüten. Es lassen sich aber auch andere Gründe dafür finden, meint Ernst Petz:

In Wien gibt es kaum echte Großverbrechen. Es ist einfach diese Zimmer-Küche-Kabinett-Bassena-Kriminalität.

Österreich als vielbeschworene »Insel der Seligen« und Wien als der sprichwörtliche Hort der Gemütlichkeit sind im Vergleich mit anderen Ländern kein besonders fruchtbarer Boden für groß konzipierte Verbrechen. Oft sind schon allein die Summen, um die es in österreichischen Kriminalfällen geht, vergleichsweise läppisch. Das Gros der heimischen Verbrechen spielt sich im kleinen Kreis, in relativ intimem Rahmen ab: Eifersucht, Rache, Amateurerpressungen, Wickel unter Ganoven und Affekthandlungen, das sind die »Hauptgenres« der alpenländischen Kriminalstatistik. Beteiligt sind im Regelfall sogenannte »kleine Leute«, Zinshausbewohner und Vorstadtgangster. Nur selten wechselte Marek (später dann Inspektor Fichtl) in ge-

»Kleine Leute«-Milieu: MORDVERDACHT

hobene Milieus, wie sie den Kollegen Derrick und Konsorten vertraut waren. Wirtschaftskriminalität, organisiertes Verbrechen – das sind Dinge, die in der österreichischen Öffentlichkeit die längste Zeit vergleichsweise ein Randdasein fristeten und im Zweifelsfall bis heute ohnedies »den anderen«, also ominösen Kreisen, vorzugsweise aus dem Ausland, zugeschrieben werden. Es gibt also durchaus reale Ursachen, weswegen ein gewisser Verbrechenstypus in ORF-TATORTen verstärkt zum Zug kam und so die Tendenz zum Parodistischen dauerhaft verankerte. Ernst Petz verrät aber noch einen weiteren Grund:

Mein großes Dilemma war immer, dass man mit dem österreichischen Idiom überhaupt keine spannende Geschichte erzählen kann. Das war aber andererseits der Vorteil in Deutschland. Dort war das Österreichische exotisch. Unser damaliger Intendant wurde bei den ARD-Sitzungen immer mit Applaus empfangen, weil wir so gute Quoten hatten. Das war schon zu Eckhardts Zeiten so.

Die Macher der ORF-TATORTe konnten auch in der Zeit nach Fritz Eckhardt lange Zeit auf Geschichten und vor allem auf Autoren zurückgreifen, die mit dem spezifisch Österreichischen in Sachen Verbrechen quasi aufgewachsen waren. Der nächste Autor nach Eckhardt war Leo Frank, der vierzig Jahre lang Kripo-Chef gewesen war. Frank konnte mehr oder weniger aus dem Volle ı seiner langjährigen Erfahrung schöpfen. Der drit e Autor schließlich, der sehr viel beigetragen hat, war Bert Steingötter. Steingötter verdiente sich vor seiner Karriere als Drehbuchautor zwanzig Jahre lang seinen Lebensunterhalt als Kriminalreporter.

Aber nicht nur die Autoren wechselten einander ab, auch das Ermittlerteam bekam andere, allerdings nur teilweise neue Gesichter. Ernst Petz mit einer kurzen Chronologie der Ereignisse:

Nach Fritz Eckhardt wurde Kurt Jaggberg TATORT-Kommissar. Es gab dabei eigentlich keine besonderen Überlegungen oder Diskussionen – er war einfach die logische Nachfolge. Er war gleich lang im Team wie Eckhardt, war fast so bekannt wie er und hat das Grantige und Raunzerische nahtlos fortgesetzt.

Zwischendurch hatten wir ein Team aus bis zu sechs Ermittlern, was ziemlich schwierig war. Wir hatten dann vier Leute im Kommissariat sitzen, die alle beschäftigt sein sollten, was sich oft als unlösbar erwies.

Für den Jaggberg gab es auch eine logische Nachfolge: Bruno Dallansky. Bei dem ist uns allerdings etwas »passiert«, wo wir schlecht recherchiert hatten, denn bevor wir ihn zu unserem ORF-TV-Inspektor gemacht haben, hat er in zwei Hamburger Krimis den Mörder gespielt. Allerdings, wenn man davon ausgeht, dass die Psyche von Verbrechern und Kriminalisten sehr ähnlich sein sollte, dann ist es wiederum nur logisch.

Nach ihm kam ein weiterer Grantler – Michael Janisch. Bei diesen Wechseln, obwohl es gar nicht so wenige waren, kam es eigentlich zu keinen Brüchen.

Gegen Ende der neunziger Jahre formierte sich rund um Moritz Eisner (Harald Krassnitzer) das gegenwärtige Team von TATORT-Ermittlern (Alois Frank, Loretta Pflaum, Gundula Rapsch). Manches hat sich geändert, die Architektur der Studioaufbauten für das Sicherheitsbüro etwa. Roch man bei Inspektor Marek förmlich Bodenwachs, Linoleum und Staub, so sind diese Bilder einer exemplarischen Amtsstube einer gewissen Transparenz, modernеren Büromodulen, viel Plexiglas und jeder Menge PCs gewichen. Das Team hat sich verjüngt, der Frauenanteil in der ersten Reihe ist merklich angestiegen, die Geschichten wurden zeitbezogener. In mancher Hinsicht wirkt es so, als wären Marek und Eisner von verschiedenen Sternen. Der eine liebt die Oper und kann gar nicht genug davon bekommen, der andere geht nur gezwungenermaßen hin – und schläft ein. Der eine tendiert potentiell in die Richtung eines freundlichen Opas, der andere bemüht sich sichtlich, den Kontakt mit der Jugendkultur nicht zu verlieren. Aus dem Blickwinkel der Ironie und des grantigen Schmähs erhält dieser vermeintliche Stilbruch allerdings eine merkliche Relativierung. Wenn er nämlich will, kann auch Moritz Eisner – der sich ab und zu schon auch wie ein trotziges Kind gebärdet – charmant und verbindlich sein. Auch er packt, wie man sagt, sein Gegenüber mit Schmäh, auch er ist ein begnadeter Grantler unter dem Wiener Himmel.

Der TATORT als eine sehr dezente Form der österreichischen Satire brachte eine weitere, ganz besonders landestypische Figur zum Vorschein, die zwar nicht in jedem ORF-TATORT vorkam, sich aber mit geringfügigen Variationen als eine Art Leitmotiv durch die Produktionsgeschichte bis in die jüngste Gegenwart zieht. Es handelt sich dabei um den »Hofrat«. Er gehört einer übergeordneten Dienststelle an, ist in den seltensten Fällen übermäßig intelligent, hat dafür aber den »passenden« weltanschaulichen Hintergrund und Beziehungen bis in die hohe Politik. Dieser Hofrat – eine erbärmliche Witzfigur des quasi allumfassenden österreichischen Proporzsystems – taucht regelmäßig auf, erinnert an die »große Verantwortung«, die er zu tragen hat, hält durch seine Interventionen allerdings die Polizisten meist nur von der Arbeit ab. Zunächst entsprang diese Figur nur der Phantasie Fritz Eckhardts.

Sie wurde aber im Nachhinein legitimiert, weil der folgende Autor, nach vierzig Jahren Polizeiarbeit, diesen Typus immer vor der Nase hatte. Das heißt, diese Figur gibt es und sie stimmt. Ich glaube nicht einmal, dass der Hofrat überzeichnet war. Im Grunde genommen ist es die Figur, die auch in der Realität auf seinem praxisfernen Sessel sitzt und nicht einmal eine Ahnung haben muss. Seine Aufgabe ist die Einteilung seiner Leute, mehr muss er nicht können. Außerdem ist der Hofrat auch eine

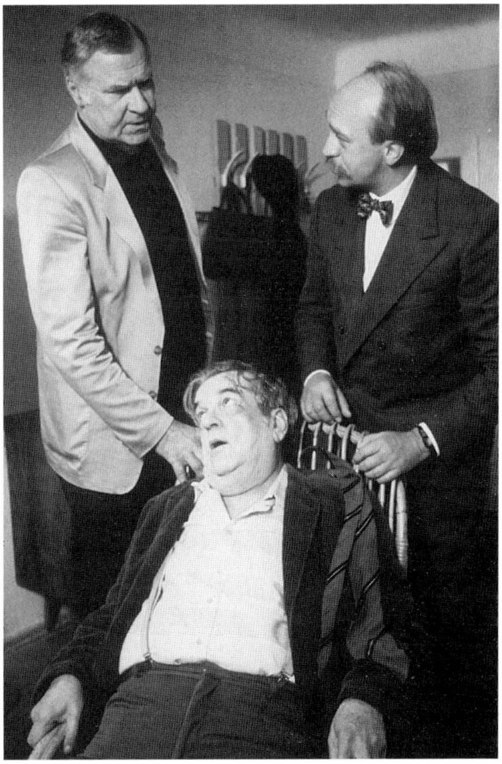

Inspektor Fichtl (Michael Janisch, l.) in BLINDE ANGST

dramaturgische Krücke. Hin und wieder muss man zusammenfassen, was bisher gewesen ist. Auch diese Funktion erfüllt der Hofrat ganz gut.

Als wir dann mit Ernst Petz über Regieentscheidungen, Stoffauswahl und ähnliches reden, kommt er direkt ins Plaudern. Zwischendurch, so erzählt er, hatte die Redaktion das leise Gefühl, dass sich österreichische Schauspieler und österreichische Regisseure tempomäßig gegenseitig unterbieten wollten und die Langsamkeit der Krimis auf diese Weise exponentiell zunahm. Deshalb kamen eine Zeit lang überwiegend deutsche Regisseure zum Zug, um auf der Inszenierungsebene für etwas mehr Tempo zu sorgen. Was die Auswahl der Stoffe und der Bücher anging, gab es in den Anfangsjahren eine gut funktionierende Routine, der später – wieder einmal (!) – der Zufall zu Hilfe kam:

Moritz Eisner (Harald Krassnitzer) in PASSION

Zu Eckhardts Zeiten war es so: Er hat uns mehrere Vorschläge gemacht, für einen hat man sich entschieden und diesen bearbeitet, wobei sich der Stoff dann noch ziemlich verändert hat.

In der Nach-Eckhardt-Zeit gab es Mitte der achtziger Jahre einen Glücksfall von zwei Jahren, in denen wir ORF-intern plötzlich fünf, sechs Krimis pro Jahr produzieren konnten. Ich habe damals zwölf, dreizehn Buchaufträge pro Jahr vergeben und konnte mir aussuchen, welche Stoffe mir gefallen. In den Jahren, in denen wir dann wieder nur einen TATORT im Jahr drehten, konnte ich auf die Autoren, die ich in diesen zwei Jahren kennen gelernt hatte, zurückgreifen. In diesen zwei Jahren konnten wir sehr viel ausprobieren – sowohl beim Buch als auch bei der Regie –, was uns später von Nutzen war. Außerdem bot diese Situation den Luxus, dass wir entscheiden konnten, welche der Produktionen wir als ARD-TATORT einbringen. Es gab nie spezielle Vorgaben, was die Stoffauswahl betraf. Wir hatten eher immer einfache Geschichten in einfachen Milieus, die Autoren waren von ihrem Zugang einfach so. Erst in den Neunzigern ist man ein bisschen aktueller geworden. Aber im Vordergrund stand immer der Fall, stand das Ermitteln, weniger ein gesellschaftlicher oder politischer Zusammenhang, der spielt ohnehin immer mit hinein. ♦

Erwähnte Folgen:

MORDVERDACHT (ORF, 7.11.1971)
Oberinspektor Marek
Regie: Walter Davy.
Buch: Fritz Eckhardt.

BLINDE ANGST (ORF, 1.10.1989)
Inspektor Fichtl
Regie: Kurt Junek.
Buch: Bert Steingötter.

PASSION (ORF, 30.7.2000)
Chefinspektor Moritz Eisner
Regie: Ilse Hofmann.
Buch: Felix Mitterer.

Wohnungskriminalität.
TOTE BRAUCHEN KEINE WOHNUNG

Von Heinz-Jürgen Köhler und Hans Jürgen Wulff

1973. Das waren noch Zeiten. Der Kommissar ließ sich während der Dienstzeit von einem Zeugen zum Bier einladen, und um die bundesweite Verflechtung der noch relativ jungen TATORT-Reihe zu demonstrieren, wurden dramaturgisch unsinnige »Ausflüge« in andere Städte unternommen. TOTE BRAUCHEN KEINE WOHNUNG (11.11.1973) spielt in München (der »Ausflug« geht nach Bremen) – nicht in dem nur von Reichen bewohnten Wolkenkuckucksdorf, in dem ein Derrick seine Ermittlungen führt, sondern in einem sehr handfesten München, das tatsächlich der bundesrepublikanischen Wirklichkeit entsprungen ist. Die Menschen gehen (in einleitenden Dokumentaraufnahmen) für preiswerten Wohnraum auf die Straße. Wohnviertel-Sanierung – Abriss und Neubau – ist das Zauberwort: Mieter verlieren ihre alten preisgünstigen Wohnungen, Vermieter und Bauunternehmer erzielen schöne Gewinne, und die Stadt bekommt schicke Straßenbilder.

In dieser angespannten Situation kommt der »ungeliebte Sohn« Josef Bacher (Andreas Seyferth) zurück nach München. Frostige Begrüßung mit Mutter und Stiefvater, dann geht's zum Bauunternehmer Pröpper, bei dem er als »Mädchen für alles« arbeiten soll. Pröpper (Walter Sedlmayr) versucht mit einer Politik der Nadelstiche, seine Häuser möglichst schnell von den Mietern zu befreien, die ihm bei seinem Sanierungsprojekt im Wege sind. Bacher wird dabei sein Werkzeug: Er demontiert hier einen Warmwasser-Ofen, schlägt da eine Wand im Treppenhaus auf. Als eine Mieterin tot aufgefunden wird – Frau Altmann, bei der Bacher selbst zur Untermiete wohnt –, fällt der Verdacht schnell auf ihn, den schmallippigen Einzelgänger, der vorbestraft ist.

Doch auch andere im Haus hatten Motiv und Möglichkeit zum Mord, stellt Oberinspektor Veigl (Gustl Bayrhammer) fest. Die Tote habe ein Verhältnis mit Herrn Hallbaum gehabt, heißt es. Der ältere Herr wohnt in dem Mietshaus zusammen mit seinen beiden Töchtern Liese und Terry sowie Terrys Sohn Jürgen. Erfüllt von Hass und Angst um Wohnung und Erbteil beobachten die jungen Frauen die amourösen Umtriebe ihres Vaters – um so skeptischer, als noch eine Dritte im Spiel ist: Frau Kreipl, die den Hallbaumschen Haushalt führt. Weitere Partei im Haus ist Rudi Mandl, ein ehemaliger Boxer, der in einem anderen Haus, das ebenfalls Pröpper gehört, eine Wirtschaft betreibt.

Ein Krimi im Sinne eines *Whodunit* ist TOTE BRAUCHEN KEINE WOHNUNG allenfalls in zweiter Linie. In erster Linie geht es um das Wohnen an sich. »*Nur* Tote brauchen keine Wohnung« könnte man den Titel zuspitzen – denn wer lebt, braucht eine, als Rückzugsort, als Ort von Privatheit und Sexualität, als Ort, der intim mit persönlicher Identität verbunden ist. Liese Hallbaum hat zwar eine Wohnung: bei ihrem Vater. Doch um ihm den Haushalt zu führen, hat sie ihr persönliches Glück – die Hochzeit mit einem US-Soldaten – aufgegeben. Auf die Spitze getrieben wird dieser Zusammenhang im Falle des alten Hallbaum. Seine amouröse Entscheidung zwischen Frau Altmann und Frau Kreipl ist kurioserweise die zwischen einer Zwei- und einer Drei-Zimmer-Wohnung (weshalb Frau Altmann, die mit der Zwei-Zimmer-Wohnung, auch sterben musste – ein Zimmer zu wenig, und der vierzehnjährige Täter-Enkel fürchtete, ins Heim exilieren zu müssen). Ein TATORT also, der die Bedingungen des Wohnens behandelt: Wer wohnt wo zu welchem (längst nicht nur monetären) Preis?

Wohnungen zu besitzen, ist auch eine Frage der Macht. Es ist (noch) keine gesichtslose Kapitalgesellschaft, mit der es die Mieter zu tun haben, sondern der Hausbesitzer Pröpper, eine Gestalt aus Fleisch und Blut, selbst Kleinbürger, der sich aber als abgefeimter Kapitalist aufspielt und seine eigentlichen Absichten mit Schein-Toleranz verbrämt: Man solle doch Ex-Häftlinge beschäftigen, entschuldigt er Josef Bacher, den er ins Haus eingeschleust hat und der vermeintlich Unfrieden stiftet. Und vehement fordert Pröpper, man solle Ausländern Wohnungen vermieten – im sechsten

TOTE BRAUCHEN KEINE WOHNUNG

Stock hat er eine ganze Kohorte von Schwarzen untergebracht, die den anderen Mietern ein Dorn im Auge sind.

Intoleranz und Enge: Alle Parteien sind bereit, das Fremde abzuwehren, gleichgültig, ob sie sich konservativ oder liberal, royalistisch oder studentisch geben. Darum geht es in den Auseinandersetzungen auch nur scheinbar um eine wirkliche Vielfalt der Lebensweisen. Praktische Umstände zeigen, dass es so weit her nicht ist mit der Toleranz. Den kleinbürgerlichen Rahmen haben sie alle als eine gemeinsame Moral des Lebens akzeptiert – und doch engt er sie ein wie ein Gefängnis. Die Idylle einer kleinbürgerlichen Insel in der Großstadt – wären da nicht manchmal Ausbruchsversuche. Und da wäre natürlich zunächst der Junge zu nennen, dessen Verbrechen erst Sinn bringt, als ein verzweifelter Versuch, die Bindungen der eigenen Person über die Zeit zu retten und der drohenden Einsamkeit des befürchteten Heimaufenthalts vorzubeugen. Und da ist der bindungslose Josef Bacher, der seine Kindheit im schlechten Heim verbrachte und bis heute von seiner Familie verstoßen ist – er steht außerhalb der Gemeinschaft der anderen, unterwirft sich nicht ihrer Kontrolle und folgt einem eigenen Kodex. Schließlich ist da ein alter Mann, der sich auf der Mieterversammlung mit den Studenten solidarisiert und Gruppensex verlangt – ein Provokateur, der die Grundlagen des kleinbürgerlichen Wertesystems in Frage stellt und dabei doch nur lächerlich wirkt.

Es ist aber auch wohl nicht das Anliegen des Films, die Umstürzung der Werte zu predigen – vielmehr geht es um eine sozialliberale Vision des Gesellschaftlichen und des Politischen. Die Figur des Josef Bacher wirkt heute unglaubwürdig und hölzern, aber ihr Programm ist durchaus durchsichtig geblieben und macht den rhetorischen Impetus des Films am begreifbarsten: Derjenige wird wirklich asozial – und verdient Mitleid –, der aus den Sozialisationsbedingungen von Familie und Nachbarschaft hinausgeworfen und in einem unbehüteten Straßenmilieu (Unterdrückung, Demütigung, Rang- und Machtkämpfe) aufgezogen wurde. Die These des Films: Liebe und Verantwortung tragen den Einzelnen. Nicht umsonst endet der Film mit der Versicherung des Kommissars: »Ich helfe dir!« – darin einen Horizont von Verantwortung aufrufend, der die Polizei als politisch-pädagogisches Mandat und nicht allein als Ordnungsmacht erscheinen lässt. Es fällt aber auch auf, dass unter diesem integrativen Programm der TATORT-Folge dennoch ein latentes Ressentiment spürbar bleibt, das dem libertinären Habitus der Siebziger radikal entgegengesetzt ist und das vielleicht angesichts der skandalösen Asyl- und Ausweisungspolitik der Gegenwart um so mehr auffällt.

Dem kleinbürgerlichen Vermieter gegenüber stehen zwei Arten von Mietern – für Pröpper allerdings allesamt »ganz klar Kommunisten«: die »Langhaarigen«, die in Wohngemeinschaften leben, die

Skepsis gegenüber dem Miethai

Unbehütet: Josef Bacher

nicht allein Zweckgemeinschaften sind. Und die braven Kleinbürger, die aber oft genug selbst in Kollektiven wohnen, die über den Rahmen der Kernfamilie weit hinausgehen. Großeltern sorgen für die Enkel, geschiedene Töchter werden wieder aufgenommen, neue Altersbeziehungen geplant usw. Die Wohnung und das Mietshaus sind Raum zwischen Privatheit und Öffentlichkeit – und Nachbar zu sein, ist ein höchst fragiler sozialer Zustand zwischen Sympathie und Kontrolle. Selbst und insbesondere Sexualität gerät unter Beobachtung, wird mit Heimlichkeit und Eile belastet, wenn nicht offensiv damit umgegangen wird, was aber wiederum eine eigene soziale Auffälligkeit produziert (und im Film an der Figur der Terry infamerweise fest mit »Verantwortungslosigkeit« assoziiert wird).

Die Mieterparteien sitzen im gleichen Boot – im übertragenen und im Wortsinn: in Rudi Mandls Kneipe bei einer Mieterversammlung. Oberinspektor Veigl – ein Kleinbürger auch er, der seinen Dackel spazieren führt – ergreift Partei für die Mieter. Doch dessen ungeachtet sucht er den Mörder, angetrieben von einem Stadtrat, der die Sanierungen möglichst schnell und geräuschlos abwickeln möchte. Mandl wird sogar eine neue Kneipe angeboten, die Stadt will alle Kosten übernehmen, dass es nur keine Unruhe gebe! Und es ist auch nicht der schmierige Kapitalist Pröpper, der das neue Haus bauen wird – eine anonyme Gesellschaft hat ihn ausgekauft. Das Mietverhältnis wird in Anonymität übergehen, die unmittelbare Konfrontation der Lebensweisen ist – schon jetzt, im Jahr 1973 – Relikt einer eigentlich bereits vergangenen kapitalistischen Beziehung. TOTE BRAUCHEN KEINE WOHNUNG handelt auch von der Modernisierung des Lebens, von der Kapitalisierung der Städte, vom Übergang des Wohnens im Zentrum zum Wohnen in den *suburbs* und von der Anonymisierung der Beziehungen in der großen Stadt.

Deutlich nimmt der Film – der erst 1992, fast zwanzig Jahre nach seiner Erstausstrahlung, zum ersten Mal wiederholt wurde – die Perspektive der Opfer ein: der Mieter, über die Vermieter und Stadtrat verfügen. Laut Malte Ludin ist dieser sozialkritische Ansatz aber weniger auf den Regisseur Wolfgang Staudte (1906-1984) als vielmehr auf den Drehbuchautor Michael Molsner zurückzuführen, einem renommierten deutschen Kriminalschriftsteller und ehemaligen Gerichtsreporter. Trage er nun mehr die Handschrift Molsners oder Staudtes – dieser TATORT, der Zeitströmungen im Gefolge von »68« aufnimmt und in einer komplexen Geschichte bündelt, »passt« gleichwohl in das Oeuvre von Wolfgang Staudte. Mit Kinofilmen wie *Die Mörder sind unter uns* (1946), der ersten deutschen Nachkriegsproduktion und einem der ernsthaftesten Trümmerfilme überhaupt, mit *Rotation* (1948), einer Studie über einen Nazi-Mitläufer, und mit der Heinrich-Mann-Verfilmung *Der Untertan* (1951) avancierte Staudte zu einem der herausragendsten filmischen Analytiker deut-

Gustl Bayrhammer als Oberinspektor Veigl

scher Vergangenheit. TOTE BRAUCHEN KEINE WOHNUNG ist der erste TATORT von Wolfgang Staudte. »Die weiteren TATORT-Folgen, für die Staudte als Regisseur verantwortlich war, verrieten weder Begeisterung noch eine besondere Handschrift.« [1] Vor TOTE BRAUCHEN KEINE WOHNUNG, der übrigens von dem damals noch unbekannten Michael Ballhaus fotografiert wurde, hatte Staudte fürs Fernsehen unter anderem den Vierteiler *Der Seewolf* (1971) mit Raimund Harmstorff und mehrere Teile der ZDF-Serie *Der Kommissar* mit Erik Ode gedreht. [2] ♦

Anmerkungen

1 Malte Ludin: Wolfgang Staudte. Reinbek 1996, S. 103.

2 Weitere Literatur: Eva Orbanz, Hans Helmut Prinzler (Hg.): Staudte. Berlin 1991. – Wolfgang Staudte. In: Peter Buchka: Ansichten des Jahrhunderts. Film und Geschichte in zehn Porträts. München 1988. – Wolfgang Staudte. In: Hans Günther Pflaum, Hans Helmut Prinzler: Film in der Bundesrepublik Deutschland. München 1979. – Peter W. Jansen: Filmland ohne Väter. In: Tip-Magazin 21/1996.

TOTE BRAUCHEN KEINE WOHNUNG
(BR, 11.11.1973)
Regie: Wolfgang Staudte.
Buch: Michael Mosner.
Darsteller/innen: Gustl Bayrhammer (Oberinspektor Melchior Veigl), Hans Baur (Kriminalrat Härtinger), Andreas Seyferth (Josef Bacher), Arthur Brauss (Rudi Mandl), Maria Singer (Mutti Mandl), Wilhelm Zeno Diemer (Opa Hallbaum), Elisabeth Karg (Liese Hallbaum), Veronika Fitz (Terry Hallbaum), Robert Seidl (Jürgen Hallbaum), Mady Rahl (Nadja Bacher), Walter Sedlmayr (Pröpper), Hans Häckermann (Gastkommissar Böck).

Expeditionen in die Kälte – Die Haferkamp-TATORTe

Von Eike Wenzel

Deutschland im Herbst, Wohnzimmerlandschaften

Es fällt schwer, die Erinnerungen an die siebziger Jahre von dem Bild zu trennen, das das damalige Fernsehen von dieser Zeit entworfen hat. Von heute betrachtet erscheinen die Siebziger als ein schillerndes Jahrzehnt, in dem Flower-Power-Kultur, kalte Vorstadtmodernität, Sozialdemokratie und Energiekrise in einem Gemisch aus Patchouli und Kölnisch Wasser aufgingen. *Abba* und *Pink Floyd*, Michael Holm und *Kraftwerk* erweitern den Begriff mehrheitsfähiger Popmusik. *Hitparade*, *Disco*, *Musikladen* und *Rockpalast* machen das Fernsehen popkulturfähig. Günther Netzers wehende Mähne gibt das Vorbild ab für den ersten antiautoritären Softie des Deutschen Fernsehens, *Der Bastian* (1973). Nicht einfach Bastian, sondern »der Bastian«, gegeben von Horst Janson.

In der Mitte der Dekade tritt mit dem *Kommissar* Keller, gespielt von Erik Ode, eine der letzten Fernsehfiguren ab, die die Vaterlosigkeit der Nachkriegszeit symbolisch überwinden helfen sollten. Erst in den siebziger Jahren, nach der Studentenrebellion, scheint die Nachkriegszeit zu Ende zu gehen. Mit den TATORT-Kommissaren, dem Kieler Kommissar Finke (Klaus Schwarzkopf), mit Lutz (Werner Schumacher) aus Stuttgart, Veigl (Gustl Bayrhammer) aus München, Konrad (Klaus Höhne) aus Frankfurt und dem Essener Kommissar Haferkamp (Hansjörg Felmy) hält Anfang und Mitte der siebziger Jahre der sachlich denkende bundesrepublikanische Beamte Einzug ins Fernsehen. Bei dem Altersgenossen *Derrick* ist die Nachkriegszeit dagegen nie zu Ende gegangen. Sie hat noch nicht einmal begonnen. Dort ist das stets gefährdete Individuum nur durch Führung zu retten – wie Stefan Derrick ab dem 20.10.1974 regelmäßig über drei Jahrzehnte hinweg freitagabends gegen 21:00 Uhr dozierte. Gemeinsam mit dieser autoritären Weltanschauung wurde er senil und merkte es nicht, was ihn zur Kultperson machte.

Die ersten Fernseherinnerungen des Verfassers verbinden sich mit großen Sportereignissen. In Schwarzweiß: München 1972 – das Attentat kommt in meiner Erinnerung nicht vor. Die Fußballweltmeisterschaft zwei Jahre später dann schon in Farbe im Wohnzimmer. Überhaupt, das Wohnzimmer: Die neuen TATORT-Folgen wie auch *Derrick* und *Der Alte* im ZDF reklamieren das deutsche Wohnzimmer als zeitgemäßen Ort des kleinbürgerlichen Trauerspiels made in BRD. Und wie in vielleicht keinem anderen Format ist im TATORT der siebziger Jahre zwischen Ehekrise, freistehendem Einfamilienhaus und rustikaler Couch-Garnitur eine kollektive Imagination von bundesrepublikanischem Alltag entstanden. Das Fernsehen, das in seiner Funktion als gesellschaftliches Leitmedium und Modernisierungsinstrument der siebziger Jahre gar nicht überschätzt werden kann, hat gerade in seinen Krimiserien einflussreiche Selbstbilder des eigenen Landes geschaffen.

Die Tatsache, dass das Fernsehen sich spätestens seit den neunziger Jahren als ein anarchisches Kollektivgedächtnis darbietet und der TATORT in seinen unzähligen Reprisen zu einem Dauer-Text in diesem Gedächtnisraum wurde, der, gerade weil er erfundene Geschichten erzählt, so authentisch wirkt, macht ein Wieder-Sehen mit dem TATORT der siebziger Jahre so interessant. Im Haferkamp-TATORT, in dieser Zeit quotenmäßig äußerst erfolgreich und unter allen TATORT-Folgen der damaligen Zeit am häufigsten im Programm vertreten, begegnet man den siebziger Jahren in dieser seltsamen Gebrochenheit zwischen sexueller Revolte und sexueller Not, Fortschrittsgläubigkeit und Energiekrise, männlichen Saufritualen am Arbeitsplatz und gleichzeitiger Sprachlosigkeit im Privaten wieder.

In seinen so verdächtig unverdächtigen Eigenheimwohnzimmern und trostlosen Stadtkulissen macht der Essener TATORT für uns heutige Zuschauer verschüttete Denkmuster und vergessene Wertesysteme wieder auffindbar, die die Ära von Brandt zu Schmidt eher als eine graue und kalte Dekade erscheinen lassen. Der Siebziger-Jahre-Hype der gegenwärtigen Teeniekultur fällt gegenüber der mehr oder weniger unbewussten, aber deshalb umso präziseren Historiographie des TATORT zurück als ziemlich sentimentales Retro-Szenario einer »irgendwie« duften Epoche, als »Mama und Papa mit Schlaghosen an den Beinen und ›Veränderung‹ im Kopf zur Uni gingen«.

Einen Haferkamp-TATORT, so kommt es mir vor, habe ich nie vergessen, dabei bin ich sicher, dass ich seine Erstausstrahlung nicht miterlebt habe. Die Folge trägt den Titel DAS MÄDCHEN VON GEGENÜBER und wurde am 4. Dezember 1977 gezeigt. Hajo Gies, der später mit Schimanski berühmt werden sollte, führte hier zum ersten Mal in einem TATORT Regie. Der etwa fünfzehnjährige Kalle (Gerhard Theisen), Schüler auf einer Essener Realschule, ist der tragische Held. Er hat sich in die hübsche Bärbel Koslowski (Holle Hörnig) verliebt. Sie wohnt im Haus gegenüber. Aus seinem Fenster im ersten Stock kann er zu ihr hinüberschauen. Er begehrt sie, weiß aber nicht, wie er an sie herankommen soll? Mädchen in diesem Alter wirken oft sehr viel reifer als gleichaltrige Jungen. Kalle wird von Bärbel nicht ernst genommen, sie stößt ihn immer wieder auf seine körperliche Unreife. Außerdem hat sie sich in ihren Lehrer Klaus Linder (Jürgen Prochnow) verliebt, der ihre Gefühle erwidert. In einem abgewrackten Bahnhof treffen sie sich. Einmal kommt Kalle dem Studienrat zuvor. Von der Kirmes folgt er Bärbel in das Versteck. Nach all den demütigenden Zurückweisungen möchte er ihre Zuneigung erzwingen und tötet sie, kurz bevor Linder auftaucht. In die Enge getrieben von den Nachfragen Haferkamps und Linders, der seine eigene Unschuld beweisen muss, aber spürt, dass der Junge das Mädchen umgebracht hat, und für die Eltern mit seinen Schuldgefühlen nicht erreichbar, vergiftet er sich, ein Foto des Mädchens in den Händen haltend.

Deutschland im Herbst 1977: Im WDR-TATORT dieser Zeit ist die Bundesrepublik immer Novemberland. Hansjörg Felmy als Kommissar Haferkamp ist in DAS MÄDCHEN VON GEGENÜBER ein unterkühlter und desillusionierter Ermittler, der zunächst auf die Avancen der gelangweilten Lehrersgattin einzusteigen scheint, um sie dann doch brüsk zurückzustoßen. Als zarte Person mit schönen traurigen Augen bezahlt sie für die »freie Ehe«, die man sich als »progressiver« Mensch halt abverlangt, mit Gefühlsverwirrung und Langeweile. Ansonsten kümmert sich Frau Linder geduldig und mit mütterlicher Besorgtheit um die Probleme ihres Mannes, der unfähig ist, sich zu der Liebschaft mit seiner Schülerin zu bekennen. Als er während eines Verhörs mit Haferkamp aus der Wohnung flieht, schützt sie ihn, indem sie Haferkamp an der Verfolgung hindert und sich in dem Moment, wo der Oberkommissar wissen will, was ihr Mann jetzt tun wird, an ihn heranschmeißt (»Auch wenn ich es wüsste, würde ich es Ihnen nicht sagen. Ich würde Sie wer weiß wohin führen. Haben Sie Lust dazu.«). Haferkamps Entgegnung ist schroff, wir merken, dass das nicht seinen Gefühlen der Frau gegenüber entspricht, doch die spielen jetzt keine Rolle. Es geht ihm um Klarheit: »Nein, hab' ich nicht«, brüllt er, »Ich hab' das Theater satt«.

Miles Davis' *Concerto de Arranguez* grundiert musikalisch die unterdrückte Trauer, die dieser TATORT in den Beziehungen skizziert. Aber wenigstens der Jazz verbindet die Menschen. Linder hatte die Miles-Davis-Platte seiner Klasse vorgespielt, der Jazzliebhaber Haferkamp errät, noch bevor er die Wohnung betritt, dass Linders Frau gerade Herby Hancock aufgelegt hat, was beide sofort Sympathien füreinander empfinden lässt. Im Zimmer des getöteten Mädchens findet er das *Concerto* und hört kurz hinein, woraufhin ihn der einfältige Kollege Willy Kreutzer (Willy Semmelrogge) bei einer »Jazz-Stunde« (»Jazz«, nicht »Dschäß«) erwischt zu haben meint. DAS MÄDCHEN VON GEGENÜBER gönnt sich den Luxus, die Platte von Miles Davis als kriminalistisches Indiz aufzubauen, um es so an möglichst vielen Stellen des Films aufrufen zu können. Linder hatte seinem Englischkurs das *Concerto* vorgespielt (die pädagogische Verarbeitung der rein instrumentellen Musik hätte man gerne gesehen), Bärbel kauft sich die Lieblingsplatte des Lehrers und Geliebten, was Haferkamp wiederum auf die falsche Spur setzt.

Am Ende steht das Versagen des Kommissars. Haferkamp kommt zu spät auf den Rummelplatz; dem zusammengebrochenen Jungen kann er nur noch eine letzte verzweifelte Erklärung aus den

Jürgen Prochnow und Hansjörg Felmy in DAS MÄDCHEN VON GEGENÜBER

Händen nehmen. Ein kleiner Zettel: »Ich wollte ihr nur den Mund zuhalten.« Noch am Tatort ruft Haferkamp seine Ex-Frau Ingrid (gespielt von Karin Eickelbaum) an, sie arbeitet als erfolgreiche Fotografin und hält sich zu Aufnahmen in Süddeutschland auf. Ihr gesteht er, dass er sich verrannt habe und an dem Tod des Jungen mitschuldig sei.

Ingrid: »He, was ist los mit dir?«

Haferkamp: »Ich bin ein paar Minuten zu spät gekommen. Der Junge hat sich das Leben genommen.«

Ingrid: »Du konntest bestimmt nichts dazu.«

Haferkamp: »Doch, ich hab' mich verrannt, ich hab' mich total verrannt.«

Ingrid: »Du hast bestimmt getan, was du konntest.«

Haferkamp: »Tja, dann kann ich eben nichts.«

– erklärt er, fast schon trotzig, legt den Hörer auf und verlässt die Telefonzelle. Draußen fährt der Notarztwagen vorbei. Haferkamp steigt in seinen hellblauen Audi 80 und fährt davon.

Für die Eltern findet er keine tröstenden Worte. Mit eingefallenen Schultern schaut er zu Boden, als er an ihnen vorübergeht. Ein Kind hat sich, mit seiner Schuld alleingelassen, das Leben genommen, und alle Erziehungsinstanzen haben versagt, aber niemand oder jeder ist schuldig. Die Eltern, die ihren Sohn behüten, aber nicht wissen, was in ihm vorgeht. Der Lehrer, selbst bemüht, sich von entlarvenden Verdächtigungen zu befreien. Zu spät merkt er, dass seine Verhöre den Jungen in die Enge treiben. Und schließlich der Kommissar, der sich in einem Generationenduell mit dem progressiven Lehrer aufreibt und diesem einen Mord als Folge eines Gemisches aus niederen

Wohnzimmer in RECHNUNG MIT EINER UNBEKANNTEN, WODKA BITTER-LEMON und ZWEIKAMPF

Instinkten, Gefühlsverwirrung und persönlicher Feigheit anhängen möchte.

Als etwa Gleichaltriger, der sich mit dem Schicksal des Jungen identifiziert, interessiert man sich eigentlich nicht für die Frage von Schuld, Mitschuld und Unschuld. Der TATORT legt einen Spannungsbogen, der das Interesse an der Handlung aufrechterhält. Mehr als das aber schlägt einen auch heute noch die Dichte des Milieus in den Bann. Die Welt eines Heranwachsenden wird mit großer Behutsamkeit erzählt – und das in einem TATORT. Plumpe Annäherungsversuche auf der Kirmes, das Andotzen mit dem Autoscooter. Lässt sich das hübsche Mädchen vielleicht zu einer Fahrt im »eigenen Wagen« einladen? Einmal den Arm um sie legen und souverän-beiläufig den Autoscooter steuern ... Dann im dunkeln mit dem Fahrrad nach Hause ... Abendbrot essen ... die besorgten Eltern ... die Schularbeiten für morgen ...

In diesem TATORT spürt man, wie Autor und Regisseur förmlich damit ringen, das frei flottierende Beobachten der Lebenswelt des Jungen in stringente Handlung zu überführen. Aber irgendwann muss eben die Milieustudie aus der Ziellosigkeit der Beschreibung herausgehoben und auf das feste Gleis des Krimiplots gesetzt werden. Dass sich dieser TATORT für die Lebenswelt des Schülers so viel Zeit nimmt, spricht für die Lust von Autor Martin Gies und Regisseur Hajo Gies am Alltäglichen und für ihr Interesse am Innenleben der Bundesrepublik.

Die Standardsituation für den Haferkamp-TATORT ist das komplett eingerichtete Eigenheim, erleuchtet vom gelben Licht der unvermeidlichen Stehlampen am frühen Abend. Das ist der prägnante Augenblick für das Wirklichkeitsverständnis des Essener TATORT: Die bundesrepublikanische Familie lebt in den neu erbauten eigenen vier Wänden ihr Alltagsleben. In der Zeit einbrechender Baukonjunktur und Ölkrisen wählt sich der TATORT das freistehende Einfamilienhaus zum Ort des Verbrechens, der Lügen und des Schweigens. Hier, in den eigenen vier Wänden, geschieht das Unrecht. Die Aufmerksamkeit der Autoren und Regisseure für Familienalltag und Privatheit ergeht sich dabei in keinem Moment in der Idyllisierung des bundesdeutschen Innenlebens (individuelle Be-

DER FEINKOSTHÄNDLER: Menschen am Sonntag

findlichkeiten und Wohnzimmerästhetik, beides ist mit diesem Begriff gemeint). Das verdächtig weiß verputzte Eigenheim markiert im Haferkamp-TATORT den bestimmten Ort (und nicht nur die Kulisse) für die seelische Not des Mittelstandsdeutschen der sozialliberalen Ära.

DER FEINKOSTHÄNDLER (10.9.1978), ebenfalls in der Regie von Hajo Gies, das Drehbuch lieferte wiederum Martin Gies, versenkt sich vielleicht am intensivsten, sicherlich aber am schmerzhaftesten in diese Innenwelten, in die Befindlichkeiten und in die Wohnzimmer. Gerade rechtzeitig zum Kuchenessen am Sonntagnachmittag beginnen Haferkamp und Kreutzer ihre Ermittlungen bei Feinkosthändler Wever. Es gibt Obsttorte mit Schlagsahne, draußen dämmert es bereits. Es könnte ein gemütlicher Sonntagnachmittag in Deutschland werden. Haferkamp und Willy scheint diese Geborgenheit jedoch fremd, sie misstrauen ihr sofort. Der seinem Vorgesetzten gegenüber devote Hilfskommissar Willy lässt sich allerdings gerne auf ein Stück Kuchen einladen. Haferkamp wird von der Hausfrau überredet; er muss in letzter Zeit ein bisschen auf seinen Magen Acht geben, wie er selbst sagt.

Die Essecke mit kerniger Holzsitzbank strahlt bajuwarische Gemütlichkeit aus. Die unverputzt wirkenden Wände aus weißem Sandstein mit grober schwarzer Fuge (in den siebziger Jahren gab es ja tatsächlich auch Tapeten mit dieser Struktur) beschwören angestrengt den Eindruck von unkomplizierter Hemdsärmeligkeit – ein Haus in Rohbauform, so soll es aussehen. Mit Backsteinen und Gerüstkonstruktionen hatte das Design-Genie Otl Aicher die Nachrichtenstudios des ZDF 1973 auf Funktionalität, Transparenz und Arbeitsatmosphäre getrimmt. Die Inneneinrichtung der Wevers scheint sich diesem Trend zur schnörkellosen Modernisierung nicht entziehen zu wollen. Im Film kontrastiert diese verklemmte Progressivität wunderbar mit ihren Bewohnern. Denn innerhalb der Familie Wever herrscht Anspannung und Eiseskälte. Der Sohn Andreas stopft stumm den Kuchen in sich hinein, während Herr Wever (Walter Kohut) seine Frau beruhigt, dass der Mord an Frau Böhmer ganz sicher nur von Einbrechern begangen worden sein könne.

Tatsächlich sollen die Befürchtungen der ängstlichen Hausfrau noch übertroffen werden. Denn die seelischen Abgründe für den Mord liegen in der eigenen Familie. Die reiche und attraktive Frau Böhmer (Kathrin Ackermann), zurückgekehrt von einer Reise nach Davos, hatte Herrn Wever gebeten, in dessen Lebensmittelgeschäft noch etwas einkaufen zu dürfen. Dafür war der Feinkosthändler von der Bowle-Party zu Hause aufgebrochen und hatte den Laden noch einmal geöffnet, auch wenn es schon später Samstagabend war. Herr Wever ist ein äußerst gehemmter Mensch, seine betont langsamen Bewegungen verraten äußerstes Misstrauen gegenüber jeder menschlichen Regung. Die schwarz geränderten Augen und sein stierer

Deutschland im Herbst: Obstkuchen mit Sahne

Blick lassen jederzeit einen emotionalen Ausbruch erwarten, der aber einem Geschäftsmann auf keinen Fall unterlaufen darf.

Während des Einkaufs macht sich die elegante Frau Böhmer an ihn heran. Gemeinsam leeren sie, im Laden stehend, einen Piccolo. Aber währenddessen scheint Herr Wever ständig mit großer Kraftanstrengung um sein seelisches Gleichgewicht zu ringen, er schwankt zwischen Abwehr und professioneller Freundlichkeit, es ist immerhin eine Kundin. Aber warum diese Anspannung, ist Herr Wever ein Triebtäter? Irgendetwas scheint die beiden zu verbinden. Doch auch in Frau Böhmers Haus, wo er später die Lebensmittel abliefert, wird er nicht über sie herfallen. Als er ihr noch eine Kaffeedose nachbringen möchte, öffnet Frau Böhmer schon nicht mehr, so dass den Feinkosthändler Misstrauen beschleicht. Für den Kaufmann, der vom Wohlwollen seiner Kunden abhängig ist, ist Freundlichkeit und zurückhaltende Lebensführung die Voraussetzung für den Wohlstand der Familie. Deshalb wird er versuchen, dem Vorfall keine Bedeutung beizumessen.

Als es zum Verhör am Kaffeetisch kommt, wissen wir noch nicht, dass der Sohn des Feinkosthändlers Frau Böhmer erschlagen hat. Der Feinkosthändler wollte den aromaversiegelten Jacobs-Kaffee in die Wohnung nachbringen, als Frau Böhmer gerade Wevers Sohn mit Biggi (einer Kassiererin aus Wevers Laden) in ihrem Bett erwischt hatte. Frau Böhmer, die nicht nur Herrn Wever mit ihrer selbstbewussten Weiblichkeit in die Enge treibt, sondern auch die Not des Sohnes auf sadistische Weise auskosten möchte, indem sie droht, das junge Paar an Herrn Wever zu verraten, wird von Andreas rücklings erschlagen. DER FEINKOSTHÄNDLER insistiert nicht nur auf dem Familienwohnzimmer als Keimzelle der Verzweiflung und des Verbrechens (im Schlafzimmer der Nachbarin löst sich dann das Drama ein) – bundesdeutsche Einfamilienhausarchitektur ist das Entstehungsmilieu für die Abgründe des kleinbürgerlichen Subjekts. Auch die Räume des Ladens, besonders das Lebensmittellager inklusive Frühstücksraum, macht dieser TATORT zum säkularen Ort von Not, Bösartigkeit und Grausamkeit. Um den einmal erreichten Wohlstand zu verteidigen, lauert der manische Feinkosthändler am Ende der Mitwisserin Biggi auf und versucht, sie brachial mit einem Stemmeisen zu erschlagen. Zwischen Ketchupflaschen und Gurkengläsern stellt er sie, doch die Polizei ist schon in den Laden eingedrungen und die Verzweiflung des Fünfzigjährigen Wever entlädt sich nicht, sie implodiert vielmehr in animalischen Schreien und einigen Hieben auf die dümmlich dastehenden Gurkengläser. Der Sohn hat die Tat begangen, aber der Vater ist schuldig.

Herrn Wevers Laden befindet sich in einem Wohngebiet, das hauptsächlich aus neuen Einfamilienhäusern mit Flachdach besteht. In einem kleinen Geschäftekomplex mit einem Reisebüro nebendran befindet sich der Laden. Wohnortnahes Einkaufen, Angebotsvielfalt und Modernität, keine Kramläden mehr, aber auch noch nicht der Supermarkt auf der grünen Wiese – einem solchen Modernisierungskonzept verdankt sich die in Waschbeton gegossene bundesdeutsche Ratlosarchitektur, in der Herr W. Amok läuft. Was den FEINKOSTHÄNDLER vor allem zu einem düsteren, kaum aushaltbaren Zeitbild der siebziger Jahre macht, ist, dass er neben dem Psycho-Drama auf die Sichtbarmachung der Vorortästhetik insistiert. Und hinter den in erster Linie praktischen Neubaufassaden, das zeigt Gies' TATORT überdeutlich, so dass man manchmal nicht mehr hinschauen möchte, herrscht Depression, Ratlosigkeit und Amoral. Vor allem den Männern wird das Leben zur Qual. Auffällig oft sind Selbstständige und Kleinunternehmer beziehungsweise Mitglieder aus solchen Familien die Täter in den Haferkamp-TATORTen – Männer im mittleren Alter zwischen 45 und 60, die sich im Laufe der siebziger Jahre mit ihrem Gewerbe etablieren konnten. Selten stehen sie in Angestellten- oder Beamtenverhältnissen. Der Essener TATORT erzählt fast ausschließlich von ihrem misslingenden Leben.

Ehe und Verzweiflung

In DER MANN AUS ZIMMER 22 (8.12.1974) ist es der Oberstudiendirektor und Stadtratskandidat Walter Maurer (Alexander Kerst), der mit der Frau eines Kollegen schläft. Herr Maurer erträgt sein vernünftig geordnetes Eheleben nicht mehr; er hasst »diesen Mahagoni-Käfig« (wie er es nennt) – das Elternhaus seiner Frau, in dem sie leben, eine Großbürgervilla vom Anfang des Jahrhunderts. Maurer muss sich gegenüber der Polizei zu seinem Seitensprung bekennen, um weitere Verbrechen eines Triebtäters zu verhindern. Seine Frau fürchtet, dadurch das bürgerliche Ansehen in dem kleinen Essener Vorort zu verlieren. In ABENDSTERN (7.11.1976) flieht der mürrische und unendlich erschöpfte Herr Helm (Günter Gräwert), ein Angestellter des städtischen Bauamtes, aus seiner Ehe. Vergeblich versucht er, den nicht von ihm verschuldeten Tod der Geliebten zu bemänteln. Diese Männer werden von ihren Affekten gequält, etwas schwer Fassbares geht ihnen ab. Sie leiden an einem Mangel an Sein.

ZWEIKAMPF (23.6.1974) zeigt den windigen Bauunternehmer Degenhart (Heinz Baumann) als Gelegenheitsverbrecher aus finanzieller Not. Er bewegt sich in Jet-Set-Kreisen, ist deshalb in Geldschwierigkeiten geraten und hatte die Millionärsgattin Marion Mezger (Ursula Langen) entführt. Der Fotohändler Scheller (Heinz Bennent) begeht in ZWEI LEBEN (14.3.1976) einen Mord, um seine Vergangenheit als Kronzeuge in einem amerikanischen Mafiaprozess nicht wieder ans Tageslicht kommen zu lassen. Der frustrierende Alltag in diesem mickrigen, mit Waren vollgestopften Fotogeschäft dient hier ausnahmsweise der Kaschierung der wahren Identität: nämlich als Zuflucht vor dem ersten Leben in Amerika. FORTUNA III (7.6.1976) erzählt von dem Likörfabrikanten Jul (Gert Böckmann), der aus Geilheit und in betrunkenem Zustand die junge Bedienung aus der Kneipe seines Fußballvereins ermordet. In SPÄTLESE

Mangel an Sein: Der Bauunternehmer Degenhart (Heinz Baumann) in ZWEIKAMPF

(22.5.1977) kann Haferkamp über die Ermordung des Vertreters Paul Bernhold ein mehrere Jahre zurückliegendes Gewaltverbrechen an einem Schulmädchen aufklären. Der Industrielle Eckart Waarst (Alexander Kerst) hatte im Affekt das fünfzehnjährige Mädchen zu vergewaltigen versucht und dabei getötet. Josef Rosenkötter (Peter Matic) führt in Essen einen Brennstoffhandel, die TATORT-Folge trägt den Titel RECHNUNG MIT EINER UNBEKANNTEN (23.4.1978). Um den Betrieb aus finanziellen Schwierigkeiten (Energiekrise) herauszuholen, hat er eine Lebensversicherung auf seine Frau abgeschlossen. Über eine Kontaktanzeige lotst er eine alleinstehende Sekretärin von Mainz ins Ruhrgebiet, bringt sie um und gibt sie als seine verstorbene Ehefrau aus.

LOCKRUF (2.7.1978): Aus Eifersucht tötet Helga Huck (Agnes Fink), die Frau des erfolgreichen Architekten Peter Huck, die junge Sabine Knoop. Frau Huck hielt das aus dem Heim entflohene Mädchen für die Geliebte ihres Mannes und drückte ab. Doch es war der Sohn, der sich mit der hübschen Sabine im Wochenendhaus der Familie einquartiert hatte. In DIE KUGEL IM LEIB (14.1.1979) leitet Reiner Mettmann (Hans-Georg Panczak) zusammen mit seiner verwitweten Mutter eine Steilwandfahrertruppe. Mettmann möchte durch einen Banküberfall das Familienunternehmen retten. Er stirbt an einer Pistolenkugel, die er sich nicht herausoperieren lassen wollte, da sie ihn als Bankräuber und Polizistenmörder überführen würde. SCHWEIGEGELD (18.11.1979) zeigt den schwerreichen Briefmarkenhändler Klaven (Wolfgang Kieling), der einen Einbruch im eigenen Haus fingiert, wobei der angeheuerte Einbrecher ums Leben kommt. Ebenfalls über einen Versicherungsbetrug

Der Fotohändler Scheller (Heinz Bennent) in ZWEI LEBEN

möchte sich in SCHUSSFAHRT (1.6.1980) der arbeitslose, aber durchaus betuchte Kaufmann Kurt Wiedemann (Heinz Baumann) sanieren und versucht dabei gleichzeitig, den Liebhaber seiner Frau los zu werden. Im letzten Haferkamp-TATORT, SCHÖNES WOCHENENDE (16.11.1980), wird der ungeratene Sohn eines Müllerei-Großfabrikanten aus dem Bergischen Land mitschuldig an dem Mord eines Komplizen.

In den Familien dieser gesellschaftlich hoch angesehenen Männer stimmt es nicht, die meisten Ehen gehen kaputt. Feinkosthändler Wever ist das Monster unter diesen in den privaten Beziehungen versagenden Männern. Das unausgesprochene Leiden und seine Borniertheit machen ihn fast zu einer Karikatur des Personenkreises, den der Haferkamp-TATORT ins Auge fasst: der sich abstrampelnde und häufig über die moralischen Maßstäbe der Gesellschaft stolpernde bundesdeutsche Mittelständler. Da man selbst ein Leistungsträger dieser Gesellschaft ist, fällt der Absturz entsprechend tief aus, was der Essener TATORT wiederum zu der Erkenntnis ausbaut, dass in einer Gesellschaft, in der schon die Eliten ins Stolpern geraten, etwas Grundsätzliches nicht stimmen kann.

Es ist sicherlich kein Zufall, dass Hajo Gies den Feinkosthändler als Wiederauferstehung eines expressionistischen Psychopathen entwarf. Gies ist von den Haferkamp-Regisseuren mit Abstand der jüngste, er kommt aus der Generation der 68er. Den Vorwurf gegenüber der Kriegsteilnehmergeneration formuliert er in seinen Felmy-TATORTen direkter, aggressiver und polemischer. Andere Haferkamp-Regisseure wie Wolfgang Becker (Jahrgang 1910) und Wolfgang Staudte (Jahrgang 1906) gehören selbst dieser Generation an. In ihren Por-

Der Brennstoffhändler Rosenkötter (Peter Matic) in RECHNUNG MIT EINER UNBEKANNTEN

träts scheiternder Männer werden deren Nöte mit einem Mindestmaß an Verständnis erzählt. Nicht selten sinken ihre Straftaten dabei zu Kavaliersdelikten herab, wie in DER MANN AUS ZIMMER 22. Für Martin und Hajo Gies lässt sich das Leben des Feinkosthändlers nur in dieser unversöhnten Haltung als ein Versagen auf ganzer Linie erzählen. In der Schlüsselszene, nachdem sich der Sohn im tristen Seitengang einer Arbeitersiedlung offenbart hat, beginnt Vater Wever auf ihn einzureden. In seinen Worten verdichtet der TATORT die Wut gegenüber den Pathologien des deutschen Nachkriegsalltags, gegenüber Engstirnigkeit, Spießertum und Besitzdenken, in letzter Instanz ist es eine Selbstanklage:

> »Wenn du jetzt zur Polizei gehst, ist dein ganzes Leben zerstört. Du bist über 18, gibt's einen Prozess. Kommt alles an die Öffentlichkeit. [...] Was das für ein Gerede gibt. Es geht doch nicht nur um dich. Du musst auch an Mutti denken, an mich, an das Geschäft. [...] Es darf doch nicht alles kaputt gemacht werden, es darf doch nicht alles zerstört werden [...]. Nein, nein, das darf nicht sein, das kann nicht sein.«

Anders als in den von Becker und Staudte gedrehten Folgen kommt hier für die Situation des Vaters und Kriegsteilnehmers nicht das geringste Verständnis auf. Der Vorwurf ist eindeutig: Die bigotte Moral des Feinkosthändlers treibt den Sohn zur Kurzschlusshandlung.

Und nachdem es dem Feinkosthändler nicht gelungen ist, mit der Geliebten seines Sohnes gleichzeitig auch die hinterhältige Verführerin und einzige Mitwisserin des Mordes aus der Welt zu schaffen, führt die Polizei schließlich ihn und nicht den

Der Briefmarkenhändler Klaven (Wolfgang Kieling) in SCHWEIGEGELD

Sohn ab. Am Ende ist der Täter das Opfer: Der achtzehnjährige Andreas fällt der verkorksten Moral des Vaters zum Opfer (dieser hatte offenbar selbst ein Verhältnis mit Frau Böhmer, predigt aber, dass die bürgerliche Fassade – mit allen Mitteln! – aufrechterhalten werden müsse), und der Enge einer Lebenssituation, die von dem Kaufmannssohn verlangt, um keinen Preis Anstoß zu erregen. Andreas ist darüber hinaus auch das Opfer seiner Liebschaft zur elternlosen Biggi: Denn sie nötigt ihn, in die Wohnung der Böhmer einzudringen. Aber war nicht auch die Getötete selbst schuld an ihrem Tod? Frau Böhmer, die gut aussehende, offenbar allein lebende Endvierzigerin, hat nicht nur den Feinkosthändler verführt (woraufhin wir mit Haferkamp zu zweifeln beginnen, was eine solche Frau mit einem solchen Mann anfängt). Sie hatte sich auch einen Spaß daraus gemacht, den Kaufmannsohn im Bett zu erwischen. Die unabhängige Geschäftsfrau, deren hinterhältiger Sarkasmus und provozierender Charme im FEINKOSTHÄNDLER als angsterzeugender Machtinstinkt daherkommt, verkörpert das Rätsel eines Frauentyps, dem sich niemand – das Drehbuch offenbar auch nicht – gewachsen fühlt. Selbstbewusst steht sie da, die Hände in den Taschen ihres beigen Rocks, der an ein Westernkostüm erinnert, ohne allerdings den geringsten Verdacht von Wildheit aufkommen zu lassen. Sie trägt hohe beige Stulpenstiefel, ein grünes Sakko und ein zum Schlips gebundenes Tuch und stellt sich mit höhnischem Grinsen dem jungen Wever entgegen. Frau Böhmer wirkt dabei fast größer als er. Sie wollte Herrn Wever den eigenen Sohn als Frucht seiner bigotten Moral präsentieren. Jetzt liegt sie niedergestreckt auf dem Langhaarflokati im Dachgeschoss ihres

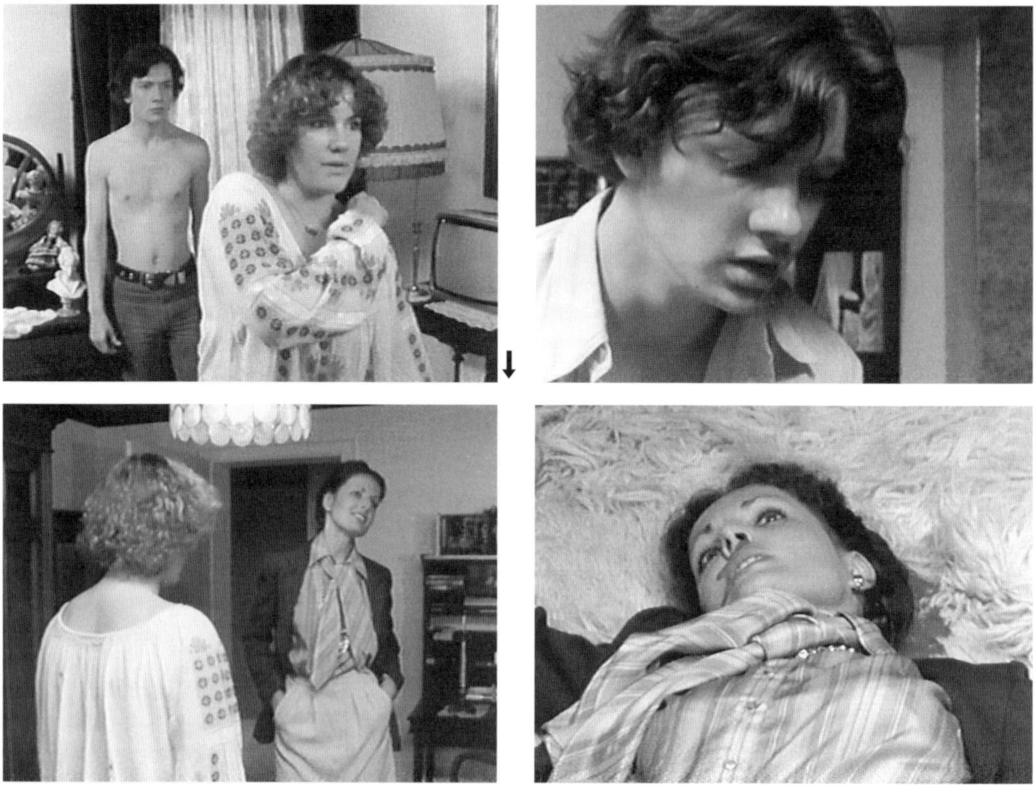

Blutiger Flokati: Frau Böhmers Ende in DER FEINKOSTHÄNDLER

Neubaus, umgeben von einer Menge kitschiger Puppen, einer Wiege und anderen Dingen, die eher in ein Kinderzimmer gehören. Neben ihr die Blutlache.

Am Schluss schaut Frau Wever aus der Ferne herüber, ihr Mann wird gerade von der Polizei abgeführt. Beide tauschen noch einen flüchtigen Blick aus, danach geht sie – der trostlose Höhepunkt –, ihre Strickjacke übergeworfen, in den Bungalow zurück. Innerlich abgestorbene Menschen (im Gegensatz zur lebenslustigen Frau Böhmer: Leichen zu Lebzeiten), die sich aus der Beziehung zu ihren Männern längst verabschiedet haben – das sind die Ehefrauen des Haferkamp-TATORT. Die Strickjacke von Frau Wever legt sich wie ein Totenhemd um ihren Körper, Wolle wird zu Beton. Anna Maurer, die Frau von Oberstudiendirektor Maurer (DER MANN AUS ZIMMER 22), trägt ihre Strickjacke ebenfalls übergeworfen und sitzt mit Handarbeiten beschäftigt neben der Stehlampe im geräumigen Wohnzimmer ihres »Mahagoni-Käfigs«. Sie hatte ihren Mann beim Fremdgehen erwischt. Als er sich aus dem Hotel *Stella* in den Wagen stiehlt (gerade hatte er sich von seiner Geliebten verabschiedet und war Zeuge eines Mordes geworden), empfängt sie ihn im Wagen und bemerkt, dass dieses Etablissement doch wohl ein ungewöhnlicher Tagungsort für den Philologenverband sei. Alles, was sie von ihm verlangt, ist, dass der verlogene Schein der bürgerlichen Ehe weiterhin aufrechterhalten bleibt: »Ich bin zu alt, um das alles hier aufzugeben. Ich gehöre hierher, hier in dieses Haus. Ich war nie woanders.« Maurer braucht erst einmal drei Gläser Rotwein, um mit ihr ins

Gespräch zu kommen. Starrsinnig, emotionslos und mit unterkühlter Berechnung führt sie ihm vor Augen, dass seine Existenz zerstört ist, wenn er sich gegenüber der Polizei zu seinem Seitensprung bekennt und damit die Aufklärung des Mordes ermöglicht.

Treten die Ehefrauen aus ihrer leidenden und erduldenden Passivität heraus, werden sie zu Mörderinnen. Die Architektengattin Helga Huck hatte in LOCKRUF ihren Mann mit der Geliebten im Wochenendhaus beobachtet, die Frau trug sogar ihren Lodenmantel. Einige Tage später trägt wieder eine junge Frau diesen Mantel. Im Affekt nimmt sich Frau Huck ein Jagdgewehr und tötet die Freundin des Sohnes. Frau Huck kann über die Demütigungen einer betrogenen Ehefrau mit ihrem Mann nicht reden, deswegen wird sie zur tragischen Figur. Ihr Mann, der jederzeit besorgt und bemüht auf seine Frau eingeht, geht noch als halbwegs integrer Familienvorstand aus der Angelegenheit hervor: Um von dem Mordverdacht an seinem Sohn abzulenken, legt er sogar ein fingiertes Geständnis ab.

Frau Rosenkötter (RECHNUNG MIT EINER UNBEKANNTEN) heckt zusammen mit ihrem Mann den Versicherungsbetrug aus. Als sie merkt, dass er mit seiner Geliebten (einer jungen Lehrerin, die zur Untermiete im Haus wohnt) seine Zukunft plant, erschießt sie die Geliebte. Am Schluss sitzt das Ehepaar apathisch im Wohnzimmer, während die Polizei in die Villa eindringt, da ein Ehedrama zu befürchten war, denn beide wollten an das Geld aus dem Versicherungsbetrug heran. Herr und Frau Rosenkötter (sie hat die Geliebte, er die Unbekannte auf dem Gewissen) sitzen inmitten der Scherben ihrer Ehe. Sie wissen, dass die Polizei das Haus umstellt hat. Das gleißende Sonnenlicht des Wintertages lässt das Wohnzimmer warm aussehen, es ist aufgeräumt wie immer. Sie sitzen in der moosgrünen Cord-Sitzgruppe – wie schon tausendmal. Früher einmal wollten sie Kinder haben, es kam nicht dazu, weswegen auch immer.

In ABENDSTERN bringt Frau Helm (Elfriede Irrall) niemanden um. Sie lässt ihren Mann mittels eines Tonbandgerätes unter dem Fahrersitz seines Audi 100 observieren. Mit diesen Aufzeichnungen könnte sie ihn vom Mordverdacht entlasten und den Täter überführen. Da sie das Material geheim hält, macht sie sich strafbar. Frau Helm, die mit dem kleinen Elektrolädchen dazuverdient, möchte die moralische Schuld ihres Mannes (Ehebruch natürlich) beweisen. Dafür deckt sie schon einmal einen Totschlag. Haferkamp kommt ihrer moralischen Besessenheit auf die Schliche und gibt ihr zu verstehen, dass es hier nur »um Schuld im juristischen Sinne« gehen könne. Später stellt sich heraus, dass sie auch noch den Täter, der die Geliebte ihres Mannes – wieder einmal: im Affekt – erschlagen hatte, erpresst hatte. Sie wird wegen der Zurückhaltung von Beweisen und Erpressung vorläufig festgenommen, aber ihre Ehe hat sie gerettet.

Frau Helm ist die Ehefrauenfigur in den Haferkamp-TATORTen, deren verbohrtes Festhalten an rigiden Moralgrundsätzen, an der bürgerlichen Unbescholtenheit und an der Ehe am vehementesten karikiert und mit Häme vorgeführt wird. Zu ihrem Heilsplan, den Gatten zunächst auszuspionieren, ihn daraufhin zur Rede zu stellen und anschließend die Versöhnung einzuleiten, darf neben Haferkamp auch einer seiner Subordinierten herablassende Bemerkungen machen (»Jetzt hängt sie ihm Girlanden zum Empfang auf«). Das moralische Hinterwäldlertum der Frau soll nicht nur an ihrem Lodenmantel, dem kecken Trachtenhütchen und ihrem bayrischen Zungenschlag manifest werden. Im Polizeipräsidium platziert man sie zum Verhör an einem Nierentischchen mit den dazugehörigen strapazierfähigen Sesseln und der Tütenlampe an der Wand. Voller Anspannung krallt sie sich an ihrer Handtasche fest. Als man ihren Mann ins Büro bringt, geht sie wie hypnotisiert auf ihn zu, schaut ihn beschwörend an und beteuert: »Gerhard, ich hab' ihnen bewiesen, dass du unschuldig bist.« Die *Close ups* ihrer Gesichter – sie entrückt, wie man es nur von Irm Hermann aus den frühen Fassbinder-Filmen kennt, er hilflos stammelnd, unendlich müde – treiben die Häme über die ratlosen und bigotten Kleinbürger auf die Spitze. Auch sie werden weiter machen.

Die mörderischen Intrigen einiger weniger Frauen aus dem Geldadel enden mit dem Tod Unschuldiger. In WODKA BITTER-LEMON (13.4.1975) stirbt ein junges Lehrmädchen. Das tödliche Gift hatte die attraktive Petra Koenen (Claudia Amm)

Aufgeräumt wie immer: RECHNUNG MIT EINER UNBEKANNTEN

eigentlich für ihren Mann Martin (Heinz Bennent) in die Eiswürfel präpariert. Sie wollte sich auf diese Weise ihr Erbe sichern, aus der von der Schwester ihres Mannes beherrschten Familie ausbrechen und auf Sylt in der Künstlerszene ein neues Leben beginnen. Das junge Mädchen, das Martin Koenen aus einer Laune heraus mit in sein Haus genommen hatte, stirbt an dem Gift, denn sie hatte sich zwanglos an der Bar des Großindustriellen bedient. In DIE ABRECHNUNG (8.6.1975) erschlägt die schwerreiche Evelyn Stürznickel (Maria Schell) ihren Schwiegervater und wird an dem Freitod ihrer Stieftochter Angela mitschuldig. Der Mord des Fotohändlers Scheller in ZWEI LEBEN geschieht als panische Reaktion auf das Auftauchen von Personen aus seinem früheren Leben. Vivian Hamilton, seine amerikanische Ehefrau, hatte diese Wiederkehr des Vergangenen arrangiert. Die betuchte Frau wollte sich an ihrem Mann rächen und ihn nach Amerika zurückholen.

Ohne Probleme lässt sich der Schluss von RECHNUNG MIT EINER UNBEKANNTEN als ein Sinnbild für das Gegenwartsverständnis der Haferkamp-TATORTe nehmen: Die Polizei stürmt in den Privatbereich einer bundesdeutschen Familie, in die Vorstadtbungalows und die Villen am Waldrand. Hier, in den zwischenmenschlichen Beziehungen, in der bürgerlichen Ehe, wächst das Verbrechen, wird gemordet und erpresst. Männer in der Mitte ihres Lebens, angesehene Bürger, versuchen den Ausbruch aus dem beengenden Alltag als verklemmte und häufig etwas unbeholfene Liebhaber. Diese kleinen sexuellen Revolten (nur in SCHUSSFAHRT und in DIE ABRECHNUNG leisten sich auch ihre Frauen einmal einen Liebhaber, in letzterem unterhält Frau Stürznickel gar ein Verhältnis zu einem »richtigen« Arbeiter) enden regelmäßig in Verbrechen und Mord, häufig verursacht von den festsitzenden Affekten und Rachegelüsten der eifersüchtigen Ehefrauen.

Innen Beton

Ein halbes Jahr nach dem ersten Felmy-TATORT startete 1974 auch der ZDF-Krimi *Derrick*. Wie der TATORT auch, zeigt *Derrick* in exzessiver Weise bürgerliches Leben in Vororten. Die Mehrzahl der Außenaufnahmen des Essener TATORT (das verschneite Wohnviertel in RECHNUNG MIT EINER UNBEKANNTEN) sind ebenfalls in Münchener Vororten gedreht worden. Bei *Derrick* bekommen wir jedoch nicht den verzweifelten Kleinbürger in seinem häufig etwas zu teuer ausgestatteten Bungalow geboten, sondern standesgemäß in den Münchener Vororten wohnenden Geldadel. Anders auch als im TATORT rückt *Derrick* die Großbürger bewusst in Distanz zur Lebenswelt des Durchschnittsdeutschen, sie repräsentieren die verdorbene, gleichzeitig unerreichbare Welt der Großkopferten. Und im Unterschied zum Felmy-TATORT erwartet den *Derrick*-Zuschauer eine symbolische Belohnung, wenn er diese reiche Münchener Vorortwelt moralisch ablehnt. Wo der Essener TATORT den Vorort als Brennpunkt bundesrepublikanischer Befindlichkeit zeigt, mit der »etwas nicht stimmt«, die aber durchaus mit uns selbst zu tun hat, legt *Derrick* bewusst soziale Hierarchien fest, die den Durchschnittszuschauer einladen, zwischen der eigenen redlichen Normalexistenz und dem verdorbenen und pathologischen Großbürgerleben auf der Mattscheibe einen klaren Trennungsstrich zu ziehen: »Wer reich ist, wird auch wahnsinnig, und wir bleiben arm und gesund«.

Michael Rutschky hat seinem Essay über die siebziger Jahre den Titel *Erfahrungshunger* gegeben [1]. Die Konjunktur von Theorie und Allgemeinbegriffen (»Gesellschaft«, »Gesellschaftstheorie«) in den sechziger Jahren führt nach Rutschky dazu, dass in der Bundesrepublik der siebziger Jahre eine massenhafte Melancholie ausbricht. Der Alltag erscheint als feindlicher und fremder Raum. So wie es in Adornos philosophischen Begriffen vorausgedacht war, wird in den siebziger Jahren eine Wirklichkeitserfahrung dominant, die in der Feststellung gipfelt, dass »das Leben nicht lebt«. Innerhalb der intellektuellen »Subkultur«, an der Rutschky diesen Prozess festmacht (Lehrer, Uni-Leute, Künstler), sorgen die schematischen Interpretationen von »Gesellschaft« dafür, dass die alltägliche Existenz als unwirkliches Leben empfunden wird. Das Ergebnis dieses Versuchs, in philosophischen Allgemeinbegriffen zu leben, führt nach Rutschky zu einem unbestimmten Hunger nach Erfahrung. Bei den Männern aus dem Felmy-TATORT handelt es sich ganz offensichtlich nicht um

Ruinenfeld: SCHÖNES WOCHENENDE

Angehörige der antiautoritären Bewegung und des Akademikermilieus. Trotzdem scheinen sie an eben diesem diffusen Erfahrungshunger zu leiden.

Im Haferkamp-TATORT ist die Bundesrepublik der siebziger Jahre ein kaltes Land. Wie eingangs erwähnt, spielen die meisten Folgen im Herbst oder im Winter. Immer wieder Szenen mit dem schwachen Sonnenlicht des Winters, frühe Dunkelheit und Menschen, die in dicke Winterkleidung eingepackt sind, wecken das Gefühl von eisiger Starrheit. Der Kälte im Inneren und der Starrheit der zwischenmenschlichen Beziehungen scheinen sie Ausdruck zu verleihen. Sucht man in den Haferkamp-TATORTen dagegen nach Momenten, die Essen und das Ruhrgebiet als Industriestandort und Arbeiterstadt thematisieren, findet man überraschenderweise nur sehr wenig. In FORTUNA III wird auf das Faktum der Zechenschließungen hingewiesen, die sich als Krisenerscheinung auch auf die Vereinskneipe *Zum Lindenbruch* auswirkt. Bei Verfolgungsjagden (zum Beispiel in ACHT JAHRE SPÄTER und SCHWEIGEGELD) dienen typische Ruhrgebiets-Schauplätze (Zechen, Hochöfen, Bahngelände) als mehr oder weniger beliebige Räume, sie geben den Hintergrund ab für konspirative Treffen, wo Erpressungsgeld den Besitzer wechselt (SPÄTLESE) und wohin der kleine Paul Starczik vor den Erwachsenen flieht (FORTUNA III).

Die Landschaften industrieller Produktion ruft der Felmy-TATORT meist in Klischeeform und als austauschbaren Bildhintergrund auf. Mit dem Blick des heutigen Zuschauers treten sie in ihrer steinernen Nüchternheit aber zugleich auch als starke Allegorien für die Befindlichkeiten der verzweifelten Männer und ihrer Ehen auf – die graue Kohlenpott-Landschaft als aufgeschlagenes Buch der kollektiven Psyche der siebziger Jahre. Arbeitermilieu als TATORT-Sujet kommt also überraschenderweise (vielleicht mit Ausnahme des Kleinbeamten-Dramas EIN SCHUSS ZUVIEL [14.6.1979], wo ein Justizbeamter einen flüchtenden türkischen Untersuchungshäftling erschießt) nicht vor. Im Rahmen der Ehedramen und verbunden mit der gutbürgerlichen Vorortästhetik erzählt die funktionale Industriearchitektur (ob zur Industriebrache verkommen oder noch in Betrieb) vielmehr von der inneren Geschichte der Bundesrepublik, von der Erschöpfung der siebziger Jahre vom mühselig »gestemmten« Wiederaufbau, der die Schuldunfähigkeit durch wirtschaftliche Prosperität vergessen machen sollte.

SCHÖNES WOCHENENDE, die letzte Folge der Haferkamp-Ära, zeigt die Industriearchitektur des Ruhrgebiets bereits als ein verlassenes, von der Apokalypse heimgesuchtes Ruinenfeld. An diese Nichtorte ziehen sich die kleinen Ganoven zurück und planen in heruntergekommenen Bauwagen ihre Verbrechen. *Shine on You Crazy Diamond* von *Pink Floyd* aus dem Jahre 1975 (ein beliebtes Stück, das in den letzten Haferkamp-TATORTen wiederholt zum Einsatz kommt) legt sich düster und nachdenklich über die Industriebrachen. In solch atmosphärischer Verdichtung scheinen diese Bilder bereits einen neuen TATORT mit neuen Sujets vorwegzunehmen: das Ende der sozialliberalen Ära, Angst vor dem Atomkrieg, Nato-Doppelbeschluss, Ökologie (in SCHUSSFAHRT, ebenfalls von 1980, ist der versagende bürgerliche Mann dann schon ein Arbeitsloser).

Kommissar Haferkamp: ein Flakhelfer, nicht versöhnt

Der Haferkamp-TATORT erzählt die Mentalitätsgeschichte der siebziger Jahre als ein Misslingen des privaten Lebens. Die Männer wirken ausgebrannt und müde, sie haben dieses Land in manischer Geschäftigkeit wieder aufgebaut. Jetzt, wo der Bauboom vom Beginn der siebziger Jahre in eine verschärfte Krise mündet, sich zwischen 1974 und 1975 die Arbeitslosenzahl verdoppelt und erstmals auf über eine Million ansteigt, der Ölkrise von 1974 eine weitere mit dem Jahre 1978 folgt, jetzt befällt die Männer der Kriegsgeneration eine tiefe Erschöpfung. Den »psychischen Immobilismus«, den Margarete und Alexander Mitscherlich [2] bereits Mitte der sechziger Jahre diagnostiziert hatten, verlegt der Essener TATORT in die Kälte und Sprachlosigkeit der bundesdeutschen Ehen der siebziger Jahre. Dass auch aus den Ausbrüchen der Männer wenig Lustgewinn zu ziehen ist und eine scheinbar unerklärliche Verzweiflung auf ihnen lastet, beschreibt die bürgerliche Existenz anno 1975 als deprimierendes Leben zwischen Waschbetonfassaden, Vorortprosperität, sexueller Not und wirtschaftlicher Rezession. Die Akribie, mit der sich der Haferkamp-TATORT auf die Vororte und Industriegebiete, auf die Büro- und die Wohnzimmer-Ästhetik dieser Zeit einlässt, legt mit der ihm eigenen Melancholie den Gedanken nahe, dass diese Bundesrepublik eine irgendwie unglückliche Geburt ist.

Kein Ausweg? Keine Helden? Haferkamp setzt der Kälte und Stagnation des bürgerlichen Lebens den glasklaren Blick hinter die mitunter höchst komplizierten Lügengebäude des Essener Mittelstands entgegen. Meistens, das fordert natürlich auch das strenge Handlungsschema des Krimis, treffen seine Beobachtungen direkt die wunden Punkte in ihren Beteuerungen und Ausflüchten. Führen seine Ermittlungen nicht direkt zum Ziel (auf den Fall in DAS MÄDCHEN VON GEGENÜBER habe ich bereits hingewiesen, in DER MANN AUS ZIMMER 22 und EIN SCHUSS ZUVIEL ist es ähnlich), meldet sich bei ihm sofort ein fundamentaler Selbstzweifel, die Kehrseite und zugleich eine Ursache für seinen antimetaphysischen Realitätssinn. Haferkamp ist in seinem zurückhaltenden, kühlen Ermittler-Ethos Simenons Maigret und den von Lino Ventura gespielten verschwiegenen »Bullen«-Figuren im französischen Polizeifilm ähnlicher als dem amerikanischen Private-Eye, auch wenn in dem ersten Haferkamp-TATORT die Wohnung des Oberkommissars neben Bildern von Miles Davis und anderen schwarzen Musikern unübersehbar mit Plakaten von Humphrey Bogart in *The Big Sleep* (Tote schlafen fest, 1945, Regie: Howard Hawks) und *Casablanca* (1942, Regie: Michael Curtiz) ausstaffiert wurde. Als ein Mann, der auf die Fünfzig zugeht, lebt er nicht in permanenten Krisensituationen wie seine strauchelnden Altersgenossen. Seine Ehe ist gescheitert. Und das war gut so, das war wenigstens eine klare Entscheidung. Am Schluss von ABENDSTERN versichert er sich bei Ex-Frau Ingrid: »Wenn man bedenkt, wie viel besser wir das damals über die Runden gebracht haben«. Nach der Trennung haben sich die beiden wieder mögen, wenn nicht gar lieben gelernt. In der angesprochenen Szene wird er sogar bei Ingrid übernachten. Innerhalb des Essener TATORT verkörpert Haferkamp durchaus ein Gegenmodell zur männlichen Mittelstands-Melancholie. Sein selbstgewähltes Alleinsein folgt der illusionslosen Einsicht, dass es zusammen offenbar nicht geht. Haferkamps nicht-bürgerliche Lebensweise weist damit einen extrem negativen Ausweg aus der an sich schon ausweglosen bürgerlichen Existenz.

Zugleich prädestiniert ihn dieser prekäre Lebensentwurf, eine innere Emigration in der Bundesrepublik, für den pausenlosen Dienst. Die Verfehlungen der Mittelstandsmänner ereignen sich nicht selten am Wochenende, dann, wenn das Nichtgelingen von Privatleben in Unglück umschlägt. (Ohne dass das Fremdgehen im Haferkamp-TATORT eindeutig als Verbrechen ausgelegt würde, bringt es wie eine Strafe des Schicksals zumeist einen Totschlag im Affekt nach sich.) Haferkamps Pflichtauffassung ist ebenfalls ein Reflex auf das Nichtvorhandensein von gelingendem Privatleben. Sie ist getragen von einer negativen Moral.

> »Polizistsein ist ein Beruf wie jeder andere [...]. Ein guter Polizist, das ist ein Moralist, was immer das sein mag. Vielleicht ist es der Glaube daran, dass alle Schuld sich hier rächt, hier vor Gericht. Und die ununterbrochene Erfahrung, dass es nicht so ist, und der Zynismus, weiterzumachen.«

– erläutert er seiner Ex-Frau am Rande einer Gerichtsverhandlung (DIE ABRECHNUNG). Die Verbrechensbekämpfung ist für Haferkamp zur verinnerlichten Pflicht geworden – obwohl er sich der

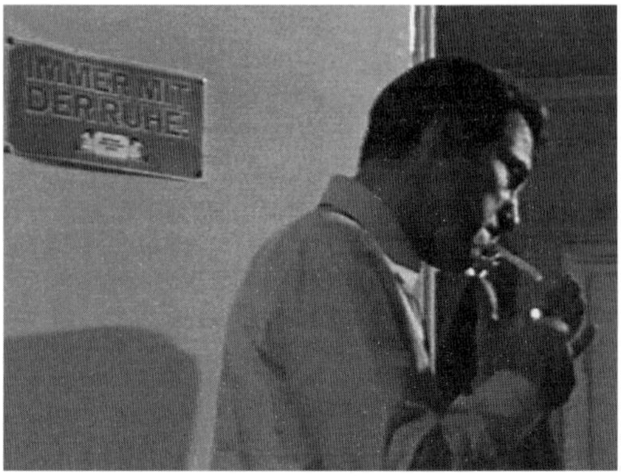

Haferkamp zu Hause, im Büro

Vergeblichkeit seiner Anstrengung bewusst ist. »Es gibt kein richtiges Leben im falschen«: Während Adornos Diktum für die 68er auf dem Marsch in die gesellschaftlichen Institutionen und Machtpositionen im Laufe der siebziger Jahre immer mehr an Bedeutung verliert, scheint es für das Leben des Oberkommissars einen ganz starken existentiellen Sinn zu tragen.

Haferkamp muss man der Flakhelfer-Generation zurechnen. Der Soziologe Heinz Bude hat in dieser Generation, die den Zusammenbruch nach 1945 als junge Soldaten sehr bewusst erlebten, einen »geschichtslosen Pragmatismus« [3] ausgemacht, der allen politischen Visionen und Utopien zutiefst misstraut. Diese »letzten Helden des Führers« mussten an ihren Vätern und den älteren Mitsoldaten erleben, wie das Phantasma der germanischen Weltunterwerfung am Ende des Krieges auf einmal in sich zusammenfiel. Von daher ihre fundamentale Skepsis höheren Ideen gegenüber und der ganz und gar desillusionierte »Konkretismus ihres Wirklichkeitsbezugs« [4]. Im Haferkamp-Erstling ACHT JAHRE SPÄTER (28.4.1974) wird der Oberkommissar von seinem Vorgesetzten als »sentimentaler Hund« bezeichnet. Haferkamp, hierin ganz das soziologische Modell verkörpernd, sieht sich selbst eher als ein durch Desillusionierungen gereifter Realist, für den nur das Geltung hat, was der Fall ist. »Früher hab' ich Romane verschlungen, heute langweilt mich alles Erfundene zu Tode«, sagt er in der gleichen Folge. Enttäuscht von der Vätergeneration (einmal, in SPÄTLESE, erwähnt auch Haferkamp seinen Vater, die Lügen des Industriellen Waarst erinnern ihn an die »Märchen meines Vaters«), wächst die Flakhelfer-Generation in historischer Ortlosigkeit auf. Die Amerika-Orientierung (bei Haferkamp kann man sie in seiner Liebe zum Jazz wiederfinden) bildet einen vagen Fluchtpunkt, die von dem pathetischen Deutschland- und Wiedervereinigungsgerede der Adenauergeneration wegführt.

»Freundschaften«, doziert Haferkamp im Gespräch mit dem jungen Kollegen Kaslik, »schließt man, wenn man jung ist«. Seine persönlichen Beziehungen resultieren, abgesehen von den Verabredungen mit seiner Ex-Frau, aus der Arbeitssituation und beschränken sich in der Regel auf das Feierabendbier mit dem Kollegen Willy. Der Schichtdienst am Wochenende schafft darüber hinaus Situationen, wo das Büro zum Refugium der vereinzelten, einsamen Männer wird und aufgrund improvisierter Bequemlichkeit so etwas wie Nestwärme entsteht, die das deutsche Familienwohnzimmer offenbar nicht abzugeben vermag. In ABENDSTERN hat sich Haferkamp mit seiner Alltagskleidung in eine Decke eingewickelt und mühselig auf zwei Sessel ausgestreckt. Es ist ein kalter Sonntagmorgen, kurz vor sechs, auf WDR 2 wird die Morgenandacht angekündigt. Willy, der gerade mit der Schicht beginnt, versorgt seinen Chef mit einem Frühstück, Salamibrötchen und *Hannen-Alt*, die Kaffeemaschine ist kaputt. (Es kommt häufig vor, dass im Büro aus braunen Halbliterflaschen kräftige Züge genommen werden. Da stört es dann auch nicht, wenn der Chef im Türrahmen steht.) In dieser übernächtigten Stimmung lässt sich der Sonntag für Haferkamp am ehesten ertragen. Er muss ohnehin sofort aus seinem Bürobiwak aufbrechen und zum Tatort. Denn es ist ja Wochenende, die Zeit, wo die Ehemänner zu ihren Ausbruchsversuchen starten.

Frauen gegenüber legt Haferkamp einen etwas altmodischen Charme an den Tag. Mit der Ex-Frau des Baustoffhändlers Degenhart (ZWEIKAMPF) scheint er eine Nacht zu verbringen, sie entdeckt in Haferkamp Ähnlichkeiten zu ihrem Ex-Mann, »den gleichen abgenutzten Charme«. ZWEIKAMPF bringt Haferkamp mit dem etwa gleichaltrigen Degenhart zusammen, den er in zähem Ringen schließlich als Kidnapper überführen kann. In einem Duell Mann gegen Mann (wie in einer Reihe anderer Folgen auch, u.a. DER MANN AUS ZIMMER 22, DIE ABRECHNUNG, DREI SCHLINGEN [28.8.1977], SCHUSSFAHRT ...) tritt er gegen diese versagenden Honoratioren an, die ihm oft (wie die von Alexander Kerst und Heinz Baumann gespielten Männer) an körperlicher Statur deutlich überlegen sind. Diese Duelle sind gekennzeichnet von starker gefühlsmäßiger Ambivalenz. Haferkamp löst zuverlässig die kriminellen Winkelzüge auf, mit denen sich seine Gegenspieler finanziell sanieren beziehungsweise ihre soziale Stellung retten möchten. Auf der anderen Seite dieses Verhältnisses steht dann sentimentale Männerfreundschaft, die meistens an Haferkamp herangetragen wird und der er sich immer wieder entzieht.

ZWEIKAMPF ist die Folge, die am intensivsten das Spiel von Annäherung und Distanzierung der männlichen Kontrahenten vorführt. Degenhart ist ein Mann, der es versteht, an der Theke bei den Arbeitern das Wort zu führen. Mit der gleichen Sicherheit, mit der er sich in den Kreisen der Schönen und Reichen bewegt, vermag er mit dem Pilsglas in der Hand in die Welt aus Fußball und Maloche einzutauchen, ohne sich jedoch mit den Männern in der Eckkneipe gemein zu machen. Beiläufig (er fühlt sich hier zu Hause) fragt er den Wirt, was es zu essen gibt und bestellt eher widerwillig, es gibt ja auch nichts anderes, das Kotelett (»Na ja, wenn's nicht zu fett ist«). Haferkamp misstraut dieser großspurigen Jovialität sofort. In der Kneipe kommt es zu einem ersten Showdown zwischen den beiden. Haferkamp hatte sich fast unbemerkt hinter Degenhart an die Theke gesetzt und wie immer ein Alt, zwei Buletten und Senf bestellt. Er beobachtet die platzgreifenden Bewegungen seines Kontrahenten. Während Degenhart sich leger in einem hellen Cordanzug präsentiert, wirkt der Oberkommissar mit seinem altmodischen braunen Anzug deutlich deplaziert. Trotz seiner etwas zu lauten Art erkennt man, dass Degenhart sich mit Lust in dieser Welt ergeht. Haferkamps steifer Anzug sowie die Gewohnheit, zu jeder Gelegenheit Frikadellen zu bestellen, untermauern dagegen die Selbstreduktion seiner Persönlichkeit, seine Isoliertheit und die Fremdheit in dieser Situation. In Haferkamps immer etwas schüchterne Sachlichkeit mischt sich schon jetzt, zu Beginn der Folge, so etwas wie gequältes Mitleid für einen Mann, der bei dem Drahtseilakt, ein lustvolles bürgerliches Leben zu führen, abstürzen wird.

Bei einem späteren Thekengespräch kommen sie sich näher. Haferkamp hatte Degenhart am Flughafen festnehmen lassen, dies nur, um ihn in Sicherheit zu wiegen, dass seine Täuschungsmanöver (Flüge nach Hamburg und Berlin) von der Polizei nicht durchschaut werden. An der Theke des Flughafenrestaurants einigen sie sich zunächst auf einen zivileren Umgangston. Degenhart bringt Haferkamp sogar dazu, über sein »Geschlechtsleben« Auskunft zu geben. Im Nu werden zum Alt mehrere Schnäpse vertilgt, und Degenhart wagt sich sogar an Haferkamps Frikadelle (die dieser zur Roth-Händle verzehrt) und beißt davon ab. Er weiß nicht, dass Haferkamp mit ihm ein Spiel spielt, er meint, das Spiel zu seinen Gunsten zu bestimmen. Degenhart weiß auch nicht, dass Haferkamp mit seiner Ex-Frau geschlafen hat. Er scheint sich in der Gegenwart des Kommissars sicher zu fühlen. Und in solchen Momenten des wortlosen Einverständnisses muss für den Mann in den siebziger Jahren offenbar immer das zum Thema erhoben werden, was allen auf der Seele brennt und – ob im Intellektuellenmilieu ausdiskutiert oder bei Oswald Kolle abgeguckt – die Quelle des Leidens ist: Sex. Ein Flugzeug steigt

ZWEIKAMPF

auf, und unverzüglich gibt sich der gescheiterte Baustoffhändler einer nachdenklichen Betrachtung hin:

> »Flugplätze sind 'ne traurige Umgebung für einsame Männer. Diese Penisse, die da in den Himmel gleiten, machen einen ganz schön sehnsüchtig.«

Degenharts Sentimentalität (natürlich dient seine in Penisträumen erigierte Gefühlswelt im Gespräch mit Haferkamp taktischen Zwecken, sie kippt aber auch immer wieder in spontane Männerfreundschaft um) überführt ihn. Im Unterschied zu Degenhart hat Haferkamp längst begriffen, dass man alten Freunden nicht trauen kann. Degenhart hatte einen Schulfreund gebeten, für ihn das Geld aus der Entführung in Sicherheit zu bringen. Und dieser Freund wird ihn schließlich verraten.

ZWEIKAMPF ist ein TATORT über die Unmöglichkeit einer Freundschaft – zumindest für diese Männer und in dieser Zeit. Degenharts Schulfreund führt Haferkamp an den Ort, wo das Geld versteckt ist; es ist eine Höhle, die den Freunden in der Jugendzeit als Versteck diente. Mit bösem Blick straft Haferkamp den Mann als Verräter, obwohl er damit doch zur Aufklärung des Falles beiträgt. Diese Männer (»feige Helfershelfer«), so ist Haferkamp hier zu verstehen, machen wahre Freundschaft unmöglich. In der bürgerlichen Zwangsexistenz gibt es keinen Raum für wahre Freundschaft.

Aber nicht nur in der Schilderung scheiternder Männerfreundschaft ist diese Folge sehr deutlich, sie treibt auch unter allen Haferkamp-TATORTen den Topos der Desillusioniertheit, der Kälte und des Fremdseins in der Welt auf die Spitze. Am

ZWEIKAMPF

Ende bricht der Flakhelfer Haferkamp zu einem Biwak in die Höhle auf, wo er Degenhart zu überführen hofft. Mit olivgrünem Schlafsack und Parka richtet er sich in dessen Vergangenheitswelt ein. Und was in anderen Folgen mit auffälliger Sorgsamkeit unerwähnt bleibt, wird bei Haferkamps Camping zumindest angedeutet: die Vergangenheit dieser Männer in der deutschen Geschichte. Immer wieder redet Degenhart mit seinem Jugendfreund von der Zeit vor zwanzig Jahren, ihrer Jugendzeit, in der dieses Versteck wichtig war, 1954 also, die Nachkriegszeit. Betrachtet man Haferkamp in Parka und Gummistiefeln, wird man allerdings auf eine Jugendzeit gelenkt, die vor 1945 liegt. – Zum Showdown erscheint jedoch nicht Degenhart in der Höhle, sondern das Entführungsopfer, die Frau des Möbelfabrikanten. Sie wollte schon lange aus ihrer Ehe ausbrechen, deswegen hintertrieb sie die Aufklärung ihrer eigenen Entführung und hatte vor, mit Degenhart die Beute zu teilen.

Programmatisch für die Haferkamp-TATORTe, gibt es in ZWEIKAMPF viele Schuldige, aber keinen Täter. Alle – außer Haferkamp, der weiß, dass es kein Entkommen gibt – wollen raus. Niemals aber wird aus Kaltblütigkeit, Habgier oder pathologischer Disposition gemordet. Die Tat geschieht aus einem Affekt und aus persönlicher Bedrängnis. Dem Felmy-TATORT ging es darum, hinter dem Mord einen gesellschaftlichen Ist-Zustand erkennbar werden zu lassen. Mit der Fokussierung auf die bundesdeutschen Ehen und Ehemänner hat er – trotz seiner gesellschaftsverändernden Grundidee – das Porträt einer in Negativität und Ausweglosigkeit erstarrenden, grundsätzlich nicht veränderbaren bürgerlichen Existenz gezeichnet. Dem Essener TATORT ist damit, indem er im Grunde an seinem Sujet vorbeizielt, ein präzises Psychogramm der siebziger Jahre gelungen. Betrachtet man, wie Haferkamp und Degenhart auf dem engen Rücksitz des gelben VW 1600 aneinandergepresst sitzen, drängen sich einem existenzialistische Floskeln auf wie: »Verbrecher und Kommissar – vereinte Gefangene dieses Lebens ...« Gleichzeitig wird man an Jungs erinnert, die etwas ausgefressen haben, und stellt ein fast zärtliches Einverständnis zwischen dem Oberkommissar und dem Verbrecher fest. Endlich ist das Versteckspiel beendet. Ob »drinnen« oder »draußen« – das, so scheinen beide zu denken, ist ohnehin egal. Degenhart wird vor Gericht nicht gegen die Frau des Möbelfabrikanten aussagen: »Wozu? Sie ist auch nur ein armes Schwein.« ♦

Anmerkungen

1 Michael Rutschky: Erfahrungshunger. Ein Essay über die siebziger Jahre. Köln 1980.

2 Margarete Mitscherlich, Alexander Mitscherlich: Die Unfähigkeit zu trauern. Grundlagen kollektiven Verhaltens. München 1988 (1967).

3 Heinz Bude: Deutsche Karrieren. Lebenskonstruktionen sozialer Aufsteiger aus der Flakhelfer-Generation. Frankfurt am Main 1987. Vgl. auch Heinz Bude: Das Altern einer Generation. Die Jahrgänge 1938-1948. Frankfurt am Main 1995.

4 Ebenda, S. 43.

Oberkommissar Haferkamp und Kommissar Kreutzer – Sämtliche Folgen, chronologisch:

ACHT JAHRE SPÄTER (WDR, 28.4.1974)
Regie: Wolfgang Becker.
Buch: Karl Heinz Willschrei.

ZWEIKAMPF (WDR, 23.6.1974)
Regie: Wolfgang Becker.
Buch: Karl Heinz Willschrei.

DER MANN AUS ZIMMER 22 (WDR, 8.12.1974)
Regie: Heinz Schirk.
Buch: Oliver Storz.

WODKA BITTER-LEMON (WDR, 13.4.1975)
Regie: Franz Peter Wirth.
Buch: Henry Kolarz.

DIE ABRECHNUNG (WDR, 8.6.1975)
Regie: Wolfgang Becker.
Buch: Karl Heinz Willschrei.

TREFFPUNKT FRIEDHOF (WDR, 12.10.1975)
Regie: Wolfgang Becker.
Buch: Werner Kließ.

ZWEI LEBEN (WDR, 14.3.1976)
Regie: Wolfgang Staudte.
Buch: Karl Heinz Willschrei.

FORTUNA III (WDR, 7.6.1976)
Regie: Wolfgang Becker.
Buch: Wolfgang Mühlbauer.

ABENDSTERN (WDR, 7.11.1976)
Regie: Wolfgang Becker.
Buch: Herbert Lichtenfeld.

SPÄTLESE (WDR, 22.5.1977)
Regie: Wolfgang Staudte.
Buch: Herbert Lichtenfeld.

DREI SCHLINGEN (WDR, 28.8.1977)
Regie: Wolfgang Becker.
Buch: Karl Heinz Willschrei.

DAS MÄDCHEN VON GEGENÜBER
(WDR, 4.12.1977)
Regie: Hajo Gies.
Buch: Martin Gies.

RECHNUNG MIT EINER UNBEKANNTEN
(WDR, 23.4.1978).
Regie: Wolfgang Becker.
Buch: Peter Hemmer.

LOCKRUF (WDR, 2.7.1978)
Regie: Wolfgang Becker.
Buch: Herbert Lichtenfeld.

DER FEINKOSTHÄNDLER (WDR, 10.9.1978)
Regie: Hajo Gies.
Buch: Martin Gies.

DIE KUGEL IM LEIB (WDR, 14.1.1979)
Regie: Wolfgang Staudte.
Buch: Georg Feil.

EIN SCHUSS ZUVIEL (WDR, 14.6.1979)
Regie: Hartmut Griesmayr.
Buch: Wolfgang Mühlbauer.

SCHWEIGEGELD (WDR, 18.11.1979)
Regie: Hartmut Griesmayr.
Buch: Herbert Lichtenfeld.

SCHUSSFAHRT (WDR, 1.6.1980)
Regie: Wolfgang Staudte.
Buch: Peter Hemmer.

SCHÖNES WOCHENENDE (WDR, 16.11.1980)
Regie: Wolfgang Staudte.
Buch: Uwe Erichsen, Martin Gies.

Drei Mark Achtzig.
DER FEINKOSTHÄNDLER

Von Fritz Göttler

Ein Mann und eine Frau ... Gediegener Mittelstand, gutbürgerlich – wohlsituiert eben, aber nicht eigentlich exklusiv. Kein Ehepaar, aber vor Jahren hat es eine Beziehung gegeben zwischen den beiden, die heute vom Mann geleugnet wird – mit einer grotesken Hartnäckigkeit, die ihn unsicher und ungeschickt macht, zum Clown werden lässt. Traurig ist und komisch zugleich, wie beharrlich er sich dem Du der Frau verweigert und beim Sie bleibt.

Nach zehn Minuten ist die Frau tot, erschlagen liegt sie auf dem weißen Teppich in ihrem Schlafzimmer, und das bisschen Blut, das aus der Wunde an ihrem Kopf geflossen ist, ist wie ein unerwartetes letztes Lebenszeichen. Das Zeichen eines Lebens, das sie selbst schon lange nicht mehr in sich spürte. Das Zeichen einer gesellschaftlichen Paralyse, die die Republik in den Siebzigern prägte. Eine kleine Studie der späten Wohlstandsgesellschaft, wie sie in jenen Jahren im Kino nicht mehr möglich war, und die man, schon vom Titel her, in eine Reihe stellen möchte mit Chabrol oder Fassbinder: *Le Boucher* (Der Schlachter, 1970), *Händler der vier Jahreszeiten* (1971), DER FEINKOSTHÄNDLER (10.9.1978) ... durch die Geschichte, die er sich zu erzählen bemüht, verlängert der Film einen kurzen Moment in der Gesellschaft: Eine Obsession ist blitzartig sichtbar geworden, Gefühle haben sich nicht länger ignorieren lassen. Der Feinkosthändler hat sich überlebt, der Mensch, der Beruf. Von draußen sieht sein Laden schon aus wie einer der anonymen Supermärkte, und die Momente von persönlicher Bedienung, die hier noch möglich sind, haben den Charme des Unzeitgemäßen. Die Präsenz, die der Feinkosthändler zu vermitteln versucht, schwindet in der somnambulen Erscheinung, die er abgibt. Wie ein Traum hat der Film begonnen, und von dieser surrealen Atmosphäre ist sein Fortgang geprägt. Zehn Minuten, in denen die Figuren unter einem merkwürdigen Zwang handeln, wider den eigenen Willen. Eine kleine Abendgesellschaft im Haus des Feinkosthändlers, zu vorgerückter Stunde bereits, ein Taxi fährt vor. Die Nachbarin ist eine Woche früher zurück, aus Davos, nichts als Regen dort ... Frust, Einsamkeit, Leere ... Ich habe nichts im Haus, erklärt sie, nicht mal Kaffee. Sie trägt noch den Pelzmantel vom Flug, die Luxusstiefel. Der Mann fährt mit ihr in sein Geschäft, seine Frau schließt wissend die Tür hinter ihm. Nach Ladenschluss ... die Kundin und ihr Verkäufer. Liebe ist im Spiel, Sexuelles. Späte, letzte Jugend. Die Nachfrage ist so viel größer als das Angebot, der Mann sperrt sich gegen das kleinste Wort über das Vergangene. Vergessen, Verdrängung. Orangensaft, Eier, Kaffee ... Die Frau nimmt eine Piccoloflasche zur Hand: Wenn wir jetzt Gläser hätten, könnten wir anstoßen ... Drei Mark achtzig, die es dann zu verbuchen gilt in der emotionalen Kontoführung. Ungewissheit und Verlorenheit beherrschen den Augenblick, und doch wäre noch einmal alles möglich gewesen. Eine Urszene. Aber das drohende Delirium bleibt aus, das Tableau markiert den Ausnahmezustand. Mit den Männern von Chabrol und Fassbinder, Jean Yanne und Hans Hirschmüller teilt Walter Kohut, der Feinkosthändler, eine krankhafte, eine krankmachende Verschlossenheit. Beflissenheit und Unterwürfigkeit legt er an den Tag, dazwischen immer auch Widerstandsmomente, die bis zum Mord gehen können. Eine Fahrigkeit ist in seinen Bewegungen, eine Traurigkeit in den Blicken, die man deuten möchte als Gleichgültigkeit seinem Geschick gegenüber. Auf Provokationen weiß er nicht mehr so recht zu reagieren – die des jungen Mädchens vor allem, der ordinären Verkäuferin, die sich an seinen Sohn herangemacht hat.

Ein Typ, der nicht mehr zeitgemäß ist – aber ein solcher ist auch der Kommissar, Haferkamp. Zwei Individualisten, zwei Einzelgänger in einer Zeit, die anfängt, sich auf die anonymen Kollektive einzurichten. Es gibt Szenen mit Haferkamp und seiner Frau, ein Spaziergang am Fluss, das idiotische Parkhausfinale zu einem gezwungenen Opernabend, mit schwarzer, weißgepunkteter Krawatte,

Der Feinkosthändler (Walter Kohut) mit Biggi (Marie-Luise Millowitsch), der Freundin des Sohnes

die sind Gegenstücke zum Eheleben des Feinkosthändlers. Zeitverschiebungen, wie das Kino sie sichtbar zu machen wusste. Eine Gegenbewegung, die Spannungskurve der erzählten Geschichte fällt kontinuierlich nach den ersten Minuten. Aber die Sehnsucht der Frau wirkt nach, jener Moment reiner Intensität, der mit dem Erzählen nichts zu tun hat. Sie drängt sich in die Ordnung, in die Familie, und ihr Drängen macht die instabile Konstruktion sichtbar.

Das endgültige Ende einer Affäre. Der Händler hat die fremde Frau zu ihrem Haus gebracht, die Tasche mit den gekauften Lebensmitteln im Flur abgestellt, jedes weitergehende Angebot abgelehnt. Der Mann geht davon. Die Frau schließt die Tür hinter ihm, nimmt die Reisetasche und steigt langsam die Treppe hinauf zu ihrem Schlafzimmer. Die Kamera schwenkt mit, bis sie hinter der Spirale der Stufen verschwunden ist, die an den Wirbel ihrer Gefühle erinnert.

Dann wieder der Mann vor der Tür, er klingelt noch einmal, sie hat die Dose mit dem Kaffee vergessen. Von oben der Blick auf die leere Treppe, keine Reaktion. Der leere Stuhl im Flur, auf dem die Tasche stand. Großaufnahme der Kaffeedose, die sie vergessen hatten im Auto. Der Mann hat sie vor die Tür gestellt und geht nun endgültig davon. Wenn er das Gartentor zuzieht, sieht man das Schlafzimmerfenster hinter ihm im ersten Stock. Das helle Licht dort signalisiert ein endgül-

Individualisten, Einzelgänger

tiges Schweigen – später erfährt man, es ist ein erzwungenes, ein tödliches.

Zehn Minuten, die eine Familie erschüttern. Der Vater und sein Sohn werden durch ihre Schuld einander nahe kommen. Und man bewundert ein wenig die grausame Konsequenz, mit der der Mann am Ende versuchen wird, jenes Mädchen umzubringen, das zwischen ihn und seinem Sohn, seiner Zukunft sich stellt. Das ist wie der grausame, groteske Reflex jener Sehnsucht der Frau, die er am Anfang ignorierte – diese kurzen, energischen Bewegungen, wenn er probeweise den Strick strafft. Ganz am Ende, wenn auch der Mann verhaftet wird, nach dem Mordversuch, wendet die Ehefrau / die Mutter, die zweimal Betrogene, sich ab in der Ferne, und geht davon. ♦

DER FEINKOSTHÄNDLER (WDR, 10.9.1978)
Regie: Hajo Gies.
Buch: Martin Gies.
Darsteller/innen: Hansjörg Felmy (Oberkommissar Heinz Haferkamp), Willy Semmelrogge (Kommissar Kreutzer), Karin Eickelbaum (Ingrid Haferkamp), Walter Kohut (Herr Wever), Kai Taschner (Andreas Wever), Marie-Luise Millowitsch (Biggi Lampertz), Kathrin Ackermann (Frau Böhmer), Christine Hammacher (Frau Wever), Marga Rudolph (Frau Lampertz), Addi Adametz (Verkäuferin), Hannes Laetner (Beamter der Spurensicherung).

Nicht mehrheitsfähig. Interview mit Hajo Gies

Von Eike Wenzel

Hajo Gies, geboren 1943, studierte Soziologie bei Adorno in Frankfurt am Main. 1967-70 Filmstudium an der HFF München. Gies führte bei zwei Haferkamp-TATORTen Regie, entwickelte (zusammen mit Bernd Schwamm) die Schimanski-Figur und drehte insgesamt 14 Schimanski-Folgen, drei außerhalb der TATORT-Reihe und führte u.a. auch beim ersten neuen SFB-TATORT DAGOBERTS ENKEL (25.7.1999) Regie. Hajo Gies lebt in Hamburg.

Herr Gies, wie sind Sie zum TATORT gekommen, was hat Sie an TATORT interessiert?

Die entscheidenden Einflüsse meiner Jugend waren die Filme der *Nouvelle Vague*. Truffaut und Chabrol haben mich dazu gebracht, selbst Filme machen zu wollen. Einige ihrer Filme beruhten auf amerikanischen Kriminalromanen, zum Beispiel Cornell Woolrich oder Stanley Ellien, die in Deutschland noch in keinem seriösen Verlag, sondern als schmuddelige Groschenheftchen erschienen waren. So trieb ich mich in diesen dreckigen »Antiquariaten« in Bahnhofsnähe herum, las David Goodis und wollte unbedingt Kriminalfilme machen. Und in Deutschland gab es ja damals nur diese Märchenkrimis à la Edgar Wallace oder Francis Durbridge – also blieb nur der TATORT. Mein Bruder, Martin Gies, hat dann das Drehbuch für DAS MÄDCHEN VON GEGENÜBER [4.12.1977] mit Hansjörg Felmy als Kommissar Haferkamp geschrieben, es war ein großer Erfolg. Wir hatten nur das Pech, dass wir eine ähnliche Geschichte hatten wie Wolfgang Petersen mit REIFEZEUGNIS [27.3.1977] und DAS MÄDCHEN VON GEGENÜBER, obwohl früher fertiggestellt, später gesendet wurde als REIFEZEUGNIS.

Gab es bei Ihnen eine bewusste Auseinandersetzung mit älteren TATORT-Regisseuren oder mit bestimmten Kommissar-Figuren?

Nein, mit deutschen nicht, überhaupt nicht. Ich hatte ausschließlich Vorbilder in Frankreich und Amerika. Ich habe auch keinerlei deutsche Kriminalliteratur gelesen.

Figuren wie Trimmel waren Ihnen als Student an der Münchener Filmhochschule nicht präsent?

Wir haben Hitchcock und Hawks – die damals bei der seriösen Kritik noch nicht so etabliert waren – geguckt und *Cahiers du cinéma* gelesen. Wir haben alles verachtet, was aus dieser Ecke kam, nicht nur nicht gut gefunden, sondern regelrecht verachtet.

Die Filme und TATORTe von Wolfgang Staudte?

Wir haben keine Fernsehfilme angeschaut. Das waren für uns alte Knacker, wir kannten die nicht.

Schauen wir kurz auf den historischen Kontext, in dem Ihre ersten beiden TATORTe, DAS MÄDCHEN VON GEGENÜBER und DER FEINKOSTHÄNDLER [10.9.1978], entstanden sind. Das Fernsehen hat sich in den siebziger Jahren als Leitmedium in der bundesdeutschen Gesellschaft etabliert, es gibt noch kein Privatfernsehen, die 68er prägen das Fernsehen, möchten es politisieren. War das für Sie von Bedeutung?

Im Gegensatz zur Berliner Filmhochschule, die sich damals mehr an politischer Agitation und Inhalten orientierte, waren wir von der Münchener Filmhochschule mehr an Filmästhetik und der Erweiterung des filmischen Vokabulars interessiert. Wir suchten eine Erzählweise, die nicht literarisch sein sollte, sondern nur durch die Kamera möglich war. Sogenannte Themenfilme lehnten wir ab. Don Siegel und Jean-Pierre Melville interessierten mehr als Filme von Reinhard Hauff oder Volker Schlöndorff oder später Fassbinder, den wir als einen dem Theater verhafteten Regisseur betrachteten. Solche Filme wollten wir nicht machen. Explizit politische Themen mochte ich nicht. Zwar sagt in DUISBURG-RUHRORT [28.6.1981] Thanner zu Schimanski, als er bei einem Schiffer ein Buch von Rosa Luxemburg findet, »Lehrer kann der jetzt nicht mehr werden«, und spielt damit auf den Radikalenerlass an, aber wir wollten niemandem unsere Meinung aufdrängen. Der Zuschauer soll in meinen Filmen Menschen beobachten und ihre Verhaltensweisen kennen lernen können.

DAS MÄDCHEN VON GEGENÜBER nimmt sich liebevoll dem Leben eines pubertierenden Schülers an. Warum ein Jugendlicher?

Die Geschichte beruhte auf einem authentischen Fall. Das war die Geschichte eines Schülers, der in der Klasse neben meinem Bruder gesessen hat. Der hat sich auf dem Bahnhof mit E 605 vergiftet, im Film vergiftet sich der Junge auf dem Rummelplatz. Ihm wurde vorgeworfen, er hätte ein Mädchen vergewaltigt [im Film tötet der Junge ein Mädchen ohne Absicht, E.W.]. Damals war ich noch sehr jung, die Pubertät lag noch nicht so lange zurück, deswegen war das alles für mich sehr nachvollziehbar. Die Schulzeit war für mich die schlimmste Zeit meines Lebens.

Die Eltern dieses Jungen wie auch die Eltern im FEINKOSTHÄNDLER wirken hilflos, unfähig, abwesend. Sie sind darüber hinaus auch auffällig alt. Verbirgt sich dahinter eine Anklage gegen Ihre Elterngeneration?

Keine Anklage, eine Feststellung. Man fühlte sich, wie wahrscheinlich jede Generation, von den Eltern unverstanden. Ich hatte zu Hause oft Krach mit meinem Vater.

Der Medienpädagoge war ...

... ja. Und er war auf Seiten der CDU, ich war deswegen links. Wahrscheinlich lehnt jede neue Generation die Werte der alten, vorhergehenden ab.

Wie vielleicht in keinem anderen TATORT wird im FEINKOSTHÄNDLER auf schmerzhafte Weise das Leben in deutschen Wohnzimmern gezeigt. Im TATORT ist das Wohnzimmer, ist die Familie ein Ort der Verzweiflung und des Verbrechens.

Wo alles erstickt wird. Der FEINKOSTHÄNDLER ist fast eine psychologische Studie, da passte der Haferkamp eigentlich nicht so richtig rein. Es sollte so etwas wie ein filmischer Simenon, die psychologische Studie dieses Mannes, dem Feinkosthändler, sein. Mein Bruder hat dafür monatelang einen Ladenbesitzer im Münsterland beobachtet, ist zu ihm einkaufen gegangen, hat seine Verhaltensweisen studiert, hat beobachtet, wie er mit den Verkäuferinnen redet, wie er sich gegenüber Kunden verhält. Und so entstand langsam das Thema: wie ein Kleinbürger in eine Ausnahmesituation gerät, und, gerade weil er alles bewahren will, zu dem Schluss kommt, dass er einen Mord begehen muss. Diese Figur hat uns damals mehr interessiert als der Haferkamp.

Man hat in Ihren Haferkamp-TATORTen ohnehin das Gefühl, dass sie aus dem gesteckten Rahmen des Krimiplots herausspringen wollen.

Ja, das ist richtig. Wir wollten den TATORT als Rahmen benutzen, wie ein Trojanisches Pferd, und von dort aus etwas anderes erzählen. Wir wollten Menschen beobachten, wollten sie nur zeigen, nicht bewerten.

Phänomenologie mit der Kamera, im Grunde dokumentarisch?

Das rein Dokumentarische ist ja langweilig, aber eine gute Basis. Ich habe früher stundenlang in Bahnhöfen gesessen und mir Notizen gemacht, wie die Leute reinkommen, andere treffen, sich verabschieden. Ich wollte mich zwingen, genauer hinzuschauen.

Ihre Befassung mit der Elterngeneration in den Felmy-TATORTen scheint mir unversöhnlicher zu sein als bei Ihren älteren Kollegen. Staudte und Becker gehörten zur Kriegsgeneration, das ist ihre Vätergeneration. In deren TATORTen werden die Verbrechen und moralischen Verfehlungen der Männer mitunter als Kavaliersdelikte abgetan. Bei Ihnen ist es so, dass Sie für diese Männer wenig Verständnis aufbringen.

Nein, das stimmt nicht! Ich zeige den Feinkosthändler in seiner Ausweglosigkeit, in seiner Beschränktheit, seiner Enge, die verursacht, dass er unglücklich ist. Ich habe schon Verständnis für ihn, aber ich möchte mit ihm nichts zu tun haben. Wirken die Filme denn so, als würde man auf die Menschen heruntergucken?

Ich sehe schon den Versuch, jemanden genau zu beobachten. Aber es gibt diese Schlüsselszene, wo er

Willy Semmelrogge, Hansjörg Felmy und Walter Kohut in DER FEINKOSTHÄNDLER

auf seinen Sohn einredet und sagt, du kannst jetzt nicht zur Polizei gehen, wir fliegen alle auf. Und dort kommt es zu einer stark symbolgeladenen Situation, wenn hinter dem Feinkosthändler das Kreuz einer Kirche ins Bild rückt.

In unserer Familie hatte die Kirche eine große Bedeutung. Sie bestimmte Tagesablauf und Lebensrhythmus. Und so gibt es eine Szene, wo der Feinkosthändler mit seiner Frau aus der Kirche kommt und vor den anderen heile Welt spielen muss. Ich bin in einer kleinen Stadt in Westfalen groß geworden, in Lüdenscheid. Das ist das engste, was man sich vorstellen kann, ich bin auch nie wieder dahin zurückgekehrt. Ich habe dort noch einmal eine Serie gemacht, die hat Huby geschrieben, OPPEN UND EHRLICH [1992], die spielt im Sauerland. Und als ich wieder dort war, einkaufen ging, hörte, wie und was die Leute reden, da wusste ich, weswegen ich dorthin nicht mehr zurück wollte.

Im MÄDCHEN VON GEGENÜBER wird ein junger Lehrer, gespielt von Jürgen Prochnow, an dem Tod des Jungen mitschuldig. Er hat ein Verhältnis mit einer Schülerin und praktiziert auf Kosten seiner Frau eine tolerante Ehe. Auch dieser 68er kommt bei Ihnen nicht gut weg, er ist ein Feigling, das macht ihm Haferkamp klar. Gab es in der Gesellschaft der 70er Jahre keine utopischen Impulse?

Da habe ich nicht drüber nachgedacht, ich habe das wiederzugeben versucht, was man empfand. Ich habe mir versucht vorzustellen, wie Menschen reagieren, und Feigheit kommt nun einmal viel häufiger vor als Mut. Mein Bruder und ich, wir haben das so empfunden, dass sich die meisten Menschen in Ausnahmesituationen feige verhal-

Der Junge (Gerhard Theisen) und der Lehrer (Jürgen Prochnow) in DAS MÄDCHEN VON GEGENÜBER

ten. Da ist mein Thema, das habe ich jetzt in meinem neuen TATORT [DAGOBERTS ENKEL] auch wieder entdeckt: Es sind immer Leute, die nicht wirklich leben, sondern sich hinter einer Fassade verstecken und die völlig unglücklich werden, wenn diese Fassade einbricht. Man zerstört ihr Leben, wenn man die Fassade wegnimmt.

Der Feinkosthändler zerschlägt wie in einem psychotischen Schub die Regale in seinem Lager mit Gurkengläsern und Tomatenketchupflaschen darauf. Ich finde, das ist ein schönes Bild für den Konkretheitsanspruch des Haferkamp-TATORTes. Keine aufwendigen Explosionen à la Hollywood, sondern Stemmeisen, Obstkisten und Einmachgurken.

Ja, wir wollten ja keine Märchenkrimis, sondern Filme mit wirklichen Menschen. Die äußere Handlung sollte in den Hintergrund treten und die inneren psychologischen Vorgänge nach außen gekehrt werden. Das ist für mich »Film«.

Von Haferkamp zu Schimanski tritt ein Generationswechsel ein. Noch einmal kurz zurück zu Haferkamp: War er als Figur der Flakhelfer-Generation nicht auch eine charakteristische Figur für das depressive Klima der siebziger Jahre?

Das kann sein, ja. Er wollte auch nirgendwo richtig anecken, er wollte geliebt werden. Ich persönlich hatte mit dem Schauspieler Felmy größere Schwierigkeiten. Ich habe oft lange mit ihm diskutiert. Es gibt zum Beispiel eine Szene im MÄDCHEN VON GEGENÜBER, wo der Haferkamp den Lehrer anschreit, und ich habe lange gebraucht, ihn dazu zu bringen, dass er das überhaupt macht. Er wollte vom Publikum geliebt werden, er wollte immer mehr der Verständnisvolle sein, er wollte die Menschen verstehen und quasi wie ein Sozialhelfer agieren. Haferkamp hat nie Stellung bezogen zu sich selbst, er hat die Fälle neutral, unbeteiligt aufgeklärt. Er hat nie jemanden gehasst, und wenn er das empfunden hätte, hätte er das unterdrückt. Und das wäre dann der Unterschied zum Schimanski, der das alles herausgelassen hätte. Schimanski war auch eine Art von Befreiungsschlag.

Sie haben dem melancholischen Haferkamp noch die Dimension des Versagens hinzugefügt.

Ja, darum ging es. Im MÄDCHEN VON GEGENÜBER treiben er und der Lehrer den Jungen in eine ausweglose Situation, dadurch wird der Haferkamp schuldig. Und am Ende, als alles schief gelaufen ist, telefoniert er mit seiner geschiedenen Frau, und die sagt: »Du hast bestimmt getan, was du konntest«. Und er antwortet: »Dann kann ich eben nichts«. Ich glaube, bis dahin hatte so etwas noch kein deutscher Kommissar gesagt.

Anfang der achtziger Jahre geschieht das, worauf alle – so sieht es zumindest im Rückblick aus – bereits gewartet hatten. Ein 68er wird Kommissar: Schimanski also.

Seit 1978 haben wir darüber nachgedacht. Mich hat immer das Neutrale der Kommissar-Figuren genervt, die in ihrem Trenchcoat herumliefen und von nichts berührt wurden. Die zwar immer traurig geguckt haben, aber dann doch nicht in den Fall involviert waren. Was wir wollten war, den Kommissar oder das Duo in den Mittelpunkt zu stellen. Dafür haben wir eine subjektive Erzählweise entwickelt. Alle Schimanski-Folgen sind ausschließlich aus der Perspektive der Kommissare erzählt. Es durften keine Szenen geschrieben werden, die parallel zu den Aktionen Schimanskis liefen. Es sollte also nie der Täter unabhängig vom Kommissar gezeigt werden, und man lernte den Täter nur über den Umweg des Kommissars, über Schimanski oder Thanner, kennen.

Der Kommissar ist weniger eine staatstragende Figur als eine Privatperson.

Ja, das private Verhältnis Schimanskis zu dem Fall sollte im Mittelpunkt stehen und nicht der Fall selber. Thema war immer, wie verhalten sich Schimanski und Thanner zu dem Fall, der Fall selbst war nie das Thema.

Die ersten Minuten von DUISBURG-RUHRORT, dem ersten Schimanski-TATORT, werden von Freunden und Kollegen immer wieder mit verklärtem Blick heraufbeschworen. Können Sie sich noch an die Szene erinnern?

Ja, sehr deutlich. Die Kamera fängt außen an und fährt zurück, dann kommt das Kassettenradio ins Bild, dann geht er rückwärts in seine Bude und räumt auf, schluckt die zwei rohen Eier, geht dann raus. Dann kommt er aus dem Haus, gegenüber wirft ein Typ seinen Fernseher aus dem Fenster und schreit »Scheiß Fernsehen«, was wir auch dachten. Der Fernseher zerspringt auf dem Boden, Schimanski brüllt »Du Idiot« oder so, und dann fängt erst der Fall an. Die erste Einstellung war sehr kompliziert, weil die Kamera von innen nach außen fotografiert und man die Lichtverhältnisse angleichen musste. Wir hatten eine Wohnung unter dem Dach gebaut. Aus meiner Kindheit, wenn ich bei Verwandten in Dortmund übernachtete, hatte ich in Erinnerung, dass manchmal der Himmel total rot wurde durch den Stahlabstich. So sollte eigentlich DUISBURG-RUHRORT beginnen: Ein Zimmer wird total rot, wie bei einer Explosion. Wir hatten die Wohnung mit Absicht direkt gegenüber von Thyssen gebaut. Aber auf den Abstich warteten wir vergebens, denn man hatte erfahren, dass ein Filmteam wartete, und offiziell gab es keinen Abstich mehr – wegen der Luftverschmutzung. Wir haben endlos gewartet. Schließlich haben wir gedreht. Sechs Mal – und Götz musste sechs Mal zwei rohe Eier schlucken.

Diese erste Schimanski-Einstellung ist eine Sternstunde, weil dort ein Körper im Mittelpunkt steht.

Ich wollte den Kommissar über der Stadt zeigen, über dem Ganzen, er steht auch ziemlich lange mit dem Rücken zur Kamera. Er kuckt auf das, was demnächst sein Bereich sein wird, sein Dschungel.

Die Position eines Cowboys auf seinem Pferd, der in die Schluchten schaut. Ist es nicht auch die Position desjenigen, der alles überblicken kann?

DUISBURG-RUHRORT

Nein, nein. Viel mehr Dschungel, mehr Unübersichtlichkeit und mehr Chaos. Deswegen wäre mir das brennende Rot auch sehr wichtig gewesen.

Inwieweit ist die Figur Schimanski und die Etablierung der Figur für Sie ein politischer Akt gewesen?

Es ging darum, eine neue Generation und ihr Verständnis vom Film durchzusetzen. Wir kamen alle von der Filmhochschule und wollten »an die Macht«. Wir sind bewusst zur Bavaria gegangen und wollten bestimmen, was gemacht wird. Schimanski war das Produkt einer Gruppe ehemaliger Filmhochschüler. Durchgeboxt beim WDR hat das der alte Dramaturg Hartmut Grund. Wir hatten eigene ästhetische Konzepte. Damals hat man alles mit der Handkamera gemacht. Wir fanden das blöde. Wir haben die Kamera auf die Schiene gesetzt und sind den Figuren gefolgt. Wir haben meistens auf Augenhöhe gefilmt. Keine extremen Perspektiven.

Steht hinter Schimanski nicht das Konzept, einen Star zu schaffen, einen populären Helden?

Eine populäre Figur, einen Star nicht. Nein, nein, ganz im Gegenteil. Wir haben gedacht, wir machen drei Folgen und werden dann rausgeworfen. Wir haben uns gesagt, wir machen das, dann kann man einmal sagen: »Wenigstens einmal im Leben haben wir das gemacht, was wir wollten.« Innerhalb der Bavaria fand der Schimanski kein positives Echo. Wer uns regelmäßig gerettet hat, das war Gunther Witte vom WDR. Aber Herr Dr. Rohrbach von der Bavaria – nach jeder Abnahme war bei mir Totenstille. Rohrbach stand dann auf und sagte, »Herr Gies, kommen Sie bitte in mein

DUISBURG-RUHRORT

Büro«, und »Sind Sie wahnsinnig, wie wollen Sie jemals Erfolg haben mit diesem Typen da«.

Was hat er moniert?

Dass Schimanski rülpst, säuft, vögelt, dreckig ist, schlecht spricht – eine Figur, wie er immer gesagt hat, die »nicht mehrheitsfähig« ist.

Rohrbach ist aber als liberaler Mensch bekannt.

Ja, aber er hatte auch Angst. Er hat nichts unternommen, um den Schimanski zu verhindern, er hat aber auch nichts getan, um ihn zu fördern. Und wenn Witte gesagt hätte, der Schimanski gefällt mir auch nicht, dann hätte es ihn nicht gegeben. Aber da Herr Witte nach DUISBURG-RUHRORT total begeistert war, und die damalige Redakteurin, Heidi Steinhaus, auch, hat uns das gerettet. Am Anfang hatte der Schimanski eigentlich auch nur negative Kritiken.

*Aber das hatte auch einen bestimmten Effekt. Schon in der dritten Schimanski-Folge [*DER UNSICHTBARE GEGNER*, 7.3.1982] spricht ein Verbrecher, der Schimanski bedroht, von dem »Schmuddelkommissar«.*

Das haben wir bewusst übernommen aus der Bild-Zeitung. Wir haben den eher positiven Königsberg [Ulrich Matschoss], den Chef von Schimanski, ersetzt durch den sehr unsympathischen Kissling [Werner Schwuchow], so ein schwerer SS-Typ, und haben den alle Sprüche sagen lassen, die in der *Bild*-Zeitung standen. Er sagt über Schimanski Sachen, die wir wörtlich aus der *Bild*-Zeitung entnommen haben. »Der unsichtbare Gegner« war

KUSCHELTIERE

natürlich die Presse, den gab es innerhalb der ARD, innerhalb der Bavaria, überall dort gab es die unsichtbaren Gegner von Schimanski.

Das war also eine bewusste Strategie?

Klar. Wir haben immer auf Kritik reagiert. Wenn man über den neuen Schimanski schreibt, er ist zu brutal und tritt zu viele Türen ein, dann wird er in der nächsten Folge keine Tür mehr normal öffnen können. Wir haben bewusst das gemacht, was kritisiert wurde. Wenn bemängelt wurde, dass er dauernd Scheiße sagt, steht Thanner irgendwann neben ihm und zählt, wie oft er Scheiße sagt.

Wie wichtig war für Sie der Ort Duisburg und die Region, das Ruhrgebiet?

Bevor wir den Schimanski gemacht haben, waren wir sehr lange im Ruhrgebiet. Wir sind sehr viel herumgefahren und haben dann Duisburg genommen, weil der Hafen viele Möglichkeiten für Geschichten bot. Das Drehbuch für DUISBURG-RUHRORT wurde von Horst Vocks und Thomas Wittenburg vor Ort geschrieben.

Was können Sie in Bezug auf den Schimanski-TATORT mit dem Begriff »Dignität des Alltags« anfangen?

In DUISBURG-RUHRORT findet man so etwas, ja. Wir wollten ja einen Kommissar haben, den man nicht nur beim Verhör sieht, den man privat sieht. Wir wollten die Auswirkungen des Privatlebens auf sein berufliches Verhalten zeigen. Also wenn man keine Freundin hat, wenn man versucht, eine zu kriegen und keine kriegt, dann verhält man sich anders als wenn man eine hat und das Leben in Ordnung ist.

Was Schimanski meines Erachtens zum populären Helden macht, ist seine Angstfreiheit. Es ist ja nicht so, dass mit Schimanski eine Star-Ikone dasteht. Er steckt ja ganz tief im Alltag drin, er geht in die Kneipe und zahlt seinen Deckel vom Vorabend. Gleichzeitig ist er ein Ideal, dem wir als Normalmenschen nicht nachkommen können.

Er ist ein utopischer Charakter. Er ist so, wie man selber gerne hätte sein wollen. Es war ein Traum, in die Bavaria, zu einem Sender oder einem Fernsehredakteur zu gehen und zu sagen: »Ist doch scheiße, was Ihr hier macht, das machen wir jetzt anders.« Ersatzweise ließen wir Schimanski zu Königsberg gehen, und er sagt: »Scheiße, Karl!«

... *»Mensch, Karl!«* ...

... »Karl, hör' doch auf!« – ein Wunschbild, wie man sich gerne verhalten würde.

Er muss also für den Zuschauer erreichbar sein, er muss ein Alltagsleben führen, gleichzeitig muss er mehr versprechen und auch ein erotisches Glücksversprechen mitliefern.

Es war unvorstellbar, welche Popularität der Götz bei den Leuten im Ruhrgebiet hatte. Wenn wir zwischen 1983 und 1986 nach dem Drehen in die Hotels zurückkamen, waren die voll von Menschen, die den Götz sehen wollten. Sie haben gedacht, es ist einer von uns, obwohl er aus Berlin kommt und im Schimanski nie Ruhrgebietsdialekt gesprochen hat. Er hat höchstens einmal berlinert. Er hat etwas getroffen, was typisch für die Menschen im Ruhrgebiet und auch typisch für den Zeitgeist war.

Mitte der achtziger Jahre kommt es zu einer Wandlung der Figur. Man hängt ihm jetzt bestimmte Attribute an. Mal ist er Footballtrainer, mal Pferde-

KIELWASSER

wetter, mal Fußballfan, mal Öko, mal Ausländerfreund ... aber nie radikal. Ist er da nicht zu sehr mit Gutmenschentum überladen worden? Schimanski als Volkstribun?

DER POTT [9.4.1989] zum Beispiel, das war wieder so ein explizit politischer Film, der an die altmodischen Arbeitswelt-Fernsehspiele der siebziger Jahre anzuknüpfen schien. Ich habe KUSCHELTIERE [12.12.1982] gemacht, Thema Kinderhandel, und KIELWASSER [25.3.1984], da ging es um Rheinverklappung. George hat sich immer sehr dafür eingesetzt, dass wir brisante Themen verhandeln. Aber auch da haben wir es mit der Strategie des Trojanischen Pferdes versucht, das waren keine explizit politischen Filme.

In MOLTKE [28.12.1988] schlägt Schimanski zwei Jugendliche in die Flucht, die einen polnischen Jungen verprügeln. Und er tut das etwa mit den Worten: »Was wären wir denn hier im Ruhrgebiet ohne die Kuzorras, Szymaniaks und Abramcziks?«

Ja, solche Sachen hatten wir von Anfang an drin.

Aber nicht als Sujet.

Nein. Wir haben gedacht, wenn der Schimanski einer ist, der von allen toll gefunden wird, wenn der so etwas sagt, dann wird das eher akzeptiert als wenn das ein Politiker sagt. Ein Arbeitsloser kann im Film vorkommen, aber nicht als Hauptthema. Wir haben damals gegen Costa-Gavras' *Z* [1969] protestiert, wir hielten den Film für eine linke *Bild*-Zeitung, weil er nichts klar macht und nur mit Emotionen arbeitet.

Haben Sie für sich reflektiert, dass Schimanski Mitte der achtziger Jahre möglicherweise eine populäre

Maßnahme in der Abgrenzung der ARD gegenüber den Privaten war?

Nein. Mir haben einmal Freunde aus der linken Szene gesagt: Du bist dafür verantwortlich, dass die Polizeischüler alle den Schimanski in ihrem Spind hängen haben und dass Rüpel heute Polizisten werden wollen. Eigentlich ist das mit dem Schimanski nach hinten losgegangen: Ursprünglich sollte er eine Figur sein, dem der Zuschauer widersprechen kann. Wenn der Schimanski beim Verhör jemanden zusammenschlägt, sollte der Zuschauer durchaus feststellen können: Mensch, Schimanski, was du da machst, ist scheiße.

Schimanski sollte ursprünglich [auch] ein Scheiß-Typ sein.

Ja, das war er am Anfang auch. Je mehr er natürlich nachher zum Mythos wurde, um so mehr wurde aus ihm ein Robin Hood. Das war nicht beabsichtigt, das ist passiert.

Über eine ganz wichtige Schimanski-Eigenschaft haben wir bislang noch gar nicht gesprochen: Er galt als der Held der Frauen. In den Filmen macht er Frauen unglücklich, zerstört sie.

Er ist gar nicht bindungsfähig, er ist ja nur an sich selbst interessiert.

Sie haben sich allerdings in Ihren Folgen mit dem Thema Frauen, denen Schimanski helfen möchte und die er oft zerstört, sehr zurückgehalten.

Ja, ich habe das einmal abgehandelt, und zwar in ZAHN UM ZAHN [27.12.1987]. Da ist er bei der Journalistin Ulli [Renan Demirkan] zu Hause und sitzt auf dem Sofa, und sie sagt zu ihm, du hast Angst vor erwachsenen Frauen. Er hockt am Sofarand und sagt: Ihr wollt mich doch alle nur einsperren, in einen Kasten sperren. Es ist ein längerer Dialog. Und dann dreht er sich um und merkt, dass die Frau längst schon ins Bett gegangen ist und ihm gar nicht zugehört hat. Wenn er schon einmal über sich selbst spricht, hört ihm keiner zu.

In KUSCHELTIERE und in mehreren anderen Folgen betont Schimanski, dass er Fanatiker hasst. In KUSCHELTIERE springt er selbst in »Greenpeace«-Manier von einem Hubschrauber auf ein Schiff ab. Thanner referiert die Fakten und Schimanski spricht von »Chemie-Luden«. Ist das nicht sehr populistisch?

Das ist populistisch. Thanner war immer der Intellektuelle und das Korrektiv. Schimanski sieht die Welt relativ einfach, während Thanner die großen Zusammenhänge erklären musste. Ich hasse Fanatiker auch. Bei Demonstrationen in meiner Studentenzeit hieß es: Da ist ein Spitzel, das ist ein Spitzel, den müssen wir uns packen. Ich habe mich einmal selber dabei ertappt, dass wir hinter jemandem her liefen, der ein Spitzel sein sollte. Ich bin später nie wieder zu Demonstrationen gegangen, ich wollte nicht hinter Leuten her laufen, wo andere vermuteten, das sei ein Spitzel. Ich scheue Massenveranstaltungen, ich gehe auch nicht zum Regie-Verband. KUSCHELTIERE und KIELWASSER haben wir mit Chiem van Houweninge in Griechenland geschrieben. Van Houweninge ist in den Niederlanden ein bekannter Theater- und Fernsehautor und mittlerweile Fernsehproduzent. Er konnte über politische Themen schreiben, ohne daraus Lehrfilme zu machen, er hatte einen Humor, den man in Deutschland nicht findet.

Männerfreundschaften im Schimanski-TATORT haben häufig etwas Quälerisches, Sadistisches. Auch in seinen Beziehungen zu Frauen kommt das manchmal durch, zum Beispiel in ZABOU [22.7.1990].

ZABOU war für mich die Geschichte eines Mannes, der die Wahrheit ignoriert und nur das wahrnimmt, was er wahrnehmen will. Er lebt in einer Traumwelt.

Eine Form von Realitätsverleugnung.

Ja, ich habe immer solche abstrakten Themen: Ein Mann, der sich die Welt so hindreht, wie er sie haben möchte. Und deswegen fällt er auf die Nase. Da müssten die anderen ja mitmachen, aber das tun sie nicht.

1997 und 1998 inszenierten Sie drei der neuen Schimanski-Folgen [»Blutsbrüder«, »Hart am Limit«, »Rattennest«], die außerhalb der TATORT-Reihe liefen. Wir sehen Schimanski als einen alten Mann mit traurigen Augen. Er kommt in ein anonymes Duisburg zurück, das einer amerikanischen Vorstadt ähnelt. Ist Schimanski hier ein altgewor-

»Nicht bindungsfähig«: Schimanski mit Ulli (Renan Demirkan) in ZAHN UM ZAHN

denener amerikanischer Cop, und ist in den neuen Folgen nicht der Blick auf die Wirklichkeit verloren gegangen? Ich denke da an die brennenden Ölfässer in »Rattennest«.

Die Welt hat sich verändert. Zuerst habe ich *Hart am Limit* gemacht – eine Terroristengeschichte, und als »abstraktes Thema« diese anonymen Wohnzellen, die ganz Europa veröden lassen. Wenn man durch das Ruhrgebiet fährt, dann erkennt man, dass auch dort das Unverwechselbare verloren gegangen ist. *Rattennest* sollte ein Film werden über eine sterbende Stadt. Die Orte, an denen wir früher in Duisburg gedreht haben, die gibt es nicht mehr. In der Kneipe, die in DUISBURG-RUHRORT vorkommt, ist heute eine Moschee, der Eingang ist zugemauert. Und die Viertel, in denen Schimanski und Thanner ermittelten, sind komplett abgerissen, da stehen nur noch Hochhäuser oder betonierte Parkplätze.

Sie drehen gerade den neuen Berliner TATORT ab, mit Dominic Raake und Stefan Jürgens als Ermittler-Duo. Sind das zwei Yuppie-Kommissare?

Nein, das würde ich nicht sagen. Das sind zwei Menschen, die Probleme haben, vor allem Probleme mit Frauen und mit dem alltäglichen Leben. Dominic Raake spielt den Abgeklärten, der schon mehr vom Leben gesehen hat, und Stefan Jürgens ist der jugendliche Heißsporn, der sich schnell verliebt, nach vorne prescht. Dominic Raake spielt den, der das Leben schon mehr von oben betrachtet. Und wiederum steht deren ganz private Haltung zum Leben im Mittelpunkt, und die Auswirkungen, die es hat, wenn man wegen der Arbeit zu spät zu seinen Verabredungen kommt. Das spielt eine größere Rolle als der Fall selbst. Dass die beiden Figuren zufällig Polizisten sind, liegt daran, dass es eben ein TATORT ist. Der Fall handelt von Menschen, die sich selbst überschätzen und dadurch in einen Teufelskreis kommen. ♦

[Das Gespräch wurde am 21. Mai 1999 in Berlin geführt.]

Erwähnte Folgen:

DAGOBERTS ENKEL (SFB, 25.7.1999)
Hauptkommissare Ritter und Hellmann
Regie: Hajo Gies.
Buch: Horst Freund, Thomas Wittenburg.

DUISBURG-RUHRORT (WDR, 28.6.1981)
Hauptkommissare Schimanski und Thanner
Regie: Hajo Gies.
Buch: Horst Vocks, Thomas Wittenburg.

DER FEINKOSTHÄNDLER (WDR, 10. 9. 1978)
Oberkommissar Haferkamp und Kommissar Kreutzer
Regie: Hajo Gies.
Buch: Martin Gies.

KIELWASSER (WDR, 25.3.1984)
Hauptkommissare Schimanski und Thanner
Regie: Hajo Gies.
Buch: Chiem van Houweninge.

KUSCHELTIERE (WDR, 12.12.1982)
Hauptkommissare Schimanski und Thanner
Regie: Hajo Gies.
Buch: Chiem van Houweninge.

DAS MÄDCHEN VON GEGENÜBER (WDR, 4.12.1977)
Oberkommissar Haferkamp und Kommissar Kreutzer
Regie: Hajo Gies.
Buch: Martin Gies.

MOLTKE (WDR, 28.12.1988)
Hauptkommissare Schimanski und Thanner
Regie: Hajo Gies.
Buch: Axel Götz, Jan Hinter, Thomas Wesskamp.

DER POTT (WDR, 9.4.1989)
Hauptkommissare Schimanski und Thanner
Regie: Karin Hercher.
Buch: Axel Götz, Thomas Wesskamp.

REIFEZEUGNIS (NDR, 27.3.1977)
Kommissar Finke
Regie: Wolfgang Petersen.
Buch: Herbert Lichtenfeld.

DER UNSICHTBARE GEGNER (WDR, 7.3.1982)
Hauptkommissare Schimanski und Thanner
Regie: Hajo Gies.
Buch: Horst Vocks, Thomas Wittenburg, Hajo Gies.

ZABOU (WDR, 22.7.1990)
Hauptkommissare Schimanski und Thanner
Regie: Hajo Gies.
Buch: Martin Gies.

ZAHN UM ZAHN (27.12.1987)
Hauptkommissare Schimanski und Thanner
Regie: Hajo Gies.
Buch: Horst Vocks, Thomas Wittenburg, Hartmut Grund, Hajo Gies.

Der Star, sein Körper und die Nation. Die Schimanski-TATORTe

Von Eike Wenzel

Ein öffentlich-rechtlicher Star?

1981 geht die sozialliberale Ära zu Ende. Hohe Arbeitslosigkeit und wirtschaftliche Rezession erreichen einen Höhepunkt. Deutschland wird zum Schauplatz des Kalten Krieges; Ökologie- und Friedensbewegung formieren sich als gesellschaftliche Kräfte außerhalb der parlamentarischen Ordnung links von der Sozialdemokratie. Anfang der achtziger Jahre entsteht aus den Bürgerbewegungen die Partei der *Grünen*. Nahezu 15 Jahre der außerparlamentarischen Kritik am Staat Bundesrepublik, von der Studentenbewegung Ende der sechziger Jahre bis zur Friedens- und Antiatomkraft-Bewegung der achtziger Jahre, bündeln sich in dieser Partei. Helmut Schmidt, der Kanzler der Schleyer-Krise, der ökonomischen Stabilitätsprogramme und des Nato-Doppelbeschlusses, war die autoritäre Figur in der bundesrepublikanischen Öffentlichkeit, die den 68ern und den Bürgerbewegungen als Reibungsfläche diente, repräsentierte er doch die Generation der Väter und Kriegsteilnehmer.

DUISBURG-RUHRORT 1981: Ein mit Muskeln bepackter Mann steht am Fenster und schaut auf die im Dunst verschwimmende Kulisse aus Industrieanlagen. Er stellt den Kassettenrecorder an, *Leader of the Pack* (1964) von der Girl-Group *The Shangri-Las*. Der Song beschwört die Sehnsucht nach Sommer und Motorradfahren. Im Text erzählt ein Mädchen von dem tragischen Motorradunfall des geliebten Anführers einer Rocker-Band. Der Blick des Mannes geht über den Horizont des Stahl- und Eisenpanoramas hinaus und ist entlang des Songs eigentlich nach innen gerichtet. Offenbar ist er allein in der Wohnung. Er dreht sich um, in seinem Gesicht erkennt man eine gewisse Verstörung, wie wenn man aus einem Traum gerissen wird. Der Song trägt seine Gedanken dorthin, wo er jetzt gerne wäre, woanders, unterwegs, auf jeden Fall nicht hier in Deutschland, Ruhrgebiet, Duisburg.

Mit dieser Szene tritt am 28.6.1981 Horst Schimanski als neuer WDR-TATORT-Kommissar auf den Bildschirm. Er soll im Ermittlerpersonal der Reihe eine Zäsur setzen und die Beamten der Schmidt-Ära ablösen. Schimanski wurde in der Öffentlichkeit schnell als ein symbolischer Platzhalter der 68er und ewigjugendlicher, rebellisch-unverschämter Widerpart zur gutbürgerlichen Wende-Republik aufgebaut. Aber erst ganze 17 Jahre später kommt es zur politischen Machtübernahme von Sozialdemokratie und Bündnisgrünen. Die 68er und diejenigen, die sich plötzlich erinnern, damals auch studiert zu haben, regieren die Bundesrepublik. Horst Schimanski, dessen »Erfinder« (Hajo Gies, Bernd Schwamm) wie auch der Darsteller Götz George darauf beharren, einen 68er zum Kommissar gemacht zu haben, steht am Anfang der Kohl-Ära. Er ist aber weder die Ausgeburt des »68er-Geistes« noch ist er ein typischer Held des zweiten CDU-Staates, wie im Feuilleton ebenfalls behauptet wurde. Als populäre Figur stellt er zuallererst eine Projektionsfläche dar für Phantasien, Wünsche und Ängste – das Durcheinander der Befindlichkeiten eines jeden Zuschauers. Diese dichte Symbolhaftigkeit, der Zeichencharakter seiner Figur hebt ihn am stärksten ab von der verbeamteten Realitätstüchtigkeit seiner väterlichen Vorgänger. Er bringt Wünsche und Sehnsüchte mit dem Alltag in Einklang, in seinem Körper fließt das zusammen, was wir normalerweise vergeblich in Einklang zu bringen versuchen, Vorstellung und Realität, die Aufhebung aller Widersprüche. Schimanski, tief im Alltag, tief im Westen Deutschlands, ist wirklicher als die Wirklichkeit.

Mit Schimanski erobert ein Mensch im Privatbereich, dem wir bei alltäglichen Verrichtungen zusehen können und der noch nicht einmal richtig angezogen ist, den bundesrepublikanischen Bildschirm. Regisseur und Autoren sind darauf bedacht, einen Menschen, einen Mann in seiner Normalität zu zeigen – einen Mann, der in der Beiläufigkeit seines Tuns derart versunken scheint, dass er interessant wird. Also nicht der Kripobeamte, den es als Repräsentanten des Staates nur im

Breitcord-Anzug gibt und der – wie alle – seine Pflicht tut.

Schimanskis Wohnung ist nicht aufgeräumt, für wen auch. Ansatzweise macht er in dieser Eingangsszene den Versuch, Ordnung zu schaffen. Er rückt, immer noch irgendwie abwesend, einige Bierflaschen zusammen. Die Küchenzeile ist überladen mit gebrauchtem Geschirr (nicht weniger als vier Gewürz-Ketchup-Flaschen bietet die Requisite auf, damit einem ja der Hinweis auf Junggesellenküche, Männerwirtschaft nicht entgeht). Aber als hätte auch das alles sehr wenig mit ihm zu tun, versucht er, in der Unordnung ein Spiegelei zu braten, was ihm mangels verwendbaren Geschirrs nach langem Hin- und Herräumen jedoch nicht gelingt. Die klebrigen Finger wischt er an seinem T-Shirt ab und trinkt die beiden rohen Eier kurzerhand aus einem Glas. Horst Schimanski hat keinen Tagesplan, keine Morgenrituale. Er ist, das erkennen wir schnell, nie erwachsen geworden: Umständlich balanciert er zwei Mülltüten aus der Wohnung, während er sich den Pullover überzieht.

Schimanski ist von Anfang an eine Figur, die aus der Wirklichkeit kommt. Ein Körperwesen: Wie bei diesem sehnsüchtigen Blick aus dem Fenster (eine Geste, die er in den ersten Folgen bei jeder sich bietenden Gelegenheit vorführt) kratzt er sich oft, nimmt die Finger in den Mund, stützt den Kopf auf, macht sich schmutzig usw. Man schaut ihm gerne zu, es macht Spaß, seine selbstbewussten Bewegungen in den Labyrinthen des Alltags zu verfolgen. Horst verkörpert den Normalmenschen als Idealgestalt. Das Private und Alltägliche ist darstellungswürdig – vielleicht macht ihn das zu einer 68er-Gestalt. Essen und Trinken sind Tätigkeiten, denen er mit barbarischer Direktheit nachgeht, im Stehen, im Liegen, am liebsten alles mit den Händen, in die Faust, ohne Messer und Gabel. Der Duisburger Hauptkommissar ist zuerst immer Horst Schimanski, hoffnungsloser Junggeselle und unwiderstehlicher Frauentyp in einem, ein altgewordener Rock'n'Roll-Typ, ein unkonventioneller Vierzigjähriger, der so gar nicht in das Bild eines deutschen Polizeibeamten passen will.

Ebenso wie sich sein Körper in der Realität befindet, lebt auch die Person Schimanski mittendrin. Am Beginn von DUISBURG-RUHRORT treten wir mit ihm aus seiner Wohnung und befinden uns direkt im Herzen einer Arbeitersiedlung. Es ist ein verregneter Sonntag, Schimanski geht auf die gegenüberliegende Straßenseite in seine Stammkneipe. Ruhrgebiet wie man es sich vorstellt: Eine enge Backsteinsiedlung, nasses Kopfsteinpflaster, die Heilsarmee spielt, im Hintergrund die Rheinbrücke. Ein Mann wirft sein Mobiliar aus dem Fenster, zuletzt den Fernseher. Natürlich kennt Schimanski diesen verwirrten Menschen, und bevor er die Kneipe betritt, schreit er (es sind seine ersten Worte) zu ihm hoch: »Hotte, du Idiot, hör' auf mit der Scheiße!«. Die *Bierquelle* mit vergilbter Wohnzimmertapete, *Boney M.* aus der Musikbox und Ölschinken an der Wand ist das obligatorische zweite Zuhause des Kommissars. Dort diskutiert er mit dem Rentner und »Türkenfreund« Erich über Pferdewetten, sein Pech in der Liebe und im Spiel, schnappt sich im Vorbeigehen ein Brötchen und bekommt seinen Deckel von gestern unter die Nase gehalten. Während er an seinem Brötchen kaut, telefoniert er mit dem Polizeipräsidium (lässt sich einen Wagen kommen: »Wie üblich: *Bierquelle*«) und hält sich Erich vom Leib, der ihm irgendwelche Geheimtipps ans Herz legen möchte. Schimanski muss zum Tatort, Duisburg-Ruhrort. Erichs Ratschläge kennt er; laut und direkt, wie es nun einmal in einer Ruhrgebietskneipe zugehen soll, fertigt er ihn, immer noch kauend, ab: »Ach hör' doch auf mit Beeke, der alte Zossen, der fängt doch wieder an zu galoppieren. Dann kann ich gleich mein Geld versaufen. Vielleicht sollt' ich's mal beim Galopprennen versuchen.«

Oberkommissar Haferkamps unterkühlte Zurückhaltung wirkte oft linkisch, seine Distanz zur Mitwelt konnte man ihm als Arroganz auslegen, die aus Verunsicherung entsteht. Schimanski ist eine Ermittlerfigur, die dort lebt, wo das Verbrechen stattfindet. Kaum eine Schimanski-Folge beginnt nicht mit dem Star, im Privatbereich oder während der Ermittlungsarbeit (eine Ausnahme ist DER TAUSCH, 13.4.1986). Zuerst nehmen wir Kontakt auf mit Schimanski, erfahren etwas über seine momentanen Lebensumstände, erst dann folgt die Aufklärung des Verbrechens, das oftmals ohnehin in direktem Zusammenhang mit seinem Privatleben steht, so dass das Ermittler-Team sich

Schimanskis erster Auftritt

gar nicht erst zum Ort des Verbrechens begeben muss. Der Wagen muss also gar nicht erst geholt werden.

Was durch die permanente Präsenz Schimanskis, des Normalmenschen als Idealgestalt, wegfällt, ist die strenge Trennung in die Welt des Verbrechens und die geistige Welt des Ermittlers. Die sinistre Welt des Verbrechens, auf die der Ermittler schaut, deren vertrackte Logik er als körperloser Geistesmensch durchschaut, wodurch die Welt am Ende wieder in Ordnung kommt und das Verbrechen als unmoralisches Vergehen abgestraft werden kann, ist von Anfang an Schimanskis Lebenswelt. Mit Schimanski wird ein TATORT-Ermittler das erste und einzige Mal zum kulturellen Symbol: Die Drehbücher schreiben ihm ein ganzes Magazin von Eigenschaften auf den Leib. Die Öffentlichkeit eignet sich umgekehrt das Symbol Schimanski an und projeziert auf ihn ihre eigenen Ideale und Bedürfnisse. Als ein aus den einzelnen Folgen und der TATORT-Reihe ablösbares Image wird er kombinierbar mit anderen populärkulturellen Zeichenmaterialien und »zeitgemäßen« Klischees und Stereotypen, wir werden das noch sehen.

In der zweiten Folge (GRENZGÄNGER, 13.12.1981) zum Beispiel kombiniert das Drehbuch Schimanski mit der Musik von Marius Müller-Westernhagen. Westernhagen selbst avancierte Ende der 70er Jahre zu einer Ruhrpott-Ikone durch seine erfolgreichen LPs *Mit Pfefferminz bin ich dein Prinz* (1978) und *Sekt oder Selters* (1980), und als er in den *Theo*-Filmen von Peter F. Bringmann mitspielte. Bekannte Titel von seinen Platten sind der Folge unterlegt und helfen, das Kohlenpott-Milieu zu verdichten. Schimanskis Freund und Kollege Holey (gespielt von Günther Maria Halmer, der Westernhagen von seiner Physiognomie stark ähnelt) ist als Undercover-Ermittler »verbrannt«. Schimanski soll herausfinden, auf welcher Seite Holey tatsächlich steht. Mit Holeys rotem Porsche stehen sie vor einer Erdölraffinerie. Zum Abtanzen mit Champagner-Saufen ziehen sie sich alleine in eine Kneipe zurück und hören Westernhagens *Sex*.

»Schimmi aus Homberg«, wie ihn eine Würstchenverkäuferin (DUISBURG-RUHRORT), die weiß, wo sich seine schönsten Tatoos befinden, nennt, war zu Beginn der achtziger Jahre ein Hoffnungsträger, mit dessen Hilfe der Alltag des Normaldeutschen unverstellter und weniger typisiert im Krimigenre gezeigt werden sollte. Tatsächlich kommt mit Schimanski der TATORT auf eine Weise im Alltag an, was bei rigider Einhaltung des Trennschemas Ermittler hier und zu ordnende Wirklichkeit da nicht zu bewerkstelligen wäre. In Dominik Grafs SCHWARZES WOCHENENDE (10.8.1986) wird dies augenfällig: Hier hat sich Thanner bereits mit einem Einsatzkommando am Tatort eingefunden. Vor einem Hotel wurde ein Mann erschossen. Schimanski begibt sich nicht zu den Tatorten, er lebt an den Tatorten. Etwas verwundert schaut er, als Hänschen an die Tür seines Hotelzimmers (das Hotel *Ideal*, in das sich Schimanski in Frustphasen, so wird häufig betont, gerne zurückzieht) klopft und den dort einquartierten Gast vernehmen will. Schimanski hat die Nacht dort verbracht und eine Menge Bier gebraucht, um die Ereignisse des vorangegangenen Tages (auf der Flucht sprengte sich ein Verbrecher selbst in die Luft) zu vergessen. Schimanski fällt aus der Hoteltür, stürzt über die Metallkoffer der Spurensicherung, wird beim Überqueren der Straße fast angefahren und landet schließlich im Dienst-Ford neben Thanner, der sich nach Begutachtung der Leiche erst einmal rasiert hat und gerade frisches Rasierwasser auflegt (»Tja, Horst, siehst du, das ist eben Stil. Das sitzt in mir drin. Das kriegste auch nicht mehr raus«).

Andere Folgen zentrieren sich noch enger um Schimanskis Privatleben. Er ermittelt gegen einen Bankräuber, der ihn selbst mit dem Tod bedroht (DER UNSICHTBARE GEGNER, 7.3.1982). Ein Mädchen, dessen Mutter in Drogengeschäfte verwikkelt war und ermordet wurde, quartiert sich bei ihm ein und will mit ihm schlafen (DAS MÄDCHEN AUF DER TREPPE, 27.6.1982). Er schützt seinen italienischen Freund und Restaurantbesitzer Guido vor Schutzgelderpressern (RECHNUNG OHNE WIRT, 9.12.1984), lässt sich gegen den entführten Jungen seiner vorübergehenden Lebensgefährtin, dem Modell Veronique, austauschen (DER TAUSCH), muss erkennen, dass die Tochter einer ehemaligen Geliebten der Kopf eines Drogenhändlerrings ist (ZABOU, 22.7.1990). In SCHIMANSKIS WAFFE (2.9.1990) erschießt er seine junge Geliebte, als

Schimanski und Frieder (Klaus Wennemann): FREUNDE

er in einen Überfall im Lokal seines Freundes Giovanni verwickelt wird.

Schon recht früh (FREUNDE 28.12.1986) wird ein zentraler Aspekt der Schimanski-Figur auf die Spitze getrieben, die auch in einer Vielzahl anderer Folgen (besonders deutlich in MOLTKE, 28.12.1988) immer wieder Thema ist: Schimanskis Koketterie mit dem Leben auf der Gegenseite, der Seite des Verbrechens. Für ihn ist es selbst nicht nachvollziehbar, weswegen er sich für den Polizeidienst entschieden hat. Am Schluss von FREUNDE hat man für Momente den Eindruck, Schimanski würde tatsächlich die Seiten wechseln. Entnervt von dem Versteckspiel, das sein alter Freund Frieder (ein zwielichtiger Antiquitätenhändler, gegen den Schimanski wegen eines Einbruchs ermittelt) mit ihm spielt, macht Schimanski ihm einen »Coup« schmackhaft, mit dessen Erlös sie sich einen alten Jugendtraum, mit dem Schiff in die Südsee abzuhauen, erfüllen könnten. Bis zum Showdown wird nicht klar, auf welcher Seite Schimanski wirklich steht, ob sein Handel mit Frieder (Klaus Wennemann) nur Schein (eine Ermittler-Finte) oder Realität ist (wohl nicht zufällig trägt das Schiff, auf dem der Geldraub stattfinden soll, den Namen *Prinz Hamlet*). Natürlich bleibt er auf der Seite des Rechts, aber diese Gewissheit muss erst wieder hergestellt werden – und der Zuschauer soll an diesem Identitätsfindungsprozess möglichst unmittelbar beteiligt sein.

In jeder Folge steht seine physische Existenz und seine Identität als Mensch und Kripobeamter auf dem Spiel. In FREUNDE wird die Loyalität zu seinem väterlichen Freund und Vorgesetzten Karl Königsberg und zu Thanner auf die härteste Probe gestellt. Thanner, der mit Aggression und Eifersucht auf Schimanskis Männerfreundschaft mit Frieder reagiert, kündigt ihm irgendwann die Gefolgschaft (und man hat für einen Moment wirklich den Eindruck, das Modell Schimanski sei hier an seinem Ende angelangt). Thanner verachtet Schimanski für seine »schlüpfrigen und unseriösen Freundschaften«. In dem langen, wunderbar komischen Monolog schlägt Thanner den Ton der vernachlässigten Ehegattin an. Zunächst noch neben Schimanski an der Pommes-Bude stehend, dann auf den in zweihundert Meter Entfernung stehenden Dienstwagen zustürmend, brüllt er seinen Frust heraus (»Immer hab' ich alles für dich gemacht ... Und mit hundertfünfzig bin ich durchs Rübenfeld gefahren ... Schluss, aus, aus.«), so dass man sich Sorgen macht, wie selbst der massige Körper des Thanner-Darstellers Eberhard Feik diesen konvulsivischen Ausbruch übersteht. Königsberg dahingegen verständigt sich mit Schimanski wortlos darüber, Frieder den Geldraub auf der *Prinz Hamlet* als Köder anzubieten. Als junger Polizist hatte Königsberg Frieder bei einem Autoklau erwischt; er schwört noch heute, dass der fliehende Komplize der jugendliche Schimanski gewesen sei (was von Schimanski im Gespräch mit Frieder bestätigt wird).

Für Schimanski wird diese verwickelte Situation zur größten Bewährungsprobe gegenüber der väterlichen Autorität und letzten Endes zu einem emphatischen Vertrauensbeweis. Bevor Schimanski *undercover* den Geldraub einfädelt, verabschiedet Königsberg ihn mit einem strengen, unterkühlten Blick und dem Satz: »Ich hoffe, du kennst deine Dienstpflichten noch«, und Schimanski erwidert: »Das hoffe ich auch.« Er hatte tatsächlich über eine Flucht nach Samoa nachgedacht, den Gedanken aber im letzten Moment verworfen. Trotzdem entwickelt sich die Angelegenheit für ihn zur Tragödie: Frieder schlägt ihn nieder, als klar wird, dass Schimanski ihn ködern wollte, und ist bereits im Begriff, die große Reise alleine anzutreten. Jedoch verrät ihn seine Sentimentalität. Schimanski weiß, dass er dort lossegeln wird, wo sie als Kinder ihren Traum von der Südsee geträumt haben (ein bizarres Szenario: ein altes Segelschiff irgendwo in einer deutschen Kiesgrube, und es schneit). Nachdem Frieder den ersten Schuss abgegeben hat, trifft ihn eine Kugel Schimanskis. Schimanski feuert sein Magazin leer. Als wollte er sich damit von einem Teil seiner eigenen Persönlichkeit befreien, schießt er besinnungslos auf seinen Freund ein und bricht schließlich unter Tränen zusammen.

Schimanski/George ist fraglos das einzige Star-Image, dass die Reihe TATORT hervorgebracht hat. Von der ersten Folge an ist er nicht nur der unkonventionelle Ruhrpott-Bulle, der sich die Hände schmutzig macht, mit skurrilen Rentnern und bizarren Halbweltfiguren seinen Alltag lebt. Er ist zugleich auch eine Sehnsuchtsgestalt, ein romantischer Anti-Held, der am liebsten immer woanders wäre, immer wieder am Fenster steht und ein anderes Leben mit den Augen zu greifen versucht. Aus einer existentiellen Unzufriedenheit heraus, so haben es seine »Erfinder« vorgesehen, entwickelt er seinen Gerechtigkeitssinn und die Bereitschaft, das eigene Leben jederzeit aufs Spiel zu setzen. Dass diese Sehnsuchts-Metapher immer in dem Moment, wo sie auftaucht, gebrochen werden muss, zeigt sich gleich in der Eingangsszene von DUISBURG-RUHRORT, als Schimanski nach dem Verhör des französischen Schiffers die Route nach Südfrankreich vor sich hin raunt (»Straßburg – Lyon – Marseille – verdammt noch mal, ich will auch mal wieder weg«) und Thanner ihm trocken entgegnet: »Dann spar doch mal dein Geld und verzock's nicht immer«.

Das Leben mit uneinlösbaren Sehnsüchten ist ein zentrales Motiv, wenn man die Faszination von Schimanski begreifen will. Auf der einen Seite das sinnliche, körperbetonte Aufgehen im Alltag, auf der anderen der Wunsch, dieser öden Realität aus Verbrechen, Büro und deutschem Wetter entkommen zu wollen. George, der von der Avantgarde des Neuen Deutschen Films in den sechziger und siebziger Jahren verschmäht wurde, steht in den achtziger Jahre für den populären Anti-Helden – »harte Schale, weicher Kern«, »Macho mit Gefühl«, so die geläufigen Zuschreibungen. Schimanski ist ein Held der fernsehschauenden Mehrheit. Sein Glamour besteht aus Schweiß, dem Schimanski-Parka und einem durchtrainierten Körper. Sein Ausbrechenwollen ist kleinbürgerliche Revolte: »Wer möchte sich nicht gerne einmal aus dem

Bewährungsprobe: FREUNDE

Alltag herausschießen.« Bereits in der dritten Folge (DER UNSICHTBARE GEGNER) wird er von einem Verbrecher als »Schmuddel-Kommissar« tituliert, eine Bezeichnung, die von Zuschauerseite und Fernsehkritik sehr früh gepflegt wurde. Wie wahrscheinlich keine andere Figur im Fernsehen wurde Schimanski mit Sehnsuchtsmetaphern überhäuft, und bei fast keiner anderen populären Figur war das Bemühen so deutlich erkennbar, ein Star-Image produzieren zu wollen.

Von Anfang an taucht Schimanski auf den Titelseiten der Duisburger Presse auf, wohlgemerkt: innerhalb der TATORT-Geschichten. Dabei spielt es keine Rolle, ob dieses Spiel mit dem Polizisten, der ein Star ist, von den Autoren geplant war oder ob es sich der starken Resonanz der Figur in der bundesdeutschen Öffentlichkeit verdankt. Und auch noch eine dritte Variante muss man hier in Erwägung ziehen: Schimanski wird zur öffentlichen Person (durchaus also keine reine Fiktion mehr) zur selben Zeit, als sich das Privatfernsehen etabliert und die Fernsehlandschaft dadurch in den folgenden Jahren grundlegenden Umstrukturierungen unterworfen ist. Der unkonventionelle »Superbulle« (GEBROCHENE BLÜTEN, 1.5.1988) erfüllt in dieser Konstellation für das öffentlich-rechtliche Fernsehen die Funktion eines hausgemachten Gegengiftes angesichts des befürchteten Kulturzerfalls und der Amerikanisierung der deutschen Kultur im Kommerzfernsehen.

Wie sich das Image des populären Stars auch als National-Ikone zurechtformen lässt, wird in einer Szene in KUSCHELTIERE (12.12.1982) deutlich. Für sein eigenmächtiges Handeln bei Ermittlungsarbeiten in Holland von Königsberg suspendiert, ist er der Held der örtlichen Presse. An einem Kiosk lässt er den *Duisburger Morgen* mitgehen. Auf der Titelseite feiert man ihn mit einem großen Foto und der Schlagzeile »Amsterdam: Deutsche Kripo fast Heroin-Bande. Held der holländischen Polizei: [mit einem Pfeil auf das Foto] Kommissar Schimanski.« Der Kioskbesitzer rennt Schimanski hinterher, erst spät merkt er, dass es der Schimmi ist, sein Held von nebenan. »Ah, wer is' dat denn, Schimanski! Mensch, da habt ihr heute wieder ausnahmsweise 'ne Bombenpresse. Habt ihr schön zugeschlagen in Amsterdam. Wo warste denn überhaupt hier am Sonntag, hier auf 08 [wird hiermit fälschlicherweise auf den Duisburger Traditionsverein Hamborn 07 angespielt?]. Wir ham wieder gewonnen. Jetzt stehen wir ganz oben. [...] Den MSV, den lösen wir bald ab.«

Schimanski geht hier in einem komplexen Symbolsystem auf: als Duisburger Berühmtheit, die, tiefverwurzelt in der Gegend (nicht beim Bundesligaverein, sondern beim bodenständigen Malocherclub schaut er zu), auf dem Boden geblieben ist, und gleichzeitig der positiv erlebbare Botschafter der Deutschen im Ausland. Er ist *Local Hero*, Star mit Bodenhaftung und nationale Ikone (das Layout der Zeitung erinnert an *Bild* oder *Express*) in einem. In solchen Momenten überschreitet die Figur Schimanski die Grenzen der Fiktion. Er verkörpert dann keine erfundene Figur, nicht mehr nur einen TATORT-Kommissar, sondern eine Haltung zur Wirklichkeit, ein imaginäres nationales Selbstbild und ein Wunschbild – etwas sehr Reales also.

Frauengeschichten (ein eher trauriges Kapitel) und Männerfreundschaften

»... *mischst dich in alles ewig ein* ...« (Klaus Lage: *Faust auf Faust*, in ZAHN UM ZAHN)
»... *doch pass' auf, auch Panzerwagen haben eine weiche Stelle* ...« (Klaus Lage, ebd.)

In nahezu jeder Folge trifft Schimanski auf Frauen. Mitte der achtziger Jahre, beginnend mit MIRIAM (3.4.1983), werden seine Frauengeschichten Programm. Nur in wenigen Folgen (DER UNSICHTBARE GEGNER, DER TAUSCH, SPIELVERDERBER [8.6.1987], SCHIMANSKIS WAFFE) lebt er mit ihnen zusammen. In DER TAUSCH (Entführung des Sohnes seiner Geliebten) und SCHIMANSKIS WAFFE (er selbst erschießt seine Geliebte) wird die Partnerschaft auf rabiate Weise zerstört. In einer Reihe anderer Folgen entstehen intime Beziehungen zu Frauen aus den Ermittlungen heraus. Häufig rückt er diesen Frauen nach dem ersten Augenaufschlag sofort auf den Leib, was mit der Zeit etwas Langweiliges und Beliebiges bekommt. Immer bleiben diese Beziehungen unerfüllt, der Star darf nicht über längere Zeit ernsthaft in Liebe fallen. Und meistens benutzt er diese Beziehungen, um seine Ermittlungen voranzubringen. Häufig auch stellen sich die Frauen als Täter heraus.

Eine brisante Beziehung entsteht mit der minderjährigen Katja (DAS MÄDCHEN AUF DER TREPPE). Ihr hilft Schimanski, den Mörder ihrer Mutter zu finden. Nachdem er sich anfangs in der Rolle des Elternersatzes überfordert fühlt (»Thanner, ich kann das nicht, ich bring' das nicht. Kümmere du dich drum«), lässt er sich auf das fordernde Mädchen ein. Er landet mit ihr im Bett, um sich ihren präpotenten Annäherungsversuchen (»Soll ich dir beweisen, dass ich kein kleines Kind mehr bin?«) im letzten Moment doch noch zu entziehen. Thanners orthopädische Prophezeihung: »Sein Schwanz wird ihm noch 'mal das Genick brechen« (EINZELHAFT, 21.8.1988), wird sich nicht einlösen. Erst in der letzten Folge (DER FALL SCHIMANSKI, 29.12.1991), der brillanten Schimanski-Persiflage, darf er es mit der Frau des Staatssekretärs im geliehenen Wohnwagen von Thanners Schwester treiben. Thanner, verärgert über die »schmutzige Bettwäsche«, die sein Kollege zurückgelassen hat, kann hier zufrieden feststellen, dass sich seine Prophezeiung nun doch erfüllt hat (»Was hab ich immer gesagt, ich habe gesagt, Horst, eines Tages wirst du über deinen eigenen Schwanz stolpern.«). Schimanskis Frauengeschichten haftet etwas Zwangsläufiges und Enttäuschendes an. Sie stellen eine wichtige Komponente dar, die zum Star-Image einfach dazugehört, die von ihm jedoch keineswegs so lustbetont ausgelebt wird, wie es sein Vorgänger Kressin zu tun pflegte, der sich tagelang mit zwei verheirateten Frauen in einem Hotelbett vergnügte (KRESSIN UND DER TOTE MANN IM FLEET, 10.1.1971).

Schimanski mit der jungen Katja: DAS MÄDCHEN AUF DER TREPPE

Es ist wohl ein ungeschriebenes Gesetz, dass ein Star, auch ein öffentlich-rechtlicher, sich nicht verlieben, verheiraten oder mit einer Frau zusammenleben darf. Er muss offen bleiben für die Phantasien der männlichen und weiblichen Zuschauer. Außerdem sind Kommissare, wie fast alle Ermittler in der Krimigeschichte, in festen sozialen Verbindungen nicht vorstellbar. Die Schimanski-TATORTe haben aus diesen Beschränkungen heraus melodramatische Zweipersonenkonstellationen entwickelt, in denen sich der Ermittler Schimanski im Alleingang, und bevorzugt in den privaten Räumen der Frauen, mit den Lebensgeschichten dieser Frauen auseinandersetzen muss. Die intensivsten Begegnungen hat er mit Frauen, die ihre eigene Vergangenheit verstehen respektive ihrer Lebensgeschichte entkommen möchten (MIRIAM, GEBROCHENE BLÜTEN, EINZELHAFT, KATJAS SCHWEIGEN [3.12.1989]). Identität ist im Schimanski-TATORT Mitte der achtziger Jahre ein zentrales Thema. Das Scheitern von Lebensentwürfen wird fast ausschließlich über desillusionierte Frauen abgehandelt. »Beziehung« und Frauen/Emanzipation waren fraglos Schlüsselthemen in den achtziger Jahren. Der TATORT eignet sie sich an und lanciert Schimanski in der zweifelhaften Rolle des typischen WG-Mitbewohners, der sich »irgendwie« in alles einmischt und für alles – gerade wenn Frauen ihm sein Herz ausschütten – Verständnis hat.

Schimanski gewinnt sehr schnell das Vertrauen der Frauen. Allesamt sind sie in Gefahr. Ihre Suche nach der eigenen Geschichte verschlägt sie in Rotlichtbezirke und Verbrechermilieus. Vor allem aber sind sie in ihrer Identität gefährdet. Ihre Zerbrechlichkeit und Kälte, ihr von unendlicher Traurigkeit untermaltes zurückgenommenes Temperament findet in Schimanski einen Widerpart. Er interessiert sich für diese Frauen, nähert sich ihnen an und ist schließlich das »Ereignis« bei ihrer Suche, das ihnen – ob sie es wollen oder nicht – ihre Vergangenheit enthüllt.

Die Industriellen-Tochter Miriam Schultheiss (MIRIAM) hält ihren Vater für den Mörder ihrer Mutter. Miriam (gespielt von Sunnyi Melles) hat sich alleine in einem loftähnlichen Appartement eingerichtet und befasst sich mit außereuropäischen Kulturen, weil sie dort die Wärme findet, die sie im eigenen Leben vermisst. Ansonsten scheint sie nur an der Aufklärung ihrer Familiengeschichte interessiert. Miriam ist ein ephemeres Wesen, in ihrem hellblau-schwarzen Abendanzug wirkt sie wie aus einem Raumschiff entstiegen, das regungslose Gesicht und der ätherische Teint passen sich der von Kunstlicht dominierten kühlen Eleganz der Wohnung an. Ihre gehauchten, aus Gefühlsstarre exakten Sätze spricht sie frontal in die Kamera, den Blick dabei auf einen imaginären Punkt gerichtet. Trotzdem verhindert sie es nicht, dass Schimanski mit der berühmten Scheckkartennummer dreist in ihr Appartement eindringt, und zwar während er mit ihr redet (er weiß, dass sie zuhause ist und eigentlich nicht öffnen möchte). Miriams Vater setzt Killer auf sie an, denn er möchte verhindern, dass sie erfährt, dass ihre Mutter unter falscher Identität weiterlebt, weil sie für eine Geliebte Platz machen musste. An Schimanskis Seite findet Miriam schließlich ihre wahre Geschichte und, was noch wichtiger ist, wird offensichtlich erst an seiner Seite mit dieser Wahrheit konfrontierbar. Und während man ihren Vater abführt (die Haushälterin musste für den Identitätswechsel der Mutter sterben), nimmt Miriam ihre Position in der Großbürgervilla ein. Schimanski bleibt vor der Tür, er hat sein Werk an Miriam vollendet, außerdem möchte er nicht zu diesen Leuten gehören.

Immer wieder kommt es zum Spiel mit fingierten Identitäten, Leben unter falschem Namen. In KIELWASSER (25.3.1984) erweist sich die Schimanski sofort zugetane Arzthelferin Jacky Ruhl als kühl kalkulierende Intrigantin. Schimanskis Freund Guido (RECHNUNG OHNE WIRT), von Schutzgelderpressern verfolgt, entpuppt sich als Konkurrent der Mafia und benutzt Schimanski für seine eigenen kriminellen Machenschaften. In SPIELVERDERBER ist es der BKA-Beamte Tumler, der Schimanski auf seine Seite ziehen und selbst an Waffengeschäften mitverdienen wollte. Als Schimanski in dem jungen und ehrgeizigen Polizisten Jo Wilms (DER POTT, 9.4.1989) einen Nachfolger für Thanner gefunden zu haben meint, entpuppt dieser sich als moralischer Mörder an dem Gewerkschaftsfunktionär und BKA-Spitzel Broegger.

Die Frau, bei der Schimanski handgreiflich wird (mehrmals schleudert er sie gegen die Wand, brüllt sie an), ist Paula Julian alias Manuela Prinz alias Susanne Burger in GEBROCHENE BLÜTEN. Sie verbirgt ihre wahre Existenz hinter zwei angenommenen Biografien. Bevor er diesen Fiktionen auf die Spur kommt, landet er mit ihr im Bett. Schimanski, der betrunken war, einen »Filmriss« hatte und nicht weiß, ob er mit ihr geschlafen hat, enthüllt auch die Geschichte dieser Frau, was ihr allerdings den Tod bringt. In einem melodramatischen Showdown mit Discobeleuchtung bedroht sie den Kommissar mit einer ungeladenen Waffe und beichtet ihr Leben, die Ausreißversuche aus der bayrischen Kleinstadt, ihre Träume und Sehnsüchte und weswegen sie zu einer Bankräuberin und Mörderin wurde. Schimanski hatte ihr vor der gemeinsamen Nacht (bereits angetrunken) versprochen, ihr »großer Beschützer« zu sein. Jetzt, wo er ihre Geschichte offengelegt hat, muss sie sterben. Als sie Schimanski den Revolver unter das Kinn drückt, wird sie von Thanner aus dem Hinterhalt erschossen. Wie ein geweihtes Opfer (aber wofür?) trägt Schimanski sie auf seinen Armen aus dem Fabrikgebäude, wo sie ihre Tanzschule eingerichtet hatte. Die elektronischen Ambientklänge von *Tangerine Dream* überziehen den aufgesetzt sakralen Charakter des Geschehens mit zusätzlichem Glanzlack: Tod in der Disco. Ihr Leben mit ausgeliehenen Biografien und Schimanskis Rekonstruktion dieses Schwindels weisen die Frau als eine Kriminelle aus – aber was noch schlimmer ist: Sie hat falsches Spiel mit Schimanskis Gefühlen getrieben.

Immer wenn sich Falschspieler entpuppen, sind es Personen, die Schimanski liebt und schätzt. Wenn sich der Vorhang im Laufe der Ermittlun-

Miriam (Sunnyi Melles)

gen lüftet und die Dinge endlich im richtigen Licht erscheinen, ist Schimanski das Opfer der Verschwörung. Die Kinoproduktion ZABOU reizt dieses Muster bis zur Unerträglichkeit aus. Schimanski möchte Zabou, die Tochter einer verflossenen Lebensgefährtin, die mittlerweile in einem Nachtlokal arbeitet, auf den Pfad des rechten Lebens zurückbringen. Eine Schwarzweiß-Rückblende zu Beginn des Films zeigt, dass er das Kind, das Zabou einmal war, sehr geliebt hat. In überdrehten Action-Szenen wird er von der Frau vorgeführt und auf sadistische Weise gequält, ehe er sie als Kopf der Drogenschieber entlarvt und sie sich wenig später durch einen Kopfschuss selbst tötet. Ähnlich geht es auch der weiblichen Hauptfigur im ersten Kino-Schimanski (ZAHN UM ZAHN, 27.12.1987), der Journalistin Ulli (Renan Demirkan). Sie versucht, Schimanski bei gemeinsamen Ermittlungen abzuschütteln, und stirbt, als sie mit dem Industriellen Gassmann eigenmächtig abrechnen möchte.

Wer mit den Gefühlen des »Superstars der Duisburger Kripo« (SCHWARZES WOCHENENDE) spielt oder sich aus seinem Schutz heraus begibt, bezahlt in vielen Fällen mit dem Leben. Neben der Unmöglichkeit, als Frau ein richtiges Leben zu leben, ist es das von Schimanski angerichtete Beziehungschaos, das brutale Einschnitte und Opfer auf beiden Seiten fordert: im eigenen Leben und in dem der anderen. Eine Ausnahme stellt die Frau in EINZELHAFT dar, einer Folge, die von Theodor Kotulla gedreht wurde. Sie überlebt die Begegnung mit Schimanski. EINZELHAFT wirkt auf erfrischende Weise irritierend, weil hier versucht wird, einen Schimanski mit leisen Tönen und nicht im immergleichen Sweatshirt zu präsentieren. Die Musik stammt von dem Jazzkomponisten Eber-

Falschspielerin: Zabou (Claudia Messner)

hard Weber und hebt sich durch die ruhigen Trompetensounds von dem für einen Schimanski-TATORT ansonsten scheinbar obligatorischen aufgekratzten Elektronikkitsch (*Modern Talking*/Chris Norman, *Tangerine Dream*, Bolland/Bolland) ab. Die Verlorenheit des Trompetenthemas begleitet Schimanski bei seinen nächtlichen Autotouren durch Duisburg. Er ist nicht der *Taxi Driver*, aber Ilona (Brigitte Karner), eigentlich Grafikerin von Beruf, jobt nachts als Taxifahrerin und hofft, bei ihren Touren durchs Rotlichtmilieu etwas über die Vergangenheit ihrer Mutter zu erfahren. Schimanski folgt ihr durch die Nacht und beschützt sie, denn auch den Ganoven und Geschäftsmann Plewitsch beunruhigen ihre Schnüffeleien. Mit ihm unterhielt Ilonas Mutter mehrere Bordelle. Ilona gelingt es nicht, ihren Vater von der Schuld an dem Mord ihrer Mutter zu befreien. Am Ende wird sie selbst zur Mörderin; sie erschießt Plewitsch, den durchtriebenen Geschäftsmann und Geliebten ihrer Mutter.

Außergewöhnlich an der Konstellation in EINZELHAFT ist, dass die weibliche Hauptfigur in einer lesbischen Beziehung lebt. Hier ist Ilonas Lebensgefährtin Petra das Opfer der Identitätssuche. Schimanski bricht auch in diese Beziehung ein, Ilona scheint irgendwie an ihm interessiert, und der Kommissar wird in dieser Folge eindeutig auf das Image eines Machos mit einfachem Weltbild festgelegt. »Lesbisch«, diese Sichtweise legt Kommissar Schimanski nahe, »lesbisch ist frau nicht, lesbisch wird frau unter besonders tragischen Umständen und weil sie zickig ist und Probleme mit dem Leben beziehungsweise den Männern hat.« Im Gespräch mit Petra bringt Schimanski es auf den Punkt: »Ilona hat sich doch nur an Sie heran-

gemacht, um was herauszukriegen, he?« (Petra ist Plewitsch' Sekretärin.) Petra darf sich nicht zu ihrer lesbischen Beziehung bekennen (hier zieht die TATORT-Moral der Achtziger eine klare Toleranzgrenze), sie spricht verschämt von »angefreundet« und gibt vorsichtige Bekenntnisse ab: »Ja, ich mag Ilona«. Schimanski ist in diesem Punkt klarer:
Schimanski: »Mensch, mich interessiert doch nu wirklich nicht, was Sie privat miteinander treiben. Also, das meine ich ganz ehrlich.«
Petra: »Sie sind widerlich. Ihr seid doch alle gleich.«
Schimanski: »Ach, komm, Mensch Mädel, doch nicht die Emanzentour. Das haben wir doch alle längst begriffen.«
Petra: »Ich bin nicht Ihr Mädel!«
Und während Petra stirbt, kommen sich Schimanski und Ilona in Ilonas Wohnung näher. Es kommt zunächst zu einer Auseinandersetzung, bei der er Ilona an den Kopf langt. Schimanski ist sich sicher, dass er sie durchschaut hat, sie wiederum fordert ihn auf, einfach seine Arbeit zu tun. Woraufhin er, der gerade noch versichert hatte: »Ich tanze hier nicht 'rum, um sie zu knacken«, die Geduld verliert und ein gutes altes Patentrezept ins Spiel bringt: »Wahrscheinlich müsste man Sie mal so richtig ...«. Anschließend – wir wissen bereits, dass Petra tot ist – fallen sie sich in die Arme, Schimanski setzt zum Kuss an, aber es bleibt bei der freundschaftlichen Umarmung.

Kotulla hat versucht, die mittlerweile acht Jahre alte nationale Instanz Schimanski mit einem weniger schwammigen Männlichkeitsbild (nicht »harte Schale, weicher Kern«, sondern »Macho, der dazu steht«) und einer ruhigeren, etwas melancholischen Private-Eye-Ausstrahlung auszustatten. Dass nach diesem Rezept jedoch kein neuer Schimanski entstand, war vorauszusehen. Auch die Verschränkung des Musters »Schimanski und die Frauen« mit den zeitgenössischen Themen »Feminismus«, »weibliche Homosexualität«, »Machismo« führte zu keiner Umcodierung der Figur. Es bleibt beim Beziehungschaos und dem Verbot, die Frauen zu lieben. Schimanski fällt in EINZELHAFT keinem Freundschaftsbetrug zum Opfer – dafür wird die lesbische Beziehung zerstört. Führt man sich vor Augen, unter welcher öffentlichen Kontrolle das Schimanski-Image zur damaligen Zeit gestanden hat, stellt sich die Frage erst gar nicht, was geschehen wäre, wenn Schimanski mit einer Lesbe ins Bett gegangen wäre oder er sich möglicherweise mit den beiden Frauen eingelassen hätte. Während einer Autofahrt mit Thanner wird lediglich die »Hetero-Lösung« (»ich die eine, du die andere«) in Erwägung gezogen.

Was Schimanski ganz sicher zu einer Wunschprojektion des linksliberalen Milieus der achtziger Jahre macht, ist eine besondere Form des Ineinanderfließen von Persönlichem und beruflicher Rolle, das Aufweichen der Grenzen zwischen Öffentlichkeit und Privatheit. An der Inszenierung des Körpers von George manifestiert sich ein romantischer Affekt gegen sterile Bürokratie, zwanghaftes Kopfmenschentum und offiziöse Zugeknöpftheit. In seinem notorischen Beziehungschaos, bei dem Frauen zu Opfern ihrer Identitätssuche werden und er selbst zum larmoyanten Opfer seiner Gefühlsechtheit, begegnet man dem emphatischen Reklamieren von Befindlichkeit, Gefühligkeit und Privatheit im öffentlichen Diskurs der damaligen Zeit wieder. Wenn der Kommissar in die Wohnungen der Frauen eindringt und ihre Gefühlswelt an sich reißt, fragt man sich, warum dieser Intimitätsterror sein muss. Man fragt sich, warum müssen diese Beziehungen tödlich enden? – Schimanskis Niederlagen an der Beziehungsfront führen ihn regelmäßig zurück in die geordneten Verhältnisse seines ausschließlich von Männern gestalteten Arbeitsalltags. In fast jeder Folge kommt es zu einer Rechtsübertretung durch den Kommissar. Alleingänge und Beziehungschaos gehören zum Standardrepertoire des Schmuddelkommissars, aber jeder seiner Ausbruchsversuche endet im tristen Büro.

In der zweiten Folge (GRENZGÄNGER) wird Schimanski erstmals entlassen. Der Vorgesetzte Königsberg ist die Figur, über die wir Schimanskis Übertritte wahrnehmen; er verlangt von ihm Rechtsbewusstsein und emotionale Distanz. Gegenüber Königsberg ist er der auserwählte, aber schwer erziehbare Sohn und ein Klischee jugendlichen Aufbegehrens, überschießenden Temperaments und eines Gerechtigkeitssinns, der, wie Schimanski als sein eigener Interpret immer wieder betont, »aus dem Bauch heraus« kommt, als »Reflex« und »per-

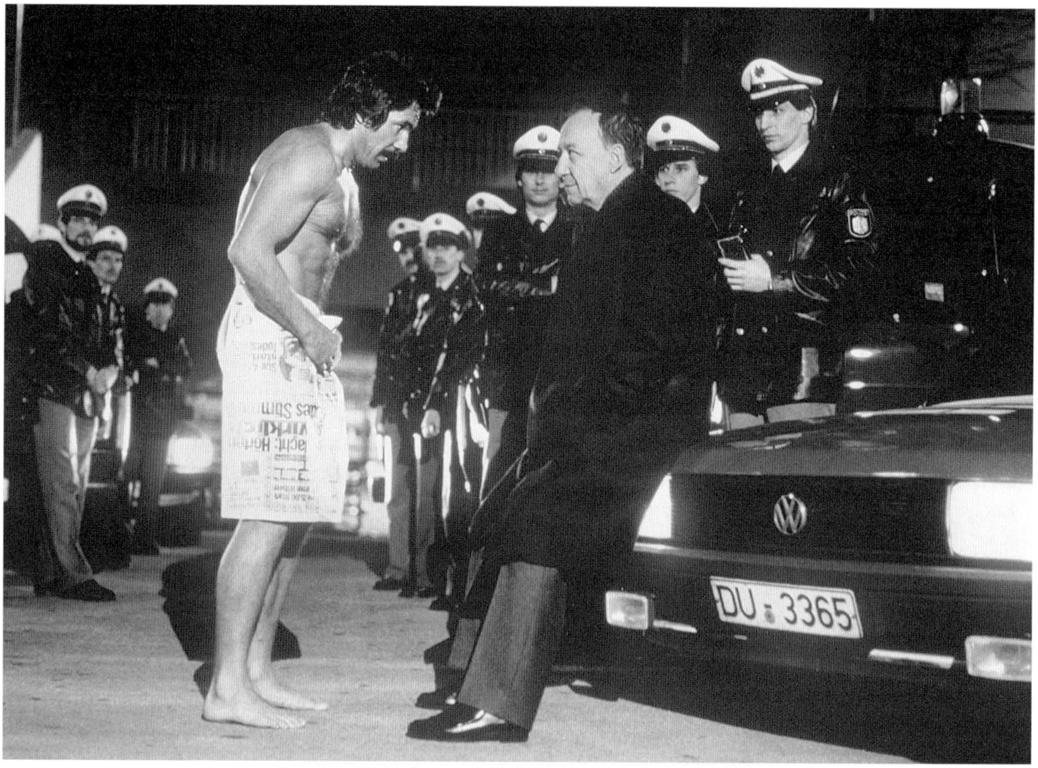

Königsberg und der schwererziehbare Sohn (in ZWEIERLEI BLUT)

sönliche Betroffenheit« (eine Formel, die in den achtziger Jahren Karriere macht). In stereotyper Wiederholung bekommt er daraufhin von Königsberg zu hören: »Wer persönlich betroffen ist, ist kein guter Polizist« (ZWEIERLEI BLUT, 22.7.1984), oder: »Man befürchtet internationale Verwicklungen« (SPIELVERDERBER) beziehungsweise »Wir stehen mitten in der Politik« (KIELWASSER) – Schimanskis Intimitätsterror fällt in dieser Konstellation unter den Tisch. Neben »Vater Königsberg« (Thanner in ZAHN UM ZAHN) treten drei weitere Vorgesetzte auf, allesamt Typen (der »hochnäsige Doktor von der Uni«, »der stiernackige Paragraphenhengst« und der »bräsige Kleinbürger«), die als holzschnittartige Kontrastfiguren Schimanskis Unbotmäßigkeit hervorheben.

Die Männerwelt des Büroalltags ist ein wesentlicher Aspekt in den Schimanski-TATORTen, der für seine enorme Popularität sorgte. Für Schimanski ist das Büro Rückkehr in die Normalität nach den kleinen Revolten, ein symbolischer Ort der akzeptierten Rechtsstaatlichkeit und Ersatzfamilie zugleich. In der Zusammenarbeit des Teams Schimanski, Thanner und Hänschen werden entscheidende Züge der Schimanski-Figur entwickelt: Arbeitskollegen, die Freunde sind; Männerfreundschaften, wo man sich schon mal auf die Nase haut und anschließend in den Arm nimmt, den ganzen Kram hinschmeißen möchte, es aber doch nicht tut ...; im Verhör gemeinsam jemanden »weich bekommen«, Nächte mit belegten Brötchen und Automatenkaffee ... Keine Folge hat das Ritual des übernächtigten Durcharbeitens brillanter in Szene gesetzt als Dominik Grafs SCHWARZES WOCHENENDE. In den ausgedehnten Verhörsequenzen kommt der TATORT als Medium des für das Fernsehspiel

Männerfreundschaften: Schimanski, Thanner und Hänschen in SPIELVERDERBER

der siebziger und achtziger Jahre leitmotivischen Kontextes »Arbeit und Männlichkeit« zu sich selbst. Langatmig wird das Büroleben aber spätestens dann, wenn allzu offensichtlich ist, dass Vorgesetzte, Nutten, Zuhälter und Kollegen nur als Interpretationsmaschinen im Büro versammelt werden, die an Schimanskis Image-Komponenten feilen.

In der Männerwelt des Büroalltags entwickelt der Schimanski-TATORT auch die wichtigsten Züge seines Wirklichkeitsbildes. Wenn ich von Wirklichkeitsbild spreche, dann meine ich damit keinesfalls ein stimmiges Politikverständnis – ein solches liefert der Schimanski-TATORT einfach nicht. Vielmehr schwankt er auf bedeutsame Weise zwischen einer in der Bundesrepublik der achtziger Jahre unter anderem aus dem politischen Kabarett bekannten Form linksliberaler Aufmüpfigkeit und einer mehr oder weniger diffus vorgehenden Verarbeitung aktueller gesellschaftlicher Ereignisse. Hierauf werde ich im anschließenden Abschnitt noch ausführlicher eingehen.

Eine immer wieder gerne eingestreute Einlage ist der Hitlergruß, das militärische Hackenzusammenschlagen – bekannt aus Billy Wilders *Eins, Zwei, Drei* (1961) – und das »Heil Hitler«. Mit dem »deutschen Gruß« verabschiedet sich der Bäckerjunge (er hatte eine Torte im Büro abzugeben), wurde aber gleich von dem in Stress geratenen Thanner mit verhört. »Heil Hitler« oder »alter Nazi« kommt Thanner und vor allem Schimanski leicht über die Lippen, wenn ausgewiesene Zwangscharakter wie deutsche Hausmeister (in GEBROCHENE BLÜTEN) oder ausländerfeindliche Industriemeister auftreten (DUSIBURG-RUHRORT). Hänschen empfängt Anweisungen von Thanner gerne mit »Jawohl, mein Führer!« und Hackenzusam-

»Gnädigste«: Thanner in MIRIAM

menschlagen. In den achtziger Jahren sind längst die Tabugrenzen um das nationalsozialistische Vokabular gefallen, in der Alternativkultur ist dessen Benutzung Teil alltäglicher Abgrenzungsrituale im Kontakt mit Behörden, Polizei, Spießern usw. geworden. Von daher ist es frech, aber durchaus keine Tabuverletzung mehr, wenn Schimanski den Möbelfabrikanten, der Waffen besitzt und von dem martialisch daherkommenden Siegfried Wischnewski gespielt wird (SCHWARZES WOCHENENDE), mit »Heil Hitler« anmacht.

Das Vehikel, mittels dessen aktuelle Themen aufgerufen werden, ist Christian Thanner. Er ist es, der – was vor allem in den Folgen mit ausdrücklicher gesellschaftspolitischer Thematik wichtig ist – im Gespräch mit dem »dauerbetroffenen« Schimanski die politischen Zusammenhänge des Verbrechens darstellt. Thanner glaubt an die bürgerliche Rechtsordnung, Sprache ist für ihn ein Instrument, das die Welt durchschaubar macht und der Vernunft zum Sieg verhilft. Deduktionen sind ihm zum Lebensprinzip geworden: Wenn er etwas auf bestimmte Art und Weise gelernt hat, dann muss das stimmen, auch wenn er im gleichen Augenblick von der konkreten Wirklichkeit widerlegt wird. Seine solide Schulbildung erlaubt ihm außerdem, Befragungen in fließendem Französisch durchzuführen. Bis KUSCHELTIERE lebt er mit einer Lehrerin (»Sülvia«) zusammen. Nachdem es mit einem Kollegen Sylvias, dem Sportlehrer, der sie offenbar nicht nur nach Hause bringt, zu einer Prügelei kam, zieht Thanner in Schimanskis Wohnung ein.

Mit dem Duo Schimanski/Thanner hat sich der TATORT eine bislang einzigartig gebliebene

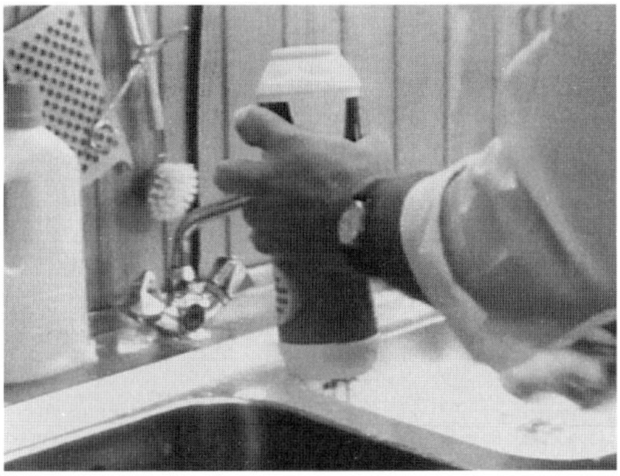

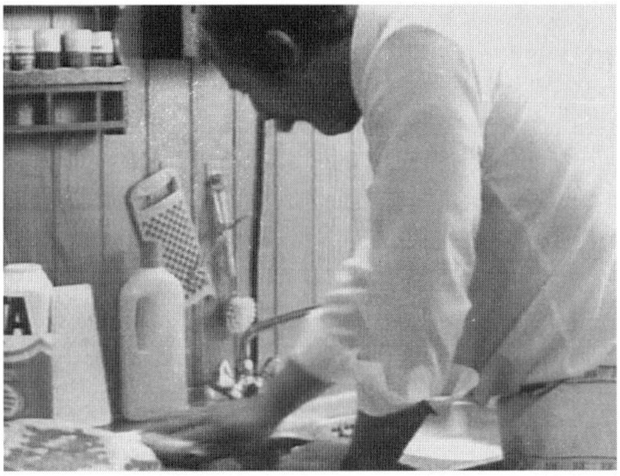

Ironisierung des heiligen Topos »Arbeitskollegen, die wie ein Ehepaar zusammenleben« erlaubt. Selbst bei den Männerfreundschaften der neunziger Jahre (Stoever/Brockmöller, Leitmayr/Batic, Ballauf/ Schenk) kann man sich offenbar nicht recht durchringen, die Metapher Arbeit/Männer/Ehe beim Wort zu nehmen. In MIRIAM stellen dienstbare Hände die Spiegeleier für Schimanski bereit, so dass er sie noch in der Dusche stehend, nur in Brot eingepackt verschlingen kann. Aber Schimanski lebt nicht mit einer Frau zusammen. Es sind Thanners Hände, wie sich nach dem Umschnitt herausstellt, die ihn so akkurat umsorgen. Mit tiefer innerer Befriedigung und *Ata* widmet sich Thanner anschließend den Chromflächen der Spüle, massiert das Scheuerpulver gründlich ein. Im Büro fahndet er als allererstes nach französischen Gusspfannen (»Wir brauchen übrigens 'ne neue Pfanne, deine setzt an«), lässt sich von Schimanski als seinem neuen Lebensgefährten beim Abendessen versetzen, liest während einer Beschattung *Brigitte* (»Jede Beziehung ist sexuell!«) und spült alleingelassen in Schimanskis Wohnung seinen Trennungsschmerz herunter. Als Tunte (Schimanski, dem bei Hausarbeit erwartungsgemäß nur »Abwaschzwang« einfällt, nennt ihn »Gnädigste«); als stets eifersüchtiges Mauerblümchen (das sich Schimanskis Freundschaft nie sicher sein kann und deshalb an dessen Männerfreundschaften und Frauengeschichten herumkritteln muss); als kleinkarierter »Wendearsch« (so formuliert es eine von Thanners wenigen Liebschaften in RECHNUNG OHNE WIRT) beziehungsweise »republikanischer Gauleiter« (Schimanskis ebenso zeitgemäße wie unkomische und populistische Beschimpfung in KATJAS SCHWEIGEN) tritt Thanner niemals aus der Umlaufbahn des Star-Images Schimanski heraus und versorgt dieses mit den gewünschten Eigenschaften. Darüber hinaus verkörpert Thanner ein sozialliberales Image: auf dem Dienstweg korrekt, politisch durchaus fortschrittlich denkend, eher ein Gesellschaftskundelehrer als ein Polizeibeamter.

Schimmi for Bundeskanzler: Horst als Gutmensch und Volkstribun

»Was tun?« (W.I.Lenin / Rio Reiser in DER POTT)

Chiem van Houweninge, der Hänschen-Darsteller, hat das Drehbuch für die Folge KIELWASSER von 1984 geliefert, einer Folge, die direkt Umweltprobleme aufgreift. Zu Beginn der achtziger Jahre sind in der Bundesrepublik ebenso viele Menschen in der Bürger- und Umweltbewegung engagiert (etwa 1,8 Millionen) wie in den politischen Parteien als Mitglieder registriert. Die Aufdeckung des Seveso-Skandals sowie die Sorge um die Rheinverschmutzung bilden den zeitgeschichtlichen Hintergrund für KIELWASSER. Ein Rheinschiffer stirbt an den Folgen einer Nitroxin-Vergiftung (die chemische Verbindung Nitroxin ist eine Drehbuch-Erfindung), er hatte über Jahre hinweg den Giftstoff illegal in den Rhein gelöscht. Der Hausarzt des verstorbenen Schiffers, Dr. Waldorf, erscheint im Büro von Thanner und Schimanski und möchte die kriminellen Praktiken der Abfallverwertungsfirma *Mefab* anzeigen, wird aber von ihnen abgewiesen. Wenig später findet man seine Leiche.

KIELWASSER verpflichtet das Trio Schimanski/Thanner/Hänschen äußerst streng auf die Rekonstruktion von gesellschaftspolitischen, ökologietechnischen und medizinischen Fakten. Das Krebsgutachten des Dr. Walldorf wird durchgearbeitet, zu dritt versuchen sie, Dias von Krebszellen zu interpretieren, man erfährt, wie die Infrarotüberwachung von Rheinschiffern funktioniert (bei einem Hubschraubereinsatz sehen wir Bilder aus einer Infrarotkamera). Schimanski und Thanner werden auch einmal Zeugen hochgefährlicher Reinigungsvorgänge (Männer in Astronautenkleidung mit Dampfstrahlgeräten) – was dort gereinigt wird und was die Firma *Mefab* produziert, kann der Film allerdings nicht »erklären«. Im Gespräch erörtern sie die Zwangslage, in die sie als Ermittler gestellt sind: tödliche Gefahren der Chemie, Arbeitsplätze, Unterstützung der Industrie durch die Politik (1983 wurde die Flick-Parteispenden-Affäre öffentlich) und, als ein weiterer Nebeneffekt, die prekäre Situation der Rheinschifffahrt. In einem ausführlichen Verhör eines illegal löschenden Rheinschiffers (Schimanski war von dem Überwachungshubschrauber gegen die Vorschrift in *Greenpeace*-Manier direkt auf das Schiff abgesprungen) kommt dessen Zwangslage zur Sprache (illegale Aufträge, Gesundheitsgefährdung, Auftragsmangel).

Da es sich um einen Umweltskandal handelt, kann Schimanski hier natürlich auch mit Königsbergs Unterstützung rechnen (»Ich steh' doch auf deiner Seite, logisch«), allerdings verlangt er Beweise und klagt über den üblichen Druck von Seiten der Medien und der Politik. Kriminelle Umweltverschmutzung anzuklagen, so scheint es, war bereits Mitte der achtziger Jahre so unverfänglich wie über das Wetter zu reden. Die einzelnen Ermittlungsschritte vermitteln den Eindruck einer sauberen journalistischen Recherche, so dass man das Gefühl bekommt, dass KIELWASSER sich bewusst den komplexen Strukturen dieses Themas aussetzen möchte. Dass das Thema dann doch in personale Konstellationen aufgelöst wird, schreibt das Genre vor. Interessant ist nur, wie bei der Personalisierung des Themas die Positionen Umweltschutz/Bürgerbewegung und Chemieindustrie gegeneinander geführt werden.

Beide Positionen werden zunächst über die Figuren zu Klischees entstellt und anschließend neutralisiert. Voraussetzung hierfür ist, dass die Figuren, die die Konfliktparteien repräsentieren, trotz unterschiedlichen Lebenswandels vom Drehbuch exzessiv miteinander in Beziehung gesetzt werden. Dr. Waldorf, der so aussieht wie er heißt, war Arzt vieler Mitarbeiter der *Mefab*, Hausarzt des Firmenchefs Baumgarten und darüber hinaus auch dessen Schulfreund. Schimanski nennt ihn »Öko-Guru«, der glatte Baumgarten spricht von ihm als einem netten, immer schon etwas »hysterischen Weltverbesser – aber sympathisch«. Am Schluss, nachdem Dr. Waldorf und Baumgarten tot sind, stellt

Die ersten Einstellungen von DER POTT

sich heraus, dass Waldorf Baumgarten mit dem Gutachten des an Krebs gestorbenen Rheinschiffers erpressen wollte. Als Zuschauer ist man empört: Da beklagt sich der Öko-Guru gegenüber Schimanski, dass die Erde vor die Hunde gehe und einer die Probleme dem anderen zuschiebe, bereichert sich aber in egoistischer und krimineller Weise an dem Leiden anderer. Dafür erhält Waldorf die gerechte Strafe und wird von Baumgarten im Streit getötet. Baumgarten selbst verkörpert den korrupten und eiskalten Industriellen; um ihn in das eigene Weltbild einzusortieren, nennt Schimanski ihn der Einfachheit halber »Chemie-Lude«. Die intrigante Jacky Ruhl, Arzthelferin bei Waldorf und Geliebte Baumgartens, verschafft Schimanski in KIELWASSER die übliche Frauengeschichte, also die übliche Enttäuschung. Und nachdem der aalglatte Industrielle und der kriminelle Öko-Fanatiker weggeschafft sind, ist auch der zeitgeschichtliche Konflikt Ökonomie/Ökologie aus der TATORT-Welt herausinszeniert.

TATORT als trojanisches Pferd, das politische Inhalte über den Umweg einer spannenden Handlung in den Fernseh-Diskurs einschleust (so hat es der Thanner-Darsteller Eberhard Feik einmal beschrieben) – das scheint im vorliegenden Fall nicht zuzutreffen. Nehmen wir eine andere Folge. Die Folge DER POTT begibt sich Ende der achtziger Jahre noch einmal in das Arbeitermilieu und erzählt das tragische Schicksal des Arbeiterkindes und Polizeibeamten Jo Wilms. Auch hier erfolgte die Themenwahl nicht zufällig. 1988 kommt es in Duisburg-Rheinhausen zu Demonstrationen gegen die Schließung des Krupp-Stahlwerks. Bei einer

Vorpremiere des Films in einem Essener Kino bittet Götz George um Spenden für die streikenden Arbeiter und deren Familien. DER POTT benutzt den Arbeitskampf als aktuellen Aufhänger. Der zweite Aufhänger für die Geschichte ist eine kurze Meldung aus dem *Spiegel* vom 28.3.1988, in der von »Anti-Aufruhr-Einheiten« berichtet wird, die »an Objekten gesellschaftlicher Spannung« ein »qualitatives Aufschaukeln verhindern« sollen. Zu Beginn der TATORT-Folge wird der *Spiegel*-Bericht eingeblendet, vorgelesen und wichtige Stellen mit einem Textmarker hervorgehoben. Beide Diskurse komponiert DER POTT zu einem Politkrimi, wobei der aktuellen Situation des Arbeitskampfes das Szenario einer Deeskalation durch vorgreifende Kontrolle (die Korrumpierung des Gewerkschafters Broegger, der Spendenraub) unterlegt wird. Ende der achtziger Jahre entdeckt der Schimanski-TATORT Politik als gefährliches unsichtbares Netz von Kontrollstrategien, die sich nicht in handgreiflichen Auseinandersetzungen und als physische Unterdrückung manifestieren – Foucault lässt grüßen. Bekennende 68er in den Führungsetagen der »Weststahl«, so heißt das Werk im POTT, bedauern es außerordentlich, dass wieder einmal ein Aufstand misslingt.

Jo Wilms stellt sich schließlich als der Mörder des Gewerkschafters Broegger heraus. Die Verzweiflung über den Selbstmord seines Vaters (»nach vierzig Jahren – wegrationalisiert, eingespart, Ausschuss«) und die Wut gegenüber dem Arbeiterverräter Broegger treiben ihn zu der Tat. Schimanski muss also den Mörder in den eigenen Reihen suchen. Die Duisburger Mordkommission und eine BKA-Sonderkommission ermitteln gegeneinander. Das BKA (wohin Thanner in dieser Folge wechselt, er schafft aber auch hier nicht den häufig beargwöhnten Karrieresprung) überwacht also nicht nur, es greift in die Dynamik gesellschaftlicher Prozesse ein. DER POTT hätte das Ende der Schimanski-TATORTe oder der gesamten Reihe sein können: Am Ende der achtziger Jahre, wo an jeder Straßenecke vom »Ende der Geschichte« und dem »Verschwinden des Politischen« die Rede ist, löst sich auch das Duisburger Ermittler-Duo vorübergehend auf. Jo Wilms zwingt Schimanski zum finalen Rettungsschuss, hinterlässt den streikenden Arbeitern dadurch eine Lebensversicherung und folgt seinem Vater in den Tod. Anschließend wirft Schimanski Königsberg Dienstjacke und -ausweis vor die Füße, da das BKA verfügt hat, dass über die Spitzeltätigkeit des Gewerkschafters Broegger nichts an die Öffentlichkeit kommen dürfe. Mehrtägiges Saufen folgt, Rio Reiser singt »*Es ist Schicht, Ende, Aus*«, und Schimanski wankt sturzbesoffen auf das einschlägige Industriepanorama zu. Gegenüber 1981, DUISBURG-RUHRORT, hat sich vieles verändert: Das Kopfsteinpflaster ist Verbundsteinen gewichen, Schimanski ist fertig mit der Welt, nur regnen tut es immer noch.

DER POTT bietet ein dichtes Milieu. Arbeiterfamilie, Nachbarschaft, Leben in der Arbeitersiedlung, Sonntagmittag: Kaninchen mit Rotkohl. Schimanski bewegt sich mit größter Selbstverständlichkeit unter den Streikenden, trinkt ihren Kaffee, liest die Flugblätter. Wir merken, er steht auf ihrer Seite, und die Aufklärung des Mordes, so seine Hoffnung, wird den Streikenden auch die gestohlene Kasse zurückbringen. Seine Ohnmacht am Ende des Films ist eine Reaktion auf die Macht des BKA, das, so möchte DER POTT glauben machen, Arbeitskämpfe zwar noch nicht künstlich erzeugt, aber wie bei einem Puppenspiel die Fäden in der Hand hält, wenn es darum geht, »gesellschaftliche Brandherde« zu löschen. In der Realität hat 1987 die Meldung von der geplanten Schließung des Rheinhausener Krupp-Stahlwerks zu einer Welle der Sympathie geführt. Alle Parteien (außer der FDP), Bischof Hengsbach, die FAZ und das *Neue Deutschland* waren sich einig, dass den Arbeitern geholfen werden muss. Schimanski als nationale Ikone wird im POTT zum Platzhalter dieser empörten Mehrheit. Seine Frustration spiegelt die Ohnmacht der »Mehrheit der Bevölkerung«, lädt sie auf seine breiten Schultern. Wie diese Massensolidarität grenzt auch die im POTT entfaltete Verschwörungstheorie ein Stück der Wirklichkeit aus, die Tatsache nämlich, dass die Mengen an Stahl, die im Ruhrgebiet produziert werden, nicht mehr gebraucht werden.

Die bewährten Schimanski-Autoren Axel Götz und Thomas Wesskamp sowie die Regisseurin Karin Hercher (sie arbeitete am Berliner Ensemble und siedelte Mitte der achtziger Jahre in den We-

Jo Wilms (Thomas Rech, r.) in DER POTT

sten über) stellen sich mit dieser Folge in den Dienst bewährter TATORT-Prinzipien: Aktualität, Regionalität, Politisierung der Krimihandlung. DER POTT zögert den Sprung in die Krimihandlung so lange als möglich heraus und reichert sich an mit »außerfilmischen« Material. Zuerst wird der *Spiegel*-Artikel zitiert, dann singt Rio Reiser auf einer (fiktionalen) Kundgebung. Über dokumentarische *shots* der Stahlwerke nähert sich die Kamera dem Stahlwerk als fiktionalem Handlungsort. Transparente kommen in den Blick (*Arbeitskampf = Demokratie ... Wir streiken für unsere Zukunft ... für Arbeitsplätze in Duisburg ... gegen Sozialabbau ...*). Mit einer gewissen Verwunderung registriert man Parolen wie *Kampf dem Kapital, alle Macht den Räten*.

Schimanskis Körper verschmilzt hier mit der Streik-Symbolik der Arbeiter. Keine Kamerabewegung, bei der er nicht ein Transparent streift oder mit einem Streikenden ein paar warme Worte der Solidarität wechselt. Gegen die Aggression der örtlichen Polizei (die sich 1987 in Rheinhausen bei der Besetzung der Rheinbrücke im Gegenteil demonstrativ mit den Streikenden solidarisierte) nimmt er die Betroffenen in Schutz. Es kommt zu Kampfszenen, wo sich Streikende und Polizei, durch das Werkstor getrennt, an den Kragen gehen. Die tatsächliche Besetzung der Rheinbrücke im Dezember 1987 wird im POTT als Fackelzug wiederaufgeführt und dient als Spielsituation, in der es dem moralischen Mörder Jo Wilms beinahe gelingt, der Masse der Streikenden einen vermeintlichen Täter zu liefern.

Die ausweglose Situation der Stahlarbeiter, zudem der fehlende Durchblick bei der Mordsache, lassen Schimanski resignieren. DER POTT überhöht die Befindlichkeit des Kommissars zum Nationalgefühl. Anhand eines dichten Systems von populären Zeichen und Schimanski-Markenzeichen amalgamiert seine Privatwelt mit dem Betroffenheits-Konsens der allgemeinen Öffentlichkeit. Noch einmal seine Junggesellenwohnung: Boxhandschuhe und Springsteen-Poster an der Wand, das Motorrad steht in der Ecke. Im Fernsehen geht es um Rheinhausen, er kann es nicht mehr hören und nimmt sich den letzten Schluck Whisky. Stereoanlage an, Rio Reiser: »Fernsehen an, Fernsehen aus, Schnaps im Kopp, Wut im Bauch, Alkohol, nix auf Tasche, fühl' mich wie 'ne Einwegflasche ... Was tun? ...« Schimanski trinkt, setzt sich auf sein Motorrad, schaltet es an, gibt Gas. »Was tun? Die Welt auf'n Kopf stell'n oder auf die Beine?« Er lacht müde und irgendwie desillusioniert in sich hinein. Irgendwann tritt er ans Fenster, schaut auf die Duisburger Industrielandschaft. »Was tun? Die Welt auf'n Kopf stell'n oder auf die Beine?« Die Fackeln der Raffinerien brennen noch.

Schimanski/Georges Körper ist im POTT das Stellvertreter-Objekt allgemeiner Empörung. Schon in DER TAUSCH hält er den Kopf hin für ein diffuses nationales Unbehagen. Als er dem schwarzen Amerikaner (es wird nicht klar, ob er ein FBI-Mitarbeiter oder ähnliches ist; in seinem Straßenkreuzer, im schicken Anzug sieht er aus wie eine Mischung aus Louis Armstrong und bösem Kolonialherren) seine Version des Kalter-Krieg-Szenarios mitteilt (»Für mich ist die ganze Welt ein großer Arsch. Und die rechte Arschbacke, das sind die Amerikaner, ja, die linke Arschbakke, das sind die Russen. Und wir hier in Europa, wir ... wir sind das Arschloch.«), landet er wie das gestürzte Manns-Bild Leonardo da Vincis in einer Regenpfütze.

Um die Entführungsgeschichte gruppiert DER TAUSCH jede Menge zeitgeschichtliche Referenzen, von Naher Osten (USA-Iran-Konflikt) über Nato-Doppelbeschluss bis zu dem offenbar immer noch aktuellen Topos Staatsräson/Erpressbarkeit des Staates/Terrorismus. Im Alleingang – er ist »aus dem Fall raus« – befreit er den kleinen Simon aus den Händen arabischer/palästinensischer/iranischer Geiselnehmer. Die Frau, die er dabei als Geisel mitnimmt, wird von ihren männlichen Komplizen brutal über den Haufen geschossen, weil sie sich mit Schimanski im Fluchtwagen befand.

Internationales Verbrechen und Zuwanderungs-Problematik werden Ende der achtziger Jahre brisant. »Horch, was kommt von draußen rein ...«, pfeift Thanner zu Anfang des Films. Schimanski antwortet mit »Ich hasse Fanatiker«. Am Schluss stellt er fest: »Für diese Vögel [Waffenschieber? Terroristen? Araber? Iraner? Palästinenser?] gibt es keine Grenzen«. Gegen Ende der siebziger Jahre wurde in der Bundesrepublik die »Ausländerfrage« zum öffentlichkeitswirksamen Thema. Baden-Württembergs Ministerpräsident Filbinger sprach sich für die Rotation ausländischer Arbeitnehmer aus, damit »junge, frische« Arbeitskräfte ins Land kommen. Mitte der achtziger Jahre ist Deutschland Schauplatz weltpolitischer Krisen – ein Land, so muss man Schimanski in DER TAUSCH verstehen, ohne Grenzen, von fremden Interessen instrumentalisiert. Die Industrie profitiert vom Rüstungswettlauf, und die Spitzenforschung (in der Handlung der Physiker Bohn) geht freiwillig ins Gefängnis, damit das Wissen nicht in die Hände des Irans gerät.

BLUTSPUR (20.8.1989) phantasiert den Kontext »Bundesrepublik als Schauplatz der Weltpolitik« weiter. Der Bürgerkrieg im multiethnischen und -religiösen Libanon scheint auch auf die Bundesrepublik überzugreifen, was Schimanski zu der verzweifelten Frage bringt, »wer hier eigentlich gegen wen kämpft«. Blutkonserven aus Polen sollen an die PLO verkauft werden. »Arabische Nationalisten« bzw. »Schiiten«, die gegen einen Palästinenserstaat kämpfen, möchten das verhindern. Von einem Schrottplatz, auf dem die polnischen Fernfahrer, die den Transport der Blutkonserven durchführen sollten, erschossen wurden, fahren Schimanski und Thanner erst einmal zum Mittagessen in einen Orient-Imbiss. BLUTSPUR stößt den Zuschauer mit der Nase auf die Ambivalenz des Fremden als Bestandteil und Bedrohung der eigenen Kultur. Auf das Büro zur Befreiung Palästinas in Essen-Stehle wurde ein Anschlag verübt. Ein Hotel, in dem sich ein Büro dieser Organisation befand, fliegt in die Luft. Schimanski und Thanner kommen mit dem Schrecken davon. Thanner: »Falls du das hier immer noch nicht geschnallt haben

»Was tun?«: DER POTT

solltest, ich geb' dir mal ein Stichwort, ja –«, Schimanski: »Da bin ich aber gespannt«, »Libanon, Horst, Li-ba-non«. Den orientalisch aussehenden Portier fragt Thanner: »Wissen Sie eigentlich, was ein Hisbollah ist, ein Ajatollah, ein Amal-Schiit, ha? Gibts noch mehr: Makkabäer, Caldäer, Tscherkessen, Drusen, Amal-Schiiten.« BLUTSPUR evoziert den Libanon in Duisburg auf dem Schrottplatz: Thanner mit der Pistole im Anschlag, Araber auf dem Boden kauernd, mit erhobenen Händen und dahinter ein brennender Mercedes (ein beliebtes Modell, es ist der gleiche Wagentyp, aus dem Hanns Martin Schleyer von der RAF entführt wurde).

Der Libanon in Deutschland – Deutschland und die Weltpolitik – das eigene Land als multikulturelle Gemengelage. Im Schimanski-TATORT gibt es eine Kontinuität in der Beschäftigung mit diesem Thema. Bereits in DUISBURG-RUHRORT treten türkische Emigranten als integrierter Bestandteil der eigenen (Eß-)Kultur auf und als undurchschaubare türkische Männergesellschaft, die mordet und Waffen (für wen oder was auch immer) verschiebt. DUISBURG-RUHRORT wie auch DER TAUSCH kultivieren die Rede von den »Hintermännern«, von transnationalen Verbrechernetzen, »an die man nicht herankommt«. Mit auffälliger Unentschiedenheit werden Ausländer als ein janusköpfiges Phänomen präsentiert: eine willkommene Bereicherung der deutschen Kultur, zugleich aber auch das dunkle Wesen, das einen Verbrecherapparat (»Fanatiker«) im Gepäck hat. BLUTSPUR deutet die globale Situation als eine Lage, die bei Schimanski und Thanner zu Handlungsunfähigkeit führt. Man hört Namen, kennt aber ihre

»Politik Scheiße«: BLUTSPUR

Schreibweise nicht und findet sie auch nicht im Fahndungscomputer. Menschen sterben, Autos fliegen in die Luft, man weiß aber nicht, wer gegen wen kämpft. Der Libanon als gescheitertes multikulturelles Projekt par excellence überzieht die ganze Welt mit Krieg. BLUTSPUR interpretiert den Bürgerkrieg im Libanon als faktische Weltordnung, als globale und nicht eingrenzbare Bedrohung. Schimanski ermittelt gegen den polnischen Blutkonserven-Dealer Leszek (Vadim Glowna) und stellt die arabischen Terroristen schließlich in einem Karambolage-Rennen. Doch es ist offensichtlich, dass ein Schimanski gegenüber dem transnationalen Terrorismus ohnmächtig bleiben muss. »Politik Scheiße«, stammelt Leszek, als das Blut aus seinem LKW, von den Arabern zerschossen, herausspritzt. Schimanski: »Das ist das erste Mal in deinem Leben, Leszek, dass du die Wahrheit sagst«.

ZAHN UM ZAHN beginnt mit einer Massenszene, die Konflikte innerhalb der Bundesrepublik thematisiert, was ungewollt zu absurden und komischen Situationen führt. Dieser erste Kino-Schimanski löst das tagesaktuelle Problem Wohnraumzerstörung/Hausbesetzung nämlich in ein Protest-Ballett auf, bei dem sonderbares Personal auftritt. Zuerst sind die Straßen der zum Abriss bestimmten Siedlung des Industriellen Gassmann leer. Dann kommt ein Rockerclub herangefahren, stellt die Motorräder ab und versorgt sich mit Dachlatten. Währenddessen nimmt die Polizei Aufstellung und wartet auf die ersten Angriffe (»Schilder aufnehmen. Rechts um!«). Kindergartenkinder durchkreuzen die Szenerie, ein Lied auf den Lippen: »Gri Gra, Grassmann, wir zünden dir den Arsch an.« Irgendwann treten dann auch Punks auf und Jugendliche mit Südstaatenfahne auf der Kut-

BLUTSPUR

te. Autos brennen, Polizisten dreschen auf »Demonstranten«, »Demonstranten« auf Polizisten ein. Die Rocker/Demonstranten schmeißen Mollies in die Häuser hinein, aus denen wiederum Hausbesetzer hinausschreien und gestikulieren. Dieser Protest-Stadl verweigert jedwede Differenzierung politischer Zusammenhänge. Sie zeigt weder Punks noch Rocker noch Hausbesetzer, sondern ein Gemisch aus allem. Die konkreten zeitgeschichtlichen Akteure werden herbeigerufen und sogleich als »jugendlicher Pöbel« unkenntlich gemacht. Was dabei herauskommt, ist eine kulturkritische Klamotte: Eine Gesellschaft, anders kann man es nicht verstehen, betreibt Konflikt-Gymnastik. Protest wird auf Randale-Parolen verkürzt, die nicht einmal von den eigentlichen Akteuren artikuliert werden, sondern von Kindern, was den Protest wohl als »humanitär geboten« ausweisen soll und wodurch er sich der diffusen linksliberalen Gesinnung des Schimanski-TATORT Genüge leistet.

Schimanski schwitzt, stöhnt und brüllt zwischen den Konfliktlinien (mit den Polizisten, so erfahren wir, spielt er Fußball, die für ihn stets verfügbaren Rocker bringen ihn zur Grassmann-Villa). Dort überspringt er den Polizeicordon mit einem Motorrad, verhört Grassmann (Charles Brauer) wegen der Mordsache und setzt sich für die Erhaltung der Arbeitersiedlung ein. Zeitgeschichte gerät hier zur unfreiwilligen Farce: Der Industrielle, der einfachen Leuten die Arbeit wegnimmt, woraufhin diese sich und ihre Familie umbringen, lässt auch eine gesamte Wohnsiedlung abreißen, da sie sich nicht mehr rechnet. Protestbewegungen von den Ökos bis zur Hausbesetzerszene tummeln sich in ZAHN UM ZAHN, sie erscheinen jedoch derart klischeehaft und undifferenziert gezeichnet, dass darunter die realen Subkulturen der achtziger Jahre zu Krawall-Chargen reduziert werden.

Das Hineinbasteln von zeitgeschichtlichen Versatzstücken in die Handlung, eine Arbeit mit Reibungsverlusten, denen kein populärer Diskurs entkommt, begräbt in den politisch ambitionierten Schimanski-Folgen manches Mal die Wirklichkeit unter sich. Zeitgeschichte ist dann nur noch eine schwerverdauliche Sozialsoße, mit der sich der Krimiplot gesinnungsmäßig veredeln lässt. Vielleicht ist SCHWARZES WOCHENENDE der Schimanski-TATORT, der politisch am überzeugendsten ist, gerade weil er sich politischer Aktualität verweigert. Er handelt von der Fehde zweier Möbelfabrikanten-Familien aus dem Sauerland. Im Vordergrund steht die neurotische Familiengeschichte der Möhlmanns. Zur missbrauchten, liebesunfähigen und tablettenabhängigen Reinhild Möhlmann entwickelt Schimanski ein fast zärtliches Verhältnis. SCHWARZES WOCHENENDE kommt ohne zeitkritischen Popanz aus, er muss sich nicht als Krimi rechtfertigen. Durch den schlaflosen Rhythmus (die Handlung spielt an drei Tagen eines Wochenendes, die Aufeinanderfolge der Tage wird im Bild eingeblendet) vollziehen wir Schimanskis Befindlichkeit nach, die hier nicht mit einer nationalen Stimmungslage oder Ähnlichem kurzgeschlossen ist. Die politische und historische Dimension kommt eher unaufdringlich anhand des stückchenweise sich zusammensetzenden Portraits einer kaputten deutschen Familie herein. Je direkter indes der Schimanski-TATORT an der politischen Aktualität anknüpft, je prominenter das historische Ereignis ist, umso größer scheint die Gefahr, dass man ihn am realen Ereignisverlauf misst, er die Fahne des politischen Engagements vor sich her trägt und im schlechten Sinne öffentlich-rechtliche »Unterhaltung mit Anspruch« betreibt.

DER POTT balanciert mit einer gewissen Virtuosität zwischen Sozialkritik, Politthriller und Milieukomödie. Er legt die Materialien seiner Story offen, entgeht damit der Falle, historischen Ereignissen und den gewohnten Mustern ihrer medialen Repräsentation »gerecht« werden zu müssen, und gewinnt dadurch die Freiheit, der Wahrheit über den Umweg der Fiktion möglicherweise sogar näher zu kommen. Das muffige, aber gemütliche Milieu der Arbeitersiedlung kann man entspannt genießen, da es nicht schwermütig und mit schlechtem Gewissen an der »Situation des Arbeiters« klebt, vielmehr häufig mit Eleganz ins Komödiantische umschwenkt. Der Schulterschluss zwischen Politik und Unternehmern ist intelligent und spannend in Szene gesetzt und lässt Jo Wilms Verzweiflungstat nachvollziehbar erscheinen. Mit Jos Bruder Hugo, dem »Diplom-Zyniker« (»... außerdem bin ich gar nicht arbeitslos – arbeitsscheu ... ich lass' mich doch schon von 'ner frischen Unterhose korrumpieren ...«), kommt zudem ein Element ins Spiel, das das Konzept Schimanski und überhaupt des TATORT-Ermittlers auf witzige Weise ins Stottern bringt.

Hugo ist sicherlich eine der klügsten und witzigsten Nebenfiguren der Reihe. Er wird von der Ruhrpott-Kanone Willy Thomczyk gespielt, der nebenberuflich als diplomierter Fußballfan im Deutschen Sport Fernsehen (DSF) und in Nike-Werbespots auftritt. Hugo lebt in einem Gartenhaus der Siedlung mit Lenin-Statue vor der Tür, Engels und Che Guevara an der Wand und MEW-Bänden auf dem Tisch. (In der Rheinhausener Margaretensiedlung wurde während des Streiks 1987 eine Krupp-Büste vom Sockel geholt.) Als Hugo darüber philosophiert, dass es nicht die eine Wahrheit gebe (natürlich möchte er damit auch den Mord seines Bruders decken), sondern nur Wahrheiten, gerät Schimanski ins Stottern. Hugo hat sich gerade ein *König*-Pilsner aufgemacht, er steht Schimanski ge-

Horst Schimanski, Friedrich Engels, Hugo Wilms

genüber, zwischen ihnen das Engels-Bild:
Schimanski: »Es gibt ja auch noch sowas wie Mo-Moral.«
Hugo: »Moral? Wer am meisten zahlt, darf sie vögeln, von vorne wie von hinten.«

Schimanski ist keine politische Figur, kein Linker. In dem meisten Fällen ist er wie jeder TATORT-Kommissar: »irgendwie moralisch«. Sein Erfolg hat ihn festgelegt: So wurde er zum aufdringlichen Frauentherapeuten, ein alternder WG-Typ, den eigentlich keiner um Hilfe gebeten hat, zum Greenpeace-Aktivisten und Arbeitskämpfer. Als populäres Image angelegt, wurde er am Ende seiner Karriere zu oft zum Volkstribun ernannt, sein Körper zum Volks-Körper für das politische Unbehagen der allgemeinen Öffentlichkeit aufgeblasen. Das war dann nicht mehr der Horst von früher. Wir haben ihn in den achtziger Jahren geliebt, weil er die Utopie eines Normalmenschen vermittelte, der selbstbewusst mit seinem Körper im Alltag lebt, den Alltag atmet und ausschwitzt. ♦

Hauptkommissare Schimanski und Thanner – Sämtliche Folgen, chronologisch:

DUISBURG-RUHRORT (WDR, 28.6.1981)
Regie: Hajo Gies.
Buch: Horst Vocks, Thomas Wittenburg.

GRENZGÄNGER (WDR, 13.12.1981)
Regie: Ilse Hofmann.
Buch: Felix Huby.

DER UNSICHTBARE GEGNER (WDR, 7.3.1982)
Regie: Hajo Gies.
Buch: Horst Vocks, Thomas Wittenburg, Hajo Gies.

DAS MÄDCHEN AUF DER TREPPE (WDR, 27.6.1982)
Regie: Peter Adam.
Buch: Martin Gies.

KUSCHELTIERE (WDR, 12.12.1982)
Regie: Hajo Gies.
Buch: Chiem van Houweninge.

MIRIAM (WDR, 3.4.1983)
Regie: Peter Adam.
Buch: Horst Vocks, Thomas Wittenburg, Peter Adam.

KIELWASSER (WDR, 25.3.1984)
Regie: Hajo Gies.
Buch: Chiem van Houweninge.

ZWEIERLEI BLUT (WDR, 22.7.1984)
Regie: Hajo Gies.
Buch: Felix Huby, Fred Breinersdorfer.

RECHNUNG OHNE WIRT (WDR, 9.12.1984)
Regie und *Buch:* Peter Adam.

DOPPELSPIEL (WDR, 31.3.1985)
Regie: Hajo Gies. *Buch:* Christoph Fromm.

DAS HAUS IM WALD (WDR, 18.8.1985)
Regie und *Buch:* Peter Adam.

DER TAUSCH (WDR, 13.4.1986)
Regie: Ilse Hofmann.
Buch: Chiem van Houweninge, Hartmut Grund.

SCHWARZES WOCHENENDE (WDR, 10.8.1986)
Regie: Dominik Graf.
Buch: Dominik Graf, Bernd Schwamm.

FREUNDE (WDR, 28.12.1986)
Regie: Klaus Emmerich.
Buch: Horst Vocks, Thomas Wittenburg.

SPIELVERDERBER (WDR, 8.6.1987)
Regie: Pete Ariel.
Buch: Felix Huby, Hartmut Grund.

ZAHN UM ZAHN (WDR, 27.12.1987 [Kinostart: 10.10.1985])
Regie: Hajo Gies.
Buch: Horst Vocks, Thomas Wittenburg, Hartmut Grund, Hajo Gies.

GEBROCHENE BLÜTEN (WDR, 1.5.1988)
Regie: Hajo Gies.
Buch: Martin Gies.

EINZELHAFT (WDR, 21.8.1988)
Regie: Theoder Kotulla.
Buch: Frank Göhre.

MOLTKE (WDR, 28.12.1988)
Regie: Hajo Gies.
Buch: Axel Götz, Jan Hinter, Thomas Wesskamp.

DER POTT (WDR, 9.4.1989)
Regie: Karin Hercher.
Buch: Axel Götz, Thomas Wesskamp.

BLUTSPUR (WDR, 20.8.1989)
Regie: Werner Masten.
Buch: Peter Steinbach.

KATJAS SCHWEIGEN (WDR, 3.12.1989)
Regie: Hans Noever.
Buch: Uwe Erichsen.

MEDIZINMÄNNER (WDR, 13.5.1990)
Regie: Peter Carpentier.
Buch: Chiem van Houweninge.

ZABOU (WDR, 22.7.1990 [Kinostart: 5.3.1987])
Regie: Hajo Gies.
Buch: Martin Gies.

SCHIMANSKIS WAFFE (WDR, 2.9.1990)
Regie: Hans Noever.
Buch: Hans Noever, Wolfgang Hesse, Uwe Erichsen.

UNTER BRÜDERN (WDR/DFF, 28.10.1990)
Regie: Helmut Krätzig.
Buch: Helmut Krätzig, Veith von Fürstenberg.

BIS ZUM HALS IM DRECK (WDR, 9.6.1991)
Regie: Peter Carpentier.
Buch: Chiem van Houweninge, Wolfgang Hesse.

KINDERLIEB (27.10.1991)
Regie: Ilse Hofmann.
Buch: Gabi Pauler, Hartmut Grund.

DER FALL SCHIMANSKI (WDR, 29.12.1991)
Regie: Hajo Gies.
Buch: Axel Götz, Thomas Wesskamp.

Weitere erwähnte Folge:

KRESSIN UND DER TOTE MANN IM FLEET
(WDR, 10.1.1971)
Zollfahnder Kressin
Regie: Peter Beauvais.
Buch: Wolfgang Menge.

Schimmi und das Hysterische

Von Michael Rutschky

Die Wahrheit, lehrt Adorno, hat einen Zeitkern. Was heute mit unwiderleglicher Evidenz begabt scheint, verfällt morgen einer zersetzenden Skepsis, die nur Missbehagen zurücklässt und ein leicht verächtliches Staunen, dies da habe gestern noch begeistert – unvorstellbar. So ist es mir mit Horst Schimanski gegangen.

Ich erinnere mich genau, wie frenetisch wir ihn in den Achtzigern begrüßt hatten. Das, versicherten wir immer wieder, sei die richtige Antwort auf Haferkamp und die traurigen Siebziger. (Angeblich schenkt Haferkamp Schimanski zum Geburtstag mal Peter Handkes *Der kurze Brief zum langen Abschied*, und Schimanski liest das Buch natürlich nie.) Unterdessen macht jedes Wiedersehen mit dem eleganten und desillusionierten Haferkamp ungetrübt Freude; während man beim Wiedersehen mit Schimanski geschmerzt und peinlich berührt das Gesicht verzieht.

Haferkamp, behaupte ich gerne, habe unzweifelhaft etwas vom Charisma Humphrey Bogarts zugeteilt bekommen. Bitterkeit ohne Ressentiment, Integrität ohne moralische Eitelkeit. Ein deutscher Beamter im Essen der siebziger Jahre nimmt Züge von Raymond Chandlers Philipp Marlowe an: Das soll ihm erst mal einer nachmachen. Aber wenn Haferkamp Bogart ist, wer ist dann Schimanski?

Ich fürchte: John Wayne. Wie dieser wird Schimanski vollständig dadurch charakterisiert, dass er

Integrität ohne Eitelkeit: Kommissar Haferkamp

Brusttaschen: Die »Schimmi-Jacke«

Probleme mit seiner Männlichkeit hat, völlig unklare Probleme, denn zugleich inszenieren sich ja beide durch und durch als Mann.

Aber Schimanski kriegt – ebenso wie John Wayne – nie das Mädchen. Zwar besteht er zu hundert Prozent aus Männerfleisch, aber wenn er plötzlich Zugriff auf eine Frau hat, verwandelt er sich ganzkörperlich in ein ebenso scheu wie aufgesetztes Lächeln – besonders fiel mir das jetzt noch einmal an KUSCHELTIERE (12.2.1982) auf, als er in Amsterdam sich plötzlich genötigt sieht, eine Frau zu umwerben. Thanner, mit Fliege und korrektem Anzug, traut man dagegen weit selbstverständlichere Frauengeschichten zu, und er hat ja auch welche.

Stets laden die gedoppelten Kommissare dazu ein, sie als Ehepaare zu lesen. Stoever ist der poltrig-rücksichtslose Mann, Brockmöller die intelligente und stets besser orientierte Frau usw. In der Schimanski-Thanner-Konstellation spielt Schimmi für meine Begriffe unverkennbar den weiblichen Part. Man übersieht den Schnauzer und hält sich an die mit Haarfestiger aufgeföhnte Frisur; vor allem aber imponiert als weiblich Schimanskis Gefühlsseligkeit, die Thanner immer wieder als männliche Verkörperung des Realitätsprinzips dämpfen muss: Angesichts der durch das Verbrechen verkörperten Schlechtigkeit der Welt erweist sich Schimanski immer wieder so fassungslos wie die Dame am Frühstückstisch, wenn sie in der Zeitung den Polizeibericht liest. Auch seine Intelligenz blockiert dann – so kenne ich es von Tante Hanna aus meiner Kindheit. Sie gab sich gern geschockt und hielt es für typisch männlich, will sagen: fühllos, wenn Onkel Henner sich gleich findig an die Lösung des Problems machte (worin immer es bestand). So verhält sich in der Regel auch Thanner. Wobei für Schimanski noch festzuhalten ist, dass eine typische Gefühlsmischung der Siebziger in die Achtziger schwappt und ihn überwältigt, nämlich »Wut und Trauer«. (Angesichts der vom Verbrechen nur indizierten Unvollkommenheit der Welt: Dieser Ausdruck von Schock geht dann, wenn ich richtig sehe, auf die übernommenen DDR-Kommissare über, auch die vom *Polizeiruf 110*, denen diese verbrecherische Welt ja tatsächlich noch ganz unbekannt war.)

Wer im *Close Reading* trainiert ist, das die Warburg-Schule der Kunstgeschichte noch den scheinbar abseitigsten ikonographischen Details zukommen lässt, wird Schimanskis Männlichkeitsprobleme prägnant in seiner Jacke dargestellt finden (die in den Achtzigern, auf dem Höhepunkt des Kults, als »Schimmi-Jacke« von den Kaufhäusern auf eigenen Ständern angeboten wurde). Schimanskis Jacke, als deutlichster Ausdrucksträger seiner Person und ihres Charakters inszeniert, weist zwei beutelartige Brusttaschen auf, die der Ikonograph ohne Mühe als (müde, erschlaffte) Brüste identifiziert. Wie bei John Wayne kippt die überinszenierte Männlichkeit ins Androgyne um.

Dabei ist Schimanskis keineswegs schwul, niemals würde er sich der Schwulengruppe, die ihn in DER FALL SCHIMANSKI (29.12.1991) umschwärmt, anschließen. Dafür ist sein Männerfleisch viel zu unentschlossen, und all die Entkleidungsszenen, denen Götz George sich unterziehen muss, zeigen doch immer nur einen alternden Beefcake im Slip (peinlich), der das gar nicht kann, sich als Beefcake vor der Kamera ausziehen, so dass es allen Freude macht. (Dies, meint K., sei als ein schweres Problem zu erkennen: dass Götz George immer einen viel jüngeren Mann spielen musste; was ihr die Schimanski-Filme außerhalb der TATORT-Reihe noch unerträglicher machte, »da ist er sechzig!«)

Vielleicht indiziert der zweifelhafte Schimanski die Fortschritte, die der männliche Exhibitionismus inzwischen gemacht hat. Die Barkse der Hip-Hop-Clips, auch die Barkse bei *Big Brother* haben nicht die geringste Schwierigkeit, sich als Männer und auch halbnackt vor der Kamera passiv zu präsentieren. Sie bleiben dabei ohne jeden weiblichen Ausdrucksanteil. In den Achtzigern aber, als Schimanski den neuen Mann verkörpern musste, der es zulässt, wenn Wut und Trauer ihn übermannen, statt sich in Haferkamps bitter-elegantes Lächeln zurückzuziehen, damals waren wir noch nicht soweit. Und deshalb macht Schimanski inzwischen eine so unglückliche Figur. Seinerzeit als neueste Neuerung gepriesen, ist er unterdessen wie John Wayne auf dem Kehrichthaufen der Männerbilder gelandet, während wie Humphrey Bogart zu sein eine erstrebenswerte Männerphantasie bleibt. Und das auch noch fast unabhängig vom Lebensalter. ♦

Erwähnte Folgen:

Hauptkommissare Schimanski und Thanner:
KUSCHELTIERE (WDR, 12.12.1982)
Regie: Hajo Gies.
Buch: Chiem van Houweninge.

DER FALL SCHIMANSKI (WDR, 29.12.1991)
Regie: Hajo Gies.
Buch: Axel Götz, Thomas Wesskamp.

»Broken Heroes Are Fallen Angels.« GEBROCHENE BLÜTEN

Von Jutta Scherp

Mein Lieblings-TATORT ... Ja, es muss wohl ein Schimanski sein. Ein Schimanski. Zuerst Schimanski, dann TATORT. Warum? Sicher, es mag mittlerweile geistreichere Kollegen, plastischere Figuren, pointiertere Witze, realistischere Plots oder einfach spannendere Fälle geben. Aber Schimanski prägte als Innovation seiner Zeit – und die achtziger Jahre waren wohl auch meine Fernsehsozialisationszeit – die Figur des Kommissars maßgeblich. Wer durfte je wieder so tollkühn über die Stränge schlagen? Die schwarzen Schafe sind eben meist die nettesten ...

Also ein Schimanski. Ein Schimanski, in dem er es mal wieder allen zeigt: seinen störrischen Eigenwillen, seine voreilige Ungeduld, seinen starken Körper und seine verletzliche Seele. Ein Schimanski, in dem Thanner mehr als ein besserwisserischer Kollege ist, in dem Hänschens Anwesenheit so beruhigend wirkt, in dem Königsberg die Jungs väterlich zurechtweist. Eben ein Schimanski wie GEBROCHENE BLÜTEN. Auch unter den Schimanski-TATORTen finden sich wahrscheinlich sowohl vom Plot, von darstellerischen Leistungen als auch von amüsanten Dialogen her bessere Folgen als GEBROCHENE BLÜTEN. Aber meinen Schimanski macht keine Einzelleistung aus, das Beste an ihm ist die beruhigende Wiederkehr des erfolgreich eingeführten, immer gleich guten Bullen und seiner bizarren Verhaltensmuster.

Bereits die Anfangssequenz von GEBROCHENE BLÜTEN (1.5.1988) lässt erahnen, dass der geneigte Zuschauer hier auf seine Kosten kommt. Es beginnt schon so angenehm gewöhnlich und vertraut ... Thanner ist natürlich vor Schimanski am Tatort. Während Thanner vor dem Buslenkrad sitzt und sich, unberührt vom Treiben um sich herum, auf ein Staubkörnchen konzentriert, kämpft Schimanski sich körperbetont durch die Menge zum Tatort. Thanner weiß Bescheid und gibt die Zeugenaussagen zur Tat wieder. Ein Mann ist beim Aussteigen aus einem öffentlichen Bus erstochen worden – vermutlich von einem Ausländer, der fliehen konnte. Man glaubt an die Tat eines Amokläufers.

Als die Leiche an einer Frau vorbei abtransportiert wird, ertönt zum ersten Mal der heiser-schwülstige Titelsong, Dieter Bohlens *Broken Hero*, gesungen von Chris Norman. Die Musik interpretiert den schicksalhaften Blickwechsel – der sensitive (doch, doch, situativ hat er immer wieder etwas Mimosenhaftes) Schimanski erkennt in der Frau die Witwe des Ermordeten. Ungelenk versucht er, die geschockte Manuela Prinz (Renate Krößner) zu trösten: Ob er sie nach Hause bringen soll oder sich jemand um sie kümmert? In Schimanskis breiter Brust beginnt sein großes, gutes Herz lauter zu schlagen. Die Musik wird wieder aufgezogen, »... broken heros are fallen angels, broken dreams are hard as stone ...«. Die paralysierte Ehefrau geht los und Schimanski hinterher. Sanft zieht er sie zur Seite, als sie vor das Verkehrsschild zu laufen droht. Sicher geleitet er sie nach Hause bis zu ihrer Tanzschule. Schimanski blickt ihr nach, »... there's no snowflake without a diver and I'm standing here alone ...«

Im Präsidium wird ein Phantombild erstellt – der Täter war ein Asiate, wie Schimanski messerscharf erkennt.

Wieder bei Manuela Prinz in der Tanzschule, erwischt Schimanski ein erneuter Blickwechsel. Ihr Blick ist anders als gestern – heute ist sie bestimmend und ungeduldig –, aber nicht weniger faszinierend für ihn. Auf seine Frage nach ihrer Ehe mit dem Ermordeten stellt sie frech die Gegenfrage nach seiner Ehe. Und der treuherzige Schimanski antwortet tatsächlich und gesteht mit großen Augen und Schulbubenlächeln, dass er »gerade noch mal so drumrumgekommen« sei.

Im Büro setzt er sich, angestrengt nachdenkend, auf Federboa und Tanzkleid, das sie ihm sanft entzieht. Schimanskis Mutmaßungen machen sie nachdenklich, Manuela Prinz versinkt in Erinnerungen.

Schimanski und Thanner gehen einem Hinweis nach und suchen die Wohnung des vermeintlichen Mörders auf. Als sie den illegalen Asiaten

Damenwahl (I): Schimanski und Thanner in der Tanzschule

nur noch erschossen auffinden, hat Thanner Mitleid mit »dem armen Teufel«. Ein dilettantischer Abschiedsbrief soll auf Selbstmord hinweisen. Mit einem alten Pfadfindertrick macht Schimanski mit einem Bleistift zwei Telefonnummern sichtbar – eine davon ist die Nummer der Tanzschule Prinz. Die Toten kannten sich doch schon vorher, also kein Amoklauf.

Schimanski joggt mit kurzer Hose und offenem Sweater durch die Rheinauen – neben ihm ein junger Spund. Ihr Trainingspfad läuft mitten durch eine Schafherde. Blökend laufen die Tiere auseinander. Nicht nur, dass unser Held sehenswert halbnackt durch die Gegend rennt, er hat offensichtlich auch eine Bombenkondition und kann es mit der Jugend gut – die nicht halb so attraktiv wirkt wie er selbst. Und weil der TATORT nunmal nicht in Amerika am Rio Grande, sondern in Deutschland am Niederrhein spielt, treibt er eben Schafe statt Pferde auseinander.

Das Bild wird durch Gegensätze akzentuiert. Thanner radelt dem sportlichen Kollegen auf einem klapprigen Hollandfahrrad hinterher, schließlich springt Schimmi behende auf den Gepäckträger – wird er denn nie erwachsen?!

Die spröde Manuela Prinz bittet Schimanski mitten in der Nacht zu sich in die Tanzschule. Sie hat Angst. Sie bekommt Drohanrufe. Sie soll mitmachen. Doch sie weiß gar nicht wobei. Jemand lauert ihr auf. Schimanski bringt die Prinz nach Hause. Dort wurde eingebrochen. Für seinen ernsthaften Schutz will Schimanski ernsthafte Aussagen; Manuela soll jetzt sagen, was sie weiß. Doch angeblich weiß sie nichts. Bei einem erneuten Anruf geht sie zum Schein auf die Forderungen des Mannes ein. Schimanski bestimmt den Treffpunkt.

Auf dem Präsidium telefoniert Thanner die Nummern aus Prinz' Telefonbuch durch – zweideutig plaudert er mit einer Prostituierten, mit der es leider zu keinem Rendezvous kommt. Schade, wo er sich nach eigener Aussage doch gerade eine neue Peitsche gekauft hat ...

Die Hinweise verdichten sich, dass Manuelas Mann Menschenhandel betrieben hat. Er schleuste Frauen aus Thailand als Tanzgruppen ein und vermittelte sie dann als Prostituierte weiter. Die Ermittler finden Papiere und Aufenthaltsgenehmigungen. Bald sollen neue Frauen ankommen.

Schimanski, Thanner und Hänschen observieren Manuela Prinz' Treffen mit dem ominösen Anrufer in einem Café. Endlich sind die Ermittler unter sich, es herrscht männerfreundschaftliche Atmosphäre. Hänschen experimentiert mit der Kamera und hat offensichtlich Schwierigkeiten mit dem Gerät. Ein Unbeteiligter stört die Eintracht, was Schimanski unsanft kommentiert: »Ich bin auch gleich nett zu Dir, das tut aber ein bißchen weh im Schritt«. Das kann Thanner nur mit hochgezogenen Brauen kommentieren.

Die schön angedachte Observierung erweist sich als schwierig. Nicht nur, weil Hänschen mit der Kamera nicht umgehen kann, auch Frau Prinz ist nicht ganz unschuldig daran. Thanner und Schimmi spurten durch die Stadt und verfolgen den Mann bis in ein Hotel. Trickreich erfährt Schimanski dessen Namen: Blatzer. (Der damalige Bösewicht ist heute ein »Guter«: Miroslav Nemec, bayrischer TATORT-Kommissar.)

Schimanski und Thanner beobachten das Hotel. Während Blatzer im Restaurant schlemmt, essen die beiden draußen Pommes. Schimanski hat seine Portion schneller auf und möchte jetzt noch von Thanners Pommes abhaben. Der ziert sich. Schimanski weist Thanner darauf hin, dass er »Heimkind« war. Doch Thanner belehrt ihn: »Du musst lernen, mit dem auszukommen, was Du hast!« Schließlich kapituliert der barmherzige Thanner entnervt und gibt Schimanski seine restlichen Pommes. Aber das Glück währt nicht lange – weder Schimanskis noch das der bis jetzt schmunzelnden Zuschauer. Mehr plump und einfältig als humoresk und slapstickhaft schüttet Schimanski seine Schale aus, die Pommes fallen zu Boden.

Thanner, Hänschen und weitere Kollegen sind derweil am Flughafen und beschatten die Ankunft der neuen »Tanzgruppe«. Die Frauen steigen in einen Transporter ein, Thanner und Hänschen nehmen die Verfolgung auf. Während Hänschen nach einem Snack am Flughafen die Fahrt zu einem kleinen Verdauungsschläfchen nutzt, lässt Thanner sich von den Frauenhändlern abhängen.

Wie ein Penner ist Schimanski auf einer Bank vor dem Hotel eingeschlafen. Irgendjemand würde irgendwann aufwachen und aufstehen, ein Schimanski wacht auf, weil er von der Bank fällt, als Blatzer sich ein Taxi nimmt. Nach einer sportiven Verfolgung wird Schimanski schließlich von Blatzers Bodyguard ausgeknockt. Der mitfühlende Zuschauer staunt hier gemeinsam mit Schimanski (»Ooh Mann, bist Du stark!«) über eine frühe komplexe darstellerische Leistung des ehemaligen Mr. Universum und heutigen Hollywood-Barbars, Ralf Möller.

Endlich, vertrautes Terrain, eine Standpauke von Königsberg, das Trio wird gerügt: »Haben sich austricksen lassen wie dumme Jungs.« Thanner rechtfertigt sich empört: »Jemand hat uns verraten!« Königsberg will nichts davon hören: »Schimanskis Einkreisungstaktik hat voll durchgeschlagen ... Was haben Sie sich dabei gedacht?« Freimütig bekennt dieser, von Blessuren gezeichnet: »... wahrscheinlich nicht so viel.«

Eben noch der zerknirschte Bengel, jetzt der wütende Racheengel. Schimanskis Berührungsängste finden zu ihrer ganz speziellen Ausdrucksform – besonders, wenn er sich verraten fühlt. Ungehalten stürmt er mitten in die Tanzstunde, aber die Prinzessin bleibt gleichgültig. Zwar kann er schließlich doch an ihrer Fassade kratzen, aber er nimmt den Mund zu voll. Die Strafe folgt auf dem Fuß – er stürzt über ein Sofa.

Thanner rügt Schimanski. Er weiß es besser, die Sex-Clubs seien zu durchsuchen.

Auf dem Präsidium ist die Hölle los. Diverse Nachtklubs sind ausgehoben worden, und die Damen werden in nicht immer entspannter Haltung verhört. Jeder Ermittler ist in seiner Methode professionell. Hänschen nimmt angenehm nüchtern die Protokolle auf und geht nicht auf Einzelschicksale ein. Der biedere Thanner muss sich nicht nur mit einem Transvestiten auseinandersetzen, son-

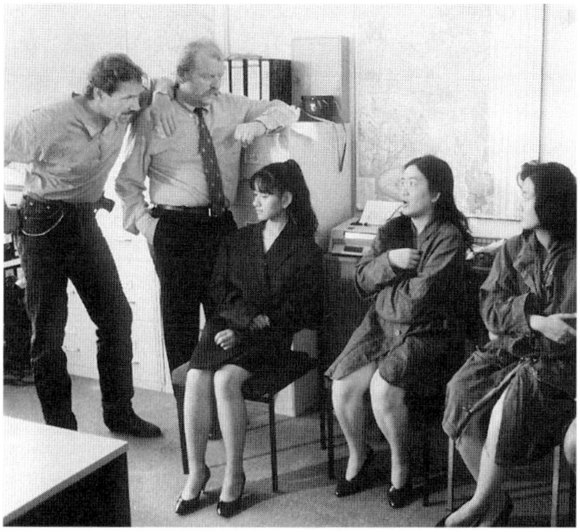

Damenwahl (II): GEBROCHENE BLÜTEN

dern versucht auch einfühlsam das Vertrauen einer offensichtlich mißhandelten Frau zu gewinnen. Und Schimanski verliert relativ schnell die Geduld – keine der verängstigten Frauen ist zu einer Aussage bereit. Die aufwendige Aktion scheint zu floppen. Auch will keine der Prostituierten die ebenfalls anwesende Manuela Prinz kennen; Schimanski wird ihrer einfach nicht habhaft. Und dabei gefällt dem narzißtischen Bullen diese sture stolze Manuela. Glaubt er doch, eine Wesensverwandte in ihr zu erkennen: harte Schale, weicher Kern. Wenigstens Thanners empfindsame Taktik hat Erfolg. Schließlich ist doch eine Frau bereit auszusagen. Der Verdacht gegen Blatzer erhärtet sich.

Quälend erinnern uns die ersten Takte von Normans Musik an Schimanskis ganz persönliches Problem. Auf dem Weg in seine Wohnung fängt ihn Manuela Prinz ab. Sie redet. Schimanski ignoriert sie. Sie schweigen. Die Frau ist aufgebracht, sie habe ihn nicht verraten. Schimanski will seine Ruhe. Er zieht seine Tür vor ihrer Nase zu. »Superbulle« giftet es von draußen – das kriegt sie zurück! Noch immer steht sie vor der Tür – und lädt ihn auf einen Drink ein. »... love is like a losers game, I never play again, I'm through with love forever ...«

Kerzen stehen auf dem Boden des weitläufigen, karg möblierten Raumes. Es ist nicht bei einem Drink geblieben; Schimanski ist betrunken. Manuela meint, dass sie eine schwache Frau sei. »Möchten Sie mein großer Beschützer sein?!« »Klar, ich beschütze Sie!« ...

Gott sei Dank weiß der gewogene Zuschauer ebenso wenig wie der schwer verkaterte Held, was nun genau in dieser Nacht geschehen ist. Allein und nackt wacht er auf und hat kaum Zeit sich zu wundern, da kommt auch schon die morgenbemantelte Prinzessin mit einer sprudelnden Alka-Seltzer und duzt ihn vertraulich: »Du verträgst wohl nicht allzuviel?!«

»Du?« – Schimanski hatte einen Filmriß. Der Restalkohol und die delikate Situation tragen nicht zur Verbesserung seines auch ansonsten nicht gerade flüssigen Ausdrucksvermögens bei, aber er will es wissen: »... Ja, nun komm. (gepreßtes Räuspern) Hammer zusammen ge... (seufzen). – Also komm, was is' nun, hammer, hammer zusammen gepennt, ja oder nein? (Pause) Was?« Kein Wunder, dass die Dame auf das Gestammel nichts zu antworten weiß, sondern nur grinsen muß. Wieder scheint die Prinzessin überlegen.

Schimanski muss Oberhand gewinnen und sich zügig unverwundbar machen. Auf seine nackte Haut zieht er sein wohl berühmtestes Kleidungsstück an. Mäßig geschickt schlingt er unter die Jacke noch das Bettuch, um dann beim Aufstehen torkelnd auf seine nächtliche Gefährtin zu fallen. Die unvermutete Nähe zwingt ihn zur inneren Distanz: »Kann nur hoffen für Sie, dass Sie die Situation nicht ausgenutzt haben, denn dann wäre nämlich der Tatbestand Vergewaltigung ...« Sagt's und fällt die Treppe hinunter.

Zurück im Präsidium erfährt er vom fleißigen und detailgenauen Thanner nicht nur die neusten Ermittlungsergebnisse, sondern wird auch fürsorglich von ihm betreut. Thanner geht es um den Mord an dem Thai, vermutlich eine Milieutat – Schimanski geht es um die Frau. Nach der letzten Nacht ist er noch misstrauischer. Über Computerrecherchen entdeckt er, dass Manuela Prinz vor Jahren im Ausland verstorben ist.

Schimanski stellt die falsche Prinzessin zur Rede. Wutentbrannt zwingt er sie zu einer Erklärung. Schimanski meint es ernst – schließlich gibt sie zu, aus ihrer spießbürgerlichen Existenz geflohen zu sein und vor Jahren den Namen der Toten angenommen zu haben.

Jetzt brauchen wir Zeit zum Luftholen, und so wenden wir uns wieder dem Gang der Ermittlungen zu. Schimanski, Thanner und weitere Kollegen suchen die Privatvilla des Mädchenhändlers Willy alias Blatzer auf. Dort kümmern sich barbusige Damen um das Wohlergehen des Hausherren, der sich im hauseigenen Pool erfrischt. Während Thanner die Damen höflich begrüßt und Blatzer die Anschuldigungen vorträgt, fordert Schimanski Blatzer etwas ungehalten auf, das Wasser zu verlassen. Als dieser nicht hören will, muß er fühlen. Die gute Jacke ausgezogen, springt unser Held von der für Kopfsprünge sicherlich nicht vorgesehenen Galerie ins Becken und holt Blatzer eigenhändig an dessen empfindlichstem Körperteil aus dem Wasser.

Trotz der Erfrischung hat Schimanski den Kopf aber immer noch nicht frei. Er fährt ohne Adlatus nach Bayern, um in der Geburtsstadt seiner Prinzessin deren wahre Identität zu überprüfen. Hier prallen preußische und bayrische Mentalität aufeinander. Nur die alte Tante lebt noch, die sich allerdings – trotz erstaunlich bemüht geduldiger Befragung – kaum an das Mädchen erinnern kann.

Schimanski vergräbt sich im dortigen Archiv. Das Photo der Vermisstenanzeige stimmt nicht mit dem Aussehen von Manuela Prinz überein. Da entdeckt er ihr Gesicht auf einem Fahndungsplakat. Die Prinzessin ist eine gesuchte Bankräuberin – wieder hat sie ihn gelinkt. »... like a falling star, love can leave a scar ...«

Zurück in Duisburg will er sie gemeinsam mit Thanner und Hänschen festnehmen; sie wird auch des Mordes an dem Thai verdächtigt. Schimanski bringt kein Wort heraus, Thanner muss die Festnahme formulieren. Die Prinzessin bittet Schimanski um ein letztes Gespräch – Thanner und Hänschen warten vor der Tür der Tanzschule.

Ihr Thema erklingt, eine angestrahlte Discokugel wirft im ansonsten dunklen, leeren Tanzsaal unruhige Lichtreflexe; die Situation ist irreal. Manuela richtet die Waffe auf ihn – wieder hat sie ihn im Griff. Mehrmals fragt sie Schimanski, ob er Angst habe. Sie hätte immerzu Angst – seit Jahren. Immer sei sie auf der Flucht gewesen – immer hätte sie Angst gehabt, dass sie jemand erkennt. »Und du wolltest mich beschützen, du Bulle«. – »Das hätte ich auch getan – und ich hätt's gern getan.« Doch sie sind sich zu ähnlich, und deshalb weiß Manuela: »Du hast doch selber soviel Angst!«

Das Paar hält sich in den Armen, schließlich richtet sie noch einmal die Waffe auf ihn. Seinen Kollegen und Freund in Todesgefahr wähnend, erschießt Thanner Manuela von hinten. Es stellt sich heraus, dass ihre Waffe nicht geladen war. Schimanski trägt sie raus.

»... broken heroes are fallen angels, broken dreams are hard as stone, there's no snowflake without a diver and I'm standing here alone, all alone ...« ♦

GEBROCHENE BLÜTEN (WDR, 1.5.1988)
Regie: Hajo Gies.
Buch: Martin Gies.
Darsteller/innen: Götz George (Hauptkommissar Horst Schimanski), Eberhard Feik (Hauptkommissar Christian Thanner), Ulrich Matschoss (Kriminaloberrat Karl Königsberg), Chiem van Houweninge (Hänschen), Renate Krößner (Manuela), Miroslav Nemec (Herbert Blatzer), Ralf Möller (Mann mit Apfel).

Wilder Westen inklusive

Von Clemens Niedenthal

Verschlägt es die TATORT-Ermittler/innen in die Provinz, verabschiedet sich nicht nur die Moderne, sondern auch das handelnde Subjekt von der Mattscheibe. Und irgendwo zwischen Kälbermastbetrieben und Winnetou-Rhetorik lauert dann die Erkenntnis, dass das Böse auf dem Land zwar anders, aber funktioniert. Noch in Erwartung einer betulichen Landpartie, verschlägt es die SWR-Kommissarin Lena Odenthal von der IG-Farben-Stadt Ludwigshafen ins triste Grau des Pfälzer Walds (TOD IM HÄCKSLER,13.10.1991). WDR-Ermittler Horst Schimanski verabschiedet sich hingegen gleich in die Metaebene staubgetränkter Wildwest-Semiotik (BIS ZUM HALS IM DRECK, 9.6.1991).

Das Setting VON TOD IM HÄCKSLER ist ein recht surreales. Im dichten Unterholz sitzen einige Jugendliche, deren Vornamen (zum Beispiel Manfred) aufs Einträchtigste mit der Kleiderkammerästhetik ihrer Garderobe (stockwassergefleckte Wollmäntel, Bundeswehrkappen) korrespondieren, und erfahren ihre gemeinsame Pubertät anhand von grobmotorisch ausgeschnittenen Pin-up-Bildchen vergilbter *Playboy*-Hefte. Aus einem holzfunierten Transistorradio ertönt derweil der Glamrock eines Marc Bolan – zynischer Soundtrack einer ganz und gar unglamourösen Adoleszens.

Wenig später wird einer der Jungen eine Tüte voll Kleidungsstücke finden. Ein Fund, der aus einem Vermissten einen Toten macht. Und aus den Bewohnern und Bewohnerinnen einer archaischen Idylle namens Zarten 120 Tatverdächtige für ein Verbrechen, das es, so will uns der Film fortwährend weismachen, eigentlich gar nicht geben darf. Als »zu hübsch für einen Mord« kommentiert Kommissarin Lena Odenthal jene pittoreske Einöde inmitten der Pfälzer Hügel denn auch mit dramaturgischer Zwangsläufigkeit. Die Logik einer solchen Dialektik ist genauso wohlgelitten wie funktionell. Was zunächst im unschuldigen Schein eines intakten Miniversums strahlt, kann nach näherer Betrachtung seine tiefen Abgründe um so entblößter zur Schau stellen. Es wird so lange mit dem Mythos einer heilen Welt kokettiert, bis sich dessen Dekonstruktion als geradezu selbstverständlich erweist. Schön ist Zarten nur von außen.

Die Drehbuchautoren Stefan Dehnert und Nico Hofmann entwerfen eine Pathologie der Provinz, inszenieren Heimat als bewusst ambivalente Kategorie. Sie erzählen dies in Bildern, deren asketische Farben nur selten verraten, dass sie zu einer Zeit entstanden sind, in der der Farbfilm schon erfunden war. In Bildern, die gerne behaupten, abseits jeder zeitlichen Einordnung zu funktionieren. Fast würde man erwarten, dass sich jener fabrikneue Ford Escort, der da eben kurz durch den linken Bildrand gehuscht ist, für sein deplaziertes Auftreten entschuldigt.

Die Gegenwart scheint es zumindest nicht zu sein, in die es Lena Odenthal verschlagen hat. Und weil die beiden Autoren wohl Angst hatten, das durchschnittliche Fernsehpublikum könnte eventuell nicht zu dieser Erkenntnis gelangen, geben sie ihrer Kommissarin noch einen betagten Volkswagen mit auf den Weg. Auf dem Land, und das wissen wir fernsehsozialisierten Menschen nicht erst seit *Neues aus Uhlenbusch* (1978), kommt die Moderne eben immer etwas langsamer in Schwung. Die örtliche Polizei – hier strahlt ein unprätentiöser Ben Becker in der Rolle des Polizeimeisters Stefan Tries; ein sehnsüchtiger junger Mann, der gerne Marlon Brando wäre und doch über den Horizont seiner zerkratzten Bob-Dylan-Platte nicht hinauskommen kann – residiert dementsprechend unter ausgedienten Kaffee-*Onko*-Werbeleuchten. Ihr Bier holen sich die Zartener noch bügelflaschenweise im Dorfgasthaus. Und ihre Morde begehen sie in beinahe sakraler Einigkeit.

Denn der, der da, wie die klaustrophobische Schlusssequenz zeigen wird, von der Dorfbewohnerschaft in den Häcksler gesteckt wurde, war ausgerechnet der einzige, für den Zarten wirklich zur Heimat geworden war: Höret, ein aus Rumänien stammender Spätaussiedler. Als einziger war der nicht bereit, sein Fleckchen Land an einen potenten Großinvestor zu verkaufen. Und verhinderte somit dessen Projekt, ganz Zarten in einem gigantischen Stausee zu ertränken. Ein Zartener wollte sich von der fälligen Entschädigung eine Autowerk-

Ermittlungen in der Provinz: Das Dorf als kollektiver Täter

Mord im Wald am Hochzeitstag: BIS ZUM HALS IM DRECK

statt im Westerwald kaufen. Ein anderer wollte noch weiter weg, nach Kanada.

Argumentieren urbane Kriminalgeschichten gerne mit dem Scheitern des Individuums am großstädtischen Lebensraum, ist es, verlagert sich die Handlung in ein dörfliches Milieu, gerade der Raum selbst, der scheitert. Der den Täter/innen ihr Verbrechen bereits eingeschrieben hat, weit bevor diese jenen vermeintlichen Ausweg ergreifen. Für die Zartener jedenfalls war ihr Dorf längst zum Gefängnis geworden. »Pfälzisch Sibirien«, wie Ben Becker nur scheinbar lakonisch konstatiert.

Und so ist das Übel derweil auch im Bergischen Land von struktureller Natur. Wenngleich es Horst Schimanski dort weniger mit der morbiden Apathie wortkarger Hinterwäldler denn mit den geballten Aggressionen aufgebrachter Landwirte zu tun bekommt. EU-Richtlinien und globalisierte Fleischmärkte im Rücken, haben die sich mit dem örtlichen Tierarzt und dessen florierenden Hormonhandel eingelassen. Der nimmt die Bauern nun nach besten Möglichkeiten aus. Und hängt – scheinbar als Dank dafür – am Morgen seiner eigenen Hochzeit tot im Wald.

Den dazugehörigen Mord hat man in diesem Fall zwar dem etwas zurückgebliebenen Franz und dessen individueller Biographie überlassen. Der kollektive Dreck am Stecken – in Form der hormongemästeten Kälber – lässt das Verbrechen aber auch hier zum gemeinsamen Schicksal werden. Während der abschließenden Kamerafahrt künden *Zu verkaufen*-Schilder an gusseisernen Gartenzäunen davon, dass auch auf jenes namenlose Dorf am Rande des Ruhrgebiets keine Zukunft mehr wartet. Flüchtig hingekritzelt nur, denn Kaufinteressenten, das weiß man, wird es eh keine geben.

Bevor es allerdings so weit ist, darf sich Götz George erst Mal in gewohnter Weise inszenieren; einmal der Stadt entkommen bieten sich ihm da mannigfaltige Möglichkeiten. Von neuen Erzählungen im postindustriellen Deutschland längst zum Auslaufmodell erklärt, dort draußen, zwischen Mähdreschern, Maisfeldern und tradierten Männlichkeitsritualen, kann Horst Schimanski noch ein vielleicht letztes mal zu sich selber finden. Dort, wo man Konflikte noch Mann gegen Mann und Faust gegen Faust löst, wo der Weg zur Gerechtigkeit noch ein ganz und gar körperlicher ist. Der heimat- wie biographielose Schimanski gefällt sich in der Rolle des *Lonesome Rider.* Ganz in schwarzes Leder gehüllt durchstreift er auf seiner BMW Endurro die Felder wie einst Wyatt Earp die Prärie. Provinz wird hier auch zur Metapher eines reichlich archaischen Modells von Männlichkeit.

Mit ironischem Fingerspitzengefühl ermöglichen Drehbuchautor Chiem van Houwenige und Regisseur Peter Carpentier ihrem Kommissar die Flucht in die Metaebene staubgetränkter Wildwest-Semiotik. Und verleihen der Rolle des Horst Schimanski, eigentlich Garant für (nicht nur im übertragenen Sinne) bierernste Authentizitäts-Entwürfe, eine fast schon groteske Aura. Einfach, weil sie den Schimanski-Mythos recht redundant verwenden, es irgendwann zu viel Schimanski wird. Der Hauptkommissar als »Unlucky Luke«, nur die esoterischen Synthesizeranimationen der Pilzraucherkapelle *Tangerine Dream* wollen so gar nichts mit Ennio Morricones Mundharmonika gemeinsam haben.

Kulminieren darf das Ganze dann in einem recht beeindruckenden Showdown: Die um ihre Existenz gebrachten Landwirte ziehen, ihre Doppelrohrflinten lässig in die Hüften gestemmt, zum Faber-Hof. Ein letztes Mal werden sich Schimanski und sein Kontrahent Kessler tief in die Augen sehen; dass das Dorf zu klein für beide ist, haben sie längst begriffen. Was folgt ist eine lakonisch inszenierte Schießerei, die sich nicht mehr entscheiden muss, ob sie nun als Ironie, distinguierter Zitat-Apparat oder doch wieder nur als Abbild eines ach-wie-tragischen Polizeialltags verstanden werden will. »Wir sind hier doch nicht im Wilden Westen«, hört man Götz George dann sagen. Dass das natürlich doch so ist, weiß er selbstverständlich am besten.

Und in Duisburg wartet derweil ein Kühlschrank voller Dosenbier auf ihn. ♦

Erwähnte Folgen:

BIS ZUM HALS IM DRECK (WDR, 9.6.1991)
Hauptkommissare Schimanski und Thanner
Regie: Peter Carpentier.
Buch: Chiem van Houweninge, Wolfgang Hesse.

TOD IM HÄCKSLER (SWF, 13.10.1991)
Kommissarin Odenthal
Regie: Nico Hofmann.
Buch: Stefan Dähnert, Nico Hofmann.

Sieben Herdringe. Interview mit Felix Huby

Von Eike Wenzel

Felix Huby, bürgerlich Eberhard Hungerbühler, geboren 1938, Lokalredakteur und Reporter bei der *Schwäbischen Donau Zeitung* (heute *Südwestpresse*); Texter in einer Werbeagentur, Chef vom Dienst, dann Chefredakteur der Warentestzeitschrift *DM*. Von 1972 bis 1979 Korrespondent des *Spiegel* für Baden-Württemberg. Seit 1960 schrieb er zudem frei für den Rundfunk und die satirische Zeitschrift *Pardon*. 1981 erster Fernsehfilm: *Der Grenzgänger* – einer von zwei Pilotfilmen der Schimanski-Reihe. Von Huby stammen auch die Fernsehkommissare Palu und Bienzle. Bislang hat er insgesamt 21 Tatorte geschrieben. Huby war der erste *Rosa Roth*-Autor und hat inzwischen 15 Folgen der Reihe *Zwei Brüder* verfasst. Zu seinen erfolgreichsten TV-Serien zählen: *Oh Gott, Herr Pfarrer, Der Hafendetektiv, Abenteuer Airport, Der König von Bärenbach, Oppen und Ehrlich, Ein Bayer auf Rügen*. Huby ist Träger des *Geissendörffer-Preises* und des *Ehren-Glauser*.

Herr Huby, Sie haben 1981 Ihr erstes Drehbuch für den TATORT *geschrieben. Es war die zweite Schimanski-Folge,* GRENZGÄNGER *[13.12.1981]. Dort geht es um einen enttarnten Undercover-Polizisten. In* SPIELVERDERBER *[8.6.1987] versucht ein BKA-Beamter an Waffengeschäften mitzuverdienen. Das Gute und das Böse verschwimmen untrennbar. Ist der Krimi ein Instrument, um die alte Frage von Schein und Sein, die Entdeckung des wahren Gesichts, was ja auch eine angstbesetzte Vorstellung ist, zu bearbeiten?*

Ich gehe nie an eine Geschichte heran und sage, ich will jetzt die Grenze zwischen Schein und Sein, das Dunkle und das Helle in jedem Menschen beleuchten. Das interessiert mich beim Schreiben alles überhaupt nicht. Mich interessieren die Personen, und je mehr man sich in die Personen hineindenkt und hineinfühlt, umso mehr kommen diese Dinge von selbst. Bei der Überlegung zu einem Stoff spielt das aber eigentlich überhaupt keine Rolle. Was eine Rolle spielt, ist, dass ich denke, man kann im Kriminalroman und auch im Kriminalfilm Teile unserer Gesellschaft oder unsere Gesellschaft überhaupt am besten abbilden. Ich glaube wirklich, dass im Augenblick in Deutschland der Krimi der Gesellschaftsroman ist.

Sie interessieren sich vor allem für öffentliche Figuren wie Kommissare, Pfarrer, Staatsanwälte. Öffentliche Figuren repräsentieren die staatliche Ordnung.

Ich glaube, dass man beim Schreiben etwas verrät über seine Herkunft. Und ich denke, dass viele deutsche Krimis im Mittelstandsmilieu spielen, kommt daher, dass wir alle aus dem Mittelstand kommen: -ky, Friedhelm Werremeier, der gerade verstorbene Hansjörg Martin, Michael Molsner, Irene Rodrian, die kommen alle nicht aus der Unterschicht, die kommen auch nicht aus der Oberschicht. Die kommen aus der soliden Mittelschicht, das spielt da, glaube ich, 'ne Rolle.

In den siebziger Jahren gab es den Begriff des Neuen Deutschen Kriminalromans in Anlehnung an den Neuen Deutschen Film und es gab den Begriff des Sozialkrimis. Humorlose Menschen haben das Krimi mit Sozialsoße genannt. Waren diese Begriffe für Sie wichtig oder sind Sie da subsumiert worden?

Ich bin da subsumiert worden. Ich habe gerade zu der ersten Gruppe noch dazugehört. Das waren Martin, -ky, Werremeier, Rodrian, Andreßen, Molsner und ich. Wir waren alle bei *Rowohlt*, und es gab keine anderen deutschen Krimiautoren. Fasziniert hat mich vor allem -ky und von den älteren deutschsprachigen Autoren natürlich Friedrich Glauser, das hat mit dem regionalen Krimi zu tun. Breinersdorfer kam dann durch mich dazu, das war zwei Jahre später. Der Begriff Soziokrimi hat mich überhaupt nicht gestört. Es gab ja die Nachwirkungen von »68«: Wir wollten alle die Gesellschaft verändern. Wir waren durch die Bank linke Sozialdemokraten und Kommunisten. Ich war linker Sozialdemokrat und behaupte, dass ich das bis heute bin. Wir hatten alle eine ähnliche Sozialisation, eine ähnliche Erfahrungswelt. Wir haben den Krimi als Vehikel benutzt, Dinge zu sagen, die wir sagen wollten, also Gesellschaftskritik anzubringen. Sozialsoße, na ja. Ich lasse mich gerne beschimpfen. Breinersdorfer zum Beispiel hat mal gesagt: »Du hast nur deshalb so einen Erfolg, weil du Heimatromane schreibst«. Das war – wie so manches bei ihm – noch freundlich gemeint, aber er hat Recht damit. Nur empfinde ich es nicht als Makel.

Sehen Sie sich heute noch als sozialkritischer Autor?

Ja. Absolut.

Und das geht auch im heutigen Fernsehen noch?

Nein, das geht natürlich nicht mehr so gut wie früher. Aber es geht noch. Schauen Sie, wenn ich zum Beispiel eine Tierarztserie schreibe, dann kann ich alles einarbeiten, was mich bewegt, was mir stinkt: Tiertransporte, Mittel, die Tieren verabreicht werden, Masthilfen, Käfighaltung, Tierversuche. Es ist nur nicht so, dass ich diese Serie angefangen habe, mit dem Programm, gegen alles anzugehen, was Tieren heute angetan wird. Aber wenn ich es schon mache, dann kann ich – Michael Molsner hat das immer gesagt – »dem Leser ein Früchtchen vom Baum der Erkenntnis mit reinwürgen«. Das gilt für den Film wie für den Roman. Nur beim Film haben Sie eine ganz andere Öffentlichkeit und eine ganz andere Wirkung.

In der Schimanski-Folge ZWEIERLEI BLUT [22.7.1984] geht es um das populäre Phänomen Fußball. Ein Mord im Stadion. Die Folge balanciert zwischen aktueller Thematik, dem Ringen um gesellschaftliche Relevanz und Populismus.

Zunächst muss ich sagen, dass ich diese Folge zusammen mit Fred Breinersdorfer geschrieben habe. Und zudem hat bei keinem meiner Filme der Regisseur mehr Einfluss genommen als bei diesem. Im Grunde ist das ein Film von Hajo Gies, der unsere Texte verwendet hat wie eine Knetmasse. Das heißt, es ist eigentlich nicht mein Film, da müsste mein Autorenname nicht drunter stehen. Es gibt jetzt die Bienzle-Krimis als TATORTe, das sind Filme, die werden vom Blatt verfilmt, da kann ich zu jedem Wort stehen. Aber damals war das nicht so. Trotzdem fand ich den Film ganz schön. Auch da haben wir nicht in diesen Begriffen gedacht, wir haben einfach eine Geschichte erzählt.

In ZWEIERLEI BLUT thematisieren Sie Jugendarbeitslosigkeit, Handel mit illegalen Arbeitskräften. Mir scheint allerdings das Bild der jugendlichen Fans ungenau. Irgendwie Rocker, irgendwie Fußballfans, arbeitslos. Geht dabei nicht Wirklichkeit verloren?

Damals war es so, dass man im Stadion alles angetroffen hat. Heute sind die Gruppen viel mehr getrennt als damals. Ich glaube nicht, dass man damals schon schematisiert sagen konnte, das sind Hooligans, das sind Motorradfreaks, das sind Autonome. Das hat sich alles erst später fraktioniert, denke ich.

Wie machen Sie das, wenn Sie sich ein Milieu, eine Sozialgruppe vornehmen? Sie lesen den »Spiegel«?

Das ist ja klar, da habe ich ja lange genug gearbeitet, nicht nur lesend, sondern auch recherchierend. Also zum Beispiel für BIENZLE UND DER MORD IM PARK [7.5.1995], einen Film, der im Penner-Milieu spielt, bin ich viele Tage unter Pennern gewesen, aber habe nicht unter ihnen gelebt, sondern habe sie besucht. Aber auch in anderen Fällen, jetzt bei BIENZLE UND DER CHAMPION [23.8.1998] war ich Abende und Nächte im *Attilas-Boxcamp* in Stuttgart. Da ist man immer ein Fremder, da bleibt man ein Fremder. Andererseits ist es so, dass die Leute ja wahnsinnig gerne über das reden, was sie machen, wie sie leben, jeder, das ist meine Lebenserfahrung. Bei den Pennern ist es so, die erzählen einem sowieso jede Geschichte, von der sie glauben, es springt dabei ein Bier raus. Da hört ein Mann ein Stichwort und dann erzählt er mir, er sei schwarzer Sheriff gewesen. Dann sieht er mich mit meinem Hund und sagt, er sei Hundezüchter. Und bei den Boxern und Boxfans ist es nicht viel anders. In der zweiten Nacht schon erzählt jeder seine Probleme mit seiner Frau, seinen Kindern und seinen Zielen im Sport.

Über die erfundenen Geschichten und über das Erzählen der Leute aus dem Milieu entsteht dann so etwas wie eine realistische Schilderung?

Gut und Böse verwischen: Günther Maria Halmer und Götz George in GRENZGÄNGER

Ich denke ja. Ein Mann, der Nichtsesshafte betreut, hat mich einmal gefragt, woher wissen Sie das eigentlich? Ich habe ihm gesagt, ich habe das gar nicht gewusst, ich habe es nur so hingeschrieben, weil ich gedacht habe, so könnte es sein. Und da hat er gesagt, das macht ja vielleicht auch den Schriftsteller aus. Und das kann ja auch sein, dass der Schriftsteller eine eigene Welt schafft, die so fern von der Realität gar nicht ist.

Welche Kriterien für eine realistische Schilderung sind für Sie wichtig?

Also zunächst muss man einmal sagen, dass ein Kriminalroman nie realistisch sein kann. Der Autor, der eine Kriminalgeschichte schreibt, kann der Geschichte nur einen inneren Realismus geben, die Geschichte muss in sich stimmen. Wir bilden nicht die Wirklichkeit ab. Das fängt schon damit an, dass kein Kommissar so arbeitet, wie wir es darstellen. Es gibt in der ganzen Bundesrepublik überhaupt keinen Kommissar, der einen Assistenten hat. Aber für den Krimi eignet es sich wunderbar, dass es einen Chef und einen Untergebenen gibt. Kein Mensch recherchiert wie ein Kriminalkommissar im Krimi. Also Realismus im Krimi ist ganz bestimmt nicht die Abbildung der Wirklichkeit, aber ist sicher die Wiedergabe von Problemen, die Leute haben, von Beziehungsschwierigkeiten, von Existenzproblemen, da stimmt es dann wieder. Also wenn einer arbeitslos ist, seinen Weg abwärts gemacht hat bis zum Nichtsesshaften, die Geschichte, die dann erzählt wird, die stimmt. Zum Beispiel eine Geschichte in meinem Roman *Gute Nacht Bienzle*, da erzählt eine Frau eine Geschichte, wie sie zum Plattemachen gekommen ist. Die ist absolut authentisch, das ist eine Geschichte, die mir eine Frau erzählt hat, mit ihren Worten, und so steht es im Roman drin. Das liest sich aber wie eine literarische Passage.

Ich habe das Gefühl, wenn man Felix Huby vor die Alternative Sozialkritik oder Ethnologie des Alltags stellen würde, würde er sich für letzteres entscheiden.

Ich bin der typische Geschichtenerzähler, das bin ich schon mein Leben lang, das war ich schon als Kind. In unserer Familie waren das alle. Ich erzähle Geschichten. Was mich natürlich interessiert, wenn Sie sagen Ethnologie des Alltags, ist, wie es unter Leuten zugeht.

In BIENZLE UND DAS NARRENSPIEL [23.1.1994] gibt es eine Szene in der Küche, die ich hinreißend finde. In diesem Kleine-Leute-Ambiente dudelt nebenher das Radio. Detailgenauigkeit führt in Ihren Filmen dann zu einem Balanceakt zwischen Heimeligkeit und Kitsch.

So ist das Leben. In BIENZLE UND DER BIEDERMANN [6.12.1992] gibt es eine Szene, wo eine Frau erfährt, dass ihr Sohn ums Leben gekommen ist. Und die hat einen Herd mit sieben Herdringen. Und die nimmt sie nacheinander ab und tut dann Holz rein und macht ihn wieder zu. Diese Bewegung ist mir so etwas absolut Vertrautes. Ein anderes Beispiel ist der Roman *Bienzle stochert im Nebel*, der darstellt, wie eine dörfliche Beerdigung ablief bei uns, wie der Sarg getragen und dann abgesetzt wurde. Da erinnert sich der Bienzle dann, wie das zu Hause war. So etwas schreibe ich halt auch unheimlich gerne. Und dass das nah am Kitsch ist, das kann schon sein, aber damit habe ich überhaupt kein Problem. Wie ich überhaupt mit diesen ganzen Kategorisierungen kein Problem habe, wenn einer zu mir sagt, du machst ja keine Literatur, du machst doch Unterhaltung. Dann

BIENZLE UND DER MORD IM PARK

sage ich, ja das stimmt, ich habe auch nie etwas anderes vorgehabt.

Würden Sie dem TATORT eine herausgehobene Alltagstauglichkeit bescheinigen?

Ja. Weil die Autoren und die Regisseure sich durch die Bank bemühen, authentische Situationen darzustellen. Gerade bei Schimanski hat man das gesehen. Wenn da der Autor die Welt der Malocher beschreibt, ich meine damit vor allem die Autoren Vocks und Wittenburg, dann hat das einfach gestimmt. Vielleicht hängt es auch mit dem Mord zusammen. Wenn jemand einen Mord begeht, ist er in der Regel verzweifelt oder weiß keinen anderen Ausweg mehr, manchmal ist er auch nur brutal. Aber in der Regel ist der Täter ja auch ein Opfer. Die meisten TATORT-Autoren haben das begriffen, sie erzählen, warum ist jemand da hin gekommen, diesen Mord zu begehen. Da hat man es nicht mit der Bestie zu tun, die erlegt werden muss. In guten TATORTen wird immer auch die Geschichte des Täters erzählt, die Psychologie, die Herkunft, die Entwicklung. Dadurch wird es so alltagsnah.

Braucht man den engen Rahmen des Krimiplots, um zum Alltag durchzustoßen?

Ich glaube, das stimmt genau.

Ihre bekannteste Figur ist der schwäbische Kommissar Bienzle. Er war zunächst eine literarische Figur und tritt seit 1992 auch als TATORT-Kommissar auf. Ändert sich die Figur in Ihrer Wahrnehmung, dadurch, dass sie ins Fernsehen kommt?

Ja, durch den Schauspieler Dietz Werner Steck, den ich selber vorgeschlagen habe. Ich habe ihn auf der Bühne gesehen, und dort hatte er so gewirkt, dass ich gesagt habe, das ist mein Bienzle. Aber dann, als ich ihn kennen lernte und als ich die ersten Filmmuster sah, habe ich zu ihm gesagt: Du stehst mir im Weg beim Schreiben. Denn der Bienzle ist groß und stämmig, hat eher so meine Figur, und der Dietz Werner Steck ist klein und zierlich. Auf der Bühne freilich hatte er groß und stark auf mich gewirkt – ein Zeichen dafür, wie gut er als Schauspieler ist! Da hatte ich große Probleme. Ich habe jetzt wieder einen Roman geschrieben nach den Motiven eines Films (BIENZLE UND DER CHAMPION). Es war unglaublich schwierig, den Roman zu schreiben, ich habe angefangen und es wurde immer ein Drehbuch daraus. Ich hatte verlernt, einen Roman zu schreiben, nachdem ich sechs Jahre keinen geschrieben hatte, auch keine Kinderbücher mehr, keine erzählende Form eben. Und dann hat mich eine Kollegin darauf gebracht, ich soll doch einfach einmal zwei, drei meiner alten Romane lesen, dann würde ich schon wieder reinkommen. Und das hat mir geholfen.

Bleiben wir bei Bienzle. Er ist ein Intellektueller und ein Einzelgänger. Ist er nicht eigentlich ein Großstadtmensch? Ich mache das an seinem Hut fest.

Den Hut trägt er nur im Film. Der Bienzle im Roman hat, wie sein Autor, nie einen Hut auf. Er

Hut und Trenchcoat: Bienzle mit Eberhard Feik (r.) in BIENZLE UND DIE FEUERWAND

ist ein Stuttgarter. Der braucht die schwäbische Alb vor der Haustür. Der ist sehr bodenständig, noch bodenständiger als sein Autor.

Bienzle ist aber auch eine sehr widersprüchliche und gebrochene Figur. Er ist durchaus bodenständig, aber dabei trotzdem weit weg von den Menschen. Müssen Protagonisten diese Diskrepanz in sich vereinigen, um im populären Medium Fernsehen lesbar sein zu können?

Möglicherweise ja. Bei Maigret hat man das auch, obwohl er verheiratet ist und seine Mitarbeiter hat, die wie seine Familie sind. Aber im Grunde ist Maigret auch einer, der niemanden an sich heran lässt. Ganz extrem ist es natürlich bei Figuren im amerikanischen Krimi, bei Marlowe zum Beispiel. Aber es ist auch bei Glausers *Wachtmeister Studer* der Fall. Wenn man genauer hinschaut, dann sind das alles Figuren – zum Beispiel auch der Beck von Sjöwall/Wahlöö – die eine Beziehung gar nicht aushalten, weil es der Beruf wohl auch nicht erlaubt. Und das ist ja auch der Konflikt beim Bienzle – vielleicht braucht es das, weil alles andere zu sehr ablenken würde von seiner Ermittlertätigkeit – vielleicht auch, weil eine Figur, mit der man sich identifizieren soll, diese Eigenständigkeit, diese Alleinstellung braucht.

Kann es nicht sein, dass man zwei Extreme braucht, um eine populäre Figur im Fernsehen zu platzieren? Der Schimanski ist ja einerseits ein Idol, wo man merkt, so kann ich nicht sein, es gibt niemanden, der so ist, und er steht auf der anderen Seite mit beiden Beinen im Alltag.

Ja, aber er sucht nicht die Nähe anderer. Ich habe auch keine Ahnung, weswegen das alle so machen.

Typisch für einen Intellektuellen und Aufklärer, stößt Bienzle sich am Offensichtlichen, am Augenschein. Aber in der Geschichte ist er oft nur ein Herumsitzender, dem die Indizien wie von selbst in die Hände zu fallen scheinen.

Wenn er das Gefühl hat, es geht jetzt nicht weiter, dann macht er schon etwas. Dann geht er zu seiner Lebensgefährtin in die Küche und befragt die. So wollte ich es haben. Ich habe immer gesagt, der Bienzle ist wie eine Katze, die mit großer Geduld warten kann, bis die Maus aus dem Loch kommt. Es gibt irgendwo eine Textstelle, wo es heißt: »Er konnte sein Gefühl für die Zeit ausschalten«, da steht er unter einem Baum und wartet. In einer Kurzgeschichte gibt es eine Szene, wo er beim *Paolo* in Stuttgart im Garten sitzt und der ihn fragt: »Was machst du hier?«, und er sagt: »Ich sitz' da und wart'«. Der Bienzle schleicht sich ein in die Gedanken anderer, der wartet einfach, bis er begriffen hat. Das ist natürlich nicht sehr dramatisch. Er guckt, und die Dinge entwickeln sich. Und dann schafft er ab und zu eine Irritation, um die Entwicklung der Dinge zu beschleunigen. Aber er ist nicht sehr aktiv. Er lässt sich nicht so wahnsinnig viel einfallen, sondern er möchte nur begreifen, wieso hat der Mann das getan, wieso macht er jetzt das.

Von einigen Fernsehkritikern wird Bienzle als schlicht unsympathisch beschrieben. Und in der Tat reißt er zwanghaft die Fälle an sich, vernachlässigt seine Lebensgefährtin und bricht mit Penetranz in die Privatsphäre anderer Menschen ein.

Dass er so stur ist in den letzten Fällen und so indolent, das hängt mit seiner Lebenssituation zusammen. Er wird damit nicht fertig, dass seine Lebensgefährtin auszieht. Er ist allein. Unter dieser brummigen, ablehnenden Fassade ist er aber ein Menschenfreund, er ist kein Misanthrop. Und dann hat er noch diese Haltung, dass er sowieso alles am besten kann. Oder wie die Schwaben sagen: Da wo ich am Tisch sitze, ist oben. Das ist genau seine Haltung.

Ist er nicht einfach auch sehr ungerecht, wenn er wie in der ersten Folge [BIENZLE UND DER BIEDERMANN] seinen Assistenten, der gerade einen Menschen erschossen hat, für diese Tat kalt verurteilt und anbrüllt?

Er ist halt wie alle Menschen, er kann auch sehr ungerecht sein. Nachher nimmt er ihn in den Arm und sagt, es tut ihm leid.

In der Machart der Bienzle-Folgen stößt man auf so etwas wie einen schwäbisch-provinziellen Rhythmus, eine besondere Langsamkeit. Es gibt Sequenzen mit intensiven Landschaftsbildern, die stark von der Handlung wegführen.

Alles, was ich machen will, ist, in dem Duktus der Welt zu erzählen, aus der ich selber komme und in der der Bienzle auch lebt. Dieser Erzählrhythmus ist typisch, mehr noch für die Romane als für die Filme. Beim Film ist man noch abhängig davon, wie der Regisseur ihn macht. Beim TATORT habe ich aber erstaunlich viel Einfluss, im Unterschied zu anderen Filmproduktionen. Wenn dort die erste Klappe fällt, habe ich meine zu halten. Leute wie Schlotterbeck oder Blumenberg oder Griesmayr, mit denen ich in großer Übereinstimmung arbeite, fragen immer zurück, ob ich es so gemeint hätte. Die würden es als eine Schande ansehen, wenn sie gegen den Autor inszenieren würden. Da kommt dann dieser Rhythmus auch rüber, den ich für den Film gedacht und beim Schreiben gefühlt habe. Das macht auch die Stärke der Bienzle-Folgen aus, da unterscheiden sie sich von anderen TATORTen, nicht weil sie besser oder schlechter sind, sondern weil sie einen eigenen Duktus haben.

Suchen Sie diese Landschaftsbilder aus?

Die stehen im Buch, aber im Grunde findet sie der Ausstatter, der Herr Blatter, das ist der beste Ausstatter, mit dem ich je zu tun hatte. Der hat das Sägewerk im Film aus vier Sägewerken zusammengesetzt, traumhaft.

Ist es für Sie ein Klischee, auf das Sie nicht verzichten wollen, oder ist es eine Erbschaft der 68er, dass diejenigen in Ihren Filmen, die etwas geworden sind, zwangsläufig Dreck am Stecken haben müssen? Wird da nicht ein Voyeurismus beim Zuschauer bedient? Stichwort: »Die da oben ...«?

Man macht es nicht so bewusst. Bei mir ist es auch nicht so stark ausgeprägt wie zum Beispiel bei *Derrick* von Reinecker. Es ist eine durchgängige

»Der Bienzle schleicht sich ein in die Gedanken anderer«: BIENZLE UND DER MORD IM PARK

Haltung, und ich glaube, es stimmt ja auch. Diejenigen, die in unserer Gesellschaft, in der Wirtschaft oder in der Politik sehr weit gekommen sind, haben weniger Skrupel, verbrecherische Dinge zu tun. Wenn ich mir vorstelle, wie locker heute ein Grüner, der an die Macht gekommen ist, einen Krieg befürworten kann, da kann man einmal sehen, wie Macht korrumpiert. Von Kohl will ich gar nicht sprechen!

Ist für Sie die Provinz noch zu retten und verwechseln Sie nicht Rottweil, Tübingen und deren Honoratioren manchmal mit Al Capone und Chicago?

Diese Leute erhalten sich ihre Macht mit allen Mitteln aufrecht. BIENZLE UND DIE BLINDE WUT [14.11.1999] ist einerseits ein Kain-und-Abel-Konflikt, aber andererseits geht es darum, dass jeder über den anderen alles weiß, dass nicht rauskommen darf, was man angestellt hat. In der Aufrechterhaltung ihrer Strukturen sind die Honoratioren extrem lebensfähig. Ich würde ja am liebsten mal eine Geschichte erzählen, die sich in der schwäbischen Provinz tatsächlich ereignet hat. Vier Honoratioren lassen sich Nutten aus Stuttgart kommen, dabei kommt eine ums Leben. Und jetzt kommt der Zuhälter und will die zurückhaben und noch Kohle sehen. Es sind alles ehrenwerte Bürger und Kirchgänger, und die ganze Fassade zerbricht innerhalb von neunzig Minuten.

Sie kennen diese Menschen?

Ich kenne die. Schließlich bin ich im entsprechenden Umfeld aufgewachsen. Und ich war jahrelang Lokalredakteur, und wenn man in Blaubeuren, einer Stadt mit zehntausend Einwohnern, Lokalredakteur war und hat zugleich noch das Amtsblatt der Gemeinde redigiert, dann erfährt man so viel, da ist nichts übertrieben. Trotzdem sind die Leute in der Lage, sich an der Macht zu halten, die Strukturen aufrechtzuerhalten. Und wehe dem, der nicht dazugehört, wehe dem, der kommt und ist nicht so wie sie. Wer dazukommt und sich willfährig verhält, ist willkommen, wird aufgenommen, dem geht's auch gut. Das haben wir bei der Aufnahme der Flüchtlinge in meiner Kindheit gemerkt. Wer »degemäßig« [ein schwäbisches Wort für will- und anpassungsfähig bis unterwürfig] war, den hat man ankommen lassen, so ganz langsam zwar, und wer ein bisschen anders war, der hat keine Chance gehabt.

Mit Heimat und Provinz, das sieht man in Ihrer Arbeit, verbinden Sie so etwas wie Hassliebe.

Auch in meinen Kurzfilmen sind es immer diese Schwaben, die vordergründig jovial sind, und dahinter gibt es noch eine zweite Figur, einen anderen Menschen. Mein Vater war NS-Ortsgruppenleiter, gleichzeitig war er einer der freundlichsten, menschenfreundlichsten Leute in diesem Dorf. Aber er hat trotzdem diese Hitler-Geschichten mitgemacht, war sogar Gaupropagandaredner. Als der Krieg vorbei war, ist er wieder in die Kirche eingetreten, und schon zwei Jahre später hat er dort wieder Vorträge gehalten. Die Leute sind hingeströmt, nicht wegen der Kirche, sondern weil er gesprochen hat. Der wollte immer von oben auf die Leute runter reden.

Und was lieben Sie an der Provinz?

Eine große Rolle spielt für mich die Landschaft, ich liebe die Landschaft sehr, gerade wenn man – wie ich jetzt – hauptsächlich in Berlin und Brandenburg lebt, wo alles eben und sandig ist. Ich mag aber auch, wenn sich die Leute kennen, wenn sich die Menschen halbwegs vertraut sind und wenn sich Gruppen fügen, die keine Familien sind. Wie es eben in einem schönen Dorf zugeht, mit all den Dingen, die ich jetzt gesagt habe, diese Überschaubarkeit, Berechenbarkeit auch, die Möglichkeit, sich da zurechtzufinden, geborgen und vertraut zu sein.

In BIENZLE UND DER CHAMPION spielen Darsteller mit, die auch real mit der Boxszene in Verbindung stehen [Ben Becker, Claude-Oliver Rudolph], außerdem der Mittelgewichtsweltmeister Dariusz Michalczewski. Boxen ist in den letzten Jahren zu einem wichtigen Bestandteil der bundesdeutschen Erlebnisgesellschaft geworden. Der TATORT verdoppelt die gesellschaftlichen Events, hängt sich an das, was angesagt ist.

Der TATORT hat sich nicht drangehängt, er hat diese Welt als Spielfläche gewählt. Es wird auch gar nichts potenziert, es wird übrigens auch nichts beschönigt, es wird ganz deutlich gesagt, wie Kämpfe verkauft werden usw. Es ist eine interessante Welt, und das ist Grund genug, dort einen Film zu machen. Da könnte man natürlich sagen, er hängt sich an diese Event-Kultur, was aber immer ganz schwierig ist. Man sieht jetzt ja auch, dass es nicht geht, einen Film über Rennfahrer zu machen – ich meine *Benzin im Blut* auf SAT.1 [1999].

Warum geht das nicht?

Am besten kann man das sehen an dieser Tennis-Serie *Matchball*. Ich glaube, wenn Zuschauer im Fernsehen Tennis sehen wollen, wollen sie Boris Becker sehen und wenn sie Autorennen sehen wollen, wollen sie den Schumacher sehen. Der fährt zwar auch nur im Kreis herum und die Leute hoffen, dass es irgendwann rumst und ein Wagen in die Luft fliegt, weil spannend ist es ja nicht, so ein Autorennen. Beim Fußball da war es dann so, dass die Schauspieler natürlich Fußballspieler darstellen sollten. Aber es sieht meistens doch laienhaft aus, sobald der Sport selber ins Spiel kommt. Beim Boxen ist es so: Die großen berühmten Boxfilme, die lebten davon, dass die Boxkämpfe so gefilmt waren, dass sie mehr waren als das, was man in der Halle sieht. Zum Beispiel *Rocky* 1-5, die ja wirklich gut gemacht waren. Da braucht man aber für zehn Sekunden Boxkampf drei Drehtage. Dass in BIENZLE UND DER CHAMPION der Dariusz Michalczewski mitgespielt hat, das war ein Gag vom Regisseur.

Braucht man heute im TATORT Figuren wie Ben Becker, der die Boxkämpfe bei SAT.1 ankündigt, und Claude-Oliver Rudolph, der sich selbst als Kickboxer betätigt und in Wedels »St. Pauli«-Film einen Milieu-Kickboxer spielt? Braucht man diese Medienfiguren?

Claude-Oliver Rudolph und Ben Becker in BIENZLE UND DER CHAMPION

In BIENZLE UND DIE BLINDE WUT gibt es keinen Star, es sind fast ausnahmslos Theaterschauspieler. Der Film war trotzdem gut und bei der Kritik wie beim Publikum ein Riesenerfolg mit den zweithöchsten Einschaltquoten aller TATORTe im Jahr 1999, direkt hinter Manfred Krugs erfolgreichstem Stoever-TATORT. Das lag auch am Stoff. Ansonsten ist es heute aber so: Bei dem Massenangebot schalten die Leute einen Film ein, wenn sie in der Ankündigung prominente Namen lesen. Deshalb bestehen die Macher darauf, dass der Film »hochbesetzt« ist, wie es so schön heißt.

Unterhaltung und Populärkultur sind für Sie positive Begriffe?

Ja, absolut. Ich sage das immer mit einem Schlagwort: Unterhaltung hat auch mit Haltung zu tun. Ich werde ja meine Haltung nicht verraten, weil ich Unterhaltung mache. Peter Glotz hat einmal gesagt, wir haben mit *Dallas* und *Denver* nicht nur gesagt bekommen, was wir anziehen sollen, was wir essen sollen, welche Musik wir hören sollen, man hat uns auch den Reaganismus verkauft, die ganze Haltung von Ronald Reagan, die ist in diesen Sendungen zu uns herübergeschwappt. Und wenn Sie heute sehen, wie die Rundfunkintendanten und Gremien ihre Posten besetzen und es geht das Geschacher los, wer von welcher Partei. Die CDU hat schon immer gewusst, dass der Unterhaltungschef ein CDU-Mann sein muss. Da kann der politische Chefredakteur gerne ein SPD-Mann sein. Wo man Leute beeinflusst, das ist bei *Wetten dass ...,* bei Erfolgsserien, bei *Gute Zeiten, schlechte Zeiten*, was auch immer. Da hat man Einfluss, da verändert man etwas in der Gesellschaft. Nicht wenn Herr Gottlieb oder Herr Bresser Kommentare sprechen, das interessiert niemanden.

Sind Kommissar-Figuren Repräsentanten der gesellschaftlichen Gegenwart, Symbole des Zeitgeistes, und wie muss man da den Bienzle einordnen?

Ich glaube weniger die Kommissar-Figuren, natürlich müssen die es auch sein, sonst wärden sie nicht erfolgreich. Zunächst einmal sind die Geschichten durch die Zeit und die gesellschaftliche Entwicklung geprägt. Die Figuren sind da ganz schön resistent. Lang laufende Kommissar-Figuren ändern sich ja nicht, der Zeitgeist ändert sich ganz schnell.

Aber es gibt nicht mehr die brummigen Vater-Figuren wie zum Beispiel Trimmel [Walter Richter]. Es gibt nicht mehr die korrekten liberalen Beamten wie Finke [Klaus Schwarzkopf]. Und bei den Duos hat man die Trennung in Gehilfen und Chef aufgegeben.

Ich war an der Entstehung der Schimanski-Figur beteiligt. Es war damals durchaus unsere Absicht, ein gleichberechtigtes Paar zu schaffen. Manches vom Trimmel steckt im Bienzle immer noch drin. Insofern ist der Bienzle eine eher rückwärtsgewandte Figur.

Leitmayr/Batic sind gleichberechtigte Figuren etwa gleichen Alters. Schimanski war der Star, Thanner wurde populär, weil/obwohl er vor allem auch Schimanskis Unkonventionalität herauszuarbeiten hatte. Leitmayr/Batic ermitteln oft getrennt, es kommt zu Krisen, aber keiner der beiden verliert seine Eigenständigkeit. Ist der Bienzle nicht ein Sechzigjähriger, der spät noch einmal versucht, ein neues Leben anzufangen? Ein Lebensmodell, das man heute in der Realität immer häufiger antrifft?

Bis jetzt wissen wir nicht, wie wir mit ihm weitermachen sollen. Bislang hat Bienzle jedenfalls keinen Schub, sein Leben umzukrempeln. Ihre Überlegung ist interessant, wir haben jetzt für einen neuen Bienzle überlegt, ob wir ihn nicht einmal testen lassen, ob er bei anderen Frauen überhaupt noch eine Chance hat. Mal sehn! ♦

[Das Gespräch wurde am 21. Mai 1999 in Berlin geführt.]

Erwähnte Folgen:

Hauptkommissare Schimanski und Thanner:
GRENZGÄNGER (WDR, 13.12.1981)
Regie: Hajo Gies.
Buch: Ilse Hofmann, Felix Huby.

ZWEIERLEI BLUT (WDR, 22.7.1984)
Regie: Hajo Gies.
Buch: Felix Huby, Fred Breinersdorfer.

SPIELVERDERBER (WDR, 8.6.1987)
Regie: Pete Ariel.
Buch: Felix Huby, Hartmut Grund.

Hauptkommissar Bienzle:
BIENZLE UND DER BIEDERMANN (SDR, 6.12.1992)
Regie: Peter Adam.
Buch: Felix Huby, Dieter de Lazzer.

BIENZLE UND DAS NARRENSPIEL (SDR, 23.1.1994)
Regie: Hartmut Griesmayr.
Buch: Felix Huby.

BIENZLE UND DER MORD IM PARK (SDR, 7.5.1995)
Regie: Dieter Schlotterbeck.
Buch: Felix Huby.

BIENZLE UND DIE FEUERWAND (SDR, 16.7.1995)
Regie: Hartmut Griesmayr.
Buch: Felix Huby.

BIENZLE UND DER CHAMPION (SDR, 23.8.1998)
Regie: Dieter Schlotterbeck.
Buch: Felix Huby.

BIENZLE UND DIE BLINDE WUT (SDR, 14.11.1999)
Regie: Hartmut Griesmayr.
Buch: Felix Huby.

Synchronisierte Heimat. Die Deutsche Schweiz als Bundesland der ARD

Von Jürg Häusermann

Die Verabredung über das Reihenkonzept war recht locker.« So schildert die Chronik die ursprüngliche Idee. »Vor allem sollten die Geschichten im regionalen Umfeld des jeweiligen Senders angesiedelt sein. Die sich oft genug als Hindernis erweisende föderale Struktur der ARD konnte so als Stärke genutzt werden. Der unterschiedliche Charakter der einzelnen Bundesländer macht einen besonderen Reiz der TATORT-Reihe aus.« [1]

1989 wurde auch das Schweizer Fernsehen DRS in die TATORT-Familie aufgenommen. Seit 1990 spielt deshalb einmal jährlich ein TATORT in der Bundesstadt Bern und ihrer friedlichen Umgebung. Im Jahr 2001 wird der zwölfte und letzte schweizerische Beitrag (TIME-OUT) produziert und ausgestrahlt.

Drei Hauptdarsteller betraten 1990 bis 1993 die Szene in rascher Folge. Der erste war Matthias Gnädinger als Wachtmeister Howald, ein sympathischer alter Beamter, der sich sogleich als Krimineller entpuppte, der zweite Andrea Zogg als Detektivwachtmeister Reto Carlucci. Aber auch Zogg mochte sich nicht als Seriendarsteller festlegen. Seit 1993 ermittelt in Bern László I. Kish als Detektivwachtmeister/Kommissar Philipp von Burg.

Regionales Umfeld: Wer Bern kennt, erkennt es auch im Film. In den Geschichten spielen schon mal Schweizer Institutionen wie das Bundeshaus oder die Bundespolizei eine maßgebliche Rolle, vereinzelt weht eine Schweizer Flagge. Und der Filmkritiker Martin Schlappner sieht sogar eine Entwicklung. Nach anfänglicher Skepsis bescheinigte er dem vierten DRS-TATORT (GEHIRNWÄSCHE, 6.6.1993) zufrieden, dass Bern »als« diese »Stadt nun wirklich zu erkennen« sei [2].

In der Tat: Bern und die Schweiz zeigen in TATORT durchaus einen eigenen Charakter. Sie haben es aber schwerer, den »unterschiedlichen Charakter der einzelnen Bundesländer« mitzuzeichnen. Warum, soll im Folgenden anhand der Dialoge gezeigt werden, auf dass der besondere Reiz, zu einem Bundesland der ARD zu gehören, auch für Nichtschweizer nachvollziehbar sei.

Ein mit anderen geteiltes Land

Ich bin Schweizer. »Ich weiß, was ein Männerchor ist, was eine Dorfmusik ist, ein Familienabend einer Partei. Ich bilde mir ein, hier leidenschaftliche Briefmarkensammler auf der Straße an ihrem Gehaben erkennen zu können«, sagt Peter Bichsel [3]. Und auch als Vertreter einer späteren Generation kenne ich mich zumindest noch auf schweizerischen Schulhöfen und in *Migros*-Läden aus. Sie erschließen sich mir ohne Umwege.

Und dann kenne ich Restaurants in weltoffenen Städten und Kurorten und touristisch relevante Seen. Und von solchen Stätten bin ich gewohnt, dass die Angebote auch für Zugereiste aufbereitet werden. Die Speisen der Restaurants werden mir auf englischsprachigen Menukarten präsentiert, die Sehenswürdigkeiten rund um den See in mehrsprachigen Durchsagen auf den Dampfern. Schließlich sind ja Gastronomie und Innerschweiz in erster Linie für multikulturelle Begegnungen gedacht. Ich bin sowohl in der Beiz wie auch auf dem Schiff textlich immer in touristischer Begleitung.

Sehe ich den Schweizer TATORT, dann ist es ein ähnliches Gefühl: Den ganzen Film hindurch werde ich daran erinnert, dass ein Fremdenführer dabei ist. Ich sehe TATORT zusammen mit einem anderen, mit dem ARD-tauglichen, internationalen Zuschauer. TATORT wendet sich immer wieder an ihn, übersetzt, erklärt, verdeutlicht für ihn.

Die Geschichten

Auf der Ebene der Story passiert noch wenig Auffälliges. Die Geschichten selbst sind nicht erklärungsbedürftig. Es geschehen keine typisch schweizerischen Verbrechen, die Erklärungen notwendig machen. Auch dann, wenn wie im ersten Schweizer TATORT (HOWALDS FALL, 16.4.1990) ein Hijacker aus dem Nahen Osten freigepresst und eine Schweizer Geisel mit Waffenlieferungen losgekauft werden soll, reicht das Weltwissen des Zuschauers aus. Zwar gibt es sowohl zur Geiselnahme wie zum inhaftierten Terroristen konkrete Schweizer Beispiele. Aber welches westeuropäische Land hätte solche Geschichten nicht auch vorzuweisen? Ähnliches gilt für die übrigen politischen Sujets: die Rechtsradikalen in KAMERADEN (1.4.1991), den Parlamentarier- und Prominentenclub in HERRENBOXER (16.10.1994), die Waffenschieberei vor den Augen der Bundesbehörden in RUSSISCHES ROULETTE (18.1.1998). Noch weniger Schweiz-Spezifisches ist in den übrigen Folgen festzumachen: MARION (11.10.1992) ist ein Familiendrama, GEHIRNWÄSCHE und AM ENDE DER WELT (3.5.1998) sind Sektengeschichten, in CHAOS (9.4.2000) ermordet eine Zahlenmystikerin reihenweise Frauen im Umfeld eines Chaosforschers. In RÜCKFÄLLIG (5.6.1995) wird ein psychisch Kranker vorschnell des Mords verdächtigt, in DIE ABRECHNUNG (12.5.1996) legt ein entlassener Bankräuber seine untreuen Kollegen um, in ALPTRAUM (21.3.1999) ein Bank-Filialleiter seine mafiosen Kunden.

Auch die rassistischen Klischees, die bisweilen aktiviert werden, sind nicht typisch schweizerisch. Es sind vielmehr Verallgemeinerungen, die (ebenso unwidersprochen wie in dieser Folge) so gut im *Blick* wie in *Bild* (oder im *Kurier*) stehen können.

»Herr von Burg, dies ist der 25. Einbruch in dem Quartal, – bei dem Täter aus dem ehemaligen Ostblock beteiligt waren. Diese Täter sind brutal, entschieden und pfeifen auf unsere rücksichtsvolle Behandlung. Wir können uns nicht zurückziehen, wenn ein Russe droht, seine Geiseln zu erschießen.« (RUSSISCHES ROULETTE)

Der Andere, mit dem zusammen der Schweizer den TATORT schaut, ist ihm in dieser Hinsicht sehr nah; er teilt die gleichen Vorurteile – oder er lässt sich auch auf gleiche Art aufklären: Die rechtsextreme Szene in KAMERADEN ist gut recherchiert und zeigt Regularitäten, die nicht nur auf Schweizer Rechtsradikale zutreffen. Die darin enthaltenen Belehrungen wie: »Man sagt nicht Neger!« sind nicht nur in der Schweiz möglich. Solche Sätze kann man Schauspieler in jeder Geschichte in jedem Land sagen lassen.

Die Filme funktionieren länderübergreifend, weil die Stories überregional sind. Ebenso überregional ist auch das Team von zwei Fahndern: Philipp von Burg, die Reflektorfigur, mit der wir mitfiebern, und Wachtmeister Markus Gertsch, sein rationaler Mitarbeiter. Hinzu kommen eine Untersuchungsrichterin, kommen Vorgesetzte, und immer mal wieder eine Frau im Dunstkreis des Verbrechens, in die von Burg sich verliebt, oder die bei ihm zumindest den Beschützerinstinkt wachruft.

Der Schweizer Kommissar unterscheidet sich zwar von seinen deutschen TATORT-Kollegen. Er hält sich konsequent an seine Teestunde und andere zeitraubende Liebhabereien. »Alles kommt zu dem, der warten kann«, sagt er einmal zu seinem neuen, ihm noch nicht gerade in Liebe zugetanen Mitarbeiter. Er benimmt sich auch Verdächtigen (aber nicht unbedingt anderen Amtspersonen) gegenüber vorzugsweise korrekt, er lässt die Aktenschränke aus dem Büro schaffen, weil er Raum zum Denken braucht. Kommissar von Burg ist liebevoll gezeichnet. Aber mit schweizerischer Eigenart hat das natürlich nichts zu tun, eher mit der Leistung, die der Darsteller und die Redaktion aufbringen, über wechselnde Autorenteams hinweg einen Charakter überzeugend zu gestalten und zu entwickeln. Die Erklärung für seine Eigenwilligkeiten ist übrigens eine explizite Absage an das Schweizerische: Von Burg war auf Fortbildung bei *Scotland Yard*.

Nicht dass die Geschichten keine Assoziationen an liebgewordene Schweizer Klischees wecken. Aber stattfinden könnten sie auch in Deutschland oder in Österreich – und das obschon wir uns in der Hauptstadt befinden und damit die Bundespolitik angesprochen wird. Zwar stellt Martin Suter einen kriminellen Nationalrat in den Mittelpunkt (HERRENBOXER), zwar lässt Pascal Verdosci die Bundesbehörden zweimal in einer schillernden Rolle mitspielen (HOWALDS FALL, RUSSISCHES ROULETTE). Aber mit Verweisen auf die herrschenden Verhältnisse hat das weniger zu tun als mit der Logik der Geschichte. Es bringt einfach mehr Dramatik ins Geschehen, wenn Bundesstellen der Stadtpolizei Steine in den Weg legen, als wenn sie reibungslos mit ihr zusammenarbeiten. Landeskundlich Bewanderte mögen sich hierbei auch an die vergeblichen Versuche erinnern, eine

Der erste Schweizer TATORT: HOWALDS FALL mit Mathias Gnädinger als Wachtmeister Howald und Andrea Zogg als Assistent Carlucci

landesweite, an der Polizeihoheit der Kantone vorbei operierende Sicherheitspolizei einzuführen. Aber keine noch so flüchtige Anspielung ruft derartiges Vorwissen ab. Eine der wenigen Ausnahmen vielleicht: die Verfolgungsszenen in den Gängen, die weiland für die Landesverteidigung in den Granit der Berner Alpen gesprengt wurden. Hier muss der Film dem mit schweizerischer Folklore nicht Vertrauten einiges plausibel machen. »Das ist 'ne alte Alpenfestung. Von hier aus hätten sie den Hitler bekämpft, wenn er damals gekommen wäre«, erklärt in ALP-TRAUM der Bankräuber seiner Komplizin [4] – wohl vor allem aus reiner Kulanz für den nichtschweizerischen Zuschauer.

DRS-Sprache und ARD-Sprache

Die Story lässt uns also meistens friedlich nebeneinander, den Schweizer Zuschauer und den ARD-Zuschauer. Ein Mord ist ein Mord, für den einen wie für den andern. Anders verhält es sich auf der sprachlichen Ebene. Da lassen wir uns gar nicht in gleicher Weise ansprechen. Da gibt es Sätze, die sich direkt an ihn wenden. So sagt zum Beispiel die Frau in DIE ABRECHNUNG, als sie in einem Hotel untertaucht: »Mein Freund ist mir ganz schön auf den Keks gegangen. Jetzt werd' ich ihn mal 'n bisschen schmoren lassen. Vielleicht freut er sich, wenn ich wieder nach Hause komme.« Sie wendet sich damit nicht nur von ihrem Freund ab, sondern

Die zweiten Schweizer Ermittler: Andrea Zogg als Detektivwachtmeister Reto Carlucci und Ernst Sigrist als sein Kollege Gertsch in MARION

auch zu hundert Prozent dem ARD-Zuschauer zu. In ihrer schweizerischen Umgangssprache gibt es weder einen »Keks« noch damit konstruierte Redewendungen. Die Frau hat also nicht etwa ein Wort gewählt, das beiden Umgangssprachen gemein ist, sondern sie ist einen Schritt weiter gegangen. Dem deutschen Zuschauer mag die Äußerung problemlos reinlaufen, dem schweizerischen signalisiert sie: Der Fremdenführer war hier.

Die Art, wie die Leute miteinander umgehen und reden, hat sich von Folge zu Folge leicht geändert. Es gab TATORTe mit starkem schweizerischem Einschlag in der Redeweise und im Vokabular (etwa HOWALDS FALL oder HERRENBOXER). Aber die neueren Folgen haben viel davon verloren. Im Übrigen wurden die ersten Berner TATORTe auf Schweizerdeutsch gedreht und dann für das deutschsprachige Ausland hochdeutsch synchronisiert. Mittlerweile gibt es aus Kostengründen keine zweisprachigen Produktionen mehr. Man produziert gleich in Hochdeutsch. Was bleibt, ist die Kontrolle durch eine Redakteurin bei Radio Bremen, die die Drehbücher auf Helvetizismen überprüft, die DRS-Sprache der sich »oft genug als Hindernis erweisenden föderalen Struktur der ARD« anpasst.

Kleine Leckerbissen wie der folgende Ausspruch aus HERRENBOXER kommen vielleicht deshalb in späteren Folgen nicht mehr vor. Gertsch, der zweite Ermittler, liest aus einem Polizeiprotokoll und lässt sich die stilistische Kombination zwischen Amtsdeutsch und mundartlicher Umgangssprache auf der Zunge zergehen: »Vorhalt: Die Serviertochter vom Kreuz sage aus, dass er kurz vor der Tat mehrmals gesagt habe: Dem Huren-Sauhund schlage ich den Grind ein. Böckli: Das sagt man halt so. Vorhalt: Aber er habe ihm ja dann tatsächlich den Grind eingeschlagen. Böckli: Das sei Notwehr gewesen.«

Gertsch tut dies übrigens, um einen Säugling in den Schlaf zu wiegen, was ihm beinahe gelänge, wenn nicht plötzlich sein Chef das Büro beträte.

Überhaupt finden sich in HERRENBOXER noch einige Szenen mit lokalem Wortschatz. Die meisten finden im Landgasthof statt. Das überregionale Wissen vom Funktionieren der Kommunikation im Restaurant, das bei jedem Zuschauer vorausgesetzt werden kann, lässt es wohl zu, die verbale Form zu belassen. Der Berner Gast setzt sich und tut eine sonore Äußerung. Das ist im Zusammenhang problemlos als Bestellung zu dekodieren, auch wenn man die »Läberli« nicht als Lebern erkennt.

Der einflussreiche Rechtsanwalt kennt den Vater des Ermittlers. »Sagen Sie ihm einen Gruß«, sagt er zu ihm, der davon eher peinlich berührt ist.

»Sagen Sie ihm einen Gruß« – das ist eine direkte Übersetzung aus dem Schweizerdeutschen. »Grüßen Sie ihn von mir« hätte im Dialekt keine wörtliche Entsprechung. Dass solche pragmatischen Ausdrücke sehr behutsam ins Hochdeutsche übernommen oder in Mundart belassen werden (»Grüezi!«), kann einen praktischen Grund haben, weil hier die Mundart die Ausgangssprache war. Je näher man an der ursprünglichen Lautung bleibt, desto leichter klappt die Synchronisation.

1995, ein Jahr später, sind in RÜCKFÄLLIG die meisten pragmatischen Ausdrücke, die Ausrufe, Grußformeln und Redensarten, an hochdeutschen Sprachgebrauch angeglichen. Auffällig etwa die Späße bei der Hochzeitsfeier der Mutter des Tatverdächtigen: Der Bräutigam fragt die Brautjungfer nach dem Schlüssel zu seiner Wohnung. Sie eilt auf ihn zu. »Aber pass auf, dass du statt den Schlüsselbund nicht was anderes in die Hände bekommst!« kommentiert einer, der dabeisteht. »Dein

Mann ist ein Ferkel!« ruft die Braut lachend, der Gemeinte repliziert: »Besser ein Ferkel im Hause als gar kein Schwein!« Darauf der Bräutigam, besinnlich: »Lydia, mit dir habe ich wirklich mehr als Schwein gehabt.« Dieses Wortspiel ist von der Hochsprache her erdacht: In der Mundart lässt sich im Wortfeld »Schwein« kein ebenso geläufiger Ausdruck mit ähnlicher Konnotation wie »Ferkel« finden. »Söili« ist zu sehr auf körperliche Reinlichkeit fixiert, »Sau« ist zu grob.

Nur einmal bricht in RÜCKFÄLLIG noch die Mundart durch: Der Fischer, der am Aareufer sitzt und zu spät bemerkt, dass ihm einer, der eben aus dem Wasser gestiegen ist, die Kleider klaut. Er spricht hochdeutsch zu seinem Fisch, den er aus dem Wasser hebt: »Ja, hab' ich dich, Kleiner!« Aus dem *Off* (und es klingt wie eine andere Stimme, nachträglich hineingeschnitten) sagt er dann kurz, knapp und verdutzt: »Was machst du denn da?« Und als der Dieb mit seinen Sachen wegrennt, wechselt er in die Mundart. Es klingt zürcherisch, wie er ruft: »He, gopfertami, waart!« Schon wieder im *Off* ruft er ihm hinterher: »Da isch kë Gëlt drin!« Es ist eine bündnerisch klingende Aussprache mit einem für hochdeutsche Sprecher charakteristischen prägnanten Zäpfchen-R, die nochmals klingt wie ein anderer Sprecher. Der allerletzte Schrei, den er ihm nachwirft, ist dann, so scheints, wieder vom Zürcher Fischer selbst: »Aarschloch!«

Es ist ein Patchwork, das seine endgültige Gestalt im Nachhinein am Schneidetisch bekommen hat. Schweizerdeutsch kann man sich hier leisten, weil die Situation für sich spricht. Aber es ist auch in dieser Folge, wie gesagt, eine Ausnahme. Und es scheint, als ob in den späteren Filmen die Anlehnungen an die Deutschschweizer Sprachrealität immer weniger würden. Es wird ja keine mundartlichen Fassungen mehr geben, auf denen die hochdeutschen basieren. Gerettet wurde allerdings bemerkenswerterweise der Fluch »Gopfertami« – zu hören noch im Jahr 2000 in CHAOS. Mit diesem Film (Autorinnen: Bettina Wilhelm und Jane Corbett) kommen im Übrigen noch einige unauffällige schweizerhochdeutsche Ausdrücke zurück. »Ich hab' sie gern gehabt«, sagt zum Beispiel eine Frau über eine andere und vermeidet so das in der Schweiz nicht übliche »Ich mochte sie«.

Eine Umgangssprache von den Straßen der BRD

Von Burg spricht, am deutlichsten in den Folgen ab RUSSISCHES ROULETTE, ein Deutsch, das kaum mehr etwas Schweizerisches erkennen lässt. Weder in der Artikulation noch in der Satzmelodie noch im Wortschatz. Stattdessen benutzt er einen Stil, den er einer BRD-Umgangssprache abgelauscht ist. Zum Beispiel tauscht er das »odrr?«, diese so überlebenswichtige Rückversicherungsfloskel, durch ein »nich'?« aus. Es wird nicht nur eine neue Sprachform eingeführt, sondern auch eine Funktion, die es so in der Schweiz nicht gibt: die soziale Differenzierung über dialektalen Sprachgebrauch. In einigen Fällen setzt sich gerade der philosophisch interessierte von Burg sprachlich deutlich von seiner weniger gebildeten Umgebung ab.

In HERRENBOXER äfft er das Schweizerdeutsche gar noch nach, indem er den Satz einer Gesprächspartnerin, die am Telefon ihren Chef verleugnet hat, mit übertrieben dialektaler Intonation und Artikulation wiedergibt (»Wahrscheinlich hat er das Telefon ausgezogen«). Schauspieler in Nebenrollen – zum Teil wohl Laiendarsteller – sprechen ihren Text noch mit schweizerdeutscher Färbung, so eine junge Dame, der der Kondukteur im Speisewagen beizubringen versucht, dass sie denselben möglichst unauffällig zu verlassen habe. »Was, Polizei?« ruft sie aus und lässt allein in den vier Silben erkennen, dass sie aus dem westlichen Mittelland stammt. Das betont automatisch die Sonderstellung des Kommissars und anderer Hauptfiguren: Sie sprechen das geübtere Hochdeutsch.

Im schweizerischen Sprachalltag gibt es zu dieser sozialen Differenzierung keine Parallele. Denn es sprechen nicht einige Leute dialektaleres Hochdeutsch und andere weniger; es spricht einfach niemand in Alltagssituationen Hochdeutsch. Gesprochene Umgangssprache ist der jeweilige Dialekt (die alle miteinander als Schweizerdeutsch zusammengefasst werden). Für Geschriebenes und einige öffentliche Situationen wird Hochdeutsch verwendet.

Im Fernsehkrimi aber sind die Schauspieler/innen gezwungen, Hochdeutsch zu sprechen. Für Situationen, die sie in ihrer Heimat nur in Mundart

HERRENBOXER: László I. Kish als Kommissar Philipp von Burg (r.) mit Jürg Löw

kennen gelernt haben, müssen sie die Sprachform verwenden, die sie zuerst in der Schule, für schriftliche und öffentliche Gelegenheiten, erlernt haben. Sie können sich nicht an einer ungezwungenen Praxis des Alltagshochdeutsch orientieren, eines problemlosen, mit dialektalen Elementen angereicherten Hochdeutsch, wie es den deutschen Sprachalltag prägt. Dies kennen sie nur aus ihren Deutschlandaufenthalten. Und so orientieren sie sich nicht an der schweizerischen Umgangssprache (dem Dialekt), sondern an einer städtischen deutschen Umgangssprache, wie sie sie vielleicht kennen gelernt haben bei ihren ersten Engagements an den Bühnen in Frankfurt und Wuppertal.

Synchronisierte Heimat

Das alles führt dazu, dass sich die neueren schweizerischen TATORTe dem deutschen Zuschauer als deutsche Filme präsentieren, für den Schweizer Zuschauer aber um so deutlicher den Charakter eines synchronisierten Ereignisses haben. Nachvollziehbar ist das wohl nur für jemanden, der mit dem sprachlichen Alltag der deutschen Schweiz vertraut ist, in dem noch immer eine klare Trennung zwischen Dialekt und Hochsprache gemacht wird. Wenn ein Berner Fahnder im Film seine Ermittlungen in Hochdeutsch führt, bleibt für den Schweizer Zuschauer eine Spannung zwischen der sprachlichen Realität des Berner Alltags und den Anforderungen des international verwertbaren Fernsehfilms.

Nun könnte man das aber nach einiger Zeit vergessen, genauso wie wir auch einen englischen Film in deutscher Synchronisation sehen, ohne uns ständig zu fragen, wie das wohl im Original geklungen haben mag. TATORT aber ist aus Schweizer Sicht immer eine Synchronisation für andere.

DIE ABRECHNUNG: Philipp von Burg und Wachtmeister Markus Gertsch (Ernst Sigrist)

Man kennt auch in Deutschland den Verfremdungseffekt, wenn etwa Julie Andrews auf Deutsch ankündigt, dass sie singen wird, dann aber auf Englisch singt, um nachher wieder ins Deutsche zurückzufallen. Der Film sagt damit dem Zuschauer: Ich bin die Bearbeitung eines Originals, ich vermittle dir eine Ahnung davon, dass es in Amerika einen Film gab, in dem sich Ähnliches abspielte.

Auch der Schweizer TATORT enthält solche Übergänge: Der Rächer in DIE ABRECHNUNG sucht seinen alten Kumpan auf, der sich als Unterhaltungsmusiker durchs Leben schlägt. »Spiel nochmal die Schweinepolka«, sagt der Rächer zu ihm. Er sagt nicht die »Söilipolka«, auch wenn sie dann gemeinsam im schweizerdeutschen Text vom »Söili« singen. Die Moderatorinstanz hat sich gemeldet. Sie denkt an das internationale Publikum. Deshalb lautet der Text: »Spiel mir nochmal die Schweinepolka«, als Serviceleistung für den deutschen Zuschauer. »Schweinepolka«: Das ist eine Zusatzleistung, das ist Moderation. Damit auch die anderen den Zusammenhang zwischen Dialog und Liedtext kapieren.

Aber für den Schweizer Zuschauer ist das ein überflüssiger Wechsel von einer Form seiner Muttersprache in eine andere und zurück. Es macht ihm bewusst, dass er eine Art Synchronisation sieht, und auch, dass er diese eigentlich gar nicht braucht.

Eine moderierte Sendung

Ein synchronisierter Spielfilm der gewöhnlichen Art richtet sich an ein homogenes Publikum, dem Fremdes verständlich gemacht wird. TATORT dagegen präsentiert sich dem Schweizer Publikum in einer Adaption, die sich an andere wendet. Wie

Die Dolmetscherin Helena Krasnowa (Natacha Andreichenko) mit Philipp von Burg in RUSSISCHES ROULETTE

auf den Dampfschiffen oder in den Touristenrestaurants hat der Schweizer Zuschauer den Anderen immer dabei, wenn er seinen TATORT sieht. Das geht über das gewöhnliche Synchronisationserlebnis hinaus. Es ist das Koproduktionserlebnis des kleinen Bruders, vergleichbar nur noch mit der moderierten Show am Samstagabend.

Denn von da hat sich der Schweizer Zuschauer an Ähnliches gewöhnt. Der Showmaster richtet sich an das deutsche ZDF-Publikum, berücksichtigt die »zugeschalteten« Schweizer oder Österreicher Zuschauer nur am Rande, über das eine oder andere Grußwort: »Ich möchte nicht vergessen, die Zuschauer zu begrüßen, die uns in anderen Ländern sehen. Zuerst natürlich unsere Freunde in Österreich und der Schweiz oder in der Schweiz und Österreich; ich mach' da natürlich keine Bevorzugung. Das sind die Anstalten, die direkt angeschlossen sind ...« [5]. Auch wenn die Koproduktion aus der Schweiz kommt, ist die Sendung für den Schweizer Zuschauer als Exportprodukt erkennbar. Man richtet sich an die ZDF-Zuschauer (erklärt ihnen zum Beispiel, dass sie auf das *Aktuelle Sportstudio* noch etwas warten müssen), setzt, was in Deutschland bekannt ist, als für das gesamte Publikum bekannt voraus und übersetzt, was für sie allzu exotisch ist.

TATORT unterscheidet sich von der moderierten Show nur dadurch, dass wir es hier nicht mit einem einzelnen Moderator zu tun haben, sondern mit einer Moderations-Funktion des ganzen Films. Die Kamera zeigt dem Schweizer Zuschauer Schilder und Aufschriften. Sie sagen ihm: »Pass auf, das ist der Grenzübergang von Les Brenets.« – »Da drüben gibt's einen *Coop*-Laden.« – »Wir sind nicht in irgendeinem Freibad, sondern im Marzili.« Im

Dialog kommen diese Ausdrücke aber kaum vor. Der Dialog moderiert. In Bern sagt keiner »das Schwimmbad«, wenn er »Marzili« meint. Das Fehlen dieses Namens weist den Schweizer Zuschauer darauf hin, dass er ein Exportprodukt vor sich hat.

Moderieren in einer Show oder einer Informationssendung heißt begrüßen, ankündigen, begründen, erklären, transparent machen. Wer moderiert, kann sich jederzeit über das gewöhnlichen Informationsgeschehen stellen. Dabei spricht er den Zuschauer direkt an, er verständigt sich mit ihm auf einer Metaebene und vollbringt damit eine Vermittlungsleistung. Auch Moderieren im TATORT heißt: Das Medium als vermittelnde Instanz hebt sich so aus der Unauffälligkeit des Geschehens und zeigt sich auf diese Art dem Zuschauer. Die Hauptfiguren, die Statisten, der Ton und die Kamera können alle daran beteiligt sein.

Reflexion und Distanz

Der moderierte Charakter von TATORT hat also den wohltuenden Effekt der Reflexion über das Medium; er definiert aber auch den präsentierten Inhalt als Exportprodukt. Die TATORT-Schweiz ist ein Modell für einen Standardstaat, in dem Standardverbrechen nach einem Standardverfahren aufgeklärt werden.

Wie standardisiert das »regionale Umfeld des jeweiligen Senders« in den Schweizer TATORTen ausfällt, wird gerade dann augenfällig, wenn Themen gewählt wurden, die politische Brisanz haben könnten. Am Schluss von RUSSISCHES ROULETTE zum Beispiel werden die Ermittlungen gestoppt, weil man einer Weisung vom »Außenministerium« gehorchen musste. Der deutsche Zuschauer bekommt dadurch vielleicht eine leise Ahnung unguter Kollaboration zwischen Schweizer Behörden und russischer Mafia. Für den Schweizer Zuschauer wird die Ahnung mit diesem selben Satz lexikalisch verwedelt: Ministerien gibt es in der Schweiz nicht, nur Departemente. »Weisung vom Außenministerium«, das fügt sich zwar in die TATORT-Welt ein; für den Schweizer hat es kaum mehr das Erschreckende, das eine »Weisung vom Departement für auswärtige Angelegenheiten« hätte.

Das Lokalkolorit hält nicht vor, um mehr zu produzieren als einen TATORT-Staat, in dem das Spezifische, das Unverwechselbare, das beunruhigend Schweizerische fehlt. Und weil es fehlt, produziert es überall da, wo es Auseinandersetzung mit der Schweiz provozieren könnte, Erleichterung darüber, dass es eben nicht die Schweiz ist. Ein inverses *Andorra*:

»Andorra ist nicht die Schweiz, nur das Modell einer Angst, es könnte die Schweiz sein; Angst eines Schweizers offenbar«, hat Max Frisch der versammelten Crème im Schauspielhaus erklärt [6]. Er wandte sich dabei unter anderem an den Literaturhistoriker Karl Schmid, der die Werke einiger wichtiger Schweizer Schriftsteller auf ein »Unbehagen im Kleinstaat« reduziert hatte.

Das Koproduktionsmodell TATORT geht umgekehrt vor. Es gibt vor, in der Schweiz zu spielen. Aber mit jeder Adaptation für den Export, mit jeder Moderationsleistung werden die intendierten politischen Bezüge nivelliert, wird mir etwas mehr von der Angst genommen, es könnte mich direkt angehen. ♦

Anmerkungen

1 Gunther Witte: Populäres Panorama. 330mal Tatort: Starke Vergangenheit, glänzende Zukunft. In: Pressestelle/Öffentlichkeitsarbeit des WDR (Hg.): TATORT 300! Köln 1994, S. 23.

2 Neue Zürcher Zeitung, 8.6.1993.

3 Peter Bichsel: Des Schweizers Schweiz. Zürich 1969, S. 21.

4 Dass er sich später durch spektakuläre Sprünge in die Wasserfälle eines Bergbachs zu retten versucht und dabei umkommt, war bei der Erstausstrahlung am 21. März 1999 vielleicht eine noch weitherum unverständliche Stunteinlage; im Rückblick ist es eher eine gespenstische Vorwegnahme: Vier Monate später wurde diese Art der Fortbewegung als »Canyoning« international berüchtigt, als im Berner Oberland 21 Touristinnen und Touristen auf eben diese Art umkamen.

5 ZDF, 18.5.1985.

6 Max Frisch: Die Schweiz als Heimat? Rede bei der Verleihung des Großen Schillerpreises der Schweizerischen Schillerstiftung, 12. Januar 1974.

Sämtliche Schweizer TATORTe:

Wachtmeister Howald:
HOWALDS FALL (DRS, 16.4.1990)
Regie: Urs Egger.
Buch: Johannes Bösinger, Urs Egger.

Detektivwachtmeister Carlucci:
KAMERADEN (SRG, 1.4.1991)
Regie und *Buch:* Markus Fischer.

MARION (SF/DRS, 11.10.1992)
Regie: Bruno Kaspar.
Buch: Johannes Bösinger, Bruno Kaspar, Nikolaus Schlienger.

Detektivwachtmeister / Kommissar von Burg und Wachtmeister Gertsch:
GEHIRNWÄSCHE (SRG, 6.6.1993)
Regie: Bernhard Giger.
Buch: Peter Zeindler, Bernhard Giger.

HERRENBOXER (SRG, 16.10.1994)
Regie: Christian von Castelberg.
Buch: Martin Suter.

RÜCKFÄLLIG (DRS/RB, 5.6.1995)
Regie: Daniel Helfer.
Buch: Ulrike Bliefert-Kish, Marcus P. Nester.

DIE ABRECHNUNG (SF/DRS, 12.5.1996)
Regie und *Buch:* Markus Fischer.

RUSSISCHES ROULETTE (SF 1, 18.1.1998)
Regie: Walter Weber.
Buch: Pascal Verdosci.

AM ENDE DER WELT (DRS, 3.5.1998)
Regie: Helmut Förnbacher.
Buch: Urs Aebersold.

ALP-TRAUM (DRS, 21.3.1999)
Regie: Clemens Klopfenstein.
Buch: Marcus P. Nester, Clemens Klopfenstein.

CHAOS (SF/DRS, 9.4.2000)
Regie: Christof Schertenleib.
Buch: Bettina Wilhelm, Jane Corbett.

TIME-OUT (DRS, 2001)
Regie: Bernhard Giger.
Buch: Peter Purtschert, Stefan Witschi.

Mord bei Nord. Paul Stoever, ein Berliner beim Hamburger TATORT

Von Paul Barz

Gemächlich schiebt sich der Ausflugsdampfer durch die Nordsee-Flut von Helgoland her der Elbmündung entgegen. Hamburg wird angesteuert, und an der Reling lehnt ein Mann. Wuchtig, massig, kahler Schädel, kräftige Nase, markiges Kinn. Ein Kerl. Einer in den besten Jahren.

Sein Name: Paul Stoever. Sein Beruf: Kommissar. Sein Wirkungsfeld: der NDR-TATORT, ein erstes Mal damals. 16 Jahre ist das her. Inzwischen wurde dieser Stoever der dienstälteste TATORT-Kriminaler, der am 7.1.2001 seinen 41. und letzten Fall lösen wird. Keiner hielt länger durch. Keinem hielt man länger die Treue. Stoever im Verein mit seinem Kompagnon Brockmöller: Das waren sichere zehn Millionen Zuschauer pro NDR-TATORT am Bildschirm.

HAIE VOR HELGOLAND. Unter diesem Titel trat am 23. April 1984 Paul Stoever seinen TATORT-Dienst an, noch solo und ohne Brockmöller im Gefolge. Gespielt von Manfred Krug, dem geborenen Duisburger mit dem unverkennbaren Berliner Seelen- wie Zungenschlag. Den wahrte er auch hier. »In jedem Berliner Senator steckt ein Droschkenkutscher, in jedem Hamburger Droschkenkutscher ein Senator.« Das Wort könnte auf Stoever/Krug gemünzt sein. Wobei in ihm entschieden mehr der Droschkenkutscher als der Senator steckt. Krug als Stoever ist die Prise Berlin im TATORT-Gewühl und viel berlinerischer als die meisten Berliner TATORT-Herren bis zum jüngsten Kuppel Jürgens/Raacke.

Doch Stoevers Terrain bleibt nun mal Hamburg. Diese so schöne und ziemlich freie Hansestadt, die Zentrum ist für so manches – sie ist auch ein Zentrum deutschen Krimi-Schaffens. Seit den Fünfzigern eigentlich schon, als der bereits darbende deutsche Kino-Film eine späte Blutzufuhr durch Edgar Wallace erfuhr. Die meisten seiner Verfilmungen entstanden in Hamburg, während fast parallel dazu der Hamburger Jürgen Roland für den NDR an seinem halb-dokumentarischen *Stahlnetz* strickte, dem eigentlichen TATORT-Vorbild und ungeheuer erfolgreich dazu, mit Sehbeteiligungen bis zu 92 Prozent (*Die Zeugin im grünen Rock*, 1960). Dennoch brauchte es seine Zeit, im Bildschirm-Krimi den Top-Magneten schlechthin zu erkennen: »Krimi made in Germany? Geht nicht«, blieb die Regel.

Einer durchbrach sie schließlich, und siehe da, es ging! Sehr gut sogar. Aber nicht in Hamburg. Unten in München, wo Produzent Helmut Ringelmann 1969 seinen *Kommissar* Keller auf kettenrauchende Verbrecherjagd schickte. Gemordet wurde nun nicht mehr an Alster und Elbchaussee, sondern an der Isar und im piekfeinen Bogenhausen. Die Hamburger Krimi-Landschaft lag brach. Erst der TATORT sorgte wieder für regionale Balance.

Der war zwar nicht in Hamburg, sondern in Köln geboren worden, wo Dramaturg Gunther Witte 1969 von seinem Chef Günther Rohrbach bei einem Spaziergang im Stadtwald die Order erhalten hatte: »Heben Sie den *Kommissar* aus dem Sattel!", und die Kölner waren es dann, die mit ihrem Zollfahnder Kressin den ersten kleinen TATORT-Mythos schufen, die allererste TATORT-Ermittlergestalt, deren Name bereits im Titel erscheinen durfte.

Doch in Hamburg war TATORT gestartet, am 29. November 1970 genau, und der dabei sein TAXI NACH LEIPZIG bestieg, hieß Kommissar Trimmel und wurde vom Schwergewicht Walter Richter gespielt. Auch er so hanseatisch eigentlich nicht. Einer mit den Beinen auf dem Schreibtisch, das Schnapsglas nicht weit, die Zigarre in der Hand. Eher grob, manchmal unflätig: »Na, hast du gut gefickt?«, brüllt er gleich in der ersten Folge Hans-Peter Hallwachs als verdatterten Vopo an. Trimmel/Richter durfte es sich leisten. Der großen Herzlichkeit wegen hinter aller groben Schale. Diese Mischung machte ihn zum Typ und diesen Typ zur ersten »richtigen« Kommissars-Ikone der TATORT-Reihe. Selbst Kressin-Erfinder Gunther Witte musste später einräumen, dass der Trimmel sein persönlicher Liebling unter allen Kommissaren war.

Noch solo: Krug in der dritten Stoever-Folge IRREN IST TÖDLICH

Er und dann der Finke. Der war das andere Publikums-Ass der frühen TATORT-Zeit, auch er ein NDR-Kommissar, besetzt mit dem eher zierlichen und wie gestochen formulierenden Klaus Schwarzkopf und schon daher zum raubauzigen Trumm Trimmel das totale Gegenstück. Den hatte immer ein Hauch Proletentum umweht. Der Finke hingegen war ein Herr, und nicht brackiges Hafenwasser gluckerte in seiner Nähe, sondern die Ostsee der Kieler Förde schimmerte im milden Blau, als Finke vom 13. Juni 1971 an (BLECHSCHADEN) hinaus in die grünumbuschte Schleswig-Holsteiner Provinz zog, hin zu eher unblutigen, unaufgeregten Krimi-Fällen, die dennoch die über lange Zeit ungeschlagen höchsten TATORT-Quoten brachten, der NACHTFROST vom 20.1.1974 den Rekord von traumhaften 76 Prozent. Das waren fast vierundzwanzig Millionen Zuschauer.

Mit den Herren Trimmel aus Hamburg und Finke aus Kiel war also dem NDR-TATORT gleich zweimal der große Personalwurf gelungen. Ein dritter ging ziemlich daneben. Damals 1974, als von Hannover her der Schauspieler Knut Hinz als Kommissar Brammer angewandert kam, mit schwarzem Schlapphut wie Django, die Gitarre unterm Arm und Udo Lindenberg in Herz und Kehle. Ein Typ der Siebziger, wenigstens um eine Generation jünger als die mehr väterlichen Kollegen. Doch kein Typ für den TATORT. Die Krimi-Zeit war einfach noch nicht reif für einen Generationenwechsel, nicht in Hamburg und nicht anderswo. Der kam erst 1981, und dann in Köln mit Kommissar Schimanski.

Schimanski, dieser Unband im Parka, stand für eine neue Zeit. Mit ihm war für den bundesdeutschen Krimi die Nachkriegszeit abgeschlossen, zu

Experiment in der Provinz: WAT RECHT IS, MUT RECHT BLIEWEN

Ulrich von Bock als Kommissar Ronke in WENN ALLE BRÜNNLEIN FLIESSEN

der noch Finke wie Trimmel gehört hatten, beides Männer, bei denen man sich wohl fragen mochte, was sie denn so vor 1945 gemacht hatten. In jeder Hinsicht erreichten sie nun ihre Pensionierungsgrenze. Neue Männer brauchte das Krimi-Land.

Für den NDR-TATORT wurde diese Wende zu den Achtzigern eine Krisenzeit. Brammer war nicht richtig angekommen. Schwarzkopf als Finke wollte nicht mehr, Richter als Trimmel wollte zwar recht gern, steuerte aber nun schon den Achtzig entgegen. TRIMMEL UND ISOLDE (19.9.1982) wurde der letzte Trimmel-Fall.

Man suchte. Man experimentierte. Kommissarsgestalten tauchten kurzfristig auf, immer mit großem Presse-Hallo begrüßt, um gleich wieder zu verschwinden. Erik Schumann zum Beispiel. Oder Bernd Seebacher. Oder Hans Häckermann. Einmal war *Ekel Alfred*-Schwiegersohn Diether Krebs zu sehen. Ein anderes Mal wagte man sogar, mit Uwe Dallmeier bei WAT RECHT IS, MUT RECHT BLIEWEN (2.5.1982), das tollkühne Experiment eines »plattdeutschen« Kommissars. Es zog alles nicht. Bis so um 1983/84 Manfred Krug ins TATORT-Visier geriet.

Der war Ende der Siebziger mit dem Gedanken »Ich hau ab, und wenn ich drüben Lastwagenfahrer werden muss« dem totalitären DDR-Klammergriff entwichen, und Lastwagenfahrer wurde tatsächlich seine erste Station, allerdings nur im Film und dort in der Trucker-Serie *Auf Achse*. Sie machte Krug, den Jazzbarden der DDR, den schweren jungen Helden aus DEFA-Tagen, den Sportin' Life in Götz Friedrichs *Porgy und Bess*-Inszenierung an Walter Felsensteins Ost-Berliner Komischen Oper, auch diesseits der Mauer zum Star. Die TATORT-Verhändler bekamen es zu spüren.

Heute treiben den Verantwortlichen die 35.000 Mark Einzelgage pro Folge, um die es damals ging, ein eher nostalgisches Lächeln ins Gesicht. Damals waren sie Grund genug, nach einem unbekannteren, finanziell weniger anspruchsvollen Kommissar Ausschau zu halten.

Aber Glück für Krug, Pech für den NDR: Ein TATORT mit dem einstigen Trimmel-Assistenten Ulrich von Bock (WENN ALLE BRÜNNLEIN FLIESSEN, 26.6.1983) machte gerade in dieser kritischen Phase keinen wirklich glücklich. Ob also zu teuer oder nicht: Krug wurde der nächste NDR-Kommissar. Paul Stoever war geboren. Das Hamburger Gegengewicht zum allgewaltigen TATORT-Mythos Schimmi, *dem* Kommissar der Achtziger.

Auch dieser Stoever gehört schon zur Nachkriegsgeneration. Trümmerkind nach Kriegsende, Nietenhosenträger in den Fünfzigern, vielleicht ein bisschen aufmüpfig in den Sechzigern, obwohl er, der damals Mitte Dreißig, über die allzu wilden Jungen leise den Kopf geschüttelt und sich nur zögernd mal an einem Joint versucht haben mochte: Das alles kann man sich bei ihm gut vorstellen.

Oben Ohne: »Mutti« Brockmöller und Stoever

Doch Stoever ist kein anderer Schimmi. Ein Einzelgänger auch er, das schon. Aber ohne den Ruch aufsässigen Freibeutertums, das Schimanskis ständiges »Scheiße«-Geschrei zu einer Art Schlachtruf im permanenten Nahkampf gegen die allgemeine Konformität einer immer glatter und perfekter werdenden Computer- und Bürokratenwelt machte. Wenn Stoever mal »Scheiße« sagt, auch bei ihm keine ungeläufige Vokabel, steht mehr achselzuckende Wurstigkeit dahinter, die müde grinsende Resignation gegenüber dem eh unveränderbar Unvermeidbaren.

Er gibt sich rüde, hemdsärmelig, manchmal unkonventionell, bleibt aber immer der Bürger. Geschieden wahrscheinlich. Sicher kein guter Ehemann. Aber häusliche Bequemlichkeit inklusive gut gekühlter Bierflasche und Filzpantoffeln wäre ihm, anders als Schimanski, sicher nicht gar so sehr zuwider. Einer, der seinen Job mit sehr bürgerlichem Widerwillen versieht. Viel lieber sieht er sich schon in Pension, und das ständige Kokettieren mit dem baldigen Ruhestand wird spätestens in der zweiten Hälfte der Neunziger zum Running-Gag aller NDR-TATORT-Folgen, während Schimi aus dem Vorruhestand wieder hinaus auf die freie Kriminalerbahn zu locken zu den leichteren Übungen gehört haben dürfte.

Stoever tut ohne große Begeisterung, von der Welt des Verbrechens eher angewidert als fasziniert, seine ziemlich mies bezahlte Pflicht. Kein Spürhund, kein Jäger. Auch das »Freund und Helfer«-Syndrom, wie es noch hinter aller Trimmel-Ruppigkeit hervorlugte, ist ihm völlig fremd. Ebenso das leise »Alles verstehen und das meiste verzeihen« bei Finke. Wir sind eben eine Generation weiter. Kein Platz mehr für Feuerköpfe und Idea-

TOD AUF NEUWERK: Mord bei Nord

listen. Die »Macher« sind nun am Werk. Auch Stoever ist einer. Wie sein Kollege Brockmöller.

Denn Stoever ist nicht allein. Ein anderer, ranggleich, steht vom vierten Stoever-Film an (LEICHE IM KELLER, 31.3.1986) an seiner Seite. Peter Brockmöller, vom Berliner Charles Brauer gespielt, mit Krug gleichaltrig, Film-Kind schon mit elf, später Sohn Heinz in der allerersten Fernseh-*Familie Schölermann*, doch in der Folge mehr Bühnen- als Bildschirmschauspieler. Erst der Brockmöller etabliert ihn als Fernseh-Star. Im Duo mit Krug ist er sowas wie die »bessere Hälfte« dieses eheähnlichen Kriminalistenverhältnisses.

Dort wurde dann Brockmöller immer mehr die »Mutti« der beiden, Stoever der etwas ungezogene, manchmal aufsässige Ehemann, der dennoch weiß, dass er unrettbar unterm Pantoffel steht. Und diese Entwicklung lief entschieden anders als eigentlich geplant. Denn an sich hatte Brockmöller der Gröbere der beiden sein sollen. Einer, der auch schon mal dreinhaut, während Kollege Stoever/Krug in 40 Fällen gerade einmal, bei ARME PÜPPI (10.5.1998), den Revolver zückt, und »da ging es dramaturgisch einfach nicht anders«, wie NDR-TATORT-Redakteurin Doris J. Heinze beteuert.

Aber auch Brockmöller zückt die Pistole nicht wesentlich öfter und wenigstens so ungern. Seine Waffe ist das Hirn, während es Kollege Stoever mehr mit dem Bauch hat. Darüber haben sie sich mit den Jahren gefunden, denn keineswegs waren sie von Anfang an ein Herz und eine Seele. Eher fühlte man sich zunächst an Neil Simons *The Odd Couple* (Ein seltsames Paar, 1968) erinnert, an die klassischen Männer-Kabbeleien zwischen Walther Matthau und Jack Lemmon: »Ich hatte einen furcht-

The Singing Detectives: Kein Film ohne Gesangseinlage

baren Traum. Ich sah ein Flugzeug abstürzen, und du warst *nicht* drin.« Das hätte in der frühen Phase ihrer gemächlich aufeinander zustrebenden Beziehung auch Brockmöller zu Stoever sagen können.

Es mag offen bleiben, wie sehr sich die Autoren dieser Frühzeit von Simons »Paar«-Kombination hatten inspirieren lassen. Doch sicher dürfte sein, dass damals die meisten Drehbücher eine solche Hochpeppung dringend nötig hatten. Denn ähnlich schwach wie beim Schimanski waren auch hier die meisten Geschichten und hätten allein das neue NDR-Paar kaum so haltbar etablieren können. Aber mit ihrem Ältere-Herren-Charme setzten sich die beiden durch, und fünf Jahre nach dem Stoever-Start ergab eine Umfrage, dass Stoever/Krug als überzeugender Kriminaler mit 42 Prozent nur zwei Punkte hinter dem noch überzeugenderen *Derrick* von Horst Tappert rangierte und mit 48 Prozent als »menschlichste« Kommissarsgestalt sogar neun Punkte *vor* Derrick/Tappert, während in der gleichen Umfrage Schimanski/George von sechzig Prozent aller Befragten als »zu ruppig« abgelehnt wurde. Wie man überhaupt fragen kann, ob nicht der Schimanski-Kult mehr eine Sache der Kritiker, weniger des breiten Publikums war.

Denn der Unterschied zwischen öffentlicher und veröffentlichter Meinung fällt gerade bei der TATORT-Beurteilung durch Kritik und Publikum immer wieder auf und dort besonders bei den Stoever-Filmen, die mehr als einmal dem Presse-Totalverriss anheim fielen, während das Publikum in ungeminderter Millionenschaft von Folge zu Folge brav einschaltete und allenfalls mal gegen Stoevers Überkonsum an Zigarren und Bratwurst dezent protestierte. Die Presse hingegen gab sich mäkliger. So etwa in einer Kritik zur Folge EXPERIMENT, wo Krug »der Charme eines Fleischerhundes« attestiert wurde und es von der im Film gezeigten Klinik hieß, sie sei nicht in Hamburg angesiedelt oder im Schwarzwald, sondern »in noch viel tieferer Krimiprovinz.« Das war 1992 (am 3.5.), und der NDR-TATORT gönnte sich gerade wieder mal eine Krise.

Krug wollte nicht mehr recht. Schon fielen Namen anderer, jüngerer Kommissarskandidaten für den NDR-Posten. Doch dürfte alles aufgeatmet haben, als es denn doch – nach kräftiger Aufstockung des Krug-Honorars – mit den beiden Alt-Meistern weitergehen konnte. Und fairerweise sei gleich gesagt, dass dann mit der Übernahme der Redaktion durch Doris J. Heinze die Bücher entschieden besser wurden. Die Herren Kommissare sangen sich dazu eins. Denn das war von der Folge TOD AUF NEUWERK (24.3.1996) an zum neuen TATORT-Markenzeichen geworden, nachdem sich die Stoever/Brockmöller-Kabbeleien als Running-Gag zu erschöpfen begannen: kein Film mehr ohne Gesangseinlage, gleichfalls ein Einfall von Doris J. Heinze, als sie die Herren einmal in einer Drehpause etwas Jazziges hatte improvisieren hören.

Seitdem also sangen sie pro Folge wenigstens einmal und inzwischen sogar auf einer eigens gepressten CD, wo die Skala vom Judy Garland-*Rainbow* über *Goodie Goodie* und *Ganz leise* bis zur Zarah Leander-Anfrage *Kann denn Liebe Sünde sein?* reicht. In diesem Zusammenhang aber gleich noch einmal ein Streiflicht auf den Presse/Publikums-Gegensatz: War doch bei einer allgemeinen TATORT-Kommissar-Bewertung des Münchner Boulevardblatts *TZ* gerade ihr Gesang den Herren Stoever/Brockmöller als schlimmstes Minus angekreidet worden. Dem TATORT-Publikum, im Schnitt wohl mehr älter, mehr konservativ, gefiel es jedenfalls. Und so stand denn dieses Kriminalergespann bombenfest in der Hamburger Krimi-Landschaft, wo man sich sogar diverse hauseigene Konkurrenz leistet, ohne dass der TATORT Schaden nehmen würde an der Quote, *Die Männer vom K 3*, den *Polizeiruf 110*, wenigstens sporadisch das erfolgreich wiederbelebte *Stahlnetz* und, nimmt man den ARD-Vorabend dazu, das unverwüstliche *Großstadtrevier*. Doch Allah im Hamburger Krimi-Kosmos bleibt Stoever, und Brockmöller war sein Prophet.

Der Nachfolger: Robert Atzorn

Jedenfalls bis zum Januar 2001. Dann wird die Stoever/Brockmoellersche Dauer-Koketterie mit der nahenden Altersgrenze bitterer Ernst. Die beiden Herren gehen – mehr oder minder sang- und klanglos – in die ersehnte Pension. Und beim NDR hatte schon lange zuvor die Suche nach einem Nachfolger eingesetzt. Redakteurin Doris J. Heinze gab sich dabei demonstrativ gelassen: »Wir suchen gar keinen bestimmten Typ um jeden Preis. Er muss nicht unbedingt jung oder unbedingt alt, unbedingt ein Mann oder unbedingt eine Frau sein ...« Aber dass es niemand in der Stoever/Brockmoeller-Nachfolge leicht haben würde, stand schon mal fest.

Da wollte man denn wohl kein Risiko eingehen und entschied sich für einen so Serien-bewährten Star-Darsteller wie Robert Atzorn, der nach einem Pfarrer, einem Lehrer und einem Kapitän seinen vierten Tele-Job antritt, den des TV-Kommissars. Ein gebürtiger Pommer, der aber in Hamburg aufwuchs, in Hamburg zur Schule ging, in Hamburg zunächst Graphik studierte – ein »gelernter« Hamburger sozusagen, sehr norddeutsch zugleich in seiner schlaksigen Nüchternheit und leicht arrogant angehauchten Herrenhaftigkeit, die mögliche Herzlichkeit immer nur in kleinen Dosen, wie nebenbei und zufällig verabreicht. Und die Augen leuchten dazu im schönsten Alster-Blau.

Mord bei Nord

Ein »echt Hamburger« NDR-Kommissar also. Zum ersten Mal in der NDR-TATORT-Geschichte. Denn guten Wind – und gute Fahrt! Er muss ja nicht gleich Shanties singen. ♦

Erwähnte Folgen, chronologisch:

Hauptkommissar Stoever:
HAIE VOR HELGOLAND (NDR, 23. 4.1984)
Regie: Hartmut Griesmayr.
Buch: Peter Hemmer.

IRREN IST TÖDLICH (NDR, 14.4.1985)
Regie: Wolfgang Storch.
Buch: Peter Hemmer.

Hauptkommissare Stoever und Brockmöller:
LEICHE IM KELLER (NDR, 31.3.1986)
Regie: Wolfgang Storch.
Buch: Peter Hemmer.

EXPERIMENT (NDR, 3.5.1992)
Regie: Werner Masten.
Buch: Peter Sichrowsky.

TOD AUF NEUWERK (NDR, 24.3.1996)
Regie: Helmut Förnbacher.
Buch: Raimund Weber.

ARME PÜPPI (NDR, 10.5.1998)
Regie: Helmut Förnbacher.
Buch: Helmut Förnbacher, Manfred Krug, Thorsten Näter.

Weitere erwähnte Folgen:

BLECHSCHADEN (NDR, 13.6.1971)
Kommissar Finke
Regie: Wolfgang Petersen.
Buch: Herbert Lichtenfeld.

NACHTFROST (NDR, 20.1.1974)
Kommissar Finke
Regie: Wolfgang Petersen.
Buch: Herbert Lichtenfeld.

TAXI NACH LEIPZIG (NDR, 29.11.1970)
Kommissar Trimmel
Regie: Peter Schulze-Rohr.
Buch: Peter Schulze-Rohr, Friedhelm Werremeier.

TRIMMEL UND ISOLDE (NDR, 19.9.1982)
Hauptkommissar Trimmel
Regie: Peter Weck.
Buch: Friedhelm Werremeier.

WAT RECHT IS, MUT RECHT BLIEWEN (NDR, 2.5.1982)
Kommissar Schnoor
Regie: Volker Vogeler.
Buch: Boy Lornsen, Elke Loewe.

WENN ALLE BRÜNNLEIN FLIESSEN (NDR, 26.6.1983)
Kommissar Ronke
Regie: Pete Ariel.
Buch: Detlef Müller.

Wer hört die Rotbuche schreien? DAS LEDERHERZ

Von Klaudia Brunst

Vier Wettbewerbe hat er bereits gewonnen. Aber nicht einmal ein Klohäuschen gebaut. Weil seine Träume seit fünfzehn Jahren auf der Hochebene einer muffigen Mansardenwohnung liegen bleiben, hält ihn seine Frau für einen »Versager!« Er lässt los. Sie fällt. Eine halbe Stunde später wird ein Kriminalbeamter ihre zarte Figur mit einem Kreidestrich nachziehen. Diesmal hat er nicht versagt. Wir haben es genau gesehen: Das war Absicht.

DAS LEDERHERZ ist der TATORT Nr. 124. Er wurde am 3. Mai 1981 erstausgestrahlt und macht uns mit Hauptkommissarin Hanne Wiegand bekannt. Ihr Gesicht ist uns noch ein wenig vertraut von dem *Bastian*, jener ZDF-Serie, die Mitte der siebziger Jahre von einer etwas ungewöhnlichen Liebe und zwei sehr ungleichen Lebensentwürfen, einem schlaksigen Lehrer (Horst Janson) und einer prinzipientreuen Ärztin (Karin Anselm) erzählt hatte. Neu war daran, dass diesmal *er* die Flausen im Kopf hatte und *sie* das Geld verdiente. So stellte sich (und uns) das Fernsehen 1974 eine emanzipierte Frau vor. Die Sache mit der Liebe ging natürlich nicht gut aus.

Nun, sieben Jahre später, gibt es also ein Wiedersehen mit Karin Anselm. Die Republik hat die wilden Siebziger überstanden und schlägt sich mit AKW-Gegnern und anderen Umweltschützern herum. Regiert wird sozialliberal, aber nicht mehr lange. Die Emanzipation der Frauen ist beharrlich fortgeschritten, aber längst nicht am Ziel. Karin Anselm trägt zu ihrer flotten Kurzhaarfrisur konsequenterweise ein kakhifarbenes Hemdblusenkleid. Kleines Zugeständnis an ihre Weiblichkeit: der kokett hochgestellte Kragen, der ihr aber auch eine gewisse Strenge verleiht. Die tote Unternehmerstochter unten auf der Straße würde sie sicher als »Mannweib« bezeichnen. Der Architekt mit den langen Haaren und weichen Gesichtszügen oben in der Mansardenwohnung ist sensibler. Er nimmt die Kommissarin durchaus ernst, er schätzt es sogar, dass sie ihm intellektuell das Wasser reichen könnte. Weshalb Hanne Wiegand seine Erwartungen schlau unterläuft. Sie kocht ihm Kaffee. »Hier, trinken Sie erstmal. Zucker oder Milch?«

Natürlich wird Hauptkommissarin Wiegand, deren Familienstand über mehrere Nachtszenen hinweg ungewiss bleibt, diesen Fall mittels diverser intuitiver Eingebungen und einiger ihrer hausfraulichen Fingerfertigkeiten lösen. Gleichberechtigung hin oder her – hier überwiegt der Vorteil weiblicher Intuition. Mit dem Abstand von fast zwanzig Jahren wirkt es fast rührend, wie Irene Rodrian die Gemeinplätze des gesellschaftlichen Fortschritts in ihren Plot implantiert: Da ist einerseits die erfolgreiche Vorgesetzte, die den schlichten Gedankengängen ihrer männlichen Untergebenen gelegentlich stirnrunzelnd Beine machen muss. Und andererseits die einsame Enddreißigerin, die dem Witwer in dem Durcheinander einer Alternativküche in überquellender mütterlicher Fürsorge ein Heißgetränk aufbrüht. »Es tut mir leid, dass Ihre Frau nicht mehr lebt«, behauptet sie. Und dass sie andauernd Schirme verliert. Und nicht gerne nachts im Auto allein nach Hause fährt. Das ist natürlich bestenfalls die halbe Wahrheit. Denn unter dem schützenden Deckmäntelchen weiblicher Lebensuntüchtigkeit verbirgt sich in Wirklichkeit die ehrgeizige Fahnderin, die den Ver-

Hanne Wiegand (Karin Anselm) im Büro

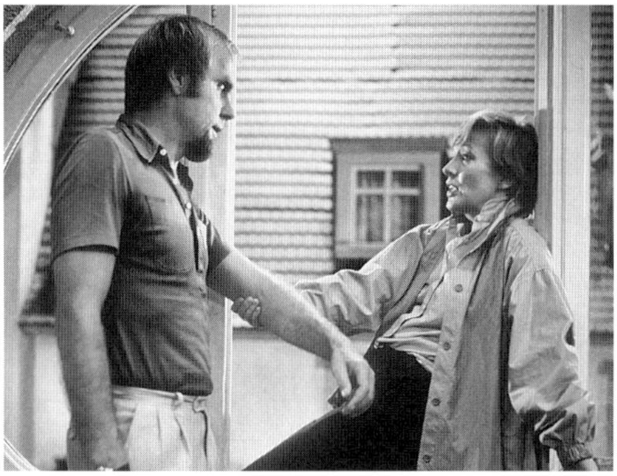

Die Kommissarin und der Architekt (Gert Dieckmann)

dächtigen selbst zu später Stunde nicht aus den Augen lassen mag.

Über die volle Distanz der TATORT-Folge 124 wird das Thema variiert: Wie hart dürfen Frauen sein? Wie weich Männer? Denn der Architekt ist ja kein zynischer Mörder. Das haben wir sofort gesehen. Er ist ein Träumer, ein Idealist – mit Utopien im Kopf und einem Loch in der Wollstrickjacke. Aufgewühlt zerrt er die Kommissarin zu einem anderen Tatort: einem tristen Neubaugebiet. Sicher hätte er hier einen Job kriegen können, in der Baufirma seines Schwiegervaters. Aber so einfach ist es eben nicht. »Sehen Sie das?«, fordert er die Wiegand auf und deutet angewidert auf die Hochhäuser. »So sperrt man Menschen ein! Vor einem Jahr waren hier noch Wiesen mit Blumen. Dort unten stand eine Rotbuche. Über hundert Jahre alt. Die hat geschrieen. Ich hätte heulen können.« Wie weich dürfen Männer sein? Was ist ein Versager? Einer, der vier Wettbewerbe gewinnt, aber noch nicht einmal ein Klohäuschen gebaut hat?

Auch Hanne Wiegands Geschlechterrolle wird im LEDERHERZ zeitgemäß infrage gestellt. Sie kommt als Hosenrolle daher. Die Kommissarin ist ein Kommissar. Allerdings einer mit Hausfrauenfertigkeiten. »Geben Sie mal her. Das kann man ja nicht mit ansehen«, sagt die Wiegand unwirsch und nimmt dem unbeholfenen Architekten die Stopfnadel aus der Hand. Flink und akkurat stopft sie seine Wolljacke. Ein Flicken am Ärmel ist abgerissen. Die Tote war mit dem Lederherz in der Hand in die Tiefe gestürzt. Nadelstich für Nadelstich bringt die Kriminalbeamtin jetzt also das Beweisstück wieder an seinen ursprünglichen Bestimmungsort. Und findet doch genau durch diese Handarbeit die Lösung für ihren Fall. Später, wenn sie den Architekten festnimmt, wird sie ihn ob seiner Vorurteile rügen: »Sie haben mich wohl unterschätzt. Sie hätten mir die Jacke nie in die Hand geben dürfen.«

Diese Hauptkommissarin Wiegand ist wie ihr Hemdblusenkleid: halb Frau, halb Mann. Ein seltsames Zwitterwesen. Noch acht Jahre wird es dauern, bis eine Kommissarin auf filigranen Ballerinas und mit flatterndem Seidenschal zum TATORT tänzelt. Sinnigerweise tut sich Ulrike Folkerts anfangs mit dieser neuen Weiblichkeit sichtbar schwer. Als sie ihre Ermittlungen für die ARD aufnimmt, haben die Hemdblusen-Wesen ihre Bedeutung längst eingebüßt. Frau trägt jetzt ganz selbstverständlich Hosen und schreitet mit Lust weit aus. Wie die geht, hätte Lena Odenthal viel besser in einen Overall gepasst. ♦

DAS LEDERHERZ (SWF, 3.5.1981)
Regie: Imo Moszkowicz.
Buch: Irene Rodrian.
Darsteller/innen: Karin Anselm (Hauptkommissarin Hanne Wiegand), Wolfgang Kaven (Assistent Rolf Simon), Peter Pankalla (Assistent Erwin Brunner), Peter Dirschauer (Gert Dieckmann), Margit Schulte-Tigges (Eva Dieckmann), Herbert Steinmetz (Herr Weber), Barbara Thummet (Frau Weber), Monika Schuster (Angelika Kesting).

Ein Münchener Gefühl. Interview mit Udo Wachtveitl

Von Eike Wenzel

Udo Wachtveitl kommt 1958 in München-Pasing zur Welt. Schallplattenaufnahmen für *Fix und Foxi*, Synchronisationen und künstlerische Sprecherarbeit für den BR, heute leiht er unter anderem Roberto Benigni seine Stimme. Vorabendserien: *Die Wiesingers*, *Hans im Glück* und *Zur Freiheit*. Theaterengagements am Hamburger Thalia Theater und am Münchener Volkstheater. Regiedebüt beim SWR mit *Silberdisteln*, es folgte *Krieger und Liebhaber*. Seit 1991 ist Udo Wachtveitl als Kriminalhauptkommissar Franz Leitmayr, zusammen mit Kollege Miroslav Nemec, TATORT-Ermittler des Bayerischen Rundfunks.

Herr Wachtveitl, gibt es in München noch Orte, wo man ohne Touristen Weißbier trinken kann? Wenn man hier ankommt, aber auch im Bayrischen Rundfunk und im BR-TATORT hat man das Gefühl, dass alles von Touristen okkupiert und für Touristen angerichtet ist. Und die Münchner erfreuen sich an ihrem eigenen Klischee.

Es gibt Orte, wo München ganz »unmünchnerisch« wird. Ich finde zum Beispiel, dass DIE CHINESISCHE METHODE [10.11.1991] München in einem Licht zeigt, das man vorher nicht kannte. Da sagte mir neulich jemand, ich weiß gar nicht mehr, wer das war, München sah aus wie Berlin. Ich erinnere mich, dass Maria Knilli für jede Außenaufnahme zwei, drei Säcke Müll heranschaffen und an U-Bahnsteigen oder wo auch immer verteilen ließ, damit die Stadt eine andere Anmutung kriegt, was ja dann auch gelungen ist. Aber es gibt in München sehr pittoreske Ecken, und der Rest der Republik ist an diesen Klischees noch nicht satt geworden. Man sieht das auch in der Themenwahl der Redaktion: STARKBIER [7.3.1999], DAS GLOCKENBACHGEHEIMNIS [3.10.1999], VIKTUALIENMARKT [12.3.2000] und wohl noch weitere. Typische Münchener Ecken eben. Aber München ist schon ein ganzes Stück vielschichtiger als man das so wahr haben will.

»Großstadt mit Herz?«

Vierzig Jahre lebe ich jetzt hier, das hat seinen Grund. Ich mag die Stadt. Ein berühmter Münchener hat gesagt »München ist ... und trotzdem«. Das heißt, alles, was man an Schlechtem sagen kann über die Stadt, stimmt, trifft zu: Die Mieten sind hoch, sie ist eigentlich nie eine richtige Metropole gewesen, sie hat viele unangenehme Seiten im Schickimicki-Milieu ... und trotzdem ... es gibt so ein Münchner Lebensgefühl, das kann man entdecken und dem kann man auch nachgehen, und das macht großen Spaß.

Es gibt also so etwas wie ein Münchener Gefühl?

Ja.

Was ist das?

Was ist ein Gefühl? Ich finde, dass das sehr gut zum Ausdruck gebracht wurde in der Serie von Helmut Dietl, *Münchener G'schichten* [1974], das war in den Siebzigern, da fing das an mit den Münchener Filmen. Inzwischen hat es sich ja mehr zu einer bundesrepublikanischen Großstadt entwickelt als zur bayrischen Hauptstadt. Aber es gibt nach wie vor diese Reste. Ein gängiges Erklärungsmuster ist, dass es mit dem Katholizismus zu tun hat, froher, farbenprächtiger, barocker. Nicht so ein schmallippiges, protestantisches Das-Leben-durchstehen-müssen. Es gibt hier den Wunsch, das Leben genießen zu wollen, das mag ich gern. Und ich mag auch die Sprache. Ich gehe zur Zeit auf Lesung mit Texten von Robert Hültner, der hat eine Figur entwickelt, die heißt Inspektor Kajetan. Und da findet man auch diese starke Verankerung im Bayrischen.

Als ernst zu nehmender Künstler in Deutschland muss man seinen engeren Lebensraum ablehnen oder ihm ironisch-distanziert gegenüberstehen, so wie der österreichische Literat sein Land ordentlich zu hassen hat. In Bayern gibt es eine Traditionslinie kritischer Autoren, ich nenne nur Marieluise Fleisser, Kroetz, Fassbinder, die aus einem positiven Bezug auf München, auf Bayern arbeiten.

Der erste Batic/Leitmayr-TATORT: Miroslav Nemec und Udo Wachtveitl in ANIMALS

Ja. Auch Oskar Maria Graf, das ist mehr ein Bayer als ein Münchener. Die haben schon viel Kraft aus der Tatsache gewonnen, dass es hier so etwas wie kulturelle Identität tatsächlich gibt. Ob man die nun benutzt, als Sprungbrett oder als Reibungspunkt, als »na, des mechat i ned« – es ist trotzdem was da, ja. Kulturelle Identität ist ein grosser Wert. Natürlich nicht so aufgefasst, dass man andere nicht gelten liesse, ganz und gar nicht. Das ist eine ganz merkwürdige Geschichte: Bei allem, was es in der Geschichte Münchens so an rechtem Gedankengut gab, »Hauptstadt der Bewegung« usw., habe ich mich gefragt, weshalb gibt es hier so wenig rechtsradikale Ausschreitungen, als das wieder Mode wurde. Eine Erklärung könnte sein, dass derjenige, der weiss, wer er ist, andere eher gelten lassen kann.

Wie kam es zum BR-TATORT mit Leitmayr und Batic?

TATORT ist regional eingebunden, und darin liegt ja auch der Witz. Wir haben uns gedacht, was kann man über München erzählen? München hat ja den Ruf, und der ist zu einem gewissen Teil auch berechtigt, eine Schickimicki-Stadt zu sein – eine Stadt, die, wie ich finde, im besten Sinne unseriös ist. Im besten Sinne, weil sich darin auch Klassenschranken verwischen können. Das, was man hier der Biergarten-Kultur zuschreibt, dass alle miteinander gemütlich sein können, das passiert auch tatsächlich. Damit hat natürlich auch zu tun, dass hier jeder gern so ein bisserl nach oben schmeckt. Da dachten wir, das sei doch eigentlich ganz gut, wenn der Leitmayr so einen Porsche hätte, den er sich eigentlich nicht leisten kann, also keinen ganz neuen, denn das Polizistengehalt reicht dafür nicht, aber auch keinen geschmackvollen alten, wie ihn ein Architekt fahren würde, sondern so ein krätziges siebziger Jahre Ding. Der Zufall will es, dass die Figur Leitmayr ungefähr so alt ist wie Udo Wachtveitl [*lacht*]. Das heißt, ich konnte also Teile meiner Sozialisation und meiner Prägungen da auch unbesehen übernehmen.

Zum Beispiel?

Zum Beispiel aufgewachsen zu sein mit amerikanischen Krimiserien, mit *Mannix* und *Mission: Impossible* [Kobra, übernehmen Sie!] und dergleichen. Tolle Männer in tollen Autos, die tollen Frauen aus der Patsche geholfen haben, bei Nacht und Nebel, mit Funkgerät [*lacht stärker*] usw. Ich dachte, ein Spiegel, ein trauriges Symbol dafür, könnte der Porsche sein, den er sich eigentlich nicht leisten kann und der auch zu der Freundin passt, die ich am Anfang hatte, die aus 'ner anderen sozialen Schicht kommt ...

... die stelle ich mir als Bankangestellte vor, eher kleinbürgerlich, mit Parvenügehabe ...

... ein bisschen reicher sollte die sein. Das ist auch einmal thematisiert worden, ist aber nicht besonders gut aufgegangen. Das war eine Figur, der der Leitmayr nicht gut genug ist, weil es in ihren Kreisen nicht gerade schick ist, einen Polizisten als Freund zu haben. Der Porsche ist schon auch ein Zeichen dafür, dass der Leitmayr sich gerne an die Schicki-Micki-Kreise anklinken möchte, der aber auch dazu führt, dass er ständig ölige Hände hat, weil an der Kiste immer irgendetwas kaputt ist. Ich habe selbst sehr viel an meinen Mopeds oder Autos gebastelt, ich mochte das ganz gern. Nun war es aber so, dass in den beiden Drehbüchern und den Vorschlägen für weitere Drehbücher diese Dinge ein Übergewicht bekamen; was von mir als Facette gedacht war, wurde zum Hauptstrang. Schließlich habe ich gesagt, nein, ich mach' das nicht mehr. Ich will weder den Porsche noch die Freundin haben. Denn mir kam es manchmal so vor, als dachten die Autoren: »Also, der eine hat den Porsche und 'ne Freundin, das ist so das komische Element im TATORT. Und was geben wir dem anderen? Ja richtig: den Fall«. Und das hat mir dann nicht gepasst, was zu Konflikten führte.

Mit Miro Nemec? Eberhard Feik als Christian Thanner wollte ja auch nie nur der dröge »Beamtenarsch« sein.

Leitmayr mit (defektem) Porsche und Freundin

Das war nicht so sehr ein Problem mit Miro, sondern mein Problem mit der Redaktion und den Autoren, die das dann auch eingesehen haben. Erstaunlich ist wirklich, wir haben jetzt mehr als fünfundzwanzig TATORTe gedreht, und nur in dreien, glaube ich, kommt dieser Porsche vor. Aber der hat eine solch prägende Kraft, dass mich heute noch Leute fragen: »Ah geh, Leitmayr, wos mocht denn dein Porsche?« Da sagen heute noch Leute, »du bist doch der mit dem Porsche«. Das ist mir vollkommen unverständlich.

Daran hängen sich auch viele Rezensionen auf. Das scheint ja auch schlüssig: Leitmayr und Batic sind keine sozialdemokratischen Beamten mehr, keine 68er, sondern etwas anderes.

Wenn man das dramaturgisch pfleglich behandelt und vernünftig dimensioniert hätte, dann wäre das eine wunderbare Farbe gewesen. Denn als Zeichen erzählt der Porsche ja tatsächlich einiges: hochkommen wollen, in dieser Stadt sein ... Man kann ja auch eine Art Hassliebe zu so einem Auto entwickeln, da wär' einiges drin gewesen.

Es wäre dann die Frage, ob die Figur dadurch nicht zu eindimensional geworden wäre.

Davon rede ich ja, so etwas darf nicht zur Hauptschiene werden. Nehmen Sie Columbo zum Beispiel, der fährt, wenn ich mich recht erinnere, ein Peugeot-Cabrio. Er hat es einfach, aber es wird kein großes Gewese darum gemacht. Wenn wir vielleicht alle drei, vier Folgen eine kleine Geschichte erfunden hätten, dass er nicht anspringt, dass es reinregnet, dass er keinen Kat hat und Leitmayrs ökologisch orientierte Freundin findet das scheiße, oder so, dann wäre das in Ordnung gewesen. Man darf bei TATORTen nie den Fall vergessen, der muss im Vordergrund stehen. Aber bei neunzig Minuten hat man ja etwas Zeit, die Figuren in vielen Facetten zu zeigen.

Durch das für einen Krimi ungewöhnliche 90-Minuten-Format ist es möglich, mehr Dichte herzustellen als im 60-Minuten-Format.

Wenn man in 60 Minuten den Fall halbwegs spannend machen will, dann hat man nur die Zeit, um die für das Verständnis der Geschichte wichtigen Dinge zu sagen. Man baut ein Gerüst, ein Skelett. Ich habe es gern, wenn man die Welten, von denen wir erzählen, etwas genauer ausleuchten kann. Das ist im 90-Minuten-Format natürlich viel besser möglich.

Mit dem TATORT verbindet man schnell die Stichworte »Geschichtsschreibung der deutschen Gegenwart«. Der Münchner TATORT kreist meines Erachtens ganz stark um den Begriff Identität. IM HERZEN EISZEIT [2.4.1995] zum Beispiel ist eine Folge, die auf die Desillusionierung der Hausbesetzer-Szene hinweist. »Der Traum ist aus«, lautet eine Liedzeile von Rio Reiser, der in diesem TATORT einen Ex-Widerständler spielt. Wie sehen Sie da die Rolle des Franz Leitmayr?

Dass man erinnert wird, wer man einmal war und was daraus geworden ist. Das findet aber, wenn überhaupt, nur einen schwachen Widerhall in der Figur Leitmayr.

Er verrät aber seinem Kollegen Batic, dass er damals Kontakt zur Hausbesetzer-Szene hatte und das bei seiner Einstellung in den Polizeidienst verschwiegen hat.

Das hat damit zu tun, dass die meisten Leute, die hier mit dem TATORT zu tun haben, diese ganz starken kulturellen Erschütterungen und Strömungen der 68er-Zeit und danach miterlebt haben. Und auch ich, obwohl ich eigentlich zu jung dafür bin. Mit vierzehn Jahren, das war 1972, als die ganzen progressiven Lehrer von der Uni an die Schule kamen und ich an einem im Aufbau begriffenen Gymnasium in München war, da war klar, dass man über alles diskutieren muss, dass man die Gesellschaft verändern muss. Es gab die Idee vom *Social Engineering*: Wenn man nur eine gesunde Gesellschaft schafft, dann gibt es auch keine Kriminellen mehr. Also diese ganzen Gruppen haben eine große Rolle gespielt, das war die politische Ebene. Zugleich gab es aber einen massiven kulturellen Einfluss, Flower-Power, wenn auch schon im Abklingen begriffen, aber für mich noch prägend, antiautoritäres Denken, die Kleidung, die Musik: Hendrix, Zappa, *Crosby, Stills, Nash & Young*, was weiß ich ... Ich bin so groß geworden. Das war für alle eine ganz stark prägende, interessante Zeit, mit entsprechend starken Bildern. Dass diese Themen immer wieder durchschimmern, und bei IM HERZEN EISZEIT besonders, das wundert mich insofern nicht.

Welchen Einfluss haben Sie auf die Figur des Leitmayr?

Der ist relativ groß. Da hat sich im Lauf der Jahre ein von großem gegenseitigen Vertrauen geprägtes Verhältnis zwischen der Redaktion und uns entwickelt, wir haben über das normale Vorschlagsrecht hinausgehende Möglichkeiten zu sagen, nein, das finde ich nicht genug, das passt nicht zu der Figur usw. Das passiert relativ oft. Wir müssen zum Beispiel aufpassen, dass die Kabbeleien, die Frotzeleien zwischen Batic und Leitmayr, die ja sehr beliebt sind und die eine Menge Fleisch bieten, nicht zum Selbstzweck verkommen. Was sonst dröge Informationsvermittlung wäre, lässt sich dadurch leicht aufpeppen. Da sehe ich allerdings die Gefahr, dass manchmal mühsam versucht wird, einen künstlichen Konflikt zwischen uns beiden zu konstruieren, nur damit wir uns wieder auf possierliche Weise streiten können.

Konkret sieht es so aus: Circa zwei Monate vorher bekommen wir das Buch, wir sagen dann, wo wir glauben, dass es Schwächen gibt. Das beschränkt sich aber meistens nur auf unsere Figuren; ist mir auch ganz recht, wenn wir uns nicht in die großdramaturgischen Entscheidungen einmischen müssen, das ist nicht unsere Aufgabe.

Es läuft also nicht so, dass Sie sagen würden, den paranoiden Ingenieur Herman [Hansa Czypionka] in BLUTIGER ASPHALT [12.11.1995] baue ich mir so hin, wie es meiner Figur am besten tut. Da intervenieren Sie nicht?

Ich könnte vielleicht schon eine Meinung dazu abgeben. Aber ich halte sehr viel von Arbeitsteilung und sehr viel davon, dass jeder seine Arbeit tut. Wenn da ein grober, grober Fehler wäre, würde ich schon meinen Mund aufmachen. Es ist auch schon passiert, dass wir ein Buch nicht gemacht haben und basta. Das Projekt wurde verschoben und es gab dann heftige Auseinandersetzungen und Konflikte. Wir haben die Möglichkeit, Einfluss zu nehmen, wir tun es da, wo es sinnvoll ist. Aber die Redaktion des BR hat ja insgesamt ziemlich gute Arbeit geleistet und leistet sie noch.

Können Sie mit dem Begriff der 78er-Generation etwas anfangen ...

... nee ...

... der durch Autoren wie Matthias Politycki und Reinhard Mohr lanciert wurde und sich den Lebensentwürfen und verhinderten Karrieren der heute Vierzigjährigen annimmt?

Also die Münchner Variante des 68ers war ohnehin nie so ganz verbissen politisch, habe ich den Eindruck. Das war vielleicht eher eine Frankfurter oder Berliner Angelegenheit. In München war das eher eine kulturelle Geschichte, im Englischen Garten liegen und kiffen – und [*lacht*] Bongo spielen. Das waren für uns die tollen Typen, die im Sommer im Englischen Garten hingen und dann aber auch gemütlich ihr Bier getrunken haben. Aber das haben Sie ja jetzt gar nicht gefragt.

Haben Sie die Ereignisse der Friedensbewegung wie Bonner Hofgarten, wo »BAP« spielte, Willy Brandt auftrat usw., mitvollzogen?

Klar. Also ich war niemals so ein stark politisierter Mensch. Aber dass man der Friedensbewegung inhaltlich und auch von der Folklore, wenn Sie so wollen, nahe stand, das kann ich schon sagen. Wobei sehr früh bei mir, und das mag etwas Bayrisches sein, auch ein Misstrauen entstand [*lacht*] gegen so Schwätzer, von denen es ja viele gab und gegen ein allzu blumiges Sich-ergehen in einer Friede-Freude-Eierkuchen-Welt. Aber atomare Bedrohung und Wettrüsten hat mir schon Sorgen gemacht, wie könnte es nicht.

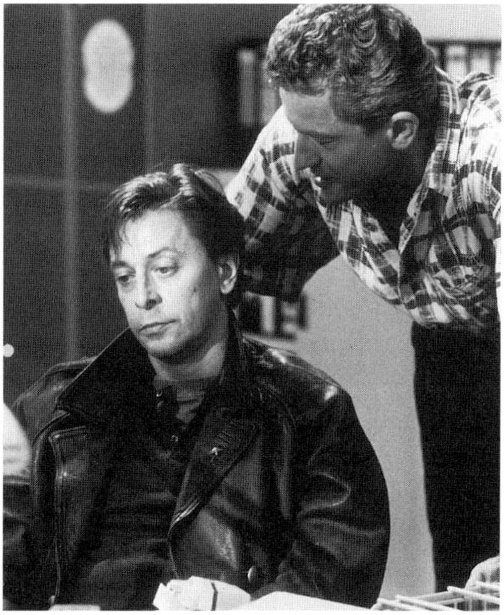

IM HERZEN EISZEIT: Rio Reiser, Miroslav Nemec

Rockmusik spielt im BR-TATORT eine tragende Rolle, erzeugt Stimmungen und scheint von den Prägungen der Ermittler-Figuren zu erzählen. Das gibt es auch schon bei Schimanski. Dort sind die frühen Hits von Marius Müller-Westernhagen wichtig, um das Ruhrpott-Milieu entstehen zu lassen. Auf »Mit Pfefferminz bin ich dein Prinz« tanzen Schimanski und der Undercover-Agent Hollai [Günther Maria Halmer] ganz heftig ab und besaufen sich ...

Ja, dieser Männerkitsch ... ich finde das grauenvoll. Dieses Sich-gegenseitig-Packen und Miteinander-Raufen ... dieses demonstrative Das-Herz-am-rechten-Fleck-haben, harte Schale, weicher Kern, das finde ich so zum Kotzen, kitschig ... furchtbar ...

... das ist völlig überholt, aber der Schimanski-TATORT hat diese verklemmte Männer-Emotionalität zum ersten Mal gezeigt ...

Wachtveitl mit Hansa Czypionka in BLUTIGER ASPHALT

... und so falsch. Da ist gemeint, unkitschig zu sein, echt, spontan und ruppig, und es ist für mich ganz im Gegenteil der größte Kitsch, den man sich vorstellen kann. Ich würde gerne einmal eine Szene drehen, wo zwei Männer sich prügeln, einer dabei einen Zahn verliert und sie sich danach spinnefeind sind.

Es gibt aber die schöne Szene in FRAU BU LACHT [26.11.1995], wo Leitmayr und Batic ein Wettrennen machen ...

Das kann man nicht vergleichen, die hat ihren besonderen Grund. Der Film ist so belastend, schwer und streckenweise depressiv, dass man aus den Figuren heraus das Bedürfnis hat, einfach einmal zu rennen. Dann öffnet sich auch die Kamera und man hat ein weites Feld vor sich. Und dann falle ich auch noch hin wegen diesem blöden Köter, der mir in die Beine läuft. Also, das hat einen anderen Unterbau und es ist nicht zur ständig geübten Masche geworden.

FRAU BU LACHT ist ja von der Kritik, von allen, in den Himmel gehoben worden. Dominik Graf ist damit ein Meisterstück gelungen, weil er scheinbar unabsichtlich starke Gefühlstöne einbringt; es gab damals, Mitte der neunziger Jahre diese warmen Winter mit heftigen Stürmen, die Klimakatastrophe beginnt ...

Das war im Drehbuch auch schon so angelegt, herrlich, es gibt so absurde Szenen mit der Figur dieses Thailänders [Maverick Quek], großartig ...

... oder die Jenny [Barbara-Magdalen Ahrens], die nicht mehr schlafen kann, diese Szenen, wo Leitmayr und Batic hintereinander zu ihr in das Zimmer kommen und beide exakt das gleiche sagen ...

... ja, und sie sagt, ich glaube, ich habe ein Déjà-vu. [*lacht*] Das ist rotzfrech.

Der Film baut ja schon darauf, dass man den Zuschauer in diesen Sog des Unheimlichen und Hoffnungslosen, des Traurigen und Müden hineinziehen möchte.

Traurig und müde wäre noch etwas anderes. Einen ganzen Film auf Traurigkeit und Müdigkeit aufzubauen, das fände ich fatal. Aber ich habe sehr viel übrig für zweite und dritte Ebenen, Filme, die Löcher nach oben haben, nenne ich das gern. Löcher in fremde Welten, die man nicht versteht. Da habe ich jetzt gerade eine Auseinandersetzung mit meiner Redaktion, weil der Maverick Quek in einem Film von mir [*Krieger und Liebhaber*, 2000] einen Japaner spielt mit übersinnlichen Fähigkeiten in einer ganz normalen Komödie. Das hat eben FRAU BU LACHT in hervorragender Weise geleistet, er war rotzfrech, wie man an der Déjà-vu-Szene sieht, und hatte absurden Humor. Zum Beispiel, als wir im Fahrstuhl so ein kleines gelbes Ding finden, sagt Batic, »des is a Kartoffelchip«, und ich sage, »Schmarrn, das ist ein Zitronenfalter«, und er, »wo soll denn ein Zitronenfalter herkommen um die Zeit«, und dann sage ich zu ihm: »Dass du so gar nichts weißt, die Kontinente waren doch früher beieinander« [*lacht*].

Es gibt ja viele Versuche, so etwas Absurdes, Verrücktes zu machen. Was FRAU BU LACHT geschafft hat, ist, das immer wieder zurückzuführen auf eine spannende und emotionale Krimi-Geschichte. Was mich übrigens gewundert hat, und mich wundert, dass Sie die Frage nicht stellen: Weswegen regen sich die Leute zum Beispiel darüber auf, dass wir ohne Gurt Auto fahren – es gibt da wirklich einige Zuschauerzuschriften –, oder über dramaturgische Unschlüssigkeiten – aber dass wir einer Mörderin, von der wir wissen, dass sie eine Mörderin ist, zur Flucht verholfen haben – das ist nicht in einer einzigen Kritik als bedenklich empfunden worden. Dass wir uns aus einem menschelnden Gefühl heraus zum Richter machen und sagen: »Na ja, wir lassen die Frau davonkommen.«

Ist der Leitmayr in Ihren Augen ein Polizist, stellen Sie sich ihn überhaupt als Polizisten vor?

Natürlich, natürlich ist er Polizist, genauso wie Udo Wachtveitl Schauspieler ist. Damit ist aber nicht alles gesagt über einen Menschen.

Aber Leitmayr und Batic sind keine Aufklärer mehr, die durchblicken, das Rätsel lösen, von der höheren Warte der Vernunft auf die Welt blicken.

Das sind wir schon. Wir sind keine allwissenden Götter. Aber dass wir gemeinsam mit dem Zuschauer durch eine uns vorher fremde Welt gehen und versuchen, Zusammenhänge aufzudecken, das war, glaube ich, noch in jedem unserer TATORTe so.

Aber gerade in LIEBE, SEX, TOD [6.4.1997] funktioniert der Aufklärer-Blick doch nicht mehr. Die pathologisch öffentlichkeitssüchtige Ira Berg führt den Leitmayr ja nur an der Nase herum. Sie fingiert sich als Wasserleiche, Leitmayr springt in den Pool ...

Ja, ja, klar, die verarscht ihn. Aber am Ende wissen wir, wer wen umgebracht hat und bis zum nächsten TATORT ist die Welt wieder in Ordnung.

Aber es gibt doch keine gelingenden Ermittlungsvorgänge mehr ...

In LIEBE, SEX, TOD vielleicht weniger.

Es sind Zufälle und absurde Situationen. Batic wird von den Sadomaso-Nutten verwechselt, sie denken, er möchte gequält werden, und er kann ihnen nicht klar machen, dass eine Verwechslung vorliegt.

Einige unserer TATORTe fallen wohl da raus, aber es gibt ja noch über zwanzig andere. Und ich finde es auch legitim, da muss man nicht krampfhaft versuchen, originell zu sein. Das wäre so, als würde ich einer Schraube vorwerfen, ihren Zweck zu erfüllen, nämlich eine Schraube zu sein und Dinge zu verbinden. Die Krimierwartung möchten wir auf keinen Fall enttäuschen. Die Versuche gab es bei ... UND DIE MUSI SPIELT DAZU [11.12.1994], ich halte den nicht für besonders gelungen. Als Satire schon, aber wenn man im TATORT keinen Krimi erzählen will, dann weiß ich nicht, warum man ihn TATORT nennen sollte. Damit wir uns nicht falsch verstehen: Ich finde es gut, wenn die Grenzen des Genres ausgeweitet werden und neue Wege ausprobiert werden.

Es gab ja den SWR-TATORT mit den Marsmännchen [TOD IM ALL, 12.1.1997], der sozusagen den Beweis geliefert hat, dass es die gibt.

Ja, habe ich leider nicht gesehen. Ich finde, wenn man Marsmännchen auftreten lassen will, dann soll man einen anderen Film machen. Aber dieses Thema, wie bringe ich eine in Unordnung geratene Welt wieder in Ordnung, wie gehe ich mit Verbrechen, mit Grauen – gibt es bei uns ja weniger – um und wie kann man die Welt ordnen ... dieses Thema ist so groß und unerschöpflich, dass man da nicht originell sein muss. Man muss originell sein in der Zeichnung der Figuren und in der Konstruktion der Fälle.

Kommissare, die die Grenzen des Rechts übertreten, um aufzuklären – das ist ein alter TATORT-Gemeinplatz. Das macht schon Trimmel im TAXI NACH LEIPZIG [29.11.1970].

Das ist ja auch eine der Lebensadern von Schimanski. Aber eigentlich nur in der Form, nicht im Ziel. Und das ist eben der große Unterschied zu FRAU BU LACHT. Ich hoffe, wenn man die Leute fragen würde, finden Sie es richtig, dass zwei Polizeibeamte darüber entscheiden, dass eine Frau, die wirklich kaltblütig und mit Überlegung jemanden umgebracht hat, dass zwei Polizeibeamte, und nicht ein Gericht, darüber zu entscheiden haben, ob die jetzt gehen darf oder nicht ... ich hoffe, dass die meisten dann sagen würden: Nein, das finde ich nicht richtig.

Ich hatte mit einem Kollegen eine Auseinandersetzung darüber, er meinte, das sei doch Aufruf zur Selbstjustiz.

Da hat er recht. Es ist unheimlich menschelnd und nicht gerade rational, unser Verhalten. Im Rechtsstaat sind dafür Gerichte da. Man kann den Fall ja ganz schnell umdrehen. Da passt dann einem Polizeibeamten ganz schnell etwas anderes nicht und dann lässt er mal alle fünf gerade sein, ja. Das ist vielleicht ein Zeichen dafür, wie unpolitisch so ein Krimi gesehen wird, wenn das Menschliche funktioniert.

Fluchthilfe: Das Ende von FRAU BU LACHT

Wenn die beiden Figuren glaubwürdig sind. Leitmayr und Batic leiden auch an der Welt und sagen, es gibt eben nur diesen Ausweg, nämlich die Täterin zu schützen.

Verstehen Sie mich recht, ich bin natürlich dafür, dass diese Frau im Film mildernde Umstände bekommt oder vielleicht auch gar nicht bestraft wird, aber so geht es eigentlich nicht: Man kann nicht Menscheln als rechtsstaatliches Prinzip verkaufen.

Muss ein guter Fernsehschauspieler immer noch hinter der Rolle verschwinden oder hat er nicht immer stärker neben sich zu stehen, durchlässiger zu sein für die eigene Privatheit? Wie interpretieren Sie da Ihre TATORT-Rolle?

Da machen Sie jetzt ein großes Fass auf. Also: Fernsehen, Kameras, das ist ein ganz merkwürdiges Medium. Vieles, was auf der Bühne funktioniert, funktioniert im Fernsehen nicht und umgekehrt. Und der Steinbruch an glaubwürdigen Gesten, an glaubwürdiger Mimik, an Spracheigenheiten, die ein natürlicher Mensch so mitbringt, ist sehr ertragreich. Ein ganz einfacher Begriff: Type-Casting. Type-Casting ist in manchen Kreisen verpönt, ich finde es absolut unverständlich, warum das verpönt sein soll.

Was heißt Type-Casting?

Man wird nach Typ besetzt. Weil alles das, was ich eh bin, muss ich nicht spielen. Das funktioniert natürlich nur für ein paar Rollen. Und man sollte sehr viel mehr können als nur ein paar Rollen spielen. Aber dass ich jetzt irgendeine Handbewegung oder eine körperliche Eigenheit von mir nur deshalb nicht benutze, um die reine Lehre des Hinter-der-Rolle-Zurücktretens zu befolgen, obwohl sie passen würde, das halte ich für Quatsch. Aber es gibt Schauspieler, und ich hoffe, ich gehöre nicht dazu, die können gar nichts anderes als sie selber sein. Ich habe andere Rollen gespielt. Beim Leitmayr ist es schon so, dass vieles – aber das ist ein Zufall – dass vieles mit mir übereinstimmt.

Ein zentrales Thema des BR-TATORT ist der Einbruch des Fremden in das Lokale, in die eigene Welt. Stichworte: Weltgesellschaft, Globalisierung.

… Stichwort Ivo Batic …

Es braucht Übersetzer, denn man versteht die Menschen nicht. Warum sind diese Themen so wichtig?

Es ist ein Thema, das die Redaktion sehr gut aufgespürt hat, das alle beschäftigt, in dem Moment, wo die Reisemöglichkeiten immer globaler werden und gleichzeitig viele Menschen irritiert und verunsichert durch das Fremde sind. Das ist eigentlich eine absolute 08/15-Antwort. Eigentlich macht das ja jeder Krimi …

… das geschieht im TATORT ganz intensiv bereits in den achtziger Jahren …

… dass er den Zuschauer bei der Hand nimmt, in eine fremde Welt führt oder in eine in Unordnung geratene, unverständliche Welt und die Ordnung wieder herstellt. Für diese Ordnung gibt es Agenten, und das sind die Kommissare.

In den meisten anderen TATORTen wird die Thematisierung des Fremden sofort politisch korrekt gewendet. Schimanski ist hochgradig politisch kor-

rekt, kulminierend in dem Sticker »Mach' meinen Kumpel nicht an!«.

Bei uns ist das anders. Wenn man Ausländer ernst nehmen will, dann muss es möglich sein, dass im TATORT auch einmal ein Ausländer ein Arschloch oder der Mörder ist. Politisch korrekt sein ist schrecklich langweilig. So haben wir das auch bei der Folge IN DER FALLE [1.3.1998] gehalten, die im türkischen Milieu spielte, mit diesem ehrgeizigen Architekten, der nun besonders deutsch sein wollte, besonders ehrgeizig, es besonders weit bringen wollte, der dafür über Leichen gegangen ist. Da wurde gezeigt, was ja wirklich ein Thema ist in Deutschland, dass türkische Väter oft mit ihren Töchtern sehr schlecht umgehen. Ich finde es absolut wichtig, das so zu zeigen, sonst kommt wieder eine andere Art von Kitsch zustande: die armen, armen Ausländer und die bösen, bösen Deutschen.

Der Carlo Menzinger [Michael Fitz] ist eine Figur, die sich gerade in den frühen Folgen relativ offen ausländerfeindlich äußert.

Das stimmt. [*lacht*] Das finde ich aber auch völlig in Ordnung. Der Menzinger ist dann aber zugleich jemand, der sich in LIEBE, SEX, TOD mit schwarzen Prostituierten vergnügt. Und als er – das finde ich sehr komisch [*lacht*], das ist diese verquere Art von bayrischer Dialektik – deswegen von Batic einen Vorwurf gemacht bekommt, da sagt er: »Ja host du wos gegen Neger?!« [*lacht*], das mag ich ganz gern, so etwas.

Ein anderes innovatives Element des BR-TATORT besteht darin, dass er Schockelemente setzt, ängstigende Gewalt, Abseitiges wie zum Beispiel Transsexualität und Sadomaso in LIEBE, SEX, TOD ...

... ja gut, aber diese Feder können wir uns nicht in aller Glorie an den Hut stecken. Jeder Privatsender macht uns das noch viel drastischer vor. Wir tun's, und wir geben uns Mühe, das nicht nur als Kitzel erzeugenden visuellen Eigenwert zu zeigen ...

... dann gibt es enigmatische Figuren wie den Arthur Dittlmann in GEFALLENE ENGEL [20.9.1998], der »BayernRadio«-Moderator des »Heimatspiegel«, offenbar ein Heiligenkalender-Experte. Früher wurden Verbrechen im TATORT sofort als soziales Problem formuliert. Das war Sozialkritik par excellence. Ist der BR-TATORT noch sozialkritisch?

Er ist sicherlich nicht sozialkritisch, wie man Anfang der siebziger Jahre pädagogisch-sozialkritisch-liberales Aufklärungstheater gemacht hat. Er ist in einem anderen Sinne sozialkritisch, er versucht, den Leuten die Welt in ihrer Verschiedenheit zu zeigen. Um die Welt bewerten zu können, muss ich wissen, wie sie ist. Und wir versuchen Aspekte von dieser Welt zu zeigen, ohne sofort mit einem pädagogischen Zeigefinger zu kommen. Ich mag nicht Teil einer Erziehungsanstalt sein, ich glaube, Leute können selber nachdenken, können selber spitzkriegen ...

Es ist eine andere Form von Sozialkritik.

Ja. Es ist keine Sozialkritik wie man in den siebziger und achtziger Jahren sozialkritisch war, indem man flammende Missstände aufgegriffen und Lösungswege aufgezeigt hat. Sozialkritik als Mode hat mich nie interessiert ... ich versuche mal herauszukriegen, was könnte es denn bedeuten, sozialkritisch zu sein. Was heißt das? Es kann doch nur heißen, dass man aus einem Verantwortungsgefühl für die Gesellschaft heraus bestimmte Missstände aufgreift, sie aufzeigt. Das wäre der erste Schritt, ein zweiter wäre es dann, Lösungen vorzuschlagen. Ich glaube, das erste tun wir beziehungsweise das läuft mit, wenn man in einem einzelnen Fall ermittelt. Aber Lösungsansätze aufzeigen, das tun wir nicht, wir heften uns auch keine Buttons an, das fände ich ölig. ♦

[Das Gespräch wurde am 10.11.1999 in München geführt.]

Hauptkomissare Batic und Leitmayr, erwähnte Folgen, chronologisch:

ANIMALS (BR, 1.1.1991)
Regie: Walter Bannert.
Buch: Max Zihlmann, Veith von Fürstenberg.

DIE CHINESISCHE METHODE (BR, 10.11.1991)
Regie: Maria Knilli.
Buch: Volker Maria Arend, Andreas Missler-Morell.

... UND DIE MUSI SPIELT DAZU (BR, 11.12.1994)
Regie: Hanns Christian Müller.
Buch: Orkun Ertener.

IM HERZEN EISZEIT (BR, 2.4.1995)
Regie: Hans Noever.
Buch: Peter Probst.

BLUTIGER ASPHALT (BR, 12.11.1995)
Regie: Vivian Naefe.
Buch: Harald Göckeritz.

FRAU BU LACHT (BR, 26.11.1995)
Regie: Dominik Graf.
Buch: Günter Schütter.

AIDA (BR, 7.7.1996)
Regie: Klaus Emmerich.
Buch: Wolfgang Hesse.

LIEBE, SEX, TOD (BR, 6.4.1997)
Regie: Peter Fratzscher.
Buch: Christian Jeltsch.

GEFALLENE ENGEL (BR, 20.9.1998)
Regie: Thomas Freundner.
Buch: Peter Probst.

IN DER FALLE (BR, 1.3.1998)
Regie: Peter Fratzscher.
Buch: Orkun Etener.

STARKBIER (BR, 7.3.1999)
Regie: Peter Fratzscher.
Buch: Michael Wogh.

DAS GLOCKENBACHGEHEIMNIS (BR, 3.10.1999)
Regie: Martin Enlen.
Buch: Friedrich Ani.

VIKTUALIENMARKT (BR, 12.03.2000)
Regie: Berthold Mittermayr.
Buch: Ingmar Gregorzewski, Berthold Mittermayr.

Weitere erwähnte Folgen:

TAXI NACH LEIPZIG (NDR, 29.11.1970)
Kommissar Trimmel
Regie: Peter Schulze-Rohr.
Buch: Peter Schulze-Rohr, Friedhelm Werremeier.

TOD IM ALL (SWF, 12.1.1997)
Hauptkommissarin Odenthal
Regie und *Buch:* Thomas Bohn.

München – Die nackte Stadt

Von Dominik Graf

München träumt seit Jahrzehnten den Traum der großen Filmstadt. Für Sekunden war sie es auch mal. 20, 30, 40 Jahre ist das her. Von weit her kamen damals zwei sehr berühmte Regisseure, um ihre Visionen in der Olympiastadt zu realisieren: Norman Jewison und Michelangelo Antonioni. Und München selbst hatte auch einiges an Regisseuren und an guten Filmen zu bieten: Fassbinder, Lemke, Dietl, Reitz ...

Zur Zeit ist der Traum von der »Filmstadt« eher ein wenig ranzig und spießig geraten und wird nur noch geträumt von eitlen Funktionären und Politikern.

Aber ich träume ihn auch gern für mich allein weiter. Von all den ultimativen München-Filmen, die großteils noch zu drehen wären. Über Vergangenheit, Gegenwart, Zukunft dieser Stadt ...

In meinen Augen wäre es aber immer schon der Traum schlechthin gewesen, wenn man von all den Filmen, die bereits hier gedreht wurden, jeweils einen Film für jeden Stadtteil, für jeden Bereich der vielgesichtigen Seele dieser Stadt benennen könnte, der uns Münchnern selbst – und auch den anderen, den Touristen – diesen Stadtteil und seine Besonderheiten aufschließt wie mit einem Schlüssel.

Zum Beispiel für Grünwald: Die *Derricks* aller Zeiten sind dort bislang das filmischste Wappen. Dem Chef-Inspektor Horst Tappert sollte längst ein Denkmal am Eingang des Villenviertels im Süden der Stadt gesetzt werden. Er prägte dieses Areal wie ein »Untoter«, der noch lange mit gemessenem Schritt – gleich einem Metronom – die Straßen dort begehen wird, auf der Suche nach verborgenen Verbrechen. Und die Lichter der Bewegungsmelder an den Fronten der Villen gehen furchtsam an, wenn er vorüberschreitet ... – Für Giesing: natürlich Dietls *Münchner Geschichten*, ist ja klar. Die ziehen sich geographisch sogar bis zu den Neubauten von Neuperlach – und bestreichen nebenbei noch die Leopoldstrasse durch die bekannte Szene, in der die Protagonisten dort in der sommerlichen Dämmerung entlangreiten. Und vielleicht steht *Monaco Franze* für einen ganz spezifischen Bereich Schwabings, für ein weniger genau lokalisierbares, mehr für ein mentales, melancholisches Schwabing der über Vierzigjährigen? Jedenfalls: Jener Vermutungsdialog über die unbekannte Frau, die Helmut Fischer in der ersten Folge begegnet, dieses Gespräch zwischen ihm und seinem Freund Karl Obermeyer, aus welchem Viertel diese Frau wohl stammen könnte, dieses verbale Tasten der beiden durch die Gebiete der Heimatstadt anhand von äußerlichen Merkmalen einer ersehnten Unbekannten – das könnte ebenso gut aus dem Paris der sechziger Jahre kommen und von Truffaut und Jean-Pierre Leaud oder von Jean Eustache stammen. Oder dieser Dialog hätte bei Balzac stehen können. Oder in einem ungeschriebenen Kapitel der *Illusions perdues* von Flaubert – oder in Rushdies *Midnight's Children* (Mitternachtskinder) über Bombay ... oder, oder ... – Dagegen kann man in May Spils' und Werner Enkes *Zur Sache Schätzchen* eher ein anderes, ein konkreteres Schwabing sehen: das Ungererbad, die Türkenstrasse – Hausnummer 86 A – etc.; ein Hauch vom »Swinging Schwabing« der sechziger Jahre. Aber es gibt auch allgemeinere »Orte« Münchens, die sich nicht auf dem Stadtplan eindeutig festmachen lassen: das Biotop der Innenhöfe beispielsweise. Sie sind in München nicht prachtvoll und endlos labyrinthisch wie in Berlin, sondern sie sind klein, sehr übersichtlich oder völlig verbaut, in jedem Fall schmucklos, nachkriegs- oder kriegsgeschädigt, oft mit niedrigen Garagen zugebaut. Und auf diesen Asphaltpfützen wandelt im prallen Sonnenschein eines Spätfrühlingstags Rainer Werner Fassbinder mit Hanna Schygulla im Arm als *Katzelmacher*. Oder in einer typischen Münchner Resopaltisch-Kneipe, die nachts zum Auffangnetz der Gestrandeten wird, da wirft Erik Ode als *Kommissar* eine Münze in den Musikautomaten und tanzt in einer der wundersamen, wahnsinnigen Folgen des Tschechen Zbynek Brynych plötzlich für Sekunden einen einsamen Tanz mit seiner Erinnerung als Revuetänzer in der UFA-Zeit – und genau dort säuft sich tagsüber der *Händler der vier Jahreszeiten* vor all seinen Ver-

Münchner Stadtansichten in FRAU BU LACHT

wandten öffentlich zu Tode. Während in seiner komatösen Erinnerung noch, unweit auf der Panzerwiese im Norden Münchens, eine Fremdenlegionärs-Rückblende in Marokko stattfindet! Immerhin – Nordafrika wurde an den Rand der Ingolstädter Strasse geholt. Und noch einmal Fassbinder: In *Faustrecht der Freiheit* erzählte er in den damals modernen Bauten der nördlichen Leopoldstrasse die Gefühlskälte des Schwulen-Milieus der siebziger Jahre.

Dann wird es aber schon langsam dünn mit jenen Filmen und mit jenen magischen Momenten, die München auf unverwechselbare Weise präsentieren. Eine verschneite Schlusstotale vom Marienplatz in Hans Schweikarts *Fasching*; einige schöne Einstellungen vom Monopteros in Ferdinand Ahlmeyers Kostümfilm *Münchnerinnen*; ein, zwei Szenen aus dem liebenswürdigen Münchner TATORT, der im Glockenbachviertel spielte (DAS GLOCKENBACHGEHEIMNIS, 3.10.1999); und dagegen ein alter, extrem bissiger TATORT mit den Kontrahenten Gustl Bayrhammer und Walter Sedlmayer (TOTE BRAUCHEN KEINE WOHNUNG, 11.11.1973); eine wunderschön melancholische Folge der Miniserie *Irgendwo und Sowieso*, die im Münchner Fasching spielt, mit Barbara Rudnik als »Königin der Nacht«; ein bisschen *Zweite Heimat* von Reitz hier und da, klar – vor allem Hannelore Hogers Haus am Englischen Garten. Und natürlich Wim Wenders' und Michael Hilds endlose Nachtfahrten in ihren frühen Hochschul-Filmen aus den siebziger Jahren ... und nun möge hier jeder seine eigenen, ihm am Herzen liegenden Filmzitate hinzufügen ... wesentlich mehr wird es aber nicht.

Die Seele dieser Stadt ist viel kälter als man denkt. Das wissen hier auch alle. Sie reden nur nicht gern darüber. Vor etwa zehn Jahren fand die Polizei in einer Wohnung in Münchens Maximiliansstrasse ein halbwüchsiges Mädchen, das von seinen Eltern über ein Dutzend Jahre hinweg in ihrem kleinen Zimmer ans Bett gefesselt gehalten worden war. Das Erschrecken war groß: eine Art Kaspar-Hauser-Schicksal in der Prachtstrasse! Und das direkt neben dem Nobelhotel *Vier Jahreszeiten*, gegenüber von *Mooshammer* und von den *Kammerspielen*. Die Eltern hatten sich ihrer geschämt ... und vor ein paar Jahren ertranken zwei Buben beim Schlittschuhlaufen im Olympia-See. Niemand der zahlreichen Umstehenden half ihnen.

Kaum einer deutschen Stadt gelingt es, im Bild der Öffentlichkeit so konsequent ihre Schattenseiten zu verbergen wie München. »München leuchtet« (Thomas Mann) ja offiziell permanent – es ist ein Lächeln, manchmal eher auch ein Grinsen aus Stuck und Glas und aus südlichen Sonnenreflexen, das seine Fassaden widerspiegeln. Alle scheinen in dieser Stadt um eine saubere, geschönte Frontansicht zum Herzeigen in aller Welt bemüht. Das nehmen die Wahrheitsfanatiker, die deutschen Prediger des ungeschminkten Film-Realismus dieser Stadt ja auch immer übel – dass sie so viel verbergen will. Und natürlich existiert neben der Vorderfront auch hier eine unbekannte »Rückfront«, nicht sehr ausgeprägt – aber immerhin; es findet sich nach intensiver Suche sozusagen immer noch die Andeutung eines interessanten geheimen Saustalls, der zwar stets droht, unter die Räder der

Planer dieser Stadt zu geraten, und der dauernd weg-saniert und weg-struktur-gefördert werden soll ... trotzdem überlebt er.

Und als wir damals FRAU BU LACHT (26.11.1995) drehten – da waren wir sicher, dass der Norden Münchens, das ehemalige Olympiagelände mit seinem schön tristen, flachen Umfeld, dass dieser Norden die geeignetste aller Kulissen ist, um unsere Vorstellungen von den Geheimnissen der Stadt zu präsentieren. Und dass man vom Olympiaturm aus die beste Aussicht hat, um jenen großen Sturm aus der nordwestlichen Ebene herankommen zu sehen, der damals am Ende dieses Films alle Hauptpersonen zum Himmel blicken ließ ... »Ich wünschte, ein großer Regen würde kommen und den ganzen Dreck hier wegspülen«, sagte Heiner Lauterbach in einem anderen Drehbuch des Autors Günter Schütter – das ebenfalls in München spielte. Aber inzwischen würde ich sogar wagen, einen Film im Zentrum Münchens spielen zu lassen. Denn die Geheimnisse sitzen bei dieser Stadt ja gar nicht wirklich nur in den Hinterhöfen und den Randbezirken. Das ist ja nicht wahr. Es ist ja nicht so einfach, dass man nur hinter die glitzernde Fassade der Maximiliansstrasse schauen muss und schon hält man die nackte Wahrheit Münchens pfundweise in Händen ... die Geschichte mit dem seit Jahren angebundenen Mädchen entpuppte sich damals auch als eine Geschichte, in der eine andere Geschichte steckte ...

Nein, es ist anders mit München: Das Geheimnis liegt auch in diesen Fassaden selbst, im dunklen Schimmer, der sich mit dem Glitzern mischt. Denn in den sauberen, prachtvollen, teuren Fassaden einer Stadt wie München findet sich viel Illusion und Enttäuschung eingegipst für immer, viel tragische Utopie. Das gilt für die Könige, die Ludwig eins und Ludwig zwei in München, ebenso wie für die traurigen alternden Stars in den Villenvierteln, für die Diven und Starlets, die hier in den Hotels gestrandet sind, für die Hochstapler und die Dorfdeppen, die aus der Provinz kamen und hier mal kurze, mal längere Triumphe feiern konnten – manche als Bürgermeister immerhin, aber wo auf der Welt ist das nicht so? Und es gilt für all die Jedermanns, die von dieser Stadt geträumt haben und die hier gescheitert sind ... Wir, die wir hier leben, wir umkreisen diese Stadt eben gerade deswegen so gerne, weil sie – darin ganz großkotzig mit den großen Sonnen-Orten der Welt vergleichbar, mit der Cote d'Azur, Kalifornien, Acapulco, Las Vegas – weil sie ihre glitzernde Fassadenseite so offensichtlich stolz in den goldenen Himmel vor den Alpen streckt und weil ihre angestrengte Helligkeit dabei alle erdenklichen Dunkelheiten der Welt in sich enthält. Eine Fata Morgana – ein Potemkinsches Dorf.

Und irgendwann kommt man drauf: München könnte auch eigentlich gar nichts anderes sein als nur Melancholie, und – bis auf diese historischen Sekunden der Utopie von der »Olympiastadt« oder der Architekturträume Ludwigs I. – könnte es ganz und gar auch nur der Wunsch-Traum von einer anderen Stadt sein. Anders, aber München nicht unähnlich. Und in diesen geheimen Augenblicken, da warten die unzähligen unerzählten Geschichten der Orte dieser Stadt auch noch darauf, erzählt zu werden: Einige davon sind öffentliche Geschichten, die man kennt – die Kurdenkämpferin Andrea Wolff, die Indianerkinder Juri und Miranha, die die beiden Amazonasforscher Spix und Martius nach München schleppten, wo sie in der Kälte schnell ihr Leben aushauchten, und all die Geschichten von Reichtum und Armut der jugoslawischen Einwanderer in den sechziger und siebziger Jahren usw. usw. Und die anderen, die unbekannten Geschichten und Träume der Menschen, die niemand erzählt? Was ist mit denen?

Da müsste man noch mal anders hinschauen: Ein Softporno aus den Achtzigern, der mal auf einem Lokalsender lief, der sagte für genau dreißig Sekunden vielleicht noch eine andere Wahrheit. Da dreht sich ein Mann rasend schnell im großen Rad auf der Wies'n, und während er schreiend schwindlig die Augen schließt, träumt er von einem Mädchen, das er wenige Tage zuvor gesehen hat, davon, wie sie mit ihren drallen Brüsten die Kapelle auf dem Oktoberfest-Festzelt dirigiert hat, und wie er sie kurz darauf einen recht absurden Nackttanz in einer Münchner Disco hat tanzen sehen. Das sind Träume! Und wie sieht sie aus, die, von der er jetzt träumt? Sie ist drall, rund, dunkelhaarig-lockig, ein Gesicht wie ein Lebkuchenherz, wie eines jener von Boulevardzeitungen gewählten Münchner Kindl, die sich ihrer gelb-schwarzen Amtskleidung entledigt hat und die in seinen Träumen vor einem Vorhang an einem anonymen Neubaufenster nochmals Nackttanz der normalsten Art demonstriert, mit unrasierten Achselhöhlen, schweißüberströmt ... wahrscheinlich weil der Kameramann für die Szene zuviel Licht aufgebaut hat. The other side of Munich? Die nackte Stadt? Alois Brummers Lederhosen-Pornos? Alle *Schulmädchen-Reports* noch mal mit anderen Augen sehen? Da sind wir beim Thema. Davon träumt München auch. Ganz gewaltig sogar. Zum Beispiel jeden Tag an den Zeitungsständen. Davon und von der zukünftigen totalen Beckenbauerisierung, dem gnadenlosen Kommerz. Gegengeschnitten mit vielleicht einem Dutzend der besten Karl-Valentin-Szenen.

Und wir, die Autoren, die Regisseure – wir sind ja eigentlich dazu da, um all diesen unterschiedlichen Visionen längst ein Gesicht zu geben.

Aber das, was in der Filmgeschichte Münchens noch alles fehlen sollte, genau das fehlt im Grunde ja auch dem ganzen deutschen Film. Das macht – wie bei der fassadenwütigen Stadt München – manchmal aber auch seine fast schon wieder sympathische Tragik aus: Es sind Hollywood-Träume. Die – wenn sie ab und zu tatsächlich auch noch in Erfüllung gehen – noch mehr von der Kleingeistigkeit ihres Träumers berichten als die tragischen, die unerfüllten Träume. Im Gelingen sind die deutschen Träume von Größe und Imposanz am peinlichsten. Dann sind sie nur noch erbarmungslos dümmliche Seifenblasen. Lederhosen an die Macht. ♦

Erwähnte Folgen:

FRAU BU LACHT (BR, 26.11.1995)
Hauptkommissare Batic und Leitmayr
Regie: Dominik Graf.
Buch: Günter Schütter.

DAS GLOCKENBACHGEHEIMNIS (BR, 3.10.1999)
Hauptkommissare Batic und Leitmayr
Regie: Martin Enlen.
Buch: Friedrich Ani.

TOTE BRAUCHEN KEINE WOHNUNG
(BR, 11.11.1973)
Oberinspektor Veigl
Regie: Wolfgang Staudte.
Buch: Michael Molsner.

»Alles in Maßen«. ANIMALS

Von Michelle Mattson

Die TATORT-Folge ANIMALS (1.1.1991) markierte das Debüt eines neuen Kommissar-Duos für den Münchener TATORT, Ivo Batic und Franz Leitmayr. Bemerkenswert an ANIMALS ist die Verbindung dieses Debüts mit dem damals politisch brisanten Thema Tierversuche. ANIMALS stellt zwei politische Fragen nebeneinander: einmal die Problematisierung der Tierfolter in der Forschung, zum anderen, und impliziter, die Einführung eines Ausländers in die bunte Beamtenwelt der Münchener Kriminalpolizei.

Die Geschichte

Ein gewisser Herr Walter Pelzer besitzt eine Kosmetik-Firma, die – so lernen wir – nicht nur unnötige, sondern auch illegale Tierversuche macht – angeblich um die Sicherheit der Produkte strengstens zu kontrollieren. Ein ehemaliges »Face« der Firma, Angelika Weiß, kommt den fragwürdigen Arbeitsmethoden des Unternehmens auf die Spur. Als Mitglied der Tierschutzorganisation *Animals International* (und auch gelegentliche Liebhaberin Pelzers) sammelt sie Beweise der illegalen Aktivitäten der Firma und geht damit zur Polizei. Die Kommissare Batic und Leitmayr, die sich als Mordkommissare nicht gern mit dem Tierschutzverein verwechselt sehen möchten, werfen Frau Weiß relativ unsanft aus ihrem Büro. Schließlich geht sie mit ihren Beweisen zu ihrem Liebhaber Peter Türm, ein frustrierter Alkoholiker und früherer Top-Journalist. Türms Chef lehnt die Story über Pelzer-Kosmetik ab, aber Türm hofft, den Artikel woanders unterbringen zu können. Er brauche nur bessere Fotos (»richtige Schocker«), damit sie die Geschichte besser verkaufen können.

Mit einem Fotografen geht Angelika nachts auf das Firmengelände, um weitere Aufnahmen zu machen und um die dort eingesperrten Tiere freizulassen. Dabei werden sie von Pelzer, der zufällig mit seinem Rottweiler unterwegs ist, überrascht. Noch bevor er herausgefunden hat, was eigentlich passiert ist, hetzt er den Hund auf die Einbrecher. Der Hund greift Angelika an und verletzt sie tödlich. Als Pelzer in der Frau seine Ex-Geliebte entdeckt, wird er von dem versteckten Fotografen ungesehen geknipst. Pelzer tötet seinen Hund, wirft die Leiche der Frau in die Isar und tut überrascht, als Batic und Leitmayr mit Fotos der Leiche bei ihm auftauchen.

Während der Untersuchung des Mordfalles trifft Batic auf eine ehemalige Freundin, Caroline Sommer. Früher wohl Bankangestellte, arbeitet sie inzwischen als Fotomodell und pflegt eine intime Beziehung zu Pelzer (vermutlich in erster Linie, um sich die Position als neues »Face« der Pelzer Kosmetik zu sichern). Durch das Zusammentreffen zwischen Batic und Caroline Sommer wird es für die Drehbuchautoren möglich, die Problematik der Tierversuche extensiv anzusprechen. Um Caroline über die Missetaten Pelzers aufzuklären und sie vor ihm zu warnen, zwingt Batic sie, ein Video mit ihm anzuschauen, das die Folter von Versuchstieren auf drastische Weise zeigt. Dennoch findet sich Caroline am nächsten Morgen in Pelzers Armen wieder.

Pelzer wird jetzt von dem Fotografen und dem Journalisten erpresst, beziehungsweise in eine Falle gelockt, denn Türm will eindeutig etwas anderes von Pelzer als Geld – nämlich Rache. Über einen Bauern, der für die Tierversuche illegal Hunde von der Straße aufliest, vereinbaren die beiden ein Treffen mit ihm, um von ihm eine Million DM in Empfang zu nehmen beziehungsweise um ihn umzubringen. Türm verwundet Pelzer mit einem Schuss und wird selbst von dem Handlanger des Bauern erschlagen. Leitmayr stürzt in ein Getreidesilo, von wo aus er genau zur richtigen Zeit Batic im Kampf mit dem Bauern und dem Handlanger zur Seite springen kann.

Das Chaos der Szene löst sich langsam auf. Türm ist tot. Caroline fährt mit dem verwundeten Pelzer ins Krankenhaus. Der Bauer wird verhaftet. Leitmayr fährt mit seiner Freundin auf ein lange geplantes Ski-Wochenende. Zurück bleibt Batic, der, nachdenklich eine Katze streichelnd, die Szene überschaut, während eine melancholische Rockballade im Hintergrund spielt.

Der Bayerische Rundfunk hatte mit seinen Kommissaren nach der Veigl-Ära zunächst wenig Erfolg. Die neuen Kommissare Batic (gespielt von Miroslav Nemec) und Leitmayr (Udo Wachtveitl) sollen München als Ort des Verbrechens und der Gerechtigkeit neues Ansehen verleihen. Das Erstaunliche war jedoch, dass der BR erstmals im Deutschen Fernsehen mit einem ausländischen (kroatischen) Kommissar aufwartete, was eine mutige Entscheidung zu sein schien.

Batic und Leitmayr – Der allerneuste Krimischick

»So konventionell unkonventionell.« [1] »Jungdynamiker … ein schönes Paar.« [2] »Smart, kess, gesichtslos.« [3] So beschrieb die Fernsehkritik die beiden neuen Kommissare des Münchener TATORT: Manchen gefielen diese beiden Nicht-yuppy-Yuppies, manchen nicht. Interessanter als die nationale Herkunft Batics erschien den meisten Kritikern jedenfalls der Lebensstil der Kommissare. Zu dem lässigen Schick der beiden Männer kam das Besondere des neuen Teams – dass Batic aus dem ehemaligen Jugoslawien stammt und von daher doch eigentlich kein »richtiger« deutscher Beamter war. Zwar merkte man es ihm fast nicht an, so vertraut bewegt sich der Batic-Darsteller Miro Nemec im bayerischen Idiom. Aber in manchen vielsagenden Augenblicken bekam man doch den Jugoslawen Batic zu sehen (oder eigentlich zu »hören«, denn nur die sporadischen Rückgriffe auf seine Muttersprache Kroatisch machen ihn in ANIMALS als Ausländer kenntlich).

Mit dem wachsenden öffentlichen Bewusstsein der Deutschen für die in den achtziger Jahren steigende Zahl der Ausländer (in diesem Zeitraum wird erstmals auch von »Asylanten« gesprochen) war es nur eine Frage der Zeit, bis Ausländer ihrer Fernsehrolle als Bühnenschmuck nicht mehr genügen würden. Oder war es vielleicht doch mehr als nur eine Frage der Zeit? Immerhin war die Besetzung der zwei Hauptrollen für den BR von äußerster Wichtigkeit. So wichtig, dass man doch geneigt ist, die Figur Batic als Geste einer bewussten ethnischen und nationalen Offenheit zu sehen und als einen Versuch, das sich verändernde Erscheinungsbild Deutschlands zu dokumentieren. Es war bis dahin eine Seltenheit im deutschen Fernsehen, eine Person mit ausländischer Herkunft in einer solch wichtigen Position innerhalb der bundesdeutschen Bürokratie zu sehen.

Doch »alles in Maßen«. Man sollte diesen Schritt auch nicht überbewerten. Die Anerkennung und Akzeptanz ethnischer Unterschiede in Produkten der Konsumkultur erfolgt in der Regel nur »in Maßen«, und dieser TATORT ist diesbezüglich auch keine Ausnahme. Batic mag vielleicht in Kroatien geboren sein, aber mit seinen stechend blauen Augen und seinem leichten bayrischen Akzent ist er schließlich gar nicht von anderen Deutschen zu unterscheiden. Die schwierigen, nicht angepassten Ausländer sind immer noch kräftig dabei, Verbrechen zu begehen, die Batic dann aufzuklären hat (zum Beispiel sein Landsmann Markovic in STARKBIER [7.3.1999] und der Chinese Chow in DIE CHINESISCHE METHODE [10.11.1991]). Die Figur des ausländischen Kommissars bleibt also eindeutig im Rahmen des Akzeptablen, was einen zu der Überlegung bringt: Kann das Fernsehpublikum gesellschaftliche Pluralität nur dann verkraften, wenn die Außenseiter den Prozess der Integration erst erfolgreich hinter sich gebracht haben?

Eine spätere Folge des Münchener TATORT bestätigt diese Vermutung. In KAINSMALE (20.9.1992) bekommt Batic Besuch von zwei Tanten aus Kroatien, die in Deutschland »Urlaub vom Krieg« in der Heimat machen. Die Darstellung der zwei Frauen unterscheidet ganz deutlich zwischen dem schon eingedeutschten Ex-Slawen und den sozial- und kulturell unbeholfenen »richtigen« Slawen. Eine Tante ist sichtlich übergewichtig, geschmacklos gekleidet und frisiert und zu stark geschminkt. Das Publikum sieht ihr zu, wie sie gierig eine fetttriefende Wurst isst, hausgemachte Folklore aus der Heimat verbreitet und sich in der Öffentlichkeit mit auffälliger Emotionalität präsentiert (sehr zur Pein ihres inzwischen nach deutscher Art richtig sozialisierten Neffen). Die zweite Tante ist eine durchgehend eingeschüchterte und unscheinbare Frau, die überhaupt nicht spricht (also doch wieder Bühnenrequisiten?). Sogar Batic selbst scheint erleichtert aufzuatmen, wenn er die ihm doch eher fremd gewordenen Verwandten wieder auf ihren Bus in die Heimat bringen kann.

Udo Wachtveitl, Miroslav Nemec und Bela Erny als Kosmetikfabrikant Pelzer

Anstatt also die Einführung eines ausländischen Kommissars in die deutsche Kriminalwelt als Zeichen einer multikulturellen Öffnung zu sehen, könnte man auch die Vermutung äußern, dieser Schritt habe mehr mit der Erweiterung des TATORT-Publikums zu tun [4]. Andere Aspekte der Folge scheinen ähnliche Ziele zu verfolgen. Die modisch-saloppe Art der beiden Kommissare, Batics eklektisch zusammengestellte, doch auch ausgewählt chaotisch wirkende Wohnung und die ständig im Hintergrund spielenden Pop-Hits scheinen auf ein gleichaltriges oder jüngeres Publikum zugeschnitten. Um die beiden jedoch auch von den als snobistisch angesehenen Yuppies zu unterscheiden, lässt das Drehbuch Franz Leitmayr ausgiebig über die wohlhabenden, wenig arbeitenden »besseren« Freunde seiner Freundin Laura schimpfen. Schick – ja. Witzig-gewitzt – ja. Aber eben »alles in Maßen.«

Tierversuche und Konsumgesellschaft

Leitmayrs Kritik an dem allzu auffälligen Konsum von Lauras wohlhabenderen Freunden verknüpft ANIMALS mit einer Kritik an der Kosmetikindustrie. Im Namen der Schönheit werden Millionen von Tieren gequält – meistens unnötigerweise, so die Dokumente, aus denen Batic Leitmayr im Auto vorliest. Das ist fraglos kein einfaches Thema für einen Krimi, dessen Funktion primär Unterhaltung ist. Doch geben sich die Autoren Veith von Fürstenberg und Max Zihlmann Mühe, das Thema differenziert und mit Ernsthaftigkeit anzusprechen.

Wichtig ist natürlich, die Einstellung der beiden Kommissare zu dem Thema Tierversuche herauszuarbeiten. So lassen sie Batic mehrmals in der Folge Katzen aufheben und streicheln. Er spielt und schmust mit ihnen. Diese Aktionen unterstreichen zudem die leichte und sympathische Un-

Batic zeigt Caroline Sommer (Anke Sevenich) den Dokumentarfilm

beholfenheit, die der äußeren Coolness des Kommissars unterliegt, und nehmen eindeutig Stellung gegen Tierversuche.

Durch einen Vertreter des Tierschutzvereins bekommt Batic Materialien in die Hand, die die grausamen und zum Teil höchst illegalen Tiermisshandlungen dokumentieren. An den Zuschauer werden diese Informationen dadurch gebracht, dass Batic seine frühere Freundin, das Modell Caroline, buchstäblich zwingt, sich den Dokumentarfilm anzusehen, der die qualvollen Folgen der Folter visuell höchst effektvoll ausstellt. Um die Nerven der Zuschauer zu schonen, werden Szenen aus dem Video mit anderen Szenen alternierend geschnitten. Man sieht abwechselnd gequälte Tiere und den Journalisten mit dem Fotografen beim Einbrechen und Zerstören des Labors der Kosmetikfirma. Obwohl die beiden Männer eigentlich nur Beweismaterialien im Labor suchten, hat der unheimliche Blick auf die Lagerung der Versuchstiere den Journalisten so berührt, dass er in Wut und Verzweiflung sämtliches Laborzubehör zerschlägt. Vermutlich soll der Zuschauer genau diesem Wutausbruch nachempfinden und sich anschließend für die Einstellung solcher Versuche entscheiden.

Aber »alles in Maßen«. Ein Problem bei der Darstellung dieses Themas ist das Dilemma der Toleranz. (*notabene*: Es soll hier nicht gegen Toleranz argumentiert werden, sondern nur untersucht werden, inwieweit das Gebot Toleranz echte Konflikte meist abschwächen *muss*.) Da diese Folge das Debüt des ersten ausländischen Fernsehkommissars ist, ist es von besonderer Bedeutung, wie die Einführung des Ivo Batic erfolgt. Toleranz gehört zum Katalog seiner persönlichen Eigenschaften. Er darf auf gar keinen Fall zu dogmatisch (sprich intolerant) erscheinen, denn die Figur muss für ein großes Publikum akzeptabel sein. In diesem Licht wird Batics relativ verblüffendes Benehmen Caroline gegenüber am Ende der Folge verständlicher.

Batics Versuch, Caroline über den wirklichen Charakter der Kosmetikindustrie aufzuklären, lässt sie schließlich vor dem Fernseher zusammenbrechen. Sie fleht ihn an, den Apparat doch bitte auszumachen und kann vor lauter Aufregung den Knopf zum Ausschalten nicht finden. Mit den Nerven völlig am Ende, fällt sie in einen tiefen Schlaf, während Batic unten verantwortungsbewusst Wache hält. Doch wie schon erwähnt, wacht sie am nächsten Morgen wieder in Pelzers Bett auf. Auch nachdem sie erfährt, dass Pelzer für den Tod ihrer früheren Kollegin und Freundin verantwortlich ist, hält sie zu ihm. Sie fährt mit ihm zu dem Bauernhof, wo die Geldübergabe stattfindet, nimmt ihn gegen Türms Angriffe in Schutz und besteht nachher darauf, ihn im Krankenwagen zu begleiten.

Obwohl es Batic nun klar sein sollte, dass seine gut gemeinten Aufklärungsversuche nicht gefruchtet haben, das heißt dass Caroline Sommer keine anderen Prinzipien anerkennt als ihren beruflichen Erfolg, bittet er sie, ihn doch anzurufen, wenn sie

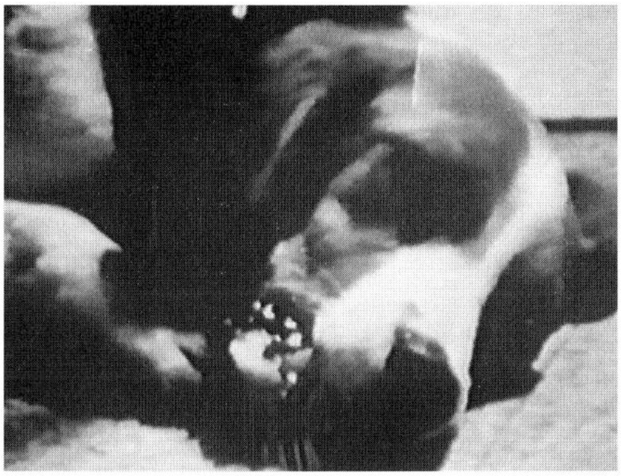

Hilfe brauche. Die Zuschauer können sicher sein, dass ein Typ wie Batic sich von keinem seiner Freunde abwenden würde, nur weil sie moralisch fragwürdige Positionen beziehen. Er ist der Inbegriff der Toleranz. Als Ausländer hat er auch keine andere Wahl. Es ist bezeichnend, dass das Drehbuch den »richtigen« Deutschen Leitmayr überhaupt nicht in diesen Aspekt der Handlung verwickelt. Offensichtlich sollte der erste Auftritt eines ausländischen TATORT-Kommissars in diesem Kontext der Toleranz stattfinden. Demnach durfte Batic nicht zu sehr als konsequenter Moralist auftreten, wollte er von dem deutschen Fernsehpublikum auf Anhieb akzeptiert werden.

Immer wieder betont das Drehbuch seinen Durchschnittscharakter. Wenn er zum Beispiel auf dem Weg zu seiner Wohnung versucht, Caroline über die schrecklichen Praktiken ihrer Branche zu informieren, wehrt sie sich gegen seine moralische Überheblichkeit: »Du willst mir doch nicht weismachen, dass du plötzlich ein Alternativer geworden bist. Kaufst genauso im Supermarkt ein wie jeder andere auch.« Seine Antwort darauf charakterisiert ihn äußerst treffend: »Ja sicher, aber ich mache mir Gedanken darüber.« Für ihn ist die Hauptsache, dass man die Probleme erwägt, nicht dass man danach das eigene Verhalten ausrichtet. Moralische Überlegenheit könnte die Figur unsympathisch und langweilig erscheinen lassen. Diesen Standpunkt macht Caroline Batic gegenüber geltend, wenn sie ihm entgegnet: »Und mir willst du vorschreiben, was ich zu denken habe!« Nein, so gesehen will er das nicht, was sein »tolerantes« Angebot an sie, als sie zu einem Mörder in den Krankenwagen steigt, auch deutlich macht. Also ist Batic moralisch aufrichtig – aber eben nicht zu sehr. Er demonstriert, dass Einfühlung in den anderen gegenüber festen moralisch-politischen Positionen Vorrang haben muss. Diese Haltung erhält auch dadurch Unterstützung, dass die zwei konsequentesten Moralisten, der Journalist Peter Türm und seine Freundin Angelika Weiß, die bereit sind, ihr Leben für ihre Prinzipien einzusetzen, ihren moralischen Rigorismus folgerichtig mit dem Tod bezahlen müssen.

Diesbezüglich ist noch einmal die Eingrenzung der Thematik auf Tierversuche in der Kosmetikindustrie bedeutsam. Die Zahl der Leute, die willig wären, Tierversuche in der Herstellung von Kosmetika für unnötig zu erklären, ist mit Sicherheit größer als die Zahl derer, die Tierversuche im Rahmen der medizinischen Forschung ablehnen würden. Warum sollte man auch arme Kaninchen foltern, nur weil sich Frauen Schönheit erkaufen wollen? Doch formuliert ANIMALS an und für sich keine Kritik an der Konsumgesellschaft, sondern nur an den Aspekten des Konsums, die »zu weit« gehen. Eben »alles in Maßen.«

Die Vorsicht, mit der die Autoren dieses Thema behandeln, lässt vermuten, dass es vielleicht nur als weiteres Mittel funktionalisiert wird, um einen Raum zu schaffen, in dem der neue Kommissar seine Fernsehidentität etablieren kann. Effektiv repräsentiert diese Darstellungsstrategie eine Kritik des politischen Aktivismus als extremistisch und intolerant und fördert die Entschärfung eines potentiellen sozialen Konfliktbereichs.

In ANIMALS wird die gesellschaftliche Thematik fast ausschließlich zu einem Darstellungsmittel reduziert. Diejenigen Aspekte des Themas, die das Publikum eventuell befremden und eine politisch-aufklärerische Rolle spielen könnten, werden umgangen oder stark eingegrenzt. Das heisst noch lange nicht, dass ANIMALS nicht sozialkritisch ist. Doch ist es meines Erachtens politisch und ästhetisch problematisch, wenn gesellschaftspolitische Themen – besonders solche mit Sensationscharakter – primär als Vehikel eingesetzt werden und die politische Brisanz des dargestellten Konflikts verwässert wird.

Natürlich sind weder der TATORT generell noch ANIMALS im Besonderen explizit politische Formate. Sie sind Unterhaltung, und das sind sie für ein bestimmtes Publikum. Die Tatsache, dass Fernsehen so sehr von der Zuschauergunst abhängt, scheint die Eingrenzung der politischen Brisanz fast zu erzwingen. Aufgrund der Konkurrenzsituation ist das Fernsehen heute weit mehr als das Kino auf Zuschauerakzeptanz angewiesen. Dieser Zustand könnte einen dazu bewegen zu behaupten, dass Fernsehen der selben Dialektik der Toleranz unterliegt wie das System der parlamentarischen Demokratie. Doch dies einzuräumen heisst nicht, dass es keine alternativen Darstellungsstrategien gäbe, um politisch konsequent und zugleich unterhaltsam zu sein. ♦

Anmerkungen

1 Die Welt, 3.1.1991.
2 Christof Boy: Showdown im Schweinestall. In: die tageszeitung, 3.1.1991.
3 Uta-Maria Heim: Schicki-Showdown. In: Der Tagesspiegel, 3.1.1991.
4 In weiteren Folgen mit diesem Kommissar-Duo wird Batics ethnische Identität noch intensiver thematisiert. Siehe zum Beispiel KLASSEN-KAMPF (5.6.1994).

ANIMALS (BR, 1.1.1991)
Regie: Walter Bannert.
Buch: Max Zihlmann, Veith von Fürstenberg.
Darsteller/innen: Miroslav Nemec (Hauptkommissar Ivo Batic), Udo Wachtveitl (Hauptkommissar Franz Leitmayr), Anke Sevenich (Caroline Sommer), Angelika Bartsch (Angelika Weiss), Bela Erny (Klaus Pelzer), Edwin Noël (Peter Turm), Wilfried Klaus (Mühlbauer), Udo Thomer (Georg Kollberger), Michael Fitz (Fred Grimm), Andreas Borcherding (Gehilfe Kolbergers), Manuela Bauer (Laura), Ingeborg Sassen-Haase (alte Frau).

Weitere erwähnte Folgen:

Hauptkommissare Batic und Leitmayr:
DIE CHINESISCHE METHODE (BR, 10.11.1991)
Regie: Maria Knilli.
Buch: Volker Maria Arend, Andreas Missler-Morell.

KAINSMALE (BR, 20.9.1992)
Regie: Erwin Keusch.
Buch: Wolfgang Hesse
.

KLASSEN-KAMPF (BR, 5.6.1994)
Regie und *Buch:* Friedemann Fromm.

STARKBIER (BR, 7.3.1999)
Regie: Peter Fratzscher.
Buch: Michael Wogh.

Zitronenfalter und Kartoffelchips. FRAU BU LACHT

Von Sathyan Ramesh

»Ich finde Filme spannend,
die Ausbeulungen haben.«
(Dominik Graf)

Ist das der mit den Schmetterlingen?« Erstaunlich viele »ganz normale« Fernsehzuschauer reagieren mit dieser Gegenfrage, wenn man wissen möchte, ob sie FRAU BU LACHT (26.11.1995) gesehen haben: »Ist das der mit den Schmetterlingen?«

Der ist es. Und eigentlich ist damit schon alles gesagt. Denn wenn gerade ein solches Motiv sich so stark einbrennt, hat man es wahrlich nicht mit einem gewöhnlichen TATORT zu tun.

Es ist Leitmayr, der ihn zuerst sieht, im Aufzug: »Ui, schau, a Schmetterling.« Batic ist da anderer Meinung: »Das ist ein Kartoffelchip.« Und dann folgt ein Dialog von wahrlich »strahlendem Glanz« (wie es an anderer Stelle heißt): »Schmarrn, das ist ein Zitronenfalter.« – »Die gibt's doch um die Jahreszeit gar nicht.« – »In Brasilien schon.« – »Wie soll er denn den ganzen langen Weg von Brasilien hierherkommen, da ist doch das Meer dazwischen.« – »Dass du so gar nichts weißt. Die Kontinente waren doch früher beieinander ...«

Beckett hätte das schreiben können, Ionesco vielleicht auch. Alles steckt drin in diesen wenigen Repliken, nicht weniger als die ganze Fehlbarkeit des Menschen, die Poesie seines Scheiterns – und die Ewigkeit. Doch in Wahrheit hat sich der Drehbuchautor Günter Schütter hier von einem besonders besonderen Cartoon des kürzlich verstorbenen, unsterblichen Charles M. Shultz und seinen *Peanuts* inspirieren lassen – Batic und Leitmayr als Erben Charlie Browns (woran die diesmal speziell grandios unterspielenden Protagonisten Udo Wachtveitl und Miro Nemec ganz offenkundig ihren Spaß hatten).

Nicht, dass Schütter, der tatsächlich gern, aber vor allem immer gut klaut, dies nötig hätte – wer Menschen auf der Suche nach sich selbst entgegnen lässt: »Such dich nicht. Am Ende findest du dich noch – und bleibst dir ...«, der ist selbst ein Anwärter für den Olymp. FRAU BU LACHT beruht nämlich höchstwahrscheinlich auf einem der zehn besten Drehbücher, die jemals in Deutschland verfilmt wurden. Ein Blizzard der Pointen, voller abstruser Winkelzüge und waghalsiger Pirouetten, mit gleichzeitig so knapp wie unerreichbar skizzierten Charakteren (»Lassen's mich als Experte so ausdrücken: keine Ahnung«) und einer Verspieltheit, die besoffen macht. Die kulminiert natürlich in jener dreiminütigen, ungeschnittenen Sequenz, wenn zunächst Leitmayr einen Dialog mit seiner Kameradin Jenny führt, ihr währenddessen den Wein wegtrinkt und dann aus dem Zimmer geht – nur damit Batic gleich darauf hereinkommt, mit Jenny exakt denselben Dialog nochmal führt und dabei dasselbe, inzwischen aufgefüllte Weinglas noch einmal austrinkt (woraufhin Jenny sich unterbricht und murmelt: »Ich glaub', ich hab' grad' ein Déjà-vu«).

Irgendwann ist man so auf Schütters abwegigen Witz eingeschworen, dass man sogar über Sätze lacht, die eigentlich keine Pointe im klassischen Sinn bieten: »Das ist die Frau Flechner – Felcher! – die Frau Felcher ist Sozialpädagogin ...« (Selbstredend wird Batic den ganzen Rest des Films nur noch von »Frau Flechner – Felcher!« sprechen.)

Und dabei ist FRAU BU LACHT, der lustigste TATORT aller Zeiten, eine Tragödie.

Frau Bu, eine Märchenheldin aus Thailand (aber eigentlich, wie man hinter den Kulissen mutmaßte, eine Hommage des Autoren Schütter an seine Produzentin Gloria Burkert), zeichnet sich zwar dadurch aus, dass sie der Welt entgegenlacht – das jedenfalls lehrt uns im Film die kleine Soey. Aber wenn man die Geschichte weiter verfolgt, möchte man glauben, Frau Bu lachte, damit ihr nicht das Herz zerspringt. Denn die Bluttat, der Batic und Leitmayr nachspüren, führt sie bald auf eine ganz andere Fährte, zu einer besonders abgefeimten Form des Organisierten Verbrechens.

Bald werden die Münchner Kommissare die Tatorte nicht mehr zählen können.

Wahrscheinlich ist das das Geheimnis, die unbeugsame Kraft dieses fünf Jahre alten TATORT,

Déjà-vu: Barbara-Magdalena Ahrens als Jenny

der so gar nicht altern will. Er erzählt eine grausige Geschichte von Missbrauch und Qual, in der sogar Selbstmord, Verwaisung und Abschiebung vorkommen, nicht als düsteres, langsames Requiem – sondern als wüste Burleske, die sich erst sehr spät, aber eben doch im richtigen Moment, Augenblikke der Stille leistet. Wobei sie in dieser Kontrastierung natürlich nur noch stärker wirken.

Und: Es gibt keine *Political Correctness* – auch ein Markenzeichen des Günter Schütter. Die abstoßendste Figur, wahnwitzig gespielt von dem ohnehin phantastischen Ulrich Noethen, ist auch die schillerndste, eloquenteste Erscheinung: der Anwalt und Kinderschänder Dr. Zimmer, der, von den Kommissaren auf die lebenslangen Schäden bei der Tochter hingewiesen, cool entgegnet: »Früher waren's die Verhältnisse, der Kapitalismus war an allem schuld. Heute haben wir die Psychologie als Entschuldigung entdeckt.« Vorher hat er noch schnell mal das Wesen der Weiblichkeit erläutert: »Die emanzipierte Frau ginge ja. Meine erste Frau hatte einfach zu viel Zeit. Sie hat geglaubt, sie ist

Ulrich Noethen als Dr. Zimmer

unglücklich.« Sprach's, lässt etwas fallen und sagt: »Hups.«

Aber als Zimmers Tochter später ins Heim gebracht wird, weil die Mutter tot ist und der Vater von ihr ferngehalten werden muss, schaut sie sich auf einmal freudig um und fragt: »Ist Papa da?« – eine Szene, an der sich bis heute die Geister scheiden.

Um den eigentlichen Mord geht es da schon lange nicht mehr. Der wird in der 54. Minute ganz nebenbei aufgeklärt, und zwar von dem Übersetzer Cricket in derart abstrusem Kauderwelsch, dass man es einfach nicht ernst nimmt (»Frau hat Mord-Tattoo ... gebe mir tausend Mark.«). Cricket, »aus einem kleinen Dorf am River Kwai« stammend, dürfte der nervigste Begleiter sein, den irgendein TATORT-Kommissar jemals hatte: »Kriege ich jetzt Pistole? Funkgerät? Polizeimarke? Genitalschutz?« – »Nein.« – »Darf ich meine Füße unter deiner Jacke wärmen?«

Aber dafür erfreut er uns stets mit blumigen Kommentaren zur Verfassung unserer Helden: »Du denkst wie Spatz und nicht wie Adler« ... »Ihr nix heute ausseht wie Glücksschwein.«

Kindesmissbrauch, aber eben auch ein Schutzmann, der *Dingsda* guckt; Abschiebung, aber eben auch Knusperfrösche; Selbstmord, aber eben auch Nacktputzer; außerdem Kommissare, die Abschiebeopfer warnen, am Ende der Mörderin zur Flucht verhelfen – und noch dazu eine Frau, die Sport mit den Worten verweigert: »Nur Rückenschwimmen, weil man dabei rauchen kann«. Dieser Wahnsinn hat natürlich Methode.

Denn hinter der Kamera ergänzten sich bei diesem TATORT auf schwindelerregende Weise drei latent Verrückte: der Autor Günter Schütter, der Bildkomponist Benedict Neuenfels und der Filmemacher Dominik Graf – ein Wunder wirkendes Trio, das später die noch (noch!) spielfreudigere Heimatkomödie *Doktor Knock* und den noch (noch!) abgründigeren Polizeifilm *Der Skorpion* schuf.

Gäbe es mehr solche Teams in Deutschland, unser Gejammer über das hiesige Filmschaffen hätte abrupt ein Ende. Es gibt nicht viele Schreiber wie Schütter, die sich gegen alle Konventionen richten und dabei sowohl dem handwerklichen wie dem künstlerischen Durchschnitt so turmhoch überlegen sind (Schütter ist nie schräg um der Schrägheit willen – sondern weil er nicht anders kann). Und es gibt auch nicht viele Kameraleute wie Benedict Neuenfels, der zwar einerseits mit links berauschende Panoramaaufnahmen und süffige Perspektiven liefert, andererseits sich aber gerade dadurch auszeichnet, dass und wie er die schönsten, komischsten Details eben nicht zeigt: den Sturz des Übersetzers vom Baugerüst; den lyrisch bewanderten Informanten; den Hund, über den Leitmayr beim Wettrennen gegen Batic stolpert, unter wolkenumtostem Himmel. Oder Soey, die uns aufklärt: »Frau Bu lacht.«

Und gibt es in Deutschland überhaupt noch einen Regisseur, der in derselben Liga wie Dominik Graf spielt? Als FRAU BU LACHT in die Drehphase ging, hatte er gerade unerwartet und ungewöhnlich viele Aggressionen auf sich gezogen, mit dem kommerziellen (und, wie mancher meint, auch erzählerischen) Scheitern seines 12-Millionen-Epos *Die Sieger* (1994). Nun, das ist jetzt fast sechs Jahre her, und jeder, der *Die Sieger* bis heute unterschätzt, sollte Grafs wegweisenden Monumentalthriller mal mit Joseph Vilsmaiers bodenloser Dummheit *Marlene* (2000) vergleichen.

FRAU BU LACHT wurde zu Grafs sofortiger Rehabilitation. Und für den Rest der Neunziger hat er nur noch im Fernsehen gearbeitet (erst jetzt bereitet er seinen ersten Kinofilm seit *Die Sieger* vor, *Der Felsen*). Doch so unterschiedlich alle folgenden Filme ausfielen (Graf erhielt neben fast allen renommierten Fernsehpokalen zuvorderst drei *Grimme-Preise* in drei aufeinander folgenden Jahren!), in diesem TATORT ist schon alles zu sehen: die unaufdringliche Poesie der *Reise nach Weimar* (1996) und des ersten *Sperling* (*... und das Loch in der Wand*; 1996), der Einfallsreichtum und die Tollkühnheit des *Skorpion* (1997) und *Doktor Knock* (1996), die Ehrlichkeit und Furchtlosigkeit des zweiten *Sperling* (*... und der brennende Arm*, 1998), der leise splitternde Realismus von *Bittere Unschuld* (1999) und *Deine besten Jahre* (1998). Und natürlich die Quintessenz seines womöglich bewegendsten Films, der Dokumentation *Das Wispern im Berg der Dinge* (1998): dass immer eines zum anderen kommt und dadurch alles zusammengehört.

Bei Graf heißt diese Erkenntnis Schönheit.

Deshalb bekundet auch Jenny – die von der traumhaften Barbara-Magdalena Ahrens mit furztrockenem Witz und zugleich tiefster Emotion gespielte Freundin unserer geliebten Kommissare – zu Beginn des TATORT, dass sie nicht mehr schlafen kann (als Batic sie abweist, räumt Jenny einfach seinen Kühlschrank aus, für eine »lange Nacht vor dem Fernseher«). Am Ende nämlich wird sie schlafen können, zum ersten Mal wieder. Nicht trotz, sondern wegen allem, was geschehen ist.

Und über München tobt ein Sturm. ♦

FRAU BU LACHT (BR, 26.11.1995)
Regie: Dominik Graf.
Buch: Günter Schütter.
Darsteller/innen: Miroslav Nemec (Hauptkommissar Ivo Batic), Udo Wachtveitl (Hauptkommissar Franz Leitmayr), Michael Fitz (Menzinger), Barbara-Magdalena Ahrens (Jenny), Anna Villadolid (Sita Mauritz), Sabine Speicher (Soey), Gisela Kraus (Susan), Maverick Quek (Crickett), Petra Kleinert (Dim), Ulrich Noethen (Dr. Zimmer).

Die letzten Menschen.
LIEBE, SEX, TOD

Von Eike Wenzel

Paranoia, sexuelle Devianz, Kontrollgesellschaft, die Welt als globale Vorstadt. Längst schon gibt es keine brauchbaren Unterscheidungen mehr. Die Ordnung der Wirklichkeit durch einen Beobachter, der sich außerhalb des Geschehens stellt, ist unglaubwürdig geworden. Das den Alltag überflutende Talkshow-Fernsehen zwingt uns einen Blick unter die Oberfläche auf (ob erlogen oder tatsächlich, man weiß es einfach nicht), der uns aufdringlich und unelegant von dem Wüten des Unbewußten und des Triebhaften hinter deutschen Wohnungstüren überzeugen möchte. Schlechte Zeiten für den Krimi, der als feste Genreregel eine oder mehrere moralische Aufklärerfiguren vorsieht, die eine aus den Fugen geratene Ordnung wiederherstellen sollen.

Der TATORT hat sich seit Beginn den Anspruch auferlegt, etwas so Diffuses wie »Zeitströmungen« und gesellschaftliche Befindlichkeiten aufzugreifen und einen festen Platz in den Krimi-Plots einzuräumen. Neben der Verpflichtung, die Geschichte in einem identifizierbaren regionalen Milieu anzusiedeln, kann man den TATORT als einen Durchlauferhitzer der (Ideologien-)Geschichte der Bundesrepublik begreifen. Eine besonders bizarre Mischung aus Regionalismus und Zeitgeist bieten die neuen TATORT-Folgen des Bayrischen Rundfunks: die Postmoderne in der Landeshauptstadt München. Mit den Hauptkommissaren Leitmayr (Udo Wachtveitl) und Batic (Miro Nemec), letzterer ein Kroate und erster ausländischer Staatsbürger im TATORT-Dienst, kämpft ein junges Duo gegen die depressive Unübersichtlichkeit der neunziger Jahre. Leitmayr und Batic gehören zu einer jungen und erfolgreichen Klasse von Großstadtmenschen, die man in den achtziger Jahren Yuppies nannte. Als Multikulti-Pärchen pflegen sie den gediegenen Lebensstil des modernen Singles, der seine teuren Appartement-Wohnungen verkommen lässt und sich dann und wann auch einmal einen Porsche (der allerdings die meiste Zeit kaputt ist) und hübsche, aber komplizierte Frauen leistet.

Der Hölle, die die Wirklichkeit ist, begegnen Leitmayr/Batic mit einem gewissen Zynismus, den sie aber irgendwie immer wieder mit Pflichtbewusstsein und Fleiß in Einklang bringen. Erschöpft und aus schlafloser Gereiztheit heraus, gilt ihr Einsatz den Rechtlosen dieser Welt. In LIEBE, SEX, TOD (6.4.1997) scheint die Welt zu verbrennen. Ein Hitzerekord jagt den anderen. In der Stadt, in der die Menschen zusammen einsam sind, gibt es ein Entrinnen nur durch die Flucht in Fiktionen und Phantasien. Voyeurismus – Exhibitionismus – Sado-Maso. Es geht um den Mord an einem Polizisten. Er holt sich seine Kicks von einer Domina, die ihn, versteckt hinter einer Ganzkörperledermaske, an Eisenbahngleise kettet und ihm in Todesangst Adrenalinexplosionen besorgt. Als der Polizist mehr will, seine Gespielin küsst und ihr zwischen die Beine fasst, ersticht sie ihn. Vorher hatte er wieder einmal seine Nachbarin aus dem Wohnblock von gegenüber mit einem riesigen Feldstecher bei ihren Schießübungen observiert. In einem imaginären Dialog (die Frau befindet sich im Haus gegenüber) wird der Voyeur im Staatsdienst mit seinem Objekt (das ganz offensichtlich kein erduldendes Opfer ist, wie wir noch sehen werden) zusammengebracht. Erst später nimmt er tatsächlich mit ihr Kontakt auf, wenn er sie anruft. Hatte der Voyeur/Observator bei seinem Panoramaschwenk an der Fensterfront des Hochhauses entlang die allgegenwärtige »Beziehungsunfähigkeit« der Menschen festgestellt (jeder Mensch in einem Raum mit sich selbst beschäftigt wie ein stummer Fisch in einem Aquarium), so scheint sich ihm die heißbegehrte Nachbarin Ira Berg (Alana Bock) zum wiederholten Male zu entziehen. Dafür bekommt sie einen Strafzettel für Falschparken.

LIEBE, SEX, TOD erzählt mit schnellen Schnitten, falschen Anschlüssen. Menschen an der Grenze, Telekommunikation als letzter Draht nach außen. In rhythmischer Entfremdungslyrik reden Ira Berg und der Polizist am Telefon miteinander. Polizist: »Einsamkeit schließt mich ein, ich möcht' nicht mehr alleine sein.« Ira (wie einen gelernten

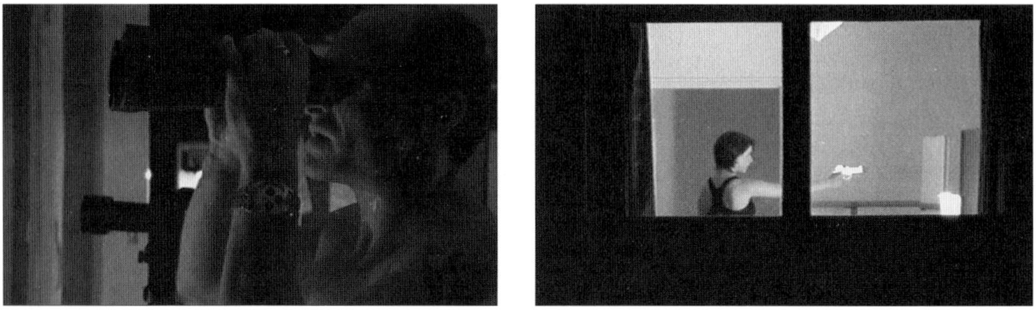

Allgegenwärtige Beziehungsunfähigkeit: Ira Berg und der Voyeur

Text abspulend, der zu früh kommt): »Wichser, ich weiß, wer du bist ...«. Ira Berg wird in den Anfangsmomenten des Films als die Person aufgebaut, die sich hinter dem tötenden Lederengel zu verbergen scheint. Wie die Einsamkeit die Menschen dieser Welt einschließt und die Gluthitze der Stadt die Luft zum Atmen nimmt, so dass sie durchdrehen, so möchte uns LIEBE, SEX, TOD körperlich in dieses Endzeit-Szenario hineinziehen. Verbrechen und Verderben ist hier nicht der Fluchtpunkt der Handlung (das logische Rätsel, das die Ermittler auflösen). Die Katastrophe ist allgegenwärtig, und keiner kann sagen, wer für ihr Entstehen verantwortlich ist. Vor uns Fernsehguckern baut sich kein Illusionsraum auf, der noch einmal dazu einlädt, Wirklichkeit als moralisches Schauspiel zu goutieren. LIEBE, SEX, TOD packt uns am Körper, trifft uns in den Nervenbahnen und stößt uns in eine Welt hinein, in der wir taumelnd umherirren wie die Figuren des Films. Der Krimi wird zur somatischen Erfahrung. Ist es die Hitze in Zeiten der globalen Klimakatastrophe, die »uns« in den Wahnsinn treibt? Ist es »unsere« Einsamkeit, die »uns« zu todessüchtigen Perversen und Voyeuren macht? Oder ist es das Fernsehen, das »uns« als Zuschauer »unseres« eigenen Lebens in der Position des unbeteiligten Zuschauers festhält und »uns« die Trennlinie zwischen real und fiktiv immer seltener erkennen lässt? Diese Welt der medialen Inszenierungen hat Ira Berg zu einem Menschen gemacht, der nur den einen Lebenssinn kennt, nämlich ein Bild in den Medien zu sein.

Wie ein Virus im Ermittlungsprogramm taucht sie immer dort auf, wo Leitmayr und Batic Indizien zur Aufklärung des Mordes suchen, und beschwört regelmäßig Systemzusammenbrüche herauf. Bis zum Schluss bleibt sie die Hauptverdächtige. Ihr perverser Geltungsdrang treibt sie in ein Spiel auf Leben und Tod, wenn sie selbst zu ermitteln beginnt und sich an die Fersen des Täters heftet. Aus dem falschen Blut, dem nachgespielten Tod, mit dem sie ihren Freund und einmal auch Leitmayr an der Nase herumführt, wird dann auf einmal echtes, und ihr Leben gerät tatsächlich in Gefahr. Unter ihren Blicken fliegt schließlich das Doppel-Spiel des Lukas Homann auf. Lukas möchte eine Frau sein. Und er ist der Polizistenmörder. Er lebt als männlicher Lukas Homann und führt gleichzeitig das Leben seiner verunglückten Schwester Judith als Verkäuferin in einer Spielwarenabteilung weiter. Da Judith/Lukas für seine Geschlechtsumwandlung Geld brauchte, hat sie/er sich als Lederengel Cocoon verdingt. Als Ira Berg Judith/Lukas durch einen Blick ins Badezimmerfenster beim Rollenwechsel ertappt, benutzt Judith/Lukas die Frau als Schutzschild gegenüber der wieder einmal noch rechtzeitig eintreffenden Polizei. Leitmayr und Batic gelingt es schließlich, Judith/Lukas zu überwältigen. Verwirrt erklärt die Transe Judith, dass sie sich jetzt nicht der Polizei stellen könne, sie habe doch einen Termin bei einem Chirurgen, dem besten Chirurgen. Als Judith gesteht, dass sie/er mittlerweile zwei Männer getötet hat, weil sie/er dieses unaussprechliche Etwas zwischen den Beinen hasst und verzweifelt auf ihren/seinen Penis einstechen möchte, springt Batic dazwischen und rettet Judith/Lukas.

Judith/Lukas

In einer München-Welt, in der nichts mehr von Bestand ist, alle Konstanten wegzubrechen drohen und man nicht einmal mehr den blauen Himmel ohne Beunruhigung anschauen kann, wäre es unangemessen, die Kommissar-Figuren weiterhin als aus dem Leben zurückgezogene und von der Ratio gesteuerten Beobachter erster Ordnung auflaufen zu lassen. LIEBE, SEX, TOD macht seine Ermittler-Figuren zu selbstverständlichen Komplizen einer Realität aus Katastrophen, Lügen und Einsamkeit. Illusionen gibt es nur noch als Kitsch und Ausfluss des omnipräsenten Fernsehens, die Wirklichkeit scheint von Fiktionen, Spiel, Täuschung unterspült.

In diesem bajuwarischen Spiegelkabinett ist Weltuntergang, wenn man trotzdem lacht. Denn es macht Spaß, wie der Kollege Leitmayr immer wieder dem Falschspiel der Ira Berg auf den Leim geht und einmal für kurze Momente ihren (gespielten oder aufrichtigen?) Annäherungsversuchen erliegt. Und es ist komisch, wenn Kollege Batic noch einmal in die Wohnung des ermordeten Polizisten eindringt, dabei von zwei Frauen eines Domina-Heimservices überwältigt wird, den der Getötete noch beauftragt hatte, und Batic den emsigen Extrem-Dienstleisterinnen lange Zeit nicht klar machen kann, dass er wirklich nicht gerne angekettet und gehauen werden möchte. Leitmayr und Batic stellen ihrerseits ihre Kreativität auf dem Gebiet des Rollenspiels unter Beweis, wenn sie für Ermittlungszwecke mehrere Blinddates absolvieren. Klarheit über den Tathergang erhalten auch sie erst ganz am Schluss. Die Tragödie eines weiteren Mordes, diesmal an der attraktiven Ira Berg, können sie eher zufällig verhindern. Doch in dieser Last-minute-Konstellation stellt sich doch noch einmal die alte Ordnung her: Ira Berg, von Leitmayr mehrmals in autoritärem Ton aufgefordert, endlich das Spiel mit dem eigenen Leben zu lassen, versinkt schluchzend in dessen Armen. Und in der schützenden Umarmung von Hauptkommissar Batic legt die vom falschen Spiel mit der Geschlechtsidentität erlöste Transe ihr Geständnis ab.

LIEBE, SEX, TOD zeigt uns jede Situation, jeden Abschnitt der Geschichte in extremer Verdichtung. Das hohe Tempo der Dialoge und die Vielzahl an Anspielungen und Pointen sorgen für einen Überhang an Komplexität und üben auf den Zuschauer eine starke Sogwirkung aus. Der Gang der Ermittlung tritt fast vollständig in den Hintergrund. Das Milieu, das der Film entwirft, erschöpft sich keineswegs in einer sozialdemokratisch-sozialkritischen Repräsentation bundesdeutscher Gegenwart – das war der TATORT der siebziger und achtziger Jahre. Wie es die fast schon brutale Lakonie des Titels ankündigt, setzt dieser TATORT Schockeffekte, die sich auf den Körper des Zuschauers übertragen und ihn eine Verwirrung spüren lassen sollen, die auch die Menschen im Film befallen hat. In nahezu jeder Szene werden grundlegende menschliche Werte und Befindlichkeiten verhandelt, das heißt hier: Es wird ihre Hinfälligkeit demonstriert. Liebe, Treue, Einsamkeit, Freundschaft, Moral, gibt's das überhaupt? ... und immer diese Hitze. Was der amerikanische Thriller à la Lynch und Tarantino im Kino als Extremerfahrung anbietet, versucht LIEBE, SEX, TOD für das TAT-

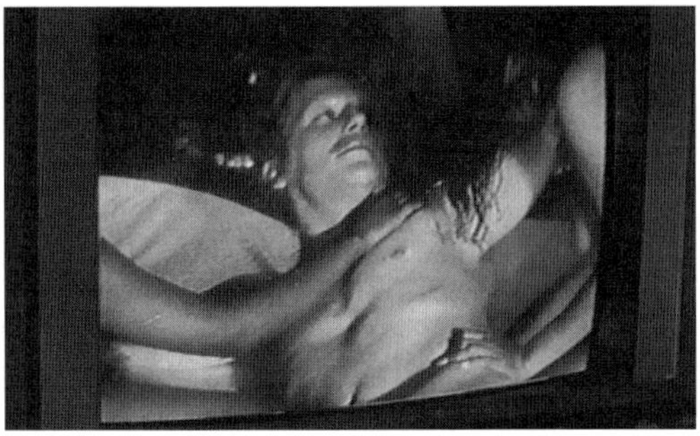

Komplizen: Menzinger bei der »Therapieparty«

ORT-Format durchzuspielen: Wenn sich das Übel nicht mehr an einem gesellschaftlichen Feind festmachen lässt, das Projekt einer verstandesmäßigen Kritik an der Gegenwart wirkungslos geworden ist, dann funktioniert es vielleicht über eine Strategie, die uns schockhaften Wahrnehmungen aussetzt, unseren Blick zu überfordern droht, aber dabei glücklicherweise immer noch zur Ironie fähig ist.

In einer Szene am Schluss, als Batic und Leitmayr ein als Therapiezentrum getarntes Bordell ausheben, begeben sie sich in den Monitorraum, von dem aus das Treiben in den einzelnen Zimmern während einer »Therapieparty« beobachtet werden kann. Offensichtlich liegt das Überwachungsmonopol nicht mehr auf der Seite des Staates. Auf einem Monitor erkennt Batic den Kollegen Menzinger (Michael Fitz) beim Liebesspiel mit zwei exotischen Schönheiten. Leitmayr, eben noch vor dem Monitor, taucht plötzlich auf dem Bildschirm, zwischen den einzelnen Zimmern umherirrend, auf. Der Kommissar ist hier ein Gefangener im Spiegelspiel der Medienwirklichkeit. Batic wird den Kollegen Menzinger zwingen, seine Mitgliedschaft im Therapieclub *Hot Souls* für wichtige Ermittlungen zu nutzen. Trotzdem gibt es keinen unvoreingenommenen, rationalen Beobachter mehr. Die Unterscheidungen brechen zusammen: gut/böse, Mann/Frau, Wirklichkeit/Fiktion. Heißt der mordende Transvestit Lukas Homann oder nicht doch Niklas Luhmann? Die Anlehnung und das Hantieren mit den abgesunkenen Klischees poststrukturalistischer Medientheorie lässt sich in diesem TATORT in fast in jeder Szene begutachten. Der Leitmayr Franz und der Batic Ivo blicken selbst nicht mehr durch. Auch sie sind einsam und kommen mit den Frauen nicht klar. Was ihnen bleibt, ist zumindest noch einmal darauf hinzuweisen, dass man moralisch handeln sollte, auch wenn alles keinen Sinn mehr macht. Aber das ist doch was. ♦

LIEBE, SEX, TOD (BR, 6.4.1997)
Regie: Peter Fratzscher.
Buch: Christian Jeltsch.
Darsteller/innen: Miroslav Nemec (Hauptkommissar Ivo Batic), Udo Wachtveitl (Hauptkommissar Franz Leitmayr), Michael Fitz (Menzinger), Barbara Rudnik (Pathologin Kathrin), Alana Bock (Ira Berg), Oliver Hasenfratz (Lukas Homann / Judith Homann), Dietmar Mössmer (Felix Rust), Dietmar Mues (Dr. Seebaum-Lang).

Tatort Sachsen.
Mehr als ehrlich: Ehrlicher

Von Peter Hoff

Kaum hatte sich Horst Schimanski frustriert zum definitiven Dienstschluss mit seinem Drachenflieger in den Himmel über der Ruhr geschwungen (DER FALL SCHIMANSKI, 29. 12. 1991), da setzte im fern-östlichen Dresden ein neuer TATORT-Kommissar zur weichen Landung am grünen Strand der Elbe an: Bruno Ehrlicher (EIN FALL FÜR EHRLICHER, 19. 1. 1992). Nur wenig mehr als ein Jahr nach der Vereinigung der beiden deutschen Nachkriegs-Staaten trat der neu gegründete Mitteldeutsche Rundfunk nach einigen Versuchen, der in progressiver Entwicklung befindlichen Fernsehkriminalität weiterhin mit der im Osten gewachsenen Reihe *Polizeiruf 110* beizukommen, der Verbrecherjagd-Gemeinschaft der ARD bei.

Und die Dreiländeranstalt brachte auch gleich ihren eigenen Fahnder mit, eben jenen Bruno Ehrlicher, einen Eingeborenen aus den von etablierten Alt-Bundesbürgern gern herablassend so genannten »neuen Bundesländern«. Und weil nur wenige ehemalige DDR-Bürger sich einer lupenreinen und allen freiheitlich-demokratischen Aktenüberprüfungen standhaltenden Biographie erfreuen können, hatte auch dieser sächsische Verbrecherjäger seine individuelle Vorgeschichte: Bruno Ehrlicher war schon vor der politischen »Wende« Polizist gewesen. Das aber heißt: Volkspolizist! – Da gerät doch das staatsbürgerliche Gewissen des geborenen Demokraten in heftige Wallungen: Ein Vopo als Wahrer von Sicherheit und Ordnung?! Einer von denen, bei deren bloßem Anblick an den deutsch-deutschen Checkpoints jedem guten Bundesdeutschen das Deodorant versagte? Ja, durfte das denn sein?

Denn, immerhin, die Enquete-Kommission des 12. Deutschen Bundestages zur »Aufarbeitung von Geschichte und Folgen der SED-Diktatur in Deutschland« stellte der Deutschen Volkspolizei für die mehr als vierzig Jahre ihres Wirkens in ihrem Bericht vom 31. Mai 1994 nicht eben das beste Führungszeugnis aus. Wenn auch die »Quellenlage, mit deren Hilfe die Rolle der Volkspolizei bei der Instrumentierung von Recht und Justiz untersucht werden kann, [...] nach dem derzeitigen Stand der Forschung als wenig ergiebig anzusehen« sei, weil die Archive der VP in der Wendezeit weitgehend von belastendem Material gesäubert worden waren, stand für die untersuchenden frei gewählten deutschen Parlamentarier doch fest, dass »die Bürger im Verantwortungsbereich der Volkspolizei vielfach Willkür und Rechtlosigkeit ausgesetzt waren.« (*Drucksache* 12/7820, S. 99)

Wer mit der Deutschen Volkspolizei in der DDR irgendwann einmal kollidiert ist, kann sich diesem Urteil der deutschen Volksvertreter nur anschließen. Um so mehr muss es ihn aber dann verwundern, mit welchem Wohlwollen die ebenso gehassten wie gefürchteten Vopos nach der Wende im nunmehr gesamtdeutschen Fernsehen behandelt wurden.

Die wahren Bösewichte in der realsozialistischen Gesellschaft waren jedoch zu diesem Zeitpunkt schon ausgemacht und an den Pranger auch der Medien gestellt. Es waren die Spitzel und Spitzelsspitzel der schon seit Jahrzehnten unter Verwendung eines bayerischen Kosenamens für den schönen Vornamen »Anastasia« so genannten »Stasi«, des DDR-Geheimdienstes mit dem weniger poetischen Kürzel »MfS«, was für *Ministerium für Staatssicherheit* stand. Die Stasi hatte ihren üblen Leumund schon in zahllosen Kino- und Fernsehfilmen während des Kalten Krieges erhalten, und nun konnten die Freunde der politischen Trivialkunst ihre späte Ernte einfahren: Denn, siehe, die »Stasi« war wirklich so böse gewesen, wie dies beispielsweise Hitchcock hinterm *Zerrissenen Vorhang* (1966) schon dreißig Jahre zuvor vermutet hatte! Das alte Medien-Feindbild konnte im wirklichen Leben mit neuen Fakten aufgepeppt werden und verkörperte in einem Maße das »Reich des Bösen«, dass man, hätte es diesen »Dienst« nicht gegeben, ihn hätte erfinden müssen. Brauchte man aber nicht – er war da und dem neuen Regime wenigstens so wertvoll wie dem eben dahingeschiedenen! Nicht nur, weil er alle Klischees bediente.

Der ostdeutsche Geheimdienst fiel nämlich nicht in Gänze der medienwirksamen propagandistischen Beachtung anheim. Von 39 Struktureinheiten des ehemaligen *Ministeriums für Staatssicherheit* wurden in Fernsehsendungen nur sechs intensiver behandelt, die Mitarbeiter der anderen waren noch verwendungsfähig und wurden deshalb schnell für den Staatsdienst der BRD evaluiert, wie beispielsweise der Personenschutz für neue schützenswerte Persönlichkeiten. Zwar wurden die Köchinnen, Sekretärinnen und Putzfrauen im Unteroffiziersrang des MfS mit Repressalien belegt, die aktiven Mitarbeiter des gehobenen Dienstes aber waren durchaus tauglich auch für den öffentlichen Dienst der Bundesrepublik. Sogar der Herr der Akten Gauck machte eine Reihe von Stasi-Mitarbeitern zu Beamten.

Und die Volkspolizisten waren nicht minder weiterverwendungsfähig. Ordnung wurde in Deutschland schon immer, gleich unter welchem Regime, groß geschrieben, und so durften sich auch die Genossen Meister, Obermeister, Hauptmeister usw. der VP bald schon neuer Beliebtheit erfreuen. Das schloss ganz selbstverständlich auch die Bildschirmkriminalisten der vordem einzigen, auf Honeckers mahnendes Wort auf dem VIII. Parteitag über die »gewisse Langeweile« des DDR-Fernsehprogramms aus dem Boden gestampften Krimireihe *Polizeiruf 110* ein. Während die aufmüpfigen publizistischen Sendungen aus der Wendezeit des zur anonymen »Einrichtung in Auflösung« umgewandelten DDR-Fernsehens sehr schnell abgewickelt oder handzahm gemacht wurden, fiel auf die Kriminalreihe das volle Licht des offiziellen Wohlwollens.

Der unnachsichtige Abwickler der DDR-Funkmedien, der mit CSU-Parteibuch ausgerüstete Rudolf Mühlfenzl, der sich 1987 beim Honecker-Besuch in der Bundesrepublik Deutschland mit vielen anderen späteren Kommunismusbekämpfern aus dem südlichen deutschen Freistaat um einen Händedruck mit dem roten Diktator in der Bayerischen Staatskanzlei gedrängt hatte (wie in zeitgenössischen Filmberichten dokumentiert ist), teilte mit diesem wohl einige Geschmackskriterien. Jedenfalls überlebten neben dem Sandmännchen gerade jene Sendereihen des DDR-Fernsehens, die schon Honecker ganz schnuckelig gefunden hatte: der *Kessel Buntes* und der *Polizeiruf 110*.

Die Sendereihe mit der Telefonnummer, über die die Staatsmacht der DDR die Bürger zur Denunziation ihrer Nachbarn aufforderte – es sollte die enge Zusammenarbeit der Bürger mit ihren Sicherheitsorganen gefördert werden, hatte es schon bei der Vorgängersendung aus den fünfziger Jahren, *Blaulicht*, geheißen – wurde zunächst vom nunmehr öffentlich-rechtlichen Deutschen Fernsehfunk der Wende-DDR und, nach einer einjährigen Pause, von den neuen Sendeanstalten der ARD weitergeführt. Wenn auch einige der älteren Mitarbeiter der ehemals zentralistisch operierenden *Gruppe Fuchs* sich verabschiedet hatten, so arbeiteten doch die anderen mit einer seelischen Ruhe weiter, als habe sich gar nichts getan und als seien sie schon immer Kommissare und Hauptkommissare im Dienst der Demokratie und nicht Leutnante und Hauptleute des politischen Totalitarismus gewesen.

Sie waren damit in ihrer Haltung den Ex-Genossen der VP in der Realität nicht unähnlich, von denen nicht wenige in den Dienst am neuen Staat übernommen worden waren. Auch die konnten sich schon im Herbst 1990 nicht mehr erinnern, wie mir ein Westberliner Oberkommissar erzählte, dass sie noch ein Jahr zuvor gegen friedliche Demonstranten den Knüppel geschwungen hatten. Freilich hatte sich in diesem Jahr ihr Tätigkeitsprofil auch nicht wesentlich verändert.

Während jedoch die realen Genossen Volkspolizisten wenigstens wegen erwiesener Staatsnähe eine Degradierung in Kauf nehmen mussten, wurden die Fernsehermittler im Kurs 1:1 übernommen: Aus dem Genossen Hauptmann wurde der Herr Hauptkommissar. Nur die obersten Vorgesetzten der gewendeten Hüter von Recht und Ordnung kamen aus dem Vaterland von Einigkeit und Recht und Freiheit. Das Mutterland DDR aber hatten die im Pelz gefärbten freiheitlich-demokratischen Ordnungshüter bald so gründlich vergessen, als wären sie nie darin aufgewachsen. Einen Monat nach der Vereinigung, am 3. November 1990, brachte ein früherer Volkspolizist in Leipzig einen jungen Mann mittels »finalem Rettungsschuss« zur Strecke (die ostdeutschen Blätter berichteten seinerzeit, es habe sich um einen »Rechtsextremi-

Der Chef kommt aus dem Westen: Gustl Bayrhammer (r.) als Kommissar Veigl mit Peter Sodann als Bruno Ehrlicher (M.) und Bernd Michael Lade als Assistent Kain

sten« gehandelt, ein Begriff mit beträchtlicher Bedeutungsbreite). Bei der »Revolution« war in der »Heldenstadt« an der Pleiße nicht eine Schaufensterscheibe zu Bruch gegangen. Der ehemalige Genosse im neuen Waffenrock hatte seine Lektion sehr schnell gelernt: Alle Macht geht zwar vom Volke aus – »Wir sind das Volk!«, hatten einst die Leipziger Montagsdemonstranten gerufen; mochten sie auch das Volk sein, die Gewalt war, ist und bleibt Monopol des Staates, und der Staat – das ist jetzt auch der ehemalige Volkspolizist im neuen Uniformrock.

Bruno Ehrlicher, der TATORT-Ermittler aus Dresden, trat als Hauptkommissar in den Dienst der ARD, offenbar ohne Abstriche an seiner bisherigen fiktiven Polizistenlaufbahn, wenn auch sein Vorgesetzter als Leiter der sächsischen Dienststelle vorerst wie im richtigen Leben ein abgehalfterter West-(TATORT-)Beamter war: der Hauptkommissar Veigl vom Bayerischen Rundfunk, der, obgleich schon seit zehn Jahren (letzte Folge: USAMBARA-VEILCHEN, 20. 4. 1981) im wohlverdienten Ruhestand, wie seine Staatsdiener-Kollegen im wirklichen Leben reaktiviert und mit der lukrativen Buschzulage an die Mittel-Elbe gelockt worden war und den Neuen zwei Folgen lang, die beide von einem Ostautor (Hans-Werner Honert) geschrieben worden waren, in seinen Job einarbeitete. Dann übernahmen Westautoren weitere Fälle von Ehrlicher, und der weiß-blaue Berater durfte samt Dackel zurück an die Isar.

Ehrlicher – der Name war Programm für den einzigen Ost-TATORT-Kommissar! »Ehrlich« reichte nicht, »Ehrlicher« als alle anderen sollte er sein, wenn er denn für den öffentlich-rechtlichen Dienst als Kriminalpolizist an einer deutschen Fernsehanstalt auserkoren war. Und darum bekannte er sich auch anfangs immer mal wieder zu seiner Vopo-Vergangenheit, hatte er sich doch damals nichts zuschulden kommen lassen. Und da sein Darsteller Peter Sodann über eine anständige DDR-Biographie verfügte, die er nicht zu verstecken brauchte, konnte Ehrlicher auch gleich ohne alle Hemmungen loslegen. Für den MDR-Kriminalisten waren nicht solche Maßnahmen notwendig, wie sie für dessen *Polizeiruf*-Genossen Hauptmann Beck (Günter Naumann) veranstaltet werden mussten, um ihn für den rechtsstaatlichen Polizeidienst zu retten. Dem erfanden die Autoren eine ganz individuelle Widerstandsbiographie, ganz im Sinne der politischen Kehrtwende. Beck wurde in der *Polizeiruf*-Folge *Das Duell* in die Ereignisse um den 7. Oktober 1989 verwickelt, seine Frau (Annekathrin Bürger) agitierte ihn am familiären Frühstückstisch so lange, bis er mit dem Unrechtsregime brach und sich so für das Räuber-und-Gendarme-Spiel im Rechtsstaat als tauglich erwies. Er wurde dann allerdings insgeheim mit langweiligen Fällen gestraft, bis er in den Ruhestand ging.

Anders als Ehrlicher/Sodann. Denn weil Peter Sodann in den sechziger Jahren Kabarett gemacht hatte, in der DDR ein risikoreiches Geschäft, und dafür sogar in den Knast musste, ließ und lässt Ehrlicher es *post socialismo* auch nicht an selbstironischen (»Haben wir dafür 1989 hinter der Gardine gestanden?!«) Tönen zu dieser Vergangenheit fehlen. Das macht ihn ebenso sympathisch wie sein krisensicherer Nebenjob, den sich kein Westkollege in gleicher Stellung – Chef einer Mordkommission – so leisten könnte: Er ist Besitzer einer Kneipe gleich neben dem *Blauen Wunder*, Dresdens bekanntester Elbbrücke. Die Kneipe betrieb zwar zuerst seine Frau, und nach deren gewaltsamem Tod (darauf kommen wir noch) hat sein Sohn das Gewerbe übernommen. Aber Ehrlicher versteht durchaus die richtige Blume zu zapfen: der Bulle als Mensch wie du und ich, die rechte Gestalt, um Sympathien für die neue Ordnungsmacht mit den alten »Kadern« zu sammeln, ein Typ, mit dem jeder gern sein *Radeberger* (das erste deutsche Bier, dass nach Pilsner Brauart gebraut wurde, mit der Semper-Oper im Werbespot ...) zischen möchte.

Ehrlicher musste sich nie wie seine aus dem Dienst geschiedenen Kollegen vom *Polizeiruf 110* einst in der DDR mit Bagatellfällen herumschlagen. Kein Karnickeldieb kreuzte je seinen Dienstweg, wie sich generell ja auch die Motive für Verbrechen unter den sozial-politischen Bedingungen im neudeutschen Osten grundsätzlich gewandelt hatten. Wer stahl noch Baustoffe für den Datschenbau, wo doch an jeder Straßenecke ein Baumarkt seine Tore für Renovierungsfreaks öffnete! Und wer vergriff sich noch an japanischer Elektronik, die jetzt in Discountläden risikolos zu wohlfeilen Preisen zum Kauf angeboten wurde! Wer heulte seinem altgedienten fahrbaren Untersatz noch eine Träne nach, wenn der geklaut worden war, wo doch die Versicherung den Schaden trug und in jedem Gebrauchtwagenmarkt unverzüglich Ersatz für die gekidnappte Karre zu bekommen war! Die Wartezeiten von fünfzehn und mehr Jahren für ein Auto im Design der fünfziger Jahre mit einem knatternden und stinkenden Zweitakter unter der Haube waren vorbei! – Freilich auch die Zeit, da die Autos von ostdeutschen Familien zärtlich mit Vornamen bedacht wurden: Schließlich hatte man ja seinerzeit eine beträchtliche Zeit des Lebens miteinander zu verbringen ...

Nein, mit sozialistisch korrupter Kleinkriminalität hatte der Dresdener Ehrlicher nichts mehr zu schaffen! Unter Mord geht auch bei ihm, wie bei seinen Kollegen vom TATORT generell, gar nichts. Die schmuddelige Wendekrimininalität mit ihren Schwindelunternehmungen, mit Geldwäsche und sonstigen Wirtschaftsverbrechen blieb ihm ebenso erspart. Sachsen und Sachsen-Anhalt, Ehrlichers Operationsgebiet, sehen in seinen Filmen ohnehin aus, als habe dort schon immer Angebot und Nachfrage den Konsum geregelt und nicht die finstere realsozialistische Planwirtschaft geherrscht. Während beispielsweise im *Polizeiruf*-Krimi *Arme Schweine* in Dresden Schwarzarbeiter aus den östlichen Nachbarländern für den »Aufschwung Ost« geheuert und vom Baugerüst gefeuert wurden, bildete zur gleichen Zeit der Wiederaufbau von Elb-

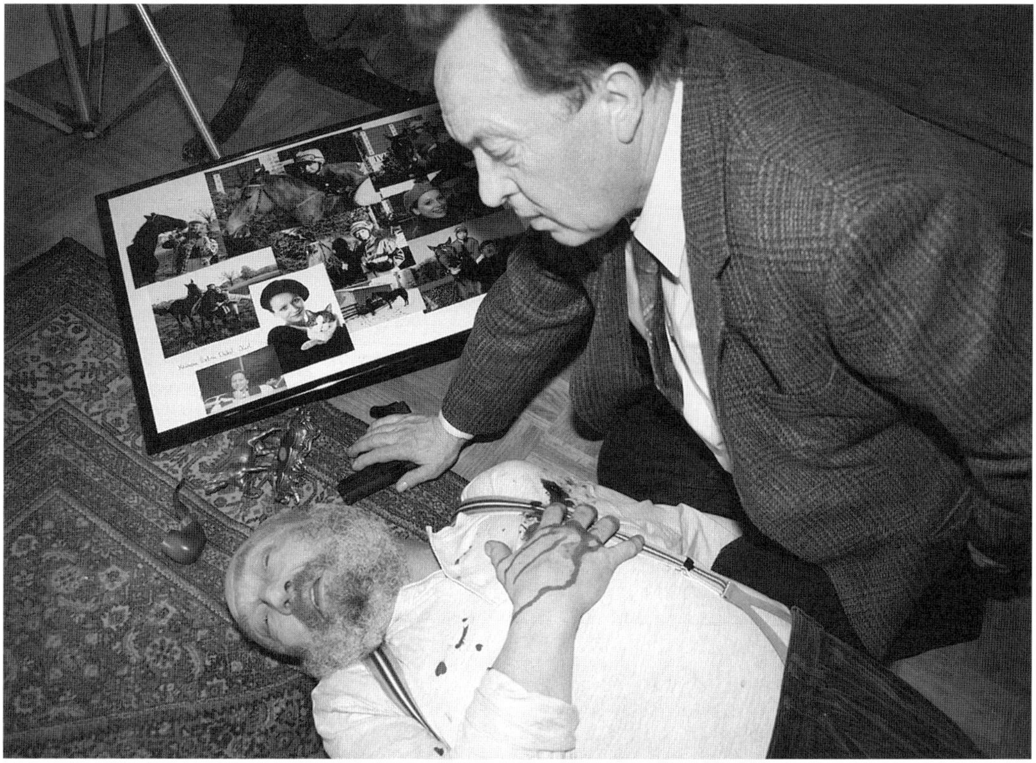

Mord statt Bagatellfälle: Rolf Hoppe und Peter Sodann in TÖDLICHER GALOPP

florenz bei Ehrlichers Fällen nur den attraktiven Hintergrund. Im Reich von König Kurt (Biedenkopf) ist alles schon Paletti, wir sind ein Volk, auch im Verbrechen auf ewig vereinigt. Ein Hamburger Mafioso, der in der Sachsenmetropole agiert (BAUERNOPFER, 21.11.1993), hätte dies auch in jeder anderen deutschen Stadt tun können.

Dann wäre er freilich nicht auf Ehrlicher gestoßen, und das wäre zweifelsohne schade gewesen, denn eins zeichnet den sächsischen Ermittler vor seinen Kollegen von Rhein, Ruhr und Isar aus: Er ist eigentlich ein ganz altmodischer Kriminalist, einer in der Tradition von Maigret und Poirot, der den kleinen grauen Zellen in seinem Hinterkopf mehr vertraut als dem schnell leergefeuerten Schießeisen.

Mit seinem Pariser Kollegen, wie ihn Georges Simenon erfunden hatte, scheint Ehrlicher sehr eng verwandt. Er ist nicht der unnahbare Beamte, so ernst er (wie Maigret auch) seinen Beruf auch nimmt. Er ist ein Polizist zum Anstoßen, mit *Radeberger*, versteht sich. Mit dem kann man sich an den Tresen stellen, der ist ohne Arg, der führt keinen Verdächtigen durch Verstellung aufs Glatteis. Ehrlicher bekämpft das Verbrechen mit weit geöffnetem Visier.

Sein Charme wurzelt freilich nicht in Paris. Er ist bis zum Dialektanklang hin ein Sachse, einer von denen, die man im Lande Sachsen »ä fischelandes Gerlschen« nennt, auf Hochdeutsch: »ein vigilantes Kerlchen«, was aber nur ungenügend wiedergibt, was damit gemeint ist. Auch die sinngemäße Übersetzung mit »ein umtriebiger Mensch« ist wenig aussagekräftig. Man muss diese mitteldeutsche Spezies schon selbst einmal kennen gelernt haben, um zu verstehen, was das bedeutet.

Die Sachsen in ihrer Mehrheit nämlich lebten, bei allem Glanz der Dresdener Hofhaltung und ihrer protzigen Handelsmetropole Leipzig, nicht in den allerbesten Verhältnissen, und so verlangte ihnen der Alltag eine bestimmte Wendigkeit ab. Man musste schlichtweg Tag für Tag mit dem Hintern an die Wand kommen – und das war nicht einfach und wollte immer wieder neu geübt werden. Die stete Übung aber machte die Sachsen zu einem sehr beständigen Völkchen, das alle Systeme, zwar meckernd, aber weitgehend unbeschadet überstand.

Und Bruno Ehrlicher bekennt sich offen zu seiner Zugehörigkeit zu diesem unverwüstlichen Stamm. Alles an ihm, vom ewig verdrehten Schlips, der ihm »uff halbachte« am Hals baumelt, bis zu *Columbos* zerknautschtem Mantel und seinen ausgelatschten Schuhen, ist praktisch. Von Eleganz meilenweit entfernt, sein ramponiertes Outfit gehört ganz einfach zu ihm, er macht kein Aufhebens von der eigenen Person, er ist auch nicht der Held in seinen »Fälle«. Peter Sodann lässt Bruno Ehrlicher schlicht seine Arbeit erledigen, so wie Millionen andere Beamte. In den Filmen hat er auch keine exponierten Auftritte. Er wird vom Kneipentisch weg an den Tatort gerufen, und er macht aus diesem Umstand kein Drama: Es ist halt Dienstbeginn, und da gehört es sich nicht anders, als dass man zur Arbeit geht, auch wenn es nicht eben angenehm ist. Er fängt seine Ganoven ohne besonderen Triumph. Wenn sie in das Einsatzfahrzeug verladen sind, steht noch der Bericht ins Haus. Wird auch erledigt. Und dann endlich ist Feierabend. So einfach ist das bei Ehrlicher. So ist er vielleicht auch in diesem Punkt der Polizist im deutschen Fernsehen, der seinen Kollegen im realen Leben am ähnlichsten ist.

Damit ist aber die Kollision des Kriminalkommissars mit dem neueren deutschen Krimistil fast unvermeidlich. In den frühen deutschen Fernsehkrimis, sowohl west- (*Stahlnetz*) wie ostdeutscher (*Blaulicht*) Provenienz, waren die Polizisten noch alle so brave Beamte wie Bruno Ehrlicher gewesen, die für karges Salär ihr Bestes gaben, unangefochten von allen Ruhmesgelüsten. Allerdings ging es bei ihnen auch noch um vergleichsweise kleine Beträge, Banküberfälle mit wenigen Tausend Mark Beute, Einbrüche mit ebenso geringen Erträgen, für die sich heute kein echter Ganove mehr die Lederhandschuhe überstreifen würde. Die Morde waren eher Unfälle, der zur Erfüllung des Strafrechtstatbestandes notwendige Nachweis der kühlen Planung und fiesen Absicht mitunter nur schwer zu erbringen, die Täter meist reuig und geständig, und die Kriminalisten eher Beichtväter denn vom Staat besoldete Racheengel. Auch noch der ZDF-*Kommissar* Keller (Erik Ode) war mehr am freiwilligen Geständnis des Übeltäters interessiert als an dessen tatsächlicher Festsetzung, die in der Serie der frühen Siebziger ein konventionelles Übel blieb. Aber schon bei *Derrick* dominierte die Polizisteneitelkeit. Stephan Derrick war der Erzengel Gabriel für den täglichen Hausgebrauch, der Rächer und Vollstrecker der absoluten Menschlichkeit, wenn er auch noch mitunter seinen Klienten die Beichte abnahm.

Auch beim TATORT waren die Kommissare in den Gründerjahren der Reihe, allen voran der biedere Trimmel (Walter Richter), noch brave Beamte gewesen, die auch mal Fehler machten, die sich nicht im Verlauf der Handlung als Kriegslist herausstellten, sondern im Gegenteil die Ermittlungen erschwerten, ohne dass dadurch der Ermittler als Figur delegitimiert worden wäre. Irren war damals noch menschlich und die Fernsehkommissare eben auch nur Menschen.

Inzwischen aber hat sich die Funktion des Krimis im deutschen Fernsehen entscheidend verändert. Der Kriminalfilm ist zur zeitgemäßen Form der Tragödie mutiert, denn der Krimi hat seine soziale und politische Aufklärungsfunktion fast restlos (gelegentliche Ausnahmen bestätigen die Regel) aufgegeben. Das Verbrechen wird kaum noch sozial motiviert, es wird zum Schicksalsschlag, der Aufklärer zum Vollstrecker einer höheren Gerechtigkeit. Nicht mehr das Opfer steht im Mittelpunkt der Aufmerksamkeit. Wer am Anfang als Leiche auf dem Teppich oder dem nassen Straßenasphalt lag, ist eigentlich gleichgültig, wenn nur der Täter ein ausgeprägtes Persönlichkeitsprofil vorzuweisen hat und der Fahnder ihn showgerecht vom Bildschirm schafft.

Damit hat sich auch die Gestalt des Ermittlers gewandelt. Der unscheinbare Beamte hat seinen

Ein Kommissar zum Anfassen: Von Eleganz meilenweit entfernt

Abschied erhalten, der Ganovenjäger unserer Zeit hat in der Regel Charakter, Charisma oder wenigstens Charme. Er mischt sich in die Privatangelegenheiten seiner kriminellen Klientel hemmungslos ein, erotische Beziehungen sind nicht ausgeschlossen. Immer öfter ist er auch persönlich in den Kriminalfall involviert, handelt also in eigener Sache, was ihm die Unbefangenheit und Objektivität gegenüber dem Kriminalgeschehen nimmt, ihn aber als Betroffenen in seinem Aufklärungswillen persönlich motiviert und aufwertet. Das hat er aus dem US-amerikanischen Kriminalroman und -film der vierziger Jahre übernommen, nur waren die Ermittler dort Privatdetektive, also Geschäftsleute, und keine Staatsdiener. Über die persönliche Involviertheit des Ermittlers in den Fall wird das Drama gerettet, das sich früher vor allem zwischen Täter und Opfer, jetzt aber immer öfter zwischen Täter und Kommissar abspielt.

Auch Ehrlicher wird mehrfach in seine Fälle zunächst als Mensch und dann erst als Beamter eingebunden. Schon in seinem zweiten Fall VERBRANNTES SPIEL (28. 2. 1993) fährt der Hauptkommissar zum sechzigsten Geburtstag eines Freundes nach Naumburg und landet am Tatort eines Verbrechens. Der Mord im Freundes- und Bekanntenkreis des Kommissars verkürzt zwar den Weg von der Tat zur Aufklärung, er macht jedoch den Fall nicht eben glaubwürdiger. Aber der realistische Krimi hat ohnehin abgedankt.

Die Jagd nach dem Täter ist im Fernsehen zum Gesellschaftsspiel geworden, der Mord gehört auch für die Gestalten von »normalen« Fernsehfilmen außerhalb der gängigen Spannungsgenres gegenwärtig bereits zu den natürlichen Todesarten. Ehrlicher wie auch seine anderen Kollegen im TATORT-Ensemble wissen das offensichtlich und nehmen folglich das gefährliche Leben und unverhoffte gewaltsame Sterben der Menschen in ihrer Umwelt sehr gelassen hin. Selbst den Tod seiner Frau durch eine im Bahnhofsschließfach in Polen deponierte Bombe (REISE IN DEN TOD, 29. 12. 1996) verkraftet Ehrlicher relativ schnell. Es ist halt Polizistenlos, gefährlich zu leben und gegebenenfalls auch Witwer zu werden!

In BOMBEN FÜR EHRLICHER (1.10. 1995) wird der Hauptkommissar – wie könnte es bei einem Ostkommissar anders sein – mit der eigenen VP-Vergangenheit konfrontiert. Es sind die alten Genossen/Kameraden, die ihm die explosiven Eier ins Nest legen, weil er nach ihrer Meinung daran schuld ist, dass sie nicht mehr die Ordnung schützen und bewahren dürfen. Hier ist die persönliche Verstrickung des Hauptkommissars in den Fall vom Autor Hans-Werner Honert logisch entwikkelt. Es ist schließlich im doppelten Sinne sein Fall: Er ist mit dessen Aufklärung betraut, er ist aber auch Gegenstand der Attentate, wenn er auch nicht ihr direktes Opfer wird.

Ehrlichers Fälle spiegeln im Vordergrund ihrer Kriminalhandlungen nicht die wirklich relevante Kriminalität in den ostdeutschen Bundesländern wider, auch nicht das »moderne« Verbrechen der Nadelstreifen-Kriminellen, deren Methoden ebenso wie der Ertrag ihres (meist halblegalen) Tuns unser Vorstellungsvermögen übersteigt. Darauf verzichten aber auch die TATORT-Krimis der anderen Sendeanstalten der ARD in zunehmendem Maße. Die »moderne« Kriminalität in Wirtschaft und Gesellschaft ist einerseits zu kompliziert strukturiert, als dass sie noch in einem Serienkrimi dargestellt werden könnte, die Beziehungen im Umfeld der Tat zu verwickelt. Die moderne Gesellschaft und folglich auch die Kriminalität als Teil dieser Gesellschaft ist über zahllose Vermittlungsleitungen vernetzt. Den wirklichen Verursacher einer Untat zu fassen, ist damit fast unmöglich. Wer schoss, muss nicht notwendig auch der Mörder im Sinne des Gesetzes oder gar der Nutznießer der Folgen des Mordes sein, wie dies die Krimitradition über Jahrhunderte forderte. Die wirklich »große« Kriminalität in unseren vielfach vermittelten politischen, ökonomischen und sozialen Beziehungen sprengt längst den Neunzigminutenrahmen eines Fernseh-Serienkrimis. Und den Rahmen unseres Verständnisses, so wir nicht Soziologen, Ökonomen und Politologen mit einem hohem Maß an krimineller Phantasie sind. Und wird folglich nicht dargestellt. Oder schnell wieder eingestellt, wie die europäische Umweltkrimi-Reihe *Morlock* (ARD) mit Götz George, der die Mittel radikal gestrichen wurden, als sich die Fiktion der Realität allzu sehr annäherte. Da nehmen wir dann doch lieber die vergleichsweise »kleinen« und überschaubaren Fälle zu unserer Krimiunterhaltung und bleiben lieber an der kriminellen Oberfläche.

Und die Fälle der »Alltagskriminalität«, von denen die frühen bundesdeutschen Krimis ebenso lebten wie noch der alte DDR-*Polizeiruf*, dürfen angesichts zahlloser attraktiver Bildschirmmorde selbst beim angejahrten Publikum der deutschen öffentlich-rechtlichen Sendeanstalten kaum noch auf Sympathien hoffen. Die authentischen Fälle des kriminellen Alltags, das ist in jeder Gerichtsreportage der Tagespresse nachzulesen, sind so banal, dass ihre Aufbereitung für das Fernsehen nur gähnende Langeweile beim Betrachter auslösen würde. Wer will schon noch einen Affekttäter sehen, der in einem einzigen Moment extremer psychischer Anspannung die Selbstkontrolle verliert und einen Mitmenschen vom Leben in den Tod befördert, ansonsten aber ein ebenso stinknormaler langweiliger Kleinbürger ist wie der Bierbüchsenspießer vor der Bildröhre?! Dann doch lieber den Mörder aus tiefstem inneren Triebe! – Nein, ein Kriminalfall im Fernsehen muss ein Mord sein, und der Mörder muss schon schillern, faszinieren, sonst gewinnt er keine Aufmerksamkeit beim Zuschauer mit den vierzig Kabelkanälen und wird gnadenlos weggezappt.

Wenn aber der Krimi als moderne Tragödie bei seinen Zuschauern die sozial heilsame Katharsis auslösen soll (»Unrecht Gut gedeihet nicht ...«), braucht der Fernsehkrimi auch so etwas wie eine soziale Fallhöhe bei Opfern und vor allem bei Tätern. Und so hat auch Ehrlicher es vor allem mit Vertretern des gehobenen Mittelstandes zu tun. Diese Leute haben doch wenigstens etwas zu ver-

Ein Terrorist (Ralf Bauer) und seine Geisel (Thomas Rudnik) in BOMBEN FÜR EHRLICHER

lieren, Proletenmief findet heute jeder unappetitlich, nicht nur im Fernsehkrimi.

Trotzdem wiederholt sich im TATORT des MDR, was vordem auch schon beim *Polizeiruf 110* des DDR-Fernsehens zu beobachten gewesen war: Aus dem retrospektiven Blickwinkel werden vor allem an den schon ein paar Jahre alten Folgen konkrete zeithistorische Momente sichtbar, die bei aller Exotik, mit denen ein Kriminalfall im Fernsehen aufbereitet werden muss, doch realistische Momente erkennbar werden lassen. Das betrifft nicht nur die BOMBEN FÜR EHRLICHER mit ihrer explosiven Vergangenheitsaufbereitung. Auch in anderen Folgen der Reihe zeigen sich solche realistischen Spuren in Form von »zeitgemäßer Motivik«. Der Bogen spannt sich von der Familientragödie (EIN FALL FÜR EHRLICHER) über das verhängnisvolle Beziehungsgeflecht in einem Dresdener Miethaus (EIN EHRENWERTES HAUS, 8.1.1995) bis zur homosexuellen Affäre eines Lehrers mit seinem Schüler in einer traditionsreichen höheren Lehranstalt (FÜRSTENSCHÜLER, 17.5.1998). Das sind traditionelle Widerspruchskonstellationen, wie sie schon oft – und nicht nur in Kriminalfilmen – gestaltet wurden.

Daneben aber greifen die Ehrlicher-Fälle doch auch hin und wieder neue Widersprüche auf, wie sie durch die jüngsten Entwicklungen in Deutschland sich ergeben haben, beispielsweise den Patentdiebstahl mit politischem Hintergrund (TOD AUS DER VERGANGENHEIT, 8.6.1992) oder den zum Terroristen gewordenen ehemaligen Volkspolizisten (BOMBEN FÜR EHRLICHER). Beide Fälle haben einen ostdeutschen Autor, Hans-Werner Honert. Auch die Fälle mit einem »moralischen« Hintergrund (EIN EHRENWERTES HAUS und FÜR-

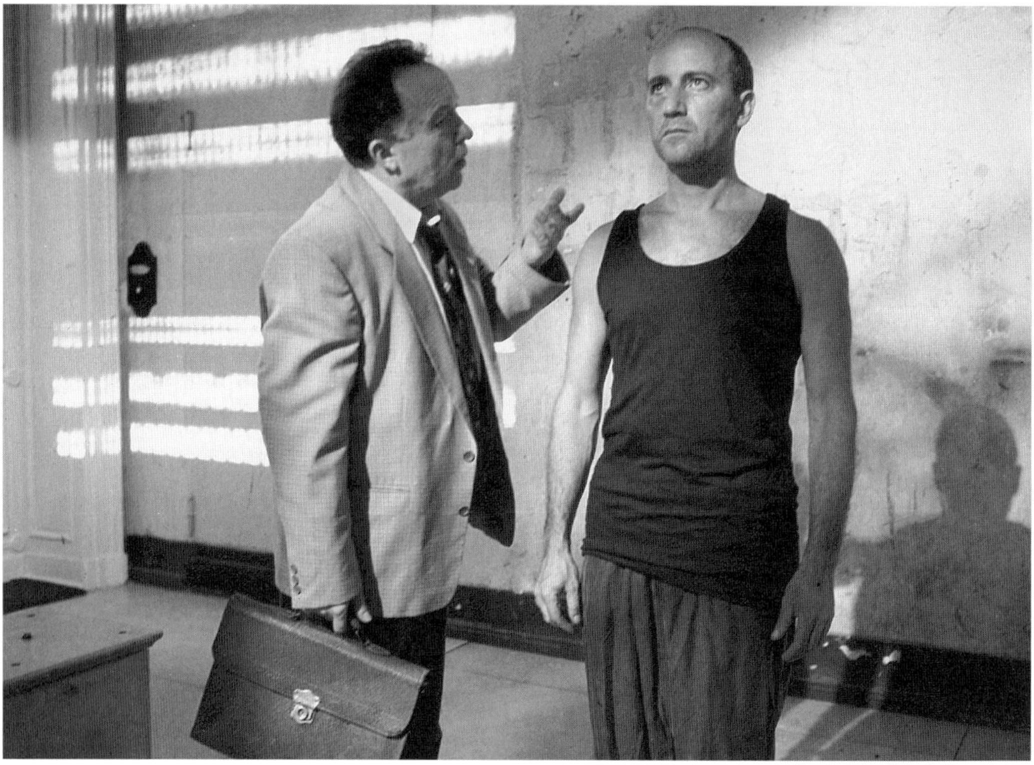

Moralische Geschichten: EIN EHRENWERTES HAUS

STENSCHÜLER) sind von einem ostdeutschen Autor erfunden, von Stefan Kolditz.

Die politisch-geographische Herkunft der Autoren darf freilich nicht zu hoch bewertet werden, die Drehbuchschreiber aus dem Osten haben ihren westlichen Kollegen keineswegs einen realistischeren Blick auf Land und Leute voraus, wie ein sehr glatter Film wie BEI AUFTRITT MORD (31.3.1996) beweist, dessen Buch vom *Polizeiruf*-erfahrenen Regisseur Peter Vogel stammte. An der Reihe arbeiten längst »gemischte« Teams – und das nicht ohne Erfolg.

Politische Themen mit größeren Dimensionen werden in den Ehrlicher-Fällen kaum aufgegriffen, aber da liegen die Filme aus Mitteldeutschland im Trend der TATORT-Reihe generell, wenn auch bisweilen mal Mainstreamthemen wie Anschläge auf die Ausstellung zu den Morden der Wehrmacht zum Hintergrund für den guten, echten und schönen Mord unserer Tage gewählt werden. Das große Publikum will geködert sein, und auf Aktualitäten beißt es gerne an. Die mitteldeutschen Beiträge fallen da nicht aus der Reihe. Wenn sie dennoch über eigene »Farbnuancen« verfügen, dann stecken diese im Detail: in den Nebenfiguren, im Milieu, das von den nicht selten ostdeutschen Regisseuren herausgearbeitet wurde. Die nämlich nahmen die sozialen Veränderungen in Dresden bewusst wahr und betonen sie in der Erzählweise der Filme.

Ehrlicher und sein Assistent Kain (Bernd Michael Lade), der im Gegensatz zu den anderen »zweiten Männern« in den anderen Teams (Stoever/Brockmöller, Roiter/Zorro, Odenthal/Kopper usw.) in der Tat nur eine sekundierende Funktion wahrnimmt, haben die Zahl der Sympathieträger unter den Fernsehkommissaren vermehrt; zur Erneuerung der Reihe haben die beiden Ostkommissare außer einer neuen Mundart (die allerdings nur Ehrlicher vorbehalten ist) wenig beitragen können. Das ist nicht Schuld der Darsteller oder der Rollengestalten, die sie verkörpern. Sie sitzen einfach mit im Zug der Zeit, und der rollt in Richtung der unverbindlichen Zerstreuung fernsehmüder Zuschauer. Der deutsche Fernsehkrimi hat in den letzten Jahren seine Bodenhaftung verloren.

Die Filme der TATORT-Reihe, und das beweisen gerade auch die Ehrlicher-Krimis des MDR, verzichten auf »Aufklärung« in der doppelten Bedeutung dieses Begriffes, wie er für den Krimi Verwendung findet. Die Arbeit des Kommissars am Fall ist nicht auf dessen »Aufklärung«, auf die Darlegung der Tatmotive und Hintergründe gerichtet, denn dabei müsste er Gesellschaftsanalyse leisten, und das wollen weder die Autoren noch die Sendeanstalten, und was die Zuschauer wollen, danach fragt keiner mehr, die machen ohnehin, was sie wollen, die haben die Fernbedienung, um sich in das Gleiche auf jedem anderen Kanal einzuzappen.

Das ganze ermittlungstechnische Bemühen im TATORT dient heute ausschließlich dazu, einen Täter zu ergreifen und aus der Gesellschaft zu eliminieren, auf dass er nicht weiter Böses tue. Unsere Dörfer und Städte sollen sicherer erscheinen, und wir sollen Autoritäten vertrauen lernen, die zu unser aller Bestem tätig sind. Im Fernsehkrimi nicht anders als in der Politik. Und Autoritäten sind sie alle, die Hauptkommissare unserer Krimireihen wie die Fernseh-Studienräte, -Pastoren und -Advokaten. Damit aber ist die moralische Funktion aufgehoben, die der Krimi vordem hatte: Prophylaxe zu leisten, am Exempel der Wiederholung der Tat vorzubeugen, sei es durch den moralischen Appell an anfällige Personen – damit an uns alle – oder durch die Darstellung gesellschaftlicher Widersprüche, die bei der ungeeigneten Form der Versuche zu ihrer Lösung eben ins Verbrechen münden können.

Mathieu Carrière (M.) in BEI AUFTRITT MORD

Solche Ambitionen sind mit der Sinnentleerung der zeitgenössischen Unterhaltung abgelegt. Die Jagd nach dem Täter im Fernseh-Serienkrimi ist zum Zeitvertreib geworden, das Verbrechen wird als unvermeidlich hingenommen, »das Böse ist immer und überall«, Aufgabe des Kommissars ist es nur mehr, die Gesellschaft von Verbrechern zu säubern. Nicht zu sehr freilich, ein paar müssen schließlich bleiben, damit das Geschäft immer weiter geht, denn letztlich sind sie es doch, die Schuldigen mit den schmutzigen Händen, die unser ödes Leben via Television mit einem Minimum an Spannung ausstatten. Und von Verbrechen zu lesen oder ihnen im Serienkrimi zuzuschauen stiftet immer noch Freude – solange wir zuschauen dürfen und aus dem Spaß kein Ernst wird und wir nicht selbst zu den Opfern zählen!

Dann allerdings wünschen wir uns Ermittler wie eben Ehrlicher: Beamte, auf die wir uns verlassen können, Diener des Staates, die unser Leben sicherer machen und die im Grunde ihrer reinen Seele Menschen sind wie wir, wenn sie schon nicht zur Kultgestalt wie Schimanski oder zum Übervater vom Schlage *Derrick* taugen. Starke Männer mit Herz braucht das Land, die sächsische Polizei hat Bruno Ehrlichers Darsteller Peter Sodann erst kürzlich zu ihrem Ehrenkommissar ernannt. ♦

Erwähnte Folgen, chronologisch:

Hauptkommissar Ehrlicher und Kommissar Kain:
EIN FALL FÜR EHRLICHER (MDR, 19. 1. 1992)
Regie und *Buch:* Hans-Werner Honert.

TOD AUS DER VERGANGENHEIT (MDR, 8.6.1992)
Regie und *Buch:* Hans-Werner Honert.

VERBRANNTES SPIEL (MDR, 28. 2. 1993)
Regie: Bodo Fürneisen.
Buch: Knut Boeser.

BAUERNOPFER (MDR, 21.11.1993)
Regie: Vadim Glowna.
Buch: Patrick Bassenge.

EIN EHRENWERTES HAUS (MDR, 8.1.1995)
Regie: Petra Haffter.
Buch: Stefan Kolditz.

BOMBEN FÜR EHRLICHER (MDR, 1.10. 1995)
Regie: Hans Werner.
Buch: Hans-Werner Honert.

BEI AUFTRITT MORD (MDR, 31.3.1996)
Regie: Hans Werner.
Buch: Peter Vogel.

DIE REISE IN DEN TOD
(MDR/TVP [Polen], 29. 12. 1996)
Regie: Wolfgang Panzer, Marek Nowakowski.
Buch: Jan Hosalia.

TÖDLICHER GALOPP (MDR, 29.6.1997)
Regie: Wolfgang Panzer.
Buch: Helmut Richter.

FÜRSTENSCHÜLER (MDR, 17.5.1998)
Regie: Frank Strecker.
Buch: Stefan Kolditz.

Weitere erwähnte Folgen:

DER FALL SCHIMANSKI (WDR, 29.12.1991)
Hauptkommissare Schimanski und Thanner
Regie: Hajo Gies.
Buch: Axel Götz, Thomas Wesskamp.

USAMBARAVEILCHEN (BR, 20. 4. 1981)
Oberinspektor Veigl
Regie: Wilm ten Haaf.
Buch: Herbert Rosendorfer.

Eine Leiche im Fleischwolf. Wenn ein TATORT zu gewalttätig wird

Von Guido Marc Pruys

Scheußlichkeiten im Gruselkabinett

Ende Oktober 1996 tagt der Programmbeirat der ARD und debattiert routinemäßig das Programm der vorangegangenen Wochen. Während einige Sendungen als »besonders gelungen« bezeichnet werden, erregt sich die Diskussion am TATORT vom 6. Oktober 1996: DER KALTE TOD. Der Film sei ein »Gruselkabinett« gewesen, hält das Protokoll fest, und auch die spannende Story könne nicht »über Scheußlichkeiten und Unglaubliches hinweghelfen.« Was die obersten Programmwächter des Ersten Deutschen Fernsehens so aufbringt, ist die düstere Schilderung eines Pathologen, der seine ehemalige Freundin umbringt und sie in kleine anatomische Schaustücke zerteilt. Dabei war kein einziger blutiger Schnitt im Film zu sehen, und 9,16 Millionen Zuschauer hatten der ARD an diesem Abend einen sensationellen Marktanteil von 26,9 Prozent beschert. Die von Sascha Arango geschriebene und von Nina Grosse inszenierte TATORT-Folge hatte die Grenzen des Genres aber nach Ansicht der Programmwächter überschritten. Kaum ein anderer Film aus der langen Geschichte der Reihe ist deshalb wohl besser geeignet, die Frage zu beantworten: Wie gewalttätig darf ein TATORT sein?

Scheußlichkeiten auf Papier: Das Drehbuch

Mehr als zwei Jahre vor der Ausstrahlung von DER KALTE TOD erteilt Dr. Dietrich Mack, Hauptabteilungsleiter Fernsehspiel und Musik beim Südwestfunk Baden-Baden, den Auftrag, einen TATORT in einer Pathologie spielen zu lassen. Als Autor wählt er Sascha Arango, der 1995 für sein Buch zum ZDF-Fernsehspiel *Der letzte Kosmonaut* mit dem *Adolf-Grimme-Preis* und dem *Prix Futura* ausgezeichnet wurde. Mack und Arango sind die ersten, die sich die Frage nach der zumutbaren Brutalität stellen müssen. Man verständigt sich rasch, einen hintergründigen, spannenden Film machen zu wollen, der die Tabuzone Pathologie nicht reißerisch ausschlachtet, sondern zum Schauplatz eines Psychogramms macht.

Diese Herangehensweise ist dabei ganz im Sinne der Programmgrundsätze der ARD, die unter anderem vorschreiben, dass »Gewalthandlungen [...] nicht selbstzweckhaft-spekulativ und ohne dramaturgischen Begründungszusammenhang in Szene gesetzt werden«. Als zulässig definieren die ARD-Programmgrundsätze Gewalt, wenn »ihre Darstellung sich nicht am bloßen Zuschauerfang orientiert, sondern psychologisch aufgearbeitet, in differenzierte Zusammenhänge eingebettet und in einem Handlungsstrang dramaturgisch folgerichtig und notwendig erscheint«.

Was auf den ersten Blick eindeutig definiert klingt, erweist sich dabei in der Praxis als Leerformel, die reichlich Platz für individuelle Geschmacksurteile bietet. Überschreiten einzelne Motive diese Grenzsetzungen, wird in der Fernsehbranche erfahrungsgemäß gern der Begriff »brutal« gebraucht. Brutal darf somit als Gegensatz zur dramaturgisch notwendiger Gewaltdarstellung angesehen werden.

Autor Arango hat neben der dramaturgischen Folgerichtigkeit auch die Authentizität seiner Geschichte im Blick. Er reist nach Bielefeld, um einige Tage in der Pathologie der Städtischen Krankenanstalten das Milieu kennen zu lernen. Die Leiterin der dortigen Pathologie, Prof. Dr. Raute-Kreinsen, ist äußerst kooperativ. Sie will über den TATORT eine Imageverbesserung für ihr Fachgebiet erreichen, die Pathologie vom Klischee des Gruselkabinetts befreien.

Ende 1994 legt Autor Sascha Arango eine erste Fassung des Drehbuchs vor. Gleich zu Beginn des Films soll der Zuschauer erfahren, dass der Pathologie-Professor Sorensky (Matthias Habich) seine Geliebte Stella umbringt, weil die ihn verlassen will. Arango plant also keinen *Whodunit*, bei dem der Zuschauer parallel zum Kommissar den Täter »ermitteln kann«, sondern will deutlich zeigen, wie der Pathologe mordet, und die Spannung aus der

Frage entwickeln, wie die Polizei ihm auf die Schliche kommt. Die Leiche lässt der feinsinnige Mediziner im TATORT genauso intelligent verschwinden, wie er den Verdacht auf seinen Nebenbuhler, den Medizinstudenten Hendryk, lenkt. Kommissarin Lena Odenthal (Ulrike Folkerts) folgt zunächst der ausgelegten Spur, bis allzu viele Indizien auf den Professor weisen. Als sie die Leiche in seinem Umfeld zu suchen beginnt, fallen ihr nicht nur weitere mysteriöse Todesfälle in der Umgebung des Professors auf. Sie entdeckt, dass Sorensky die Leiche seiner Freundin aufgeteilt in einzelne anatomische Studienobjekte in alle Welt verschickt hat. Als Lena ihn nachts in der Pathologie überführen möchte, wird sie um Haaresbreite selbst Opfer des gefährlichen Professors. Von einem Schuss verwundet, stirbt er schließlich vor ihren Augen.

Ulrich Herrmann, betreuender Redakteur des TATORT beim Südwestfunk, hält den Stoff, der ihm von Sascha Arango vorgelegt wurde, keinesfalls für brutal. Von Anfang an ist ihm allerdings klar, dass ein TATORT, der in einer Pathologie spielt, sanftere Gemüter irritieren könnte. Als Regisseurin wird Nina Grosse engagiert, die bereits mehrfach für den Südwestfunk gearbeitet hat, und laut Herrmann »einen guten Zugang zu psychologischen Geschichten hat, die den Thrill über Ängste und Gefährdungen entwickeln«.

Für Regisseurin Nina Grosse, die 1988 für *Der gläserne Himmel* (1987) den Bayerischen Filmpreis erhielt, ist es nach DER SCHWARZE ENGEL (13.11.1994) bereits der zweite Odenthal-TATORT, den sie für den Südwestfunk inszeniert. Kein Interesse hat sie nach eigenen Worten an einem reißerischen Gruselfilm. »Die Spannung und die Gefährlichkeit«, schreibt sie an Sascha Arango, muss sich »aus der psychologischen Beziehung Sorensky / Lena Odenthal ergeben. Und je emotionaler, verwickelter und hintergründiger die ist, um so besser.«

Scheußlichkeiten aus dem Fleischwolf: Die Dreharbeiten

Am 10. Januar 1996 beginnt ein 30köpfiges Team des Südwestfunks mit den Dreharbeiten in den *Städtischen Krankenanstalten Bielefeld*. Gerne hätten die Baden-Badener heimatnäher in Süddeutschland gearbeitet, konnten aber in keinem Krankenhaus eine Drehgenehmigung bekommen. So macht man sich in den weiß ausgekachelten Kellerräumen der Bielefelder Pathologie breit. Hauptdrehort ist der große Sektionsraum, in dessen Mitte drei silbern metallene Tische stehen. Um in den Sektionsraum zu gelangen, muss das Team jeweils durch den Vorraum mit zwölf Kühlfächern gehen, in denen Leichen liegen. Während des Tages werden Leichen zur Bestattung abgeholt und neue eingelagert. Beim Drehteam sorgt das zunächst für Unbehagen. Aber schon nach zwei Drehtagen haben sich alle an die bizarre Arbeitsumgebung gewöhnt.

Am zweiten Tag taucht das erste Blut der Dreharbeiten auf. Innenrequisiteur Ralf Becker dekoriert den Sektionstisch mit Filmblut, den der Student Hendryk (Johannes Brandrup) zu Beginn der Szene säubern soll. In zwei Flaschen steht hellrotes »Frischblut« und oxydiertes, dunkleres Blut zur Verfügung. Professor Raute-Kreinsen berät den Requisiteur, dass das Blut von Wasserleichen bräunlich dunkel ist. Ralf Becker mischt entsprechend Kaffee ins Blut, später benutzt er ausschließlich Tee. In den Abfluss des Sektionstisches tröpfelt Becker einige Tropfen orange Lebensmittelfarbe, die mit dem Wasser des Säuberungsstrahls einen blutroten Eindruck erwecken. Als Einstellung Eins der Szene wird eine Großaufnahme des abgespülten Blutes gedreht. Nina Grosse meint: »Das soll eine Vorahnung geben auf das, was kommt.«

Lediglich als Anregung der Zuschauerphantasien versteht auch Maskenbildner Tony Longequeue das (Film-)Blut, das er auf den Boden des Kühlraums der Pathologie kippt, bevor es laut Drehbuch der Nachtwächter der Klinik entdeckt: »Das Blut sollte nicht so dominant sein, es soll nur andeuten, was passiert ist. Was sich der Zuschauer vorstellt, ist ja viel schlimmer als das, was wir machen können.«

Lediglich eine vage Vorstellung erhält der TATORT-Zuschauer auch von der »Kundschaft« der Pathologie. Nur im Hintergrund sieht man ab und zu Leichen unter weißen Tüchern liegen. Komparsen für diese Rollen zu bekommen, ist nicht schwierig. Ärzte und sogar der technische Leiter des Bielefelder Krankenhauses melden sich dafür freiwil-

Die Gegenspieler: Lena Odenthal (Ulrike Folkerts) und Pathologie-Professor Sorensky (Matthias Habich)

lig. Als eine Krankenhausangestellte auch ihre kleine Tochter als Leichenkomparsin unterbringen möchte, schreitet Regisseurin Nina Grosse ein: »Nein, eine Kinderleiche, das ist zu brutal.«

Nicht genug kriegen kann die Regisseurin dagegen von Leichenteilen, die als anatomische Schaustücke dienen und fast überall in der Pathologie stehen. Zu diesem Zweck hat die Requisite reichlich Schweineherzen, Rinderleber und Knochen gekauft und entsprechend präpariert. Wenn die Organe in Gläsern oder Bottichen schwimmen, möchte Nina Grosse, dass die Organe nicht ganz ausgewaschen werden. Ein Rest Blut färbt das Wasser in den Präparatgläsern dann nämlich zart Rot, ein Effekt, der ihr gut gefällt. Eine nicht zu unterschätzende Rolle bei diesen ästhetischen Entscheidungen spielt die Gewöhnung an solche Anblicke. Was am ersten Drehtag in der Pathologie noch schockierte, irritiert eine Woche später kaum noch jemanden im Team.

Ein hintergründiges Spiel mit der natürlichen Abscheu vor inneren Organen, vor allem, wenn man sie für menschliche hält, inszeniert Nina Grosse in einer an sich beiläufigen Dialogszene. Lena Odenthal geht mit einem Arzt durch die dunklen Gänge der Pathologie. Sie erkundigt sich nach dessen Alibi. Am Ende fragt Lena, was sich in dem Bottich befinde, den der Pathologe die ganze Zeit mitschleppt. »Das wollen Sie gar nicht wissen«, antwortet der Arzt. Im Bottich befindet sich ein Stück Rinderdarm, der von grünen Neonröhren im Innern beleuchtet wird. Die Kamera hält einen Moment lang voll drauf und zeigt das seltsame, grausig beleuchtete Requisit, von dem sich die Kommissarin angewidert abwendet. Das Licht im Innern des Bottichs soll laut Nina Grosse Neugier-

Unappetitlich: Lena Odenthal mit Mario Kopper (Andreas Hoppe) in der Pathologie

de wecken. »Jeder will wissen, was das ist, aber dann will man es trotzdem nicht wissen, wie im Dialog. Das ist so ein Spiel damit. Jeder sagt am Anfang ›iii‹, aber dann guckt man doch hin.«

Einmal wird es auch der ansonsten nicht zimperlichen Regisseurin zuviel. Als ein Darsteller ihr vorschlägt, statt eines Korbes mit vier Präparaten nur ein Glas mit einem aufgeschnittenen Herz zu tragen, lehnt sie ab: »Das ist zuviel.« Und mit Blick auf die ohnehin schon reichlich vorkommenden, gruseligen Innereien fügt sie ironisch an: »Die werden den TATORT nicht senden.«

Am sechsten Drehtag geht es dann richtig zur Sache. Eine große Szene wird vorbereitet, in der Sorensky vor Studenten eine Sektion vornimmt und dabei auch in die Haut der vor ihm liegenden Leiche schneiden soll. Die Szene soll nicht nur die Zuschauer in die Arbeitswelt des Protagonisten einführen, sondern auch zeigen, wie eifersüchtig der Professor auf den Studenten Hendryk ist. Zwischen den Gegenspielern liegt auf dem Sektionstisch die Leiche einer jungen Prostituierten, die acht Tage im Wasser gelegen hat und dementsprechend unappetitlich aussieht. Für die Präparierung dieser Leiche hat Maskenbildner Tony Longequeue viele Stunden aufgewendet. Mit Farbe und Puder wurde die aufgeweichte und verweste Haut simuliert, und für den Schnitt mit dem Skalpell musste ein Stück Schweinehaut auf den Körper der Komparsin geklebt werden. Um Verletzungen zu vermeiden, wird dabei zunächst ein dünner Gips auf die nackte Schulter-Brust-Partie aufgetragen. Darauf wird ein Stück Schweinehaut gelegt. Mit Plastilin glättet der Maskenbildner die Kanten und träufelt eine Spezialflüssigkeit darüber, die nach kurzer Zeit trocknet und bemalt werden kann. Die

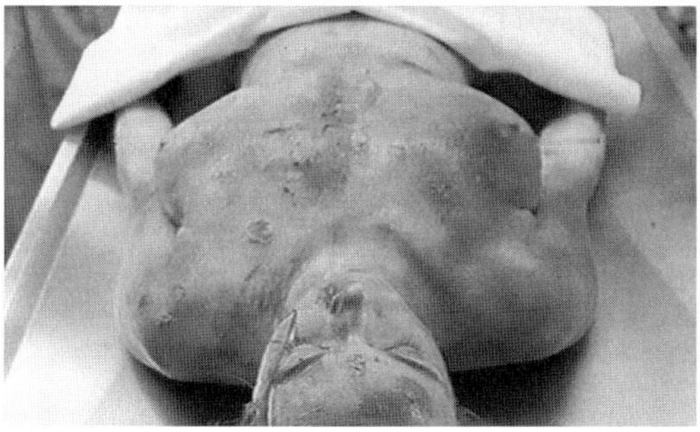

Die Wasserleiche

richtige Farbwahl berät er mit der Pathologin Raute-Kreinsen, die auch einen Probeschnitt mit einem extra geschärften Skalpell durchführt. Beim Drehen soll sie mit Gummihandschuhen ausgestattet den Hauptdarsteller doubeln.

Um den Schnitt der Haut echt wirken zu lassen, wird mit einer Spritze und einem kleinen versteckten Schlauch vorsichtig Filmblut an die Skalpellkante gepumpt. Das funktioniert zunächst auch, beim Test zeigt sich allerdings, dass die Schweinehaut sehr leicht verrutscht, und so entscheidet man sich, den Schnitt separat in Großaufnahme zu drehen. Das entlastet zwar die Komparsin, die die Wasserleiche verkörpern soll. Bis die Szene im Kasten ist, muss sie aber trotzdem gut zehn Stunden halbnackt auf dem kalten Sektionstisch liegen.

Dabei ist die Leiche nur in fünf von insgesamt dreißig Einstellungen der Szene zu sehen. Und im gesendeten Film werden nur zwei kurze Einstellungen davon übrig bleiben. Was im Drehbuch nämlich noch akzeptabel schien, erwies sich in den gedrehten Bildern als zu deutlich.

Schockierender noch als das Aufschneiden der Wasserleiche wird von den Machern der Mord an der jungen und hübschen Stella Eisner (Sophie von Kessel) angesehen. »Vertretbar« nennt etwa Kameramann Hans-Jörg Allgeier die Wasserleiche, der Mord an Stella sei aber »schon brutal.«

Bemerkenswert an diesem Mord ist, dass der Täter ruhig und entspannt auftritt. Die Szene beginnt und endet als Liebesszene. Professor Sorensky macht seiner Ex-Geliebten Stella zunächst einen Heiratsantrag, den sie mit schallendem Lachen beantwortet. Zutiefst verletzt, setzt er ihr eine tödliche Spritze. Stella sackt sofort tot zusammen. Sorensky hält die Tote im Arm, zieht vorsichtig ihren Mantel aus, tanzt mit ihr zu leiser Musik und legt sie auf einen Sektionstisch. Dass er die Leiche nun fachgerecht in Stücke schneidet, wird dem Zuschauer nur angedeutet.

Die Spritze, die in der Mordszene eingesetzt wird, ist eine Erfindung von Maskenbildner Longequeue. Statt der Injektionsnadel benutzt er eine stumpfe Stecknadel, die 1,5 cm nach hinten rutschen kann, bevor sie von einer Kugel blockiert wird. Nach dem Einstich wird das »Gift« durch einen Schlauch im *Off* aus der Spritze nach hinten weggepumpt. Für den Zuschauer sieht das so aus, als ob das Gift in den Körper gedrückt wird. Knapp zwei Sekunden ist die Spritze in Großaufnahme zu sehen. An die Nerven geht dieses Bild wohl deshalb, weil jeder instinktiv zusammenzuckt, wenn er eine Spritze im Hals sieht. Die Filmmusik macht außerdem beim Einstich der Spritze eine atemlose Pause, um anschließend den wahnsinnigen Totentanz des Professors zu zelebrieren.

Als Kommissarin Lena Odenthal und ihr Assistent Mario Kopper (Andreas Hoppe) den Fall übernehmen, gibt es keine Leiche. Es besteht lediglich der Verdacht, dass die junge Stella Eisner ermordet wurde. Sie ist als vermisst gemeldet, Blutspuren an der Jacke ihres untergetauchten Freundes deuten auf ein Gewaltverbrechen hin. Es dauert lange, bis die Ludwigshafener Kriminalisten erahnen, dass nicht Stellas Freund, sondern der eifersüchtige Pathologie-Professor der Mörder ist. Seiner Profession entsprechend hat er die Leiche entsorgt, indem er sie in kleine

Pathologie und Passion

Stücke zerschnitt und an ausländische Kliniken verschickte.

Auf eine Darstellung dieser Zerstückelung wird im Film verzichtet. Zu sehen ist allerdings, dass Professor Sorensky seine Katzen mit Fleisch aus dem Krankenhaus füttert. Leber und andere Innereien dreht er dafür durch einen Fleischwolf. Die Kamera zeigt in Großaufnahme, wie die weiche Leber urschleimartig aus dem Fleischwolf quillt und sich die Katzen darüber hermachen. Dieses Bild, das seinen Horror aus der Vorstellung gewinnt, es handele sich um menschliche Leichenteile, ist schon während der Dreharbeiten umstritten. »Spätestens hier werden beim SWF die Telefone heiß laufen«, mutmaßt Nina Grosse über die Zuschauerreaktionen. Als tags darauf die Muster der Fleischwolfszene begutachtet werden, beginnen die Spekulationen. »Das kommt nicht durch«, ist sich Produktionsleiter Peter Röthel sicher. Auch Redakteur Ulrich Herrmann hat Schwierigkeiten mit der Einstellung. »Nach dem Film hier habe ich meinen Ruf endgültig weg«, meint Nina Grosse verschmitzt, kommt aber auch ins Grübeln:

»Das wird wieder ein Kampf. Das weiß ich jetzt schon, dass die Redaktion das einsoften will. Das mit dem Fleischwolf ist auch brutal, zugegeben. Dazu die Sache mit der Spritze und der Schnitt in die Leiche. Dabei ist die Leiche gar nicht so hart wie ich sie haben wollte. Naja, sie können mir aber nichts; war ja alles angelegt im Buch!«

Tags darauf wird trotzdem beschlossen, die Bilder vom Fleischwolf neu zu drehen. »Wir brauchen anderes Fleisch«, sagt Regieassistentin Nicoline Mössner zur Requisite. Und Nina Grosse fügt an: »Ich mache lieber noch eine mit anderem Fleisch, bevor sie mir die Einstellung ganz rausschneiden.«

Mit zartem Rinderfilet sieht die Szene dann auch wesentlich weniger eklig aus, und alle scheinen froh zu sein, dass ein Kompromiss gefunden wurde. Noch stehen nämlich eine Reihe weiterer Gewaltszenen auf dem Drehplan: Am zwölften Drehtag hält der Medizinstudent Hendryk Dornbusch eine Pistole an die Schläfe von Kommissarin Lena Odenthal und entführt sie in ihrem Dienstmercedes. Die Flucht der beiden vor dem alarmierten Sondereinsatzkommando der Polizei endet in den engen Gassen des Rheinhafens von Ludwigshafen mit dem Überschlag des Autos. Lena Odenthal wird gerade noch rechtzeitig aus dem Wagen gezogen, bevor dieser explodiert. Während die Kommissarin sich im Krankenhaus erholt, überfällt Hendryk Dornbusch den Pathologie-Professor und schlägt ihn zusammen. Im Garten seiner Villa prügelt er schließlich noch mit einem Spaten auf ihn ein. Ein paar Tage später wird gedreht, wie ein Pathologe einen schweren Asthmaanfall erleidet, nachdem Sorensky ihm den Inhalator entwendet hat. Der Arzt liegt daraufhin irreparabel am Hirn geschädigt im Krankenhaus.

Die an Intensität alles andere übertreffende Szene steht am Schluss von DER KALTE TOD. Als sich Lena Odenthal ziemlich sicher ist, dass Professor Sorensky Stella umgebracht hat, bestellt sie ihn nachts in die Pathologie. Der so feinsinnige wie kaltblütige Täter gesteht den Mord und führt die Kommissarin in den Keller, wo in einer alten Zinkwanne noch Reste von Stellas Leiche schwimmen.

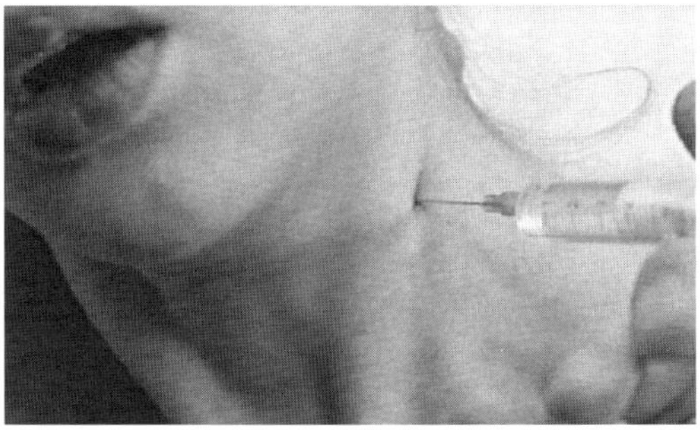

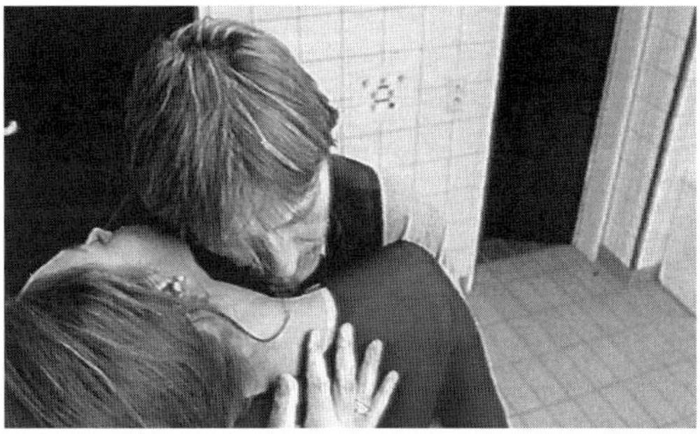

Als Sorensky das Licht ausschaltet, gerät Lena Odenthal in Panik und schießt mehrmals in die Dunkelheit. Ein Schuss trifft den Pathologen in den Bauch. Trotzdem gelingt es ihm, die Kommissarin niederzuschlagen. Er fesselt sie auf einem Sektionstisch in einem alten stillgelegten Kellerraum. Mit Entsetzen muss Lena Odenthal hören, dass Sorensky sie bei lebendigem Leib sezieren möchte. Schon blitzt das Skalpell über ihrem Kopf, als Sorensky sich an die blutende Wunde am Bauch fasst und niedersinkt. Assistent Kopper eilt zu ihrer Befreiung heran. Von den Fesseln befreit, flüchtet Lena Odenthal weinend in seine Arme.

Als die Szene am Schlusstag der Dreharbeiten im Straßburger *Hôpital Civil* gedreht wird, verwischen sich die Grenzen zwischen Film und Realität. Atemlos verfolgt das Team, wie vor allem die Darstellerin Ulrike Folkerts an den Rand ihrer psychischen Belastbarkeit getrieben wird. An Händen und Füßen ist sie mit Lederriemen auf dem Tisch festgeschnallt, Sorensky schneidet ihr mit einem scharfen Skalpell das Hemd auf. Bei einer der ersten Proben wird die Schauspielerin leicht verletzt. Das Skalpell ritzt unbeabsichtigt ihre Haut auf. Während Sorensky seinen diabolischen Plan offenbart, zerrt Lena an den Riemen, bäumt sich auf, jammert und weint. Alle im Team sind davon erschüttert. Der inszenierte Horror erscheint in diesem Moment ganz real. »Das ist der erste TATORT, der um 23 Uhr läuft«, meint Aufnahmeleiter Andreas Kunze.

Auch Nina Grosse wird es schließlich zuviel. »Ich bin gegen diese Szene«, sagt sie genervt, »das ist eine typische Männerphantasie. So etwas könnte sich eine Frau nicht ausdenken. Ich sag' ja nicht, dass wir keine Gewaltphantasien haben. Aber diese Kombination aus Klinik, Fesseln und Schneiden, nein.« Als sie der heulenden Ulrike Folkerts eine weitere Wiederholung einer Einstellung abverlangt, entschuldigt sie sich: »Sorry, Ulrike, aber das ist nun mal mein Beruf.« »Ja, ja, meiner ja auch«, antwortet Ulrike Folkerts.

Scheußlichkeiten auf der Mattscheibe: Das Nachspiel

Knapp vier Wochen nach Ende der Dreharbeiten liegt ein erster Rohschnitt von DER KALTE TOD vor, den Nina Grosse mit der Cutterin Katrin Eplinius vom Südwestfunk erarbeitet hat. Der auf einem Stück Schweinehaut fingierte Schnitt in die Wasserleiche fehlt darin genauso wie die Einstellung von einem Pathologen, der ein Schweineherz aufschneidet. In der Schlussszene fehlt außerdem eine Großeinstellung von dem Skalpell, das Lena Odenthals Hemd durchschneidet. Nina Grosse erklärt, dass diese Einstellung auch ihr »zu brutal« war und sie es deshalb ausgelassen habe. »Das reicht völlig«, meint sie in Anspielung auf den enormen Horror der Schlussszene.

Zu brutal findet Redakteur Ulrich Herrmann die Schlussszene nicht. Ganz im Gegenteil. »Ich werde gewaltig hineingezogen in diese Szene«, erklärt er: »Das ist die stärkste Szene im ganzen Film. Ich fand das sehr gut inszeniert von Nina Grosse, von einer Frau! Es ist eine Männerphantasie, aber seltsam distanziert umgesetzt und trotzdem sehr emotional, also ganz toll. Großes Plus. Ich wüsste niemanden, der das so gut hingekriegt hätte von denen, mit denen ich gerne zusammenarbeite. Sehr radikal. Das ist auch von Ulrike Folkerts gut gespielt. Es ist so gespielt, dass man nicht mit ihr tauschen möchte. Darauf kommt es in der Situation, glaube ich, an.«

Kritischer ist Herrmann mit Blick auf die Bilder vom Fleischwolf. Grosse und Cutterin Eplinius haben nämlich doch die der ersten Version in den Rohschnitt eingefügt. Bei der Rohschnittabnahme wird diese Einstellung aber nicht weiter problematisiert. Hauptabteilungsleiter Dietrich Mack, der bei diesem TATORT als Produzent fungiert, beklagt statt dessen die vielen im Bild sichtbaren medizinischen Präparate. »Das sind zu viele eingemachte Embryos«, meint Mack, »wir machen hier ja keinen medizinischen Lehrfilm. Wir sollten vielmehr das Geheimnis halten. Weniger ist hier mehr.«

In einer zweiten Schnittfassung werden entsprechend weitere Einstellungen mit Präparaten fehlen. Von der Wasserleiche sieht der Zuschauer schließlich nur zwei von insgesamt fünf gedrehten Einstellungen.

Gestrichen wird auch eine Einstellung von einem Herzen in einem blutigen Bottich. Dieses Herz bewegt sich dabei leicht in der Flüssigkeit, es »winkt«, wie Nina Grosse sagt, und der Zuschauer darf spekulieren, ob er hier das Herz der ermordeten Stella vor sich hat. Durch die Herausnahme dieses Bildes folgen Grosse und Eplinius dem Wunsch des Produzenten, die vielen »eingemachten Embryos« zu reduzieren. »Ich bin damit nicht glücklich«, bedauert Nina Grosse später im Interview:
»Ich habe schon im Schneideraum gesagt: Pathologie ist das Thema, das war die Vorgabe, und wir können das jetzt nicht alles rauslassen. Speziell das winkende Herz, das tut mir richtig in der Seele weh. Ich finde das schon spannend, was von dem, ich sage bewusst, ›geliebten Objekt‹ übrigbleibt. Ich fand das unheimlich poetisch, anrührend. Aber da wurde wieder so ein Mechanismus beim Sender in Gang gesetzt: ›Ah, rot, Blut, Organ, Gewalt, pervers, 20.15 Uhr – geht nicht!‹ Dabei war das fast wie ein Kunstobjekt. Aber das sehen die dann nicht.«

Ende Mai 1996 wird beim Südwestfunk die abschließende Tonmischung von DER KALTE TOD vorgenommen. Die Assistentinnen der Cutterin haben achtzehn verschiedene Tonspuren mit Dialogen, Atmos, Nur-Tönen, Geräuschen und Musik synchron zum Bildschnitt angelegt. Dabei haben sie zusätzlich zu den eigens für den Film produzierten Tönen auch Archivmaterialien hinzugezogen. Tonmischer Harald Lill legt nun akribisch das Verhältnis der einzelnen Töne zueinander fest. Dabei wird vor allem der Überschlag und die Explosion von Lena Odenthals Auto im Hafen durch Toneffekte gesteigert. Zu den Originalgeräuschen vom Dreh werden Musik, eigens aufgenommene Geräusche und Archivtöne gemischt. Um den Gesetzen des Genres moderner Polizeikrimis zu genügen, wird ein Fest der Sinne produziert, das im krassen Gegensatz zum Rest des Psychothrillers steht.

Knapp vier Monate vor Ausstrahlungstermin ist die TATORT-Folge DER KALTE TOD fertiggestellt. Im Großen und Ganzen sind alle Beteiligten mit dem Ergebnis zufrieden. Die »Scheußlichkeiten im Gruselkabinett«, die später der ARD-Programmbeirat kritisieren wird, sind für Redakteur Ulrich Herrmann kein Thema:
»Wir haben keine Angst vor Gewaltszenen, wir setzen auch auf Effekte, aber es ist so, dass wir auf eine ziemlich konventionelle, dialogische und umständliche Weise dahin kommen. Das bedeutet auch, dass wir versuchen, das Besondere daran und auch die Gründe und die Folgen zu zeigen. Das heißt, wir wollen nicht nur bestimmte Blitze im Kopf des Zuschauers zünden. In DER KALTE TOD wird dagegen ein Tabubereich gezeigt, der zu unserem Leben viel alltäglicher dazugehört, als wir normalerweise spüren würden, und wo die Phantasie einen anderen Nährboden hat, als dies gewöhnlich der Fall ist. Das ist ein Stoff, der wäre bei den Privaten nicht so populär. Das sind so die Niederungen der menschlichen Existenz.«

Wie die Zuschauer auf diese »Niederungen der menschlichen Existenz« reagieren werden, klärt sich in der Regel erst am Tag der Ausstrahlung. Im Falle von DER KALTE TOD wird schon zwei Monate zuvor im Rahmen einer wissenschaftlichen Studie der Universität Tübingen ein Zuschauertest gemacht. In einem Frankfurter Marktforschungsinstitut wird der TATORT zwei nach Alter getrennten Zuschauergruppen vorgeführt und anschlie-

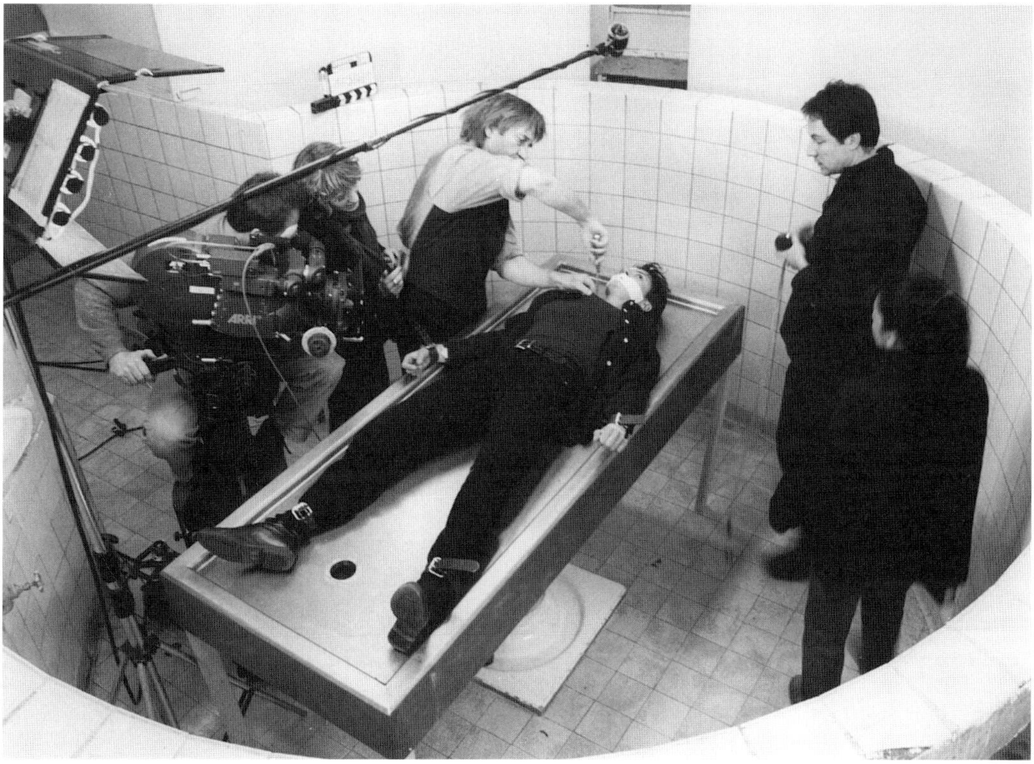

Vorbereitungen für das spektakuläre Finale ...

ßend diskutiert. Die Ergebnisse der Diskussion widersprechen dabei zum Teil den Eindrücken bei den Dreharbeiten diametral. Von vielen Test-Zuschauern wird gerade die Schlussszene als nicht besonders brutal empfunden, da sie erwarten, dass Kommissarin Lena Odenthal nichts passiert. Das Wissen um das notwendige Weiterleben von Serienhelden beeinflusst also die Wahrnehmung solcher Gewaltszenen erheblich.

Überhaupt stufen die Testzuschauer die Gewaltdarstellungen in DER KALTE TOD überraschenderweise als harmlos ein. Ein möglicher Wirkungsfaktor ist dabei wohl auch die notwendige Konzentration auf die komplexe Handlung, die Emotionen zuweilen keinen Raum lässt. Trotzdem wird die Atmosphäre des Films als »makaber«, »gruselig« und »stellenweise eklig« bezeichnet. »Das strahlt schon Gewalt aus, die ganze Umgebung«, meint ein Teilnehmer. Der signifikanteste Unterschied zwischen den beiden nach Alter unterschiedenen Zuschauergruppen zeigt sich schließlich darin, dass die Älteren die Gewalt als härter einstufen als die Jüngeren.

Inwieweit diese Einschätzungen von den über neun Millionen Zuschauern geteilt wurden, die den TATORT am 6. Oktober 1996 in der ARD sahen, muss Spekulation bleiben. Mit 26,9 Prozent Marktanteil lag der TATORT an diesem Abend auf jeden Fall weit vor der Konkurrenz anderer Programme. RTL erreichte zum Vergleich mit Arnold Schwarzenegger als *Kindergarten Cop* (1990, Regie: Ivan Reitman) nur 6,02 Millionen Zuschauer, Gottschalks *Hausparty* auf SAT.1 schalteten maximal 4,3 Millionen Menschen ein, die *Patrick Lindner Show* im ZDF immerhin 4,75 Millionen.

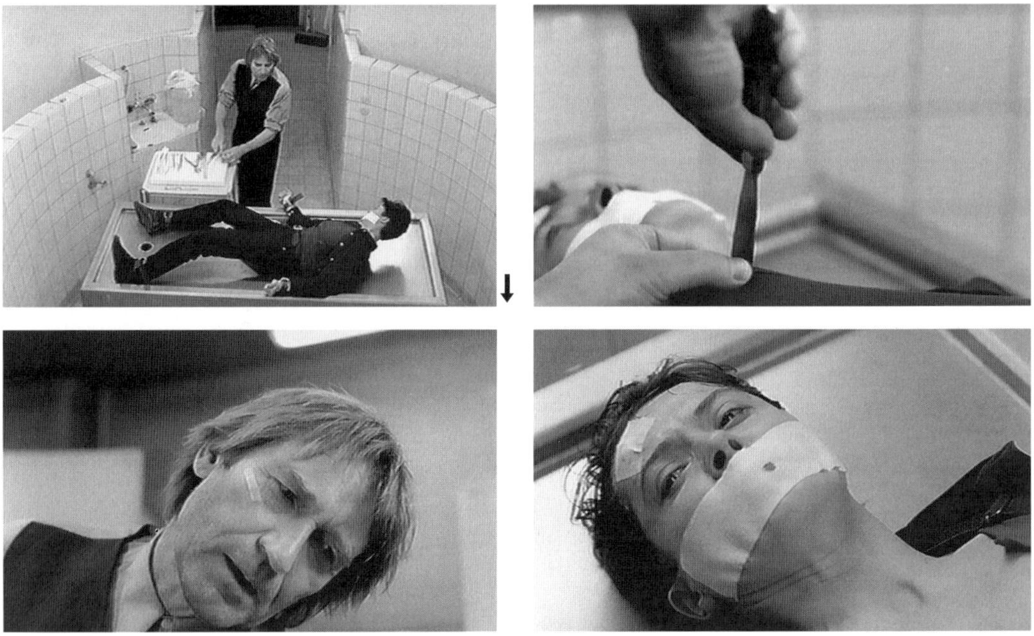

... und die Szene im Film

Die Freude über die Zuschauerresonanz auf Nina Grosses Pathologiekrimi hielt beim Baden-Badener Sender nicht lange an. Zwei Tage nach der Ausstrahlung in der ARD erscheinen nämlich die nicht gerade euphorischen Kritiken in den Zeitungen. Die *Süddeutsche Zeitung* etwa nennt den Film eine »Krimikarikatur«, die Berliner *taz* hat ein »ungekonntes *Schweigen der Lämmer*-Plagiat« gesehen. Daneben gibt es aber auch eindeutig positive Einschätzungen. Ponkie in der *Münchner Abendzeitung* etwa findet den »kalten Tod« »atmosphärisch intensiv«, der *Stern* bezeichnet ihn als »erstklassige TV-Unterhaltung«.

Einhellig kritisiert wird die Actioneinlage in der Mitte des Films, als Lena Odenthal entführt wird und eine wilde Autoverfolgungsjagd mit dem Überschlag und der Explosion ihres Wagens endet. Beherrschendes Thema der Kritiken ist ansonsten die Psychologie der Figuren und die Darstellung der Schauspieler. Zwei Besprechungen gehen explizit auf die Gewaltdarstellungen ein. In einer Glosse im *Mannheimer Morgen* vom 8.10.1996 heißt es: »Das ganze Ambiente mit den Innereien in den Gläsern und das viele Blut waren nix fer uff die Nacht. Da wälzt mer sich im Bett und träumt davon.« Ein Bezug zu Gewalt wird ansonsten nur in der Mainzer *Allgemeinen Zeitung* hergestellt. Kritisiert wird konkret die Deutlichkeit der Schlussszene. »Beim Showdown«, heißt es in der Kritik, »wurde die Tugend der Zurückhaltung vergessen.«

Das Presseecho auf den TATORT kann als Paradebeispiel dafür dienen, wie wenig homogen die deutsche Fernsehkritik urteilt. In den entscheidenden Punkten kommen Kritiker verschiedener Zeitungen zu diametral entgegengesetzten Einschätzungen. Während *epd Film* reklamiert, dass sich »die Geschichte in oberflächlicher Effekthascherei erschöpft«, kommt der *Mannheimer Morgen* zum gegenteiligen Schluss: »Die kontrastreiche Farbgebung der Regisseurin Nina Grosse schuf ohne Effekthascherei stimmige Atmosphären.«

»Schön spannend« findet die Kritikerin der *Abendzeitung* den TATORT; das *Badische Tagblatt*

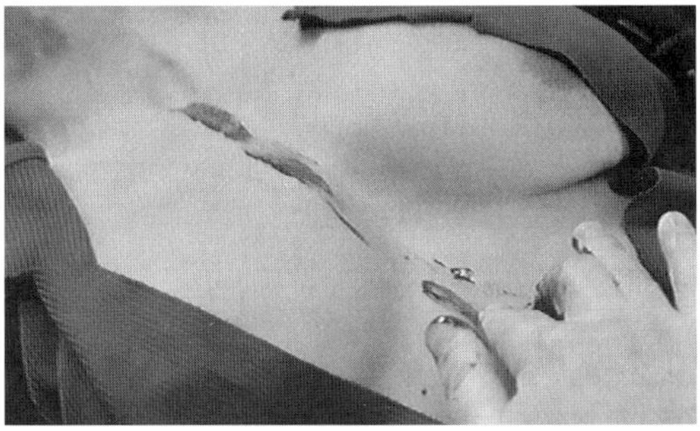

empfindet das gar nicht. »Das als Spannungs-Element gedachte Katz-und-Maus-Spiel fand nicht wirklich statt«, schreibt der Kritiker des *Tagblatts*, »denn die Kommissarin hatte nur ihren unnatürlich starren Blick einzubringen.«

Auch in diesem letzten Punkt, der schauspielerischen Leistung der Ulrike Folkerts, lassen sich gegenteilige Urteile finden. »Ulrike Folkerts als Kommissarin Lena Odenthal blieb blass«, heißt es etwa in der *Süddeutschen Zeitung*. Der *Mannheimer Morgen* sah Folkerts dagegen in seltener Spiellaune: »Ulrike Folkerts zeigte in dieser Rolle wirklich einmal verschiedene Gesichter und erfüllte die sonst hölzerne Lena Odenthal mit Leben.«

Auch der große Auftritt der Kommissarin am Ende wird entsprechend unterschiedlich bewertet. Während die *Allgemeine Zeitung* aus Mainz sich mehr Zurückhaltung wünscht, hat es der *Hör Zu* gerade diese deutliche Passage angetan: »Spannend ist es«, heißt es in der Ankündigung, »und Lena Odenthal auf dem Obduktionstisch ein Thriller-Augenblick, den man so rasch nicht vergisst«.

Besonders hart gehen einige Kritiken mit dem Drehbuch ins Gericht. »Psychologische Stimmigkeit – nicht vorhanden. Entwicklungsstränge – nein danke! Ein wenig Analyse – warum denn das?« schreibt etwa die *Süddeutsche Zeitung*. Die *FAZ* meint es nicht besser mit dem Autor: »Ein ödes Spiel in den dunklen Gängen und Kellern der Pathologie«, heißt es in der Kritik, »langweilte mit schlecht motivierten Enthüllungen, einer pathetisch überzeichneten Geiselnahme, die in einem überflüssigen Unfall endete, mit allerlei Klischees über die dunkle und modrige Welt der Pathologie, mit aufgesetzten Gefühlen, überflüssigen Ängsten und einer schwachen Prise Hokuspokus aus dem Horrorfilm-Genre.« »Motiviert wird rein gar nichts,« lautet das ähnlich vernichtende Urteil der *epd Film*, während der *Stern* umgekehrt von einer »Ausnahmeproduktion« spricht: »Drehbuch, Besetzung, Kamera – alles stimmt.«

An diesen Kritiken erscheint vor allem eins bemerkenswert: die völlig unterschiedliche Beurteilung der dramaturgischen Konzeption und Folgerichtigkeit der Handlung. In der Debatte um Gewalt im Fernsehen führen nämlich die öffentlich-rechtlichen Sender gerade die »dramaturgische Begründung« einer Gewaltdarstellung immer wieder als zentrales Kriterium an. Wenn selbst Fachleute wie die Fernsehkritiker großer Zeitschriften die Schlüssigkeit einer Handlung gegenteilig begutachten, muss man sich fragen, ob die Kategorie der dramaturgischen Notwendigkeit so klar bestimmbar ist, dass man mit ihr in einer öffentlichen Debatte weiterhin ernsthaft operieren kann. Nimmt man etwa das Urteil der *epd Film* über Nina Grosses TATORT ernst, dass nämlich »rein gar nichts motiviert« war, dann müssten auch alle Gewaltdarstellungen in DER KALTE TOD nach ARD-internen Vorstellungen unzulässig, wenn nicht verwerflich sein. Der Programmbeirat der ARD lobte allerdings gerade die »spannende Story« und kritisierte das »scheußliche Gruselkabinett«. Letztlich wurden ARD-intern nicht so sehr die Gewaltszenen in diesem TATORT kritisiert, sondern die Darstellung eines Tabus. Leichen und Pathologie überschritten offensichtlich die fein gezogene Grenze, innerhalb derer medizinische Themen im Fernsehen möglich sind. Ärzte gelten zwar als beliebte Quotenbringer in szenischen Produktionen; was sich in diesem Milieu tatsächlich abspielt, soll aber nur angedeutet werden.

»Das ist es, was mich zum Filmemachen getrieben hat«, bekennt Nina Grosse, »es gibt dieses uralte Gebot, du sollst nicht hinschauen! Dieses Bilderverdikt ist hochinteressant. Es ist nicht nur jüdisch, sondern auch sehr archaisch. Du sollst nicht hinschauen. Du sollst hinhören, ganz genau, du sollst es dir vorstellen, aber Augen zu! Das hat, glaube ich, einen ganz tiefen Ursprung, warum man sagt, ich will es nicht sehen. Das ist aber ein Kampf gegen Windmühlen.«

Wissenschaftliche Untersuchungen offenbaren dabei, dass gerade die nicht gezeigten Gewaltakte besonders nachhaltig wirken können. Die vordergründig um die Wirkung von Gewaltdarstellungen auf die Zuschauer besorgten Sender ignorieren tatsächliche Wirkungen aber konsequent. Der Kampf gegen Gewalt im Fernsehen dient den öffentlich-rechtlichen Anstalten nämlich in erster Linie zur Abgrenzung des eigenen, »sauberen« Programms gegen die Konkurrenz der kommerziellen Sender. Der TATORT macht dabei keine Ausnahme. Gerade der TATORT hat aber schon immer die Grenzen des Darstellbaren ausgelotet, und genau darin liegt eine der Stärken der Reihe.

»Es ist das Schöne am TATORT, dass er so dehnbar ist«, formuliert es Regisseurin Nina Grosse: »Ganz verschiedene Regisseure prägen ihren Stempel drauf und das ist auch der Grund, warum er so gut funktioniert und wirklich eine der besten Sachen der ARD ist, finde ich.« ♦

DER KALTE TOD (SWF, 6.10.1996)
Regie: Nina Grosse.
Buch: Sascha Arango.
Darsteller/innen: Ulrike Folkerts (Hauptkommissarin Lena Odenthal), Andreas Hoppe (Assistent Mario Kopper), Hans-Günter Martens (Friedrichs), Matthias Habich (Professor Sorensky), Sophie von Kessel (Stella Eisner), Johannes Brandrup (Hendryk Dornbusch), Rudolf Kowalski (Dr. Rasch), Jürgen Tarrach (Sektionshelfer), Erwin Scherschel (Pförtner), Jochen Regelien (Fischer), Margarete Salbach (Elvira Kopper).

Weitere erwähnte Folge:

DER SCHWARZE ENGEL (SWF, 13.11.1994)
Kommissarin Odenthal
Regie: Nina Grosse.
Buch: Stefan Kolditz.

DAGOBERTS ENKEL und die Schwierigkeiten, in Berlin einen TATORT zu drehen

Von Christoph Schultheis

Wir schreiben das Jahr zehn nach dem Mauerfall, und die neue Mitte von Berlin heißt Berlin-Mitte. Außerdem schreiben wir das Jahr 1999, und der neue Berlin-Kommissar heißt Ritter, Till Ritter. Irgendwann, die Erpresserstory von DAGOBERTS ENKEL (25.7.1999) nimmt bereits ihren Lauf, sagt dieser Ritter: »In Mitte gibt's jetzt 'n neuen Salsa-Schuppen.«

Es ist einer dieser flüchtigen Sätze, dahingesagt ohne dramaturgische Notwendigkeit. Er führt weder Kommissar Ritter noch Kommissar Zufall zu einem neuen Tatort oder auf eine heiße Spur. Und weil er nicht notwendig ist, ist er wichtig. Denn offenbar will er uns etwas erzählen. Über den neuen Kommissar, den letzten TATORT-Neuzugang vor der Jahrtausendwende, der noch immer mit seinem alten elfenbein-623-farbenen Benz zum Einsatz und zur unvermeidlichen Currywurst fährt, weil er früher (in den Achtzigern, als die jungen Männer nach Berlin-Kreuzberg zogen, weil sie nicht zur Bundeswehr, sondern studieren oder sich selbst verwirklichen wollten und sich, so will es ein gängiger Berlin-Mythos, das Herumhängen als Taxifahrer finanzierten) mal Taxifahrer war und sich auskennt – in Berlin und mit heißblütigen Latino-Rhythmen: »In Mitte gibt's jetzt 'n neuen Salsa-Schuppen« eben.

Ähnliche Sätze hörte man tatsächlich häufig in den Bars (und Taxis) der deutschen Hauptstadt im Jahr 1999, zehn Jahre nach dem Mauerfall. Zur Zeit der Dreharbeiten etwa zu diesem vierzigsten Berlin-TATORT gibt's in Mitte 'n neuen Jazz-Schuppen (das *Jubinal*, Tucholsky-/Ecke Auguststraße). Das Leben ist keine Baustelle mehr, und die Berlin-Feuilletons sagen's weiter: Reichstagskuppel! Hotel *Adlon*! Flaniermeile Friedrichstraße! Hackesche Höfe! Potsdamer Platz *Arkaden*! Das *Jubinal*! Nur ausgerechnet Kommissar Ritters Salsa-Schuppen hätte in Mitte derzeit nun wirklich nichts zu suchen. Schließlich hat selbst das *Lateinamerikanische Musikcafé Salsa*, tief im Westen, in der Charlottenburger Wiegandstraße, Nähe Ku'damm, dichtgemacht und wartet verlassen auf neue Pächter.

Unweit des *Salsa* aber (wenn auch schon jenseits der Stadtautobahn), unmittelbar neben dem ehemaligen Omnibusbahnhof für den Transitverkehr zwischen Westberlin und dem Rest der großen weiten Welt/West und ergo genauso weit von Berlins neuer Mitte entfernt wie die Ausläufer der Ostberliner Plattenbautrabanten, sitzt der Sender Freies Berlin. Kaum war das SFB-Fernsehzentrum 1971 fertiggestellt, wagte sich der Nachkriegssender mit Paul Esser als Kommissar Kasulke an seinen ersten Beitrag zur neuen Krimireihe im Ersten. Es sollte ausgerechnet TATORT Nr. 13 werden ...

Sieben kommissarische Kripoheroen hat Berlin seither verschlissen, bis Dominic Raacke als Kommissar Ritter gemeinsam mit seinem Assi, dem Ex-RTL-Comedian Stefan Jürgens als Robert Hellmann, alles besser hätten machen können: Hauptstadt Berlin, 1999, zehn Jahre nach der Wende, fünf Monate vor der Jahrtausendwende, Dominic Raacke als Kommissar, Hajo Gies als Regisseur ... – mal ganz abgesehen davon, dass Ritters und Hellmanns Vorgänger, »Video-Glatzeder« (*tip*) und sein sogenannter »Zorro« (Robinson Reichel), die Qualität der Krimireihe derart gedrückt hatten, dass es keiner großen Anstrengung bedurft hätte für einen Achtungserfolg, oder um wieder an Kommissar Markowitz' (Günter Lamprecht) Eckensteherqualitäten von 1991-1995 anzuschließen. Schließlich war von Anfang an klar, dass der SFB nicht mehr weiterhin mit billigster Soap-Opera-Technik noch billigere (und manchmal unterschätzte) Drehbücher verfilmen würde. Das hätte als Repräsentation des neuen, schicken Berlin wenig getaugt. Lieber wollte man daher einen TATORT weniger pro Jahr beisteuern und Hajo Gies nach Berlin holen.

Der Regisseur hatte schließlich Erfahrung mit der Etablierung einer neuen Kommissarpersönlichkeit, die sich zunächst in die Schlagzeilen und schon bald in die deutsche Alltagskultur schleichen konnte: Gies hatte unter anderem immerhin

Sightseeing in DAGOBERTS ENKEL

den »Schmuddelkommissar« (*Bild*) Schimanski mitentwickelt und inszeniert und den TATORT, so Regiegenie Dominik Graf, »zu neuem Leben erweckt«. Und ganz nebenbei konnte Gies sogar einer nicht gerade liebreizenden Region wie dem Ruhrgebiet etwas Charme abtrotzen. Da mussten dem Filmemacher doch auch für die ähnlich spröde deutsche Metropole ein paar passende Bilder einfallen. So schön (man kann's im Internet-Archiv der ARD nachlesen, im TATORT selbst erfahren wir darüber leider kein Wort) hatte man sich doch beispielsweise Ritters Vita ausgedacht: »Ein Schlüsselerlebnis bewegt Till zur Polizei zu gehen: Als Taxifahrer auf seinen nächtlichen Touren durch Berlin wird er Zeuge eines brutalen Gewaltverbrechens. Daraufhin schmeißt er sein Studium und bewirbt sich bei der Polizei [...]« – auf dass nicht nur die brutalen Gewaltverbrechen in der Großstadt, sondern auch die Schmähungen und Missachtung, mit denen Presse und Zuschauer dem Berlin-TATORT seit langem begegneten, endlich ein Ende fänden.

Und dann passierte dem neuen Berlin-TATORT nach Drehschluss das, wovon so manche Produktion träumt, wofür so mancher Hollywood-*Spin Doctor* einiges in die Wege leiten würde: Noch vor der Ausstrahlung kam DAGOBERTS ENKEL in die Schlagzeilen. Grund war, wir erinnern uns, der Titel des Films.

Knapp zwei Wochen vorm sonntagabendlichen Sendetermin versuchte der Berliner Kaufhauserpresser Arno Funke die Ausstrahlung per Einstweiliger Verfügung (und *Bild*) zu stoppen: Als »Dagobert« hatte Funke den *Karstadt*-Konzern bis zu seiner Festnahme 1994 sechs Jahre lang in deutschen Großstädten mit selbstgebastelten Sprengsätzen und großem medialen Interesse genarrt. Und nun sah sich »Dagobert« (Funke war zu neun Jahren Gefängnis verurteilt worden und inzwischen Freigänger) durch die verbale Anspielung im TATORT-Titel in seinen Persönlichkeitsrechten verletzt und seine Resozialisierung gefährdet: »Der Streifen«, so Funkes Anwälte außerdem, »beinhaltet Gewaltszenen, die Arno Funke bei keiner seiner Aktionen verübt hat.« Drei Tage vor dem 25. Juli kam es zu einer Einigung – und zwölf Sekunden vorm guten, alten TATORT-Vorspannn zu folgender Einblendung: *Der im Anschluss unter dem Titel DAGOBERTS ENKEL ausgestrahlte Film aus der Reihe TATORT stellt in keiner Weise eine authentische Wiedergabe der Taten der vor einigen Jahren unter dem Pseudonym »Dagobert« bekannt gewordenen Person dar, sondern eine in ihrem Ablauf und ihren Einzelheiten in jeder Hinsicht frei erfundene Handlung.*

Die in jeder Hinsicht frei erfundene Handlung selbst erzählt aber leider und eigentlich eine viel belanglosere Geschichte: Kleine Handwerksbetriebe haben's schwer. Hochverschuldet sind sie, irgendwo in einem Hinterhof gelegen, schon seit Generationen in der Familie. Frau und Kinder wollen ernährt sein und, wenn man Chef ist, die Belegschaft obendrein. Wenn sich dann auch noch der Sohnemann ein Fahrrad zum Geburtstag wünscht und der Gerichtsvollzieher vor der Tür steht, kommt man schon mal auf dumme Gedanken, wie etwa Tischlereichef Treptov (Götz Schubert): Erpressung zum Beispiel. In etwa so wie weiland dieser

»Dagobert« eben, der mithin den Konsumtempel *KaDeWe* – clever, trickreich, friedfertig natürlich und mit einem Augenzwinkern – um einige hunderttausend Mark erleichtern wollte.

Und weil's eben ein echter Familienbetrieb ist, darf auch Treptovs oller Tischlermeister Kantrup miterpressen und Bomben zusammenbasteln. Schließlich hat Kantrup wiederum einen Neffen, der ebenfalls in der Hinterhoftischlerei arbeitet und beim Konkurs genauso arbeits- und erwerbslos werden würde. Zufälligerweise war der Neffe vor gar nicht langer Zeit im Gefängnis und verfügt deshalb natürlich über allerlei gute Kontakte zur Berliner Halbwelt, was allein deshalb ganz praktisch ist, weil es dem Krimi ab und an aus der Logikfalle hilft.

Nun sind Tischler aber ohnehin nicht notwendigerweise auch die besten Bombenbauer. Und so verursacht eine zu früh gezündete Bombe (übrigens eine Bombe, die nicht etwa inmitten der Touristen hochgeht, die im Gänsemarsch durch die Lobby des Hotel *Adlon* spazieren, sondern in einem kleinen Kiez-Postamt, für das sich die SFB-Filmcrew nicht einmal einen Steinwurf vom SFB-Fernsehzentrum entfernt, sondern einfach ein Tikket-Office auf dem Messegelände gegenüber umgebaut hat) Mord und Totschlag, Zeter und Mordio. Das ist dann nicht mehr lustig, zumal die zuständigen Kripobeamten quasi direkt danebenstanden. Zufälligerweise nämlich wird Ritter durch die Explosion beim Currywurstessen gestört. Und den Kollegen Hellmann trifft's noch schlimmer: Schließlich hatte sich der eigentlich doch eher schüchterne Kollege gerade im Flirt mit einer hübschen Neu-Berlinerin befunden und ihr, just als die Tischlerbombe das Postamt mitsamt der jungen Frau in die Luft sprengte, sogar sein Diensthandy geliehen. Und ohne jetzt lange Edgar Allan Poe herbeizitieren zu wollen und seine hundertfünfzig Jahre alte Theorie über den Tod einer schönen, jungen Frau als beste Möglichkeit, eine Geschichte interessant zu machen, gibt Hellmanns persönliche Betroffenheit doch zumindest die eine oder andere Rechtfertigung dafür, dass der farblose Phlegmatiker überhaupt sein trauriges Gesicht in die TATORT-Kamera halten darf.

Doch nicht nur Hellmann, auch die anderen Täter und Ermittler haben andere Probleme (Klempner, Frauen, Kinderräder, Geldwäscher), weshalb sie sich allesamt ziemlich dumm anstellen: Weitere Bomben werden angekündigt, Geldübergaben drohen zu scheitern, Ultimaten zu verstreichen; die Tischler-Sippe kriegt sich in die Haare, weil den Laienverbrechern die Sache über den Kopf wächst; der Neffe wird (warum eigentlich?) erschossen ... So zieht sich die Story in die Länge und die Schlinge dennoch zu. Am Ende schaut Familienvater Treptov auf seinen armen, unschuldigen Sohn und den Murks, den er verzapft, das Leben das er verpfuscht hat mit seiner kriminellen Verzweiflung. Und Dein Freund und Helfer lässt Gnade vor Recht ergehen und dem unglückseligen Berliner ein paar Minuten bei sich. Abspann.

Während Pro7 und Konsorten in ihren zeitgenössischen TV-Movies schon alles in die Luft gesprengt haben, was in Berlin Rang und Namen hat, hätte das langatmige und tumbe Erpresserstück ebensogut in Trier, Eberswalde oder München spie-

Dominic Raacke als Till Ritter

len können – jedenfalls wenn Gies nicht immer wieder grundlos kleine Stadtrundfahrt-Sequenzen (Oberbaumbrücke, Regierungsviertel, Dom und Palast der Republik ...) dazwischengeschnitten hätte, die übrigens auch in den darauffolgenden Berlin-TATORTen (dem hanebüchenen Hacker-Krimi TÖDLICHES LABYRINTH [12.12.1999] und der launig-uninspirierten Geldfälscher-Story BLÜTEN AUS WERDER [13.2.2000]) stilbildend bleiben sollten. Wie auch das »Jetzt saufen die Kommissare erst mal einen und leiden für den Rest der Ermittlungen unter Brummschädel«-Erzählmuster – mit dem Unterschied, dass Raacke und Jürgens im neuen Jahrtausend plötzlich nicht mehr mit dem ollen 123er Ex-Taxi, sondern in einem weitaus schickeren 280er SE-Cabriolet (Baujahr '71) grölend ihre Runden durch die gute, alte City/West drehten, als hätten sie heimlich im Lotto gewonnen. Vermutlich mögen die Leute ja solch wandelnde Schürfwunden, todesmutige Tolpatsche, weichherzige Hallodris, denen jeder das Macho-Gemache nachsieht, weil sie sowieso gleich gegen eine Tür laufen, eine Torte im Gesicht haben müssten und doch, ganz Freund und Helfer, das Schlimmste verhindern.

DAGOBERTS ENKEL jedenfalls fand erstaunlicherweise über fünf Millionen Zuschauer. Vermutlich mehrheitlich Menschen, die auch einen weiteren Ritter/Raacke-Satz – nämlich, dass die von ihm vorm Postamt verzehrte Currywurst »besser als am Savignyplatz« schmecke – für Lokalkolorit gehalten haben. Dabei gibt es die beste Currywurst, so will es einer der wenigen Berlin-Mythen, der stimmt, doch bekanntlich am Ku'damm 195. Oder einige Lichtjahre entfernt im Schimanski-Land – genauer gesagt in der Wanner-Straße in Herne 2, unweit des Bahnhofs Wanne-Eickel. Aber das ist eine andere Geschichte. ♦

DAGOBERTS ENKEL (SFB, 25.7.1999)
Regie: Hajo Gies.
Buch: Horst Freund, Thomas Wittenburg.
Darsteller/innen: Dominic Raacke (Hauptkommissar Till Ritter), Stefan Jürgens (Hauptkommissar Robert Hellmann), Thomas Arnold (Sven), Dieter Montag (Hans), Götz Schubert (Jens Treptov), Karin Baal (Würstchenverkäuferin), Anna Haftenberger / Ron Herrmann (die Kinder).

Weitere erwähnte Folgen:

Hauptkommissare Ritter und Hellmann:
TÖDLICHES LABYRINTH (SFB, 12.12.1999)
Regie: Dieter Berner.
Buch: Christian Jeltsch, Fedor Mosnak.

BLÜTEN AUS WERDER (SFB, 13.2.2000)
Regie: Pete Ariel.
Buch: Andreas Pflüger.

Warum beruhigt mich der TATORT?

Von Elke Schmitter

Seit 20 Jahren sehe ich dort die furchtbarsten Verbrechen, immer tödlich, alle Sorten: Kleinbürgertriebtaten in scheinbarer Gemütlichkeit, verstörte Großbürger in Marmorarealen, Abgestürzte ohne Hoffnung. Und, schlimmer noch: organisierte Kriminalität in internationaler Vernetzung; Waffenhandel, Drogenschmuggel, Menschenraub. Die Täter werden nicht immer gefasst. Zollfahnder Kressin, ein früher Lebemann unter den Helden (und so auch bald abgesetzt, weil der Beamtenbund protestierte: So einen kann und darf es nicht geben, und deshalb schon gar nicht im Fernsehen. Basta – und ein weiteres Zeichen dafür, dass der TATORT als realistische Darstellung der Bundesrepublik aufgefasst wurde), Zollfahnder Kressin schaut mehr als einmal seinem Lieblingstäter (Sievers heißt er, gespielt von Ivan Desny) nach, einem besonders ekelhaften Vertreter der Großkriminalität, in blank geputzten Schuhen und einer ebensolchen Limousine; allein die weißen Socken verraten den Emporkömmling. Es gibt also keine Beruhigung im Tatsächlichen der Fiktion: Die Täter kommen nicht selten davon, die Zahl der Verbrechen ist unendlich; die Mittel und die Zahl der Aufklärer sind endlich. Sie sind oft müde, sie haben private Probleme, sie sind von kleinlichen Konkurrenzen umgeben, ihr Chef lässt sie nicht machen, sie sind Opfer der Bürokratie; sie können nicht, wie sie wollen, und selbst wenn sie könnten, es würde nicht reichen. Daran lässt der TATORT keinen Zweifel. Die Welt ist schlecht und wird es bleiben.

Es muss etwas anderes sein. Es ist auch etwas anderes: ein Triumph der Struktur, die tiefer und zugleich diskreter wirkt als die Erzählung selbst. Es ist eine Struktur, die wir alle kennen, von der wir uns alle verabschieden mussten und nach der wir uns zurücksehnen. Sie heißt: »Papa macht das schon.« Der Polizeikrimi als solcher beruht auf dieser Struktur, weil er aus der Perspektive der Ermittler erzählt; nicht unbedingt in seiner Logik (denn wir wissen oft mehr als sie), aber eben in der psychischen Gewichtung, in der moralischen Bewertung und durch die Gewähr, dass die Verbrecher kommen und gehen, die Kommissare aber bleiben. Der Polizeikrimi ist deshalb konservativ und selbst in seinen depressivsten Varianten (zum Beispiel Sjöwall/Wahlöös Beck-Krimis, jetzt gefolgt von Mankells Büchern) tröstlich. Es ist nicht wichtig, dass Papa manchmal scheitert, wichtig ist nur, dass er weitermacht – denn schließlich setzt sich, jenseits der Fakten, immer das ursprüngliche Vertrauen durch, das lebensnotwendig ist für ein Kind. Wenn es Papa erzählen hört, wenn es ihn aus dem Haus gehen sieht zur Arbeit, wenn es vor anderen Kindern prahlt: mein Papi kann, mein Vater hat – dann stimmt die Welt, auch wenn Papi mal traurig ist, weil der Chef wieder mal ... usw. Die Welt ist unheimlich und nicht gerecht, doch solange es Papis gibt, kann uns das Übel nicht wirklich erreichen.

Es ist naturgemäß eine männliche Welt, inzwischen romantischer aufgeladen als in den siebziger Jahren: Notwendige, sinnvolle Arbeit unter Kollegen, ein sicherer und beständiger Arbeitsplatz ist häufiger ein Lebenstraum als früher. Die kleinen Intensitäten der Arbeitswelt – Kabbeleien unter Kollegen, zum Lästern einladende Chefs, ein Scherz unter Fachleuten, die sich achten – sind noch begehrenswerter geworden. Mit Ringen unter den Augen, ungeduscht und ausgebuht frühmorgens im Büro den ersten Kaffee trinken, beim ersten Verhör die Zigarette tief inhalieren, den Pathologen im Leichenkeller schnell beiseite nehmen zu einem entscheidenden Gespräch, einen subalternen Beamtentrottel am Telefon zusammenbrüllen, in ein anfahrendes Auto springen, in Eile sein, auf Leben und Tod – all das sind Freuden von Männern, die ihre Arbeit ernst nehmen dürfen, und deshalb auch sich selbst. Sie mögen unter Rationalisierungen leiden, dürftigen Gehältern, unfähigen Vorgesetzten, unduldsamen Partnerinnen, verständnislosen Geliebten, doch sie leiden niemals unter Selbstzweifeln. Sie wissen, dass sie notwendig sind, im physischen wie metaphysischen Sinne. Und wir wissen es auch.

Wenn alles vorbei ist: Der Abspann von TAXI NACH LEIPZIG

Wir sind unendlich froh, dass es sie gibt, und wenn wir den Einschaltknopf drücken, sind wir auf ihrer Seite, leiden und denken mit, fühlen wie sie und müssen sie nicht beneiden. Nicht nur, weil sie es schwer haben und schlecht bezahlt werden. Auch, weil es unsere Väter sind. Wir sinken zurück und sind beruhigt. Die Papis machen das schon. ♦

Die TATORT Top Five – Eine Umfrage

Platz 1: **REIFEZEUGNIS**
30 Nennungen

Platz 2: **FRAU BU LACHT**
24 Nennungen

Platz 3: **TOTE TAUBE IN DER BEETHOVENSTRASSE**
15 Nennungen

Platz 4: **DUISBURG-RUHRORT**
13 Nennungen

Platz 5: **TOD IM HÄCKSLER**
11 Nennungen

7 Nennungen: DER KALTE TOD / MANILA / MOLTKE

6 Nennungen: NORBERT / UNDERCOVER-CAMPING

5 Nennungen: JAGDREVIER / KUSCHELTIERE

4 Nennungen: EIN EHRENWERTES HAUS / NAHKAMPF / RICHTER IN WEISS / DER SCHWARZE ENGEL / ... UND DIE MUSI SPIELT DAZU / ZAHN UM ZAHN / ZWEIERLEI BLUT

3 Nennungen: DIE APOKALYPTISCHEN REITER / BLECHSCHADEN / DER FEINKOSTHÄNDLER / DAS GLOCKENBACHGEHEIMNIS / DIE KAMPAGNE / KLEINE DIEBE / KRESSIN STOPPT DEN NORD-EXPRESS / DAS MÄDCHEN VON GEGENÜBER / PARTEIFREUNDE / PEGGY HAT ANGST / SALÜ PALU / TAXI NACH LEIPZIG

2 Nennungen: DIE ABRECHNUNG / BLUTWURST-WALZER / FRANKFURTER GOLD / EIN GANZ GEWÖHNLICHER MORD / GRENZGÄNGER / HIMMELFAHRT / IM HERZEN EISZEIT / KLASSEN-KAMPF / KRIEGSSPUREN / MÄDCHEN AUF DER TREPPE / DER POTT / ROT ... ROT ... TOT / SCHWARZER ADVENT / SPÄTLESE / STRANDGUT / TOD IM ALL / TOD EINER ALTEN FRAU / TOTE BRAUCHEN KEINE WOHNUNG / WAT RECHT IS, MUT RECHT BLIEWEN / WILLKOMMEN IN KÖLN / ZABOU

1

2

3

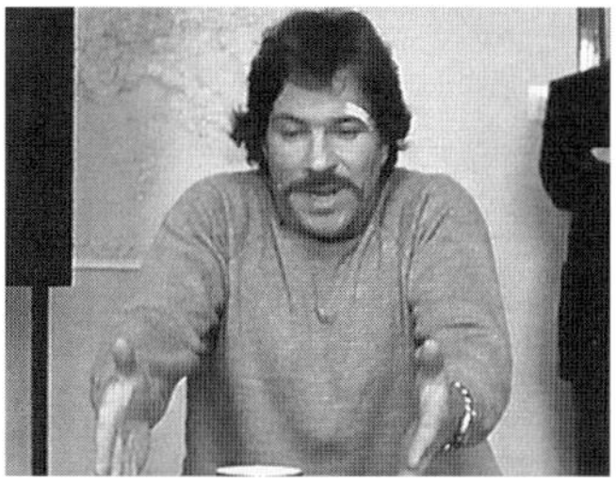
4

5

Die TATORT Top Five

Ermittler / Nennungen gesamt:
1. Batic/Leitmayr: 49
2. Schimanski/Thanner: 47
3. Finke: 42
4. Odenthal: 36
5. Kressin: 18

6. Haferkamp: 13 • 7. Stoever/Brockmöller: 12 • 8. Ballauf/Schenk: 11 • 9. Trimmel: 9 • 10. Lürsen: 6 / Ehrlicher: 6 • 12. Markowitz: 5

Regisseure / Nennungen gesamt:
1. Hajo Gies: 44
2. Wolfgang Petersen: 40
3. Dominik Graf: 25
4. Samuel Fuller: 15
5. Ilse Hofmann: 14 • Niki Stein: 14

Autoren / Nennungen gesamt:
1. Herbert Lichtenfeld: 45
2. Günter Schütter: 24
3. Horst Vocks/Thomas Wittenberg: 19
4. Samuel Fuller: 15
5. Martin Gies: 11 • Stefan Dähnert/Nico Hofmann: 11

Ermittler / genannte Folgen:
1. Schimanski/Thanner: 14
2. Batic/Leitmayr: 11
3. Odenthal: 10
4. Haferkamp: 7
5. Finke: 5 • Stoever/Brockmöller: 5

4 Folgen: Ballauf/Schenk / Lürsen / Trimmel • 3 Folgen: Ehrlicher / Flemming / Lutz / Markowitz / Veigl • 2 Folgen: Dehus / Hellmann/Ritter / Konrad / Kressin

Regisseure / genannte Folgen:
1. Hajo Gies: 10
2. Wolfgang Becker: 6
3. Peter Schulze-Rohr: 5
4. Wolfgang Petersen: 4

Autoren / genannte Folgen:
1. Herbert Lichtenfeld: 7
2. Martin Gies: 6
3. Felix Huby: 4 • Friedhelm Werremeier: 4 • Karl Heinz Willschrei: 4

Die Jury: Dieter Anschlag, verantwortlicher Redakteur *Funkkorrespondenz* (Köln), Brühl • Oliver Baumgarten, Chefredakteur des Filmmagazins *Schnitt*, Bochum • Dieter Bertz, Filmbuchverleger, Berlin • Dr. Jutta Boehe-Selle, Redakteurin bei Radio Bremen / Fernsehfilm und Serien, Bremen • Justus Boehneke, SFB, Berlin • Dirk Böhling, Autor und Moderator Hörfunk Radio Bremen, Bremen • Ulrich von Berg, Autor und Übersetzer, Berlin • Martin Compart, Autor, Krimi-Experte, Overath • Brigitte Dithard, Fernsehspiel-Redakteurin, Stuttgart • Loretta Findeisen, Webdesignerin, Bremen • Katrin Fischer, Filmbuchverlegerin, Berlin • Robert Fischer, Autor und Filmemacher, Vaterstetten • Ute Fritzel, Journalistin, Offenbach • Dr. Bernhard Gleim, Abteilungsleiter Fernsehfilm, Serien und Unterhaltung bei Radio Bremen, Bremen • Dr. Norbert Grob, Filmhistoriker und Filmkritiker, Berlin • Volker Gunske, Filmjournalist, Redakteur beim *TIP*-Magazin, Berlin • Dr. Christoph Haas, Publizist, Würzburg • Ulrich Herrmann, Redaktionsleiter TATORT, SWR • Dr. Andrea Hilbk, Presseabteilung Droemer Weltbild, Augsburg • Sabine Holtgreve (*) • Peter Hombeck, Dipl. Bibliothekar, Bremen • Jürgen Höneke, www.tatort-fundus.de • Felix Huby, Autor • Reinhard Hucke, Student/Medienkultur, Erfurt • Rolf Peter Kahl, Autor, Schauspieler, Regisseur, Berlin • Olaf Karnik (*) • Dr. Bernd Kiefer, Filmwissenschaftler, Mainz • Annette Kilzer, Filmkritikerin, Berlin • Hans Krah (*) • Maurice Lahde, Literaturwissenschaftler, Berlin • Mario, Tatort-Pool, http://homepages.compuserve.de/mayfaker • René Martens, freier Autor für *Die Woche*, *Berliner Zeitung*, *Funkkorrespondenz*, Hamburg • Michelle Mattson (*) • Ludger Menke, Produktkoordinator Buch, eurogay media AG, Hamburg • Helmut Merker, Redakteur in der Filmredaktion des WDR, Köln • Clemens Niedenthal (*) • Milan Pavlovic, Chefredakteur *Steadycam*, München • Hans-Ulrich Pönack, Filmjournalist für DeutschlandRadio Berlin, Berlin • Dr. Guido Marc Pruys (*) • Thomas Przybilka, Bonner Krimi Archiv, Bonn • Christian Pundt, Medienwissenschaftler an der Universität Hamburg, Hamburg • Regina Reddig, Redakteurin *TV-Tip* (*TIP*-Magazin), Berlin • Ulrike Rodi, Lektorin für deutschsprachige Kriminalromane, Grafit Verlag, Dortmund • Matthias Roth, Textchef TV Information Services, Nürnberg • Saskia von Sanden, Redakteurin TATORT, Debüt im Dritten, Fernsehspiel, Baden-Baden • Heinz Scheffelmeier, Krimi-Buchhandlung *Hammett*, Berlin • Daniel Schößler, Filmwissenschaftler, Mainz • Susan Schulte, Dramaturgin, SWR, Bischweier • Olaf Schumacher, Buchhandlung Walther König, Düsseldorf • Hanno Schüngel, Filmwissenschaftler, Berlin • Dr. Barbara Steinbauer-Grötsch, Autorin, Abu Dhabi • Dr. Marcus Stiglegger, Filmwissenschaftler an der Uni Mainz, Mainz • Annette Strelow, Redakteurin, Bremen • Nicola T Stuart, Lektorin bei Gerstenberg, Hildesheim • Uta Tiedemann, TV/Medien-Redakteurin bei *TV Today*, Hamburg • Dr. Eike Wenzel (*) • Sascha Westphal, freier Filmjournalist, Dortmund • Anke Wilkening, Filmwissenschafts-Studentin, Berlin • Thilo Wydra, Film- und Fernsehjournalist, Buchautor, München

(*) siehe *Über die Autoren und Autorinnen*

Über die Autoren und Autorinnen

Paul Barz, geboren 1943, ist Schriftsteller und Journalist in Hamburg, hat mehrere Bühnenstücke, Sachbücher und über vierzig Hörspiele geschrieben und arbeitet als TV-Kritiker und -Berichterstatter u.a. für *Welt am Sonntag*, *Hamburger Abendblatt*, *Hör Zu* und *Neue Presse Hannover*.

Klaudia Brunst, geboren 1964, ist Kulturredakteurin der Berliner *tageszeitung*, war von 1994 bis 1996 verantwortlich für die Medienberichterstattung, von 1996 bis 1999 Chefredakteurin. Seitdem arbeitet sie als freie Journalistin mit Schwerpunkt Fernsehkritik. Seit 1995 ist sie Mitglied der Jury des *Adolf-Grimme-Preises*, seit 1999 Mitglied der Jury des *Deutschen Fernsehpreises*. 1997 erhielt sie den *Deutschen Preis für Medienpublizistik*.

Helmut Böttiger, Dr. phil, geboren 1956 in Creglingen. Studium in Freiburg/Breisgau, Literaturredakteur der *Frankfurter Rundschau*. Letzte Buchveröffentlichung: »Orte Paul Celans«, Wien (Zsolnay) 1996.

Lorenz Engell, Film- und Fernsehwissenschaftler, Promotion 1988, Habilitation 1993, seither Professor für Wahrnehmungslehre, Geschichte und Theorie der Kommunikation und der Medien an der Fakultät Medien der Bauhaus-Universität Weimar. Wichtigste Arbeiten: »Vom Widerspruch zur Langeweile. Logische und temporale Begründungen des Fernsehens« (1989); »Der gedachte Krieg« (1989); »Sinn und Industrie. Einführung in die Filmgeschichte« (1992); »Das Gespenst der Simulation« (1994); »Bewegen Beschreiben. Theorie zur Filmgeschichte« (1995); »Ausfahrt nach Babylon« (2000); Mitherausgeber des »Kursbuch Medienkultur« (1999) und des »Archiv für Mediengeschichte« (2001).

Fritz Göttler, geboren 1954, Studium der Germanistik und Geschichte. Seit 1980 Filmkritiker für den *Kölner Stadt-Anzeiger*, später für die *Süddeutsche Zeitung*. Ab 1985 wissenschaftlicher Mitarbeiter im Filmmuseum München. Seit 1993 Buchredakteur bei der *Süddeutschen Zeitung*.

Dominik Graf, geboren 1952 in München, als Sohn des Schauspielerpaares Robert Graf und Selma Urfer. Studium an der Hochschule für Fernsehen und Film München von 1974-1979. Filme u.a.: *Treffer* (1983); *Die Katze* (1988); *Spieler* (1990); *Die Sieger* (1994); *Der Skorpion* (1997); *München, Geheimnisse einer Stadt* (Co-Regie mit Michael Althen; 2000).

Jürg Häusermann, geboren 1951 in Winterthur, Schweiz. Studium der Germanistik und Russistik. Aus- und Fortbildung von Medienleuten (Schwerpunkt: Mediensprache und Medienrhetorik) und freier Mitarbeiter beim Schweizer Radio DRS. Seit 1993 Professor für Medienwissenschaft an der Universität Tübingen. Publikationen u.a.: »Und dabei liebe ich euch beide ... Unterhaltung durch Schlager und Fernsehserien«. Wiesbaden (Breitkopf & Härtel) 1978; »Journalistisches Texten.« Aarau – Frankfurt/Main (Sauerländer) 1993; (mit Heiner Käppeli). »Rhetorik für Radio und Fernsehen« Aarau – Frankfurt/Main (Sauerländer) 2. Auflage 1994.

Knut Hickethier, Dr. phil., geboren 1945, Professor für Medienwissenschaft an der Universität Hamburg. Seit 1982 Radio-, Fernseh- und Filmkritiken vor allem in *epd medien*, *epd Film* und verschiedenen Tageszeitungen. Veröffentlichungen über Medientheorie, Film, Fernsehen und Radio. Zuletzt: »Film- und Fernsehanalyse«, Stuttgart/Weimar 1993; »Geschichte der Fernsehkritik«, Berlin 1994; »Der Film in der Geschichte«, Berlin 1997; »Geschichte des deutschen Fernsehens«, Stuttgart/Weimar 1998. In Vorbereitung: »Medium Film« (voraussichtlich 2000).

Peter Hoff, Dr. phil, geb 1942. Student der Theaterwissenschaft und Kunstgeschichte in Berlin. Theaterarbeit als Dramaturg, Regisseur und Schauspieler. Regieassistent und Autor beim Deutschen Fernsehfunk (DFF). Seit 1969 wissenschaftliche Arbeit, zunächst an der Humboldt-Universität Berlin, seit 1972 an der Konrad-Wolf-Hochschule für Film und Fernsehen in Babelsberg. Seit 1993 Freier Journalist, wissenschaftlicher Mitarbeiter am Sonderforschungsbereich »Bildschirmmedien«.

Sabine Holtgreve, geboren 1970. Magister an der Philipps Universität Marburg. Co-Autorin und Regieassistentin bei zwei Filmen der ZDF-Reihe *Das kleine Fernsehspiel*. Danach Lektorin, Redakteurin bei RTL 2 und Aspekt Telefilm. Seit 1998 Redakteurin für TATORT und *Debüt im Dritten* beim SWR. Publikation: »Programmstörung. Quantum – Werkstatt für ein anderes Fernsehen«, Hamburg 1998.

Olaf Karnik, geboren 1962 in Köln. Studium der Theater-, Film- und Fernsehwissenschaft, der Germanistik und der Politologie an der Universität zu Köln. Magisterarbeit über »Aspekte der Fernsehtheorie und -praxis Alexander Kluges«. 1989 Buchveröffentlichung (zusammen mit Gerald Hündgen): »Chasin' a Dream. Die Musik des schwarzen Amerika von Soul bis Hip Hop«. 1995-96 Chef-Autor bei VIVA II. 1998 Redakteur bei *Spex*. Musiker (CD: *Genf – Import/Export*, 1997) und Disc-Jockey (u.a. in: The Soulful Shack, Rave-Club, The Sound Gallery). Seit 1998 Kurator für die Internationalen Kurzfilmtage Oberhausen. Konzeption der sechsteiligen Reihe *Fantastic Voyages* über Geschichte und Thematiken des Musik-Videos (3Sat, 2000). Freier Journalist und Autor u.a. für *Spex*, *StadtRevue Köln*, WDR, *Die Woche*, *Kölner Stadt-Anzeiger*, *Vogue*, *Jetzt-Magazin* und *epd Medien*.

Harald Keller, Medienjournalist seit 1988, zeitweilig auch Autor von Moderationen, Sketchen und satirischen Texten für Hörfunk und Fernsehen, befristete Tätigkeit im Bereich Pressearbeit und Programm-PR. Regelmäßig Veröffentlichungen u.a. in der *Frankfurter Rundschau* und in der *tageszeitung*. Publikationen u.a.: »Kultserien und ihre Stars«, Reinbek (rororo) 1999; »Schräg, schrill, scharf und schundig. 1000 Filme zwischen Trash und Kult«, Reinbek (rororo) 2000.

Wolfgang Kissel, geboren 1963, studierte Kommunikationswissenschaften an der Universität München, Visuelle Kommunikation an der Hochschule für bildende Künste Hamburg und im Bereich Filmregie an der Hochschule für Film und Fernsehen Potsdam-Babelsberg. 1991 gründete er die Wesnigk/Kissel Filmproduktion und realisierte unter anderem die Archivkompilation *Kinder, Kader, Kommandeure*. Ab 1993 lehrte er an der Bauhaus-Universität Weimar und ging 1997 als Professor für Video/Digitales Bewegtbild an die Hochschule Harz Wernigerode. Seit dem Sommersemester 2000 ist er Professor für Medien-Ereignisse im Studiengang Mediengestaltung der Bauhaus-Universität Weimar.

Heinz-Jürgen Köhler, geboren 1963, stellvertretender Leiter der Filmprogrammredaktion bei *TV Today*, Hamburg. Beiträge u.a. zu: »Reclams Filmklassiker«, Stuttgart (Reclam) 1995; »Filmregisseure«, Stuttgart (Reclam) 1999. Mitautor der Studie »TV-Movies ›Made in Germany‹« im Auftrag der Unabhängigen Landesanstalt für das Rundfunkwesen, Kiel (2000).

Hans Krah, Dr. phil., geboren 1961, Hochschulassistent; Studium der Neueren deutschen Literatur, der Germanistischen Linguistik und der Logik und Wissenschaftstheorie an der Ludwig-Maximilians-Universität München. Seit 1989 Lehrtätigkeit am Institut für Neuere deutsche Literatur und Medien der Christian-Albrechts-Universität Kiel; neben dem literaturwissenschaftlichen Arbeitsbereich Beschäftigung mit Film und audiovisuellen Medien; Schwerpunkte: filmsemiotisch ausgerichtete Fragen zu Genres/Filmkorpora, Narrativik, gender, Populärkultur; Herausgeber von »Geschichte(n). NS-Film – NS-Spuren heute«, Kiel 1999, und von »Räume, Grenzen, Grenzüberschreitungen. Bedeutungs-Welten in Literatur, Film und Fernsehen«, Tübingen 1999.

Michelle Mattson, Ph. D. (Stanford), ist Assistant Professor für Germanistik an der Iowa State University in Ames. Forschungsschwerpunkte: Deutsches Drama seit 1945; Frauenliteratur seit 1945; Krimiserien im Deutschen Fernsehen; Politische Kultur. Veröffentlichungen: »Franz Xaver Kroetz: The Construction of a Political Aesthetic« (1996); Mitherausgeberin von »Changes in the German Media Landscape – Special Issue of New German Critique« (1999); Aufsätze u.a. in: *New German Critique*, *Monatsheft*, *Seminar*; Mitherausgeberin des *European Studies Journal*.

Bernhard Natschläger, geboren 1969, ist Redakteur für Film und Serien beim Österreichischen Rundfunk und lebt in Wien.

Clemens Niedenthal, geboren 1974, Kindheit, Jugend und Abitur im pittoresken Oberhessen, anschließend Studium der Kultur-, Politik- und Medienwissenschaften in Marburg und Wien. Magisterarbeit zum Thema Mode, Disziplin und Devianz in der Kontrollgesellschaft. Mitarbeit bei diversen Printmedien.

Guido Marc Pruys, Dr. phil, geboren 1966. Studium der Rhetorik, der Kunstgeschichte und der Germanistik in Köln und Tübingen. Promotion in Rhetorik 1997 mit einer Arbeit zur »Rhetorik der Filmsynchronisation«. Weitere Veröffentlichung (zusammen mit Hans-Werner Ludwig): » ›... so brauch ich Gewalt!‹ Wie Fernsehgewalt produziert und bekämpft wird«, Baden-Baden (Nomos) 1998. 1998-2000 Filmstudium an der Universität Hamburg. Lebt als freier Autor in Köln.

Sathyan Ramesh, wurde 1968 in Berlin geboren, besuchte gelegentlich Schulen und zivildiente anschließend bis ca. 1990. Erste Veröffentlichung 1989 in der Filmzeitschrift *steadycam*, später freier Mitarbeiter bei *Freibeuter*, *cinema* und *black box*. Raucher ab 1993. Fünf Jahre lang Ressortleiter des Ein-Mann-Ressorts Kino bei der lustvoll gescheiterten Kulturzeitung *RheinART*, seit 1994 Lektor beim WDR. 1997 und 1999 gefördert von der Filmstiftung NRW (*Engel töten*, *Platinum*). Ewig dankbar. Seit 1999 Hausautor bei der Produktionsfirma D&D. Was immer das sein mag. Seit 2000 beim Kölner SAR

(Schauspieltraining am Ring) Dozent für Filmkunde und Sitcomwesen.

Michael Rutschky, geboren 1943, lebt als freier Autor in Berlin. Publizistik, Essayistik, Fotografie, Radio. Letzte Buchveröffentlichung: »Lebensromane. Zehn Kapitel über das Phantasieren«, Göttingen (Steidl) 1998.

Jutta Scherp, geboren 1966, studierte Theater-, Film- und Fernsehwissenschaften, Germanistik und Soziologie in Düsseldorf und Bochum. Ihre Magisterarbeit schrieb sie über »Die Fernsehkommissare der Reihe TATORT«. Sie ist als freie Autorin und Fernsehberaterin zum Beispiel für die Kölner Medienberatungsgesellschaft HMR International tätig, bei der sie die Programmbeobachtung, -analyse und die Formatentwicklung mitbetreut.

Elke Schmitter, geboren 1961 in Krefeld, studierte Philosophie in München. Arbeitete im Lektorat beim S. Fischer Verlag, anschließend als Journalistin bei der *tageszeitung*. Seit 1994 freie Autorin, u.a. für die *Süddeutsche Zeitung*, die *tageszeitung* und die *Zeit*. Letzte Veröffentlichungen: »Und grüß mich nicht unter den Linden. Kommentare zu Heinrich Heine«, München 1997; »Frau Sartoris«, Roman, Berlin 2000.

Christoph Schultheis ist Fernsehkritiker und Vielseher. Er kommt aus dem Ruhrgebiet, war zwischenzeitlich *taz*-Medienredakteur und lebt als freier Journalist in Berlin-Kreuzberg. TATORT schaut er ungefähr seit dem REIFEZEUGNIS.

Wolfgang Struck, geboren in Husum, Studium in Kiel, Tübingen und Konstanz, Assistent für Neuere deutsche Literatur und Film an der Universität Kiel, zur Zeit Visiting-Professor an der University of Virginia, Charlottesville.

Eike Wenzel, Dr. phil., geboren 1966, Journalist, Publizist, Medienwissenschaftler. Tätig u.a. für den Hessischen Rundfunk, den Südwestrundfunk, die *Frankfurter Rundschau* und die *tageszeitung*. Buchpublikationen: »Gedächtnisraum Film. Die Arbeit an der deutschen Geschichte in Filmen seit den sechziger Jahren«, Stuttgart 2000.

Hans Jürgen Wulff, Dr. phil., geboren 1951, Professor für Medienwissenschaft an der Universität Kiel. Nach dem Studium acht Jahre kommunale Kinoarbeit, dann zwölf Jahre als Filmwissenschaftler an der FU Berlin. Arbeitet über Fragen der Psychologie des Films und des Fernsehens und der kommunikativen Strukturen der Populärkultur. Neben zahlreichen Aufsätzen Bücher zur Gewaltdarstellung, zu Film und Psychiatrie, zur Spannungsforschung sowie zur Semiotik des Films. Mitherausgeber der *Montage/AV*.

Die Ermittler und ihre Darsteller

Bayerischer Rundfunk

Gustl Bayrhammer als Oberinspektor (später: Hauptkommissar) Melchior **Veigl**
(1972-81; 15 Einsätze)

Helmut Fischer als Kommissar Ludwig **Lenz**
(1981-87; 7 Einsätze; vorher [1972-81] 15 Einsätze als Assistent von Oberinspektor Veigl)

Günther-Maria Halmer als Hauptkommissar Siggi **Riedmüller**
(1986; 1 Einsatz)

Hans Brenner als Kommissar **Scherrer**
(1987; 1 Einsatz)

Horst Bollmann als Hauptkommissar Otto **Brandenburg**
(1988-89; 2 Einsätze)

Miroslav Nemec als Hauptkommissar Ivo **Batic** und Udo Wachtveitl als Hauptkommissar Franz **Leitmayr**
(seit 1991; bis einschließlich 2000 27 Einsätze)

Hessischer Rundfunk

Klaus Höhne als Kommissar **Konrad**
(1971-79; 8 Einsätze)

Heinz Treuke als Kommissar **Bergmann**
(1978; 1 Einsatz)

Volker Kraeft als Hauptkommissar **Sander**
(1980; 1 Einsatz)

Lutz Moik als Hauptkommissar **Bergmann**
(1981 und 1983; 2 Einsätze)

Klaus Löwitsch als Polizeihauptmeister **Rolfs**
(1982; 1 Einsatz)

Hans-Werner Bussinger als Hauptkommissar **Rullmann** (1984; 1 Einsatz)

Klaus Löwitsch als Polizeihauptmeister **Dietze**
(1985; 1 Einsatz)

Karl-Heinz Hassel als Kommissar **Brinkmann**
(seit 1985; bis einschließlich 2000 26 Einsätze)

Heinz Schubert als Hauptkommissar a.D. **Felber**
(1995; 1 Einsatz)

Mitteldeutscher Rundfunk

Peter Sodann als Hauptkommissar Bruno **Ehrlicher** und Bernd Michael Lade als Kommissar **Kain**
(seit 1992; bis einschließlich 2000 24 Einsätze)

Norddeutscher Rundfunk

Walter Richter als Kommissar (später Hauptkommissar) Paul **Trimmel**
(1970-82; 11 Einsätze)

Klaus Schwarzkopf als Kommissar **Finke**
(1971-78; 7 Einsätze)

Knut Hinz als Kommissar Heinz **Brammer**
(1974-77; 4 Einsätze)

Diether Krebs als Hauptkommissar **Nagel**
(1979; 1 Einsatz)

Horst Bollmann als MAD-Oberstleutnant (später a.D.) **Delius**
(1979-85; 3 Einsätze)

Bernd Seebacher als Kommissar Jochen **Piper**
(1980-82; 2 Einsätze)

Erik Schumann als Kommissar **Greve**
(1981; 1 Einsatz)

Hans Häckermann als Kommissar **Beck**
(1981; 1 Einsatz)

Uwe Dallmeier als Kommissar Nikolaus **Schnoor**
(1982; 1 Einsatz)

Ulrich von Bock als Kommissar **Ronke**
(1983; 1 Einsatz)

Manfred Krug als Hauptkommissar **Stoever** und Charles Brauer als Hauptkommissar **Brockmöller**
(1984 [Brockmöller: seit 1986] -2001;
41 [Brockmöller: 38] Einsätze)

Hannelore Elsner als Hauptkommissarin Lea **Sommer**
(1997; 2 Einsätze)

Österreichischer Rundfunk

Fritz Eckardt als Oberinspektor (später a.D.) **Marek**
(1971-83, 87; 14 Einsätze)

Kurt Jaggberg als Oberinspektor Kurth **Hirth**
(1984-86; 3 Einsätze)

Christoph Walz als Inspektor **Passini**
(1987; 1 Einsatz)

Bruno Dallansky als Oberinspektor **Pfeifer**
(1988; 1 Einsatz)

Michael Janisch als Inspektor (später Oberinspektor und Chefinspektor) **Fichtl**
(1989-97; 10 Einsätze; vorher 5 Einsätze als Assistent der Inspektoren Hirth [1984-86], Passini [1987] und Pfeifer [1988])

Klaus Wildbolz als Hauptkommissar Max **Becker**
(1996; 1 Einsatz)

Harald Krassnitzer als Chefinspektor Moritz **Eisner**
(seit 1999; bis einschließlich 2000 4 Einsätze)

Radio Bremen

Hans Häckermann als Kommissar **Böck**
(1973; 1 Einsatz)

Sabine Postel als Hauptkommissarin Inga **Lürsen**
(seit 1998; bis einschließlich 2000 4 Einsätze)

Saarländischer Rundfunk

Dieter Eppler als Kommissar **Liersdahl**
(1970 und 1973; 2 Einsätze)

Manfred Heidmann als Kommissar Horst **Schäfermann**
(1977-84; 4 Einsätze)

Jochen Senf als Hauptkommissar Max **Palu**
(seit 1988; bis einschließlich 2000 11 Einsätze)

Schweizer Fernsehen / DRS

Mathias Gnädiger als Wachtmeister Walter **Howald**
(1990; 1 Einsatz)

Andrea Zogg als Detektivwachtmeister Reto **Carlucci**
(1991-92; 2 Einsätze; vorher [1990] 1 Einsatz als Assistent von Wachtmeister Howald)

László I. Kish als Detektivwachtmeister/Kommissar Philipp **von Burg** und Ernst Sigrist als Wachtmeister Markus **Gertsch**
(1993-2001; 8 Einsätze)

Sender Freies Berlin

Paul Esser als Kommissar **Kasulke**
(1971-72; 2 Einsätze)

Martin Hirthe als Kommissar **Schmidt**
(1975-77; 3 Einsätze)

Hans Peter Korff als Kommissar **Behnke**
(1978-79; 2 Einsätze)

Volker Brandt als Kommissar **Walther**
(1981-85; 6 Einsätze)

Heinz Drache als Hauptkommissar Hans Georg **Bülow**
(1985-89; 6 Einsätze)

Günter Lamprecht als Hauptkommissar Franz **Markowitz**
(1991-94; 7 Einsätze)

Winfried Glatzeder als Hauptkommissar Ernst **Roiter** und Robinson Reichel als Kommissar Michael **Zorowski**
(1996-98; 12 Einsätze)

Stefan Jürgens als Hauptkommissar Robert **Hellmann** und Dominic Raacke als Hauptkommissar Till **Ritter**
(seit 1999; bis einschließlich 2000 5 Einsätze)

Die Ermittler und ihre Darsteller

Süddeutscher Rundfunk

Werner Schumacher als Kommissar **Lutz**
(1971-82; 16 Einsätze)

Horst Michael Neutze als Kommissar **Schreitle**
(1987-88; 3 Einsätze)

Dietz Werner Steck als Hauptkommissar
Ernst **Bienzle**
(seit 1992; bis einschließlich 2000 12 Einsätze)

Südwestfunk

Ernst Jacobi als Kommissar **Pflüger**
(1972; 1 Einsatz)

Heinz Schimmelpfenning als Kommissar **Gerber**
(1973-77; 5 Einsätze)

Nicole Heesters als Oberkommissarin
Marianne **Buchmüller**
(1978-80; 3 Einsätze)

Karin Anselm als Hauptkommissarin
Hanne **Wiegand**
(1981-88; 8 Einsätze)

Ulrike Folkerts als Kommissarin (später
Hauptkommissarin) Lena **Odenthal**
(seit 1989; bis einschließlich 2000 20 Einsätze)

Westdeutscher Rundfunk

Sieghardt Rupp als Zollfahnder **Kressin**
(1971-73; 7 Einsätze)

Hansjörg Felmy als Oberkommissar
Heinz **Haferkamp**
(1974-80; 20 Einsätze)

Jörg Hube als Kommissar **Enders**
(1980; 1 Einsatz)

Willy Semmelrogge als Kommissar **Kreutzer**
(1980; 1 Einsatz; vorher [1974-1980] 20 Einsätze
als Assistent von Oberkommissar Haferkamp)

Götz George als Hauptkommissar
Horst **Schimanski** und Eberhard Feik als
Hauptkommissar Christian **Thanner**
(1980-91; 29 Einsätze)

Martin Lüttge als Hauptkommissar
Bernd **Flemming**
(1992-97; 15 Einsätze)

Klaus J. Behrendt als Hauptkommissar
Max **Ballauf** und Dietmar Bär als Oberkommissar
(später: Hauptkommissar) Freddy **Schenk**
(seit 1997; bis einschließlich 2000 15 Einsätze;
Ballauf: vorher [1992-94] 8 Einsätze als Assistent
von Hauptkommissar Flemming)

Auswahlbibliographie

Augen-Blick 9 (Marburger Hefte zur Medienwissenschaft): TATORT. Die Normalität als Abenteuer. Marburg 1990.

Ludwig Bauer: Authenzität und Fiktion: Fernsehunterhaltung und Integration von Realität am Beispiel des Kriminalsujets (diskurs film 3). München 1992.

Franz Becker, Frank Jaeger: Das große Schimanski-Buch. Bergisch Gladbach 1998.

Hartmut Bitomsky: »Kressin und ...« Ein Fernseh-Held. In: Rundfunk und Fernsehen 1972/74, S. 522-537.

Heiko R. Blum: Götz George. Das liebenswerte Rauhbein. München 1998.

Heiko R. Blum: Manfred Krug. Seine Filme – sein Leben. München 1993.

Ulrich Brandt: Der Freitagabendkrimi der ARD. In: Werner Faulstich, Christian W. Thomsen (Hg.): Seller, Stars und Serien im Produktverbund (Reihe Siegen, Bd. 89). Heidelberg 1989, S. 166-129.

Martin Compart: Crime TV. Lexikon der Krimi-Serien. Berlin 2000.

Deutsches Fernsehen/ARD (Hg.): Pressedienst, TATORT-Sonderbeilage 24/1979 (zum 100. TATORT).

Deutsches Fernsehen/ARD (Hg.): Pressedienst, TATORT-Sonderbeilage 36/1983 (zum 150. TATORT).

Manfred Durzak: Kojak, Columbo und deutsche Kollegen. Überlegungen zum Fernseh-Serial. In: Helmut Kreuzer, Karl Prümm (Hg.): Fernsehsendungen und ihre Formen. Stuttgart 1979.

B. Eisenhauer: »Tatort« Deutschland. Sozialgeschichte und Mentalitäten im Spiegel des Kriminalfilms. In: Claudia Cippitelli, Axel Schwanebeck (Hg.): Das Mord(s)programm. Frankfurt/Main 1998, S. 63-87.

Erstes Deutsches Fernsehen/ARD (Hg.): Pressedienst, TATORT-Sonderbeilage 51/1987 (zum 200. TATORT).

Erstes Deutsches Fernsehen/ARD (Hg.): TATORT 400. September 1998.

Erstes Deutsches Fernsehen/ARD (Hg.): Dreißig Jahre TATORT. TATORT-Sonderbeilage 47/2000.

Günter Franzen: Komm zurück, Schimmi! Hamburg 1992.

Ortsbegehungen – Der TATORT des WDR. In: Funk-Korrespondenz 40/1997, S. 3-13.

Tilmann Gangloff: Regionalität versus Globalisierung: Warum konkrete Handlungsorte in Serien so wichtig sind. In: Tendenz 1/1999, S. 46-49.

Frank Goyke, Andreas Schmidt: Horst Schimanski – TATORT mit Götz George. Berlin 1997.

Dominik Graf: 400 Jahre TATORT. In: Erstes Deutsches Fernsehen/ARD (Hg.): TATORT 400. September 1998, S. 6-11.

Knut Hickethier, Wolf Dieter Lützen: Krimi-Unterhaltung. Überlegungen zum Genre am Beispiel von Kriminalfilmen und -serien. In: Helmut Hartwig (Hg.): Sehen lernen. Köln 1986, S. 312-335.

Knut Hickethier: Die Fernsehserie und das Serielle des Fernsehens (Kultur Medien Kommunikation 2). Lüneburg 1991.

Knut Hickethier: Die umkämpfte Normalität. Kriminalkommissare aus deutschen Fernsehserien und ihre Darsteller. In: Karl Ermert, Wolfgang Gast (Hg.): Der neue deutsche Kriminalroman. Beiträge zur Darstellung, Interpretation und Kritik eines populären Genres (Loccumer Kolloquien 5). Loccum 1985, S. 189-206.

Hans Janke u.a.: Fernseh-Krimi. In: Weiterbildung und Medien, 2/1985, S. 17-43.

Wolf-Dieter Lützen: Der Krimi ist kein deutsches Genre. Momente und Stationen zur Genregeschichte der Krimiunterhaltung In: Karl Ermert, Wolfgang Gast (Hg.): Der neue deutsche Kriminalroman. Beiträge zur Darstellung, Interpretation und Kritik eines populären Genres (Loccumer Kolloquien 5). Loccum 1985, S. 162-181.

Hans J. Martin: Betr.: Trimmel. In: ARD (Hg.): ARD-Fernsehspiel 2/1980.

Harald Martenstein: Das hat Folgen. Deutschland und seine Fernsehserien. Leipzig 1996.

Egon Netenjakob: Der Regionalkrimi und das Publikum: Zwanzig Jahre TATORT. In: ARD Pressedienst 48/1990, S. I/3-I/10.

Egon Netenjakob: Die TATORT-Serie der ARD und andere Krimis. In: Fernsehen und Film 1/1971.

Wolfgang Petersen (mit Ulrich Greiwe): Ich liebe die großen Geschichten. Vom TATORT nach Hollywood. Köln 1997.

Pressestelle/Öffentlichkeitsarbeit des WDR (Hg.): TATORT 300! Köln 1994 (zum 300. TATORT).

Karl Prümm: Der Fernsehkrimi – ein Genre der Paradoxien. In: Rundfunk und Fernsehen 3/1987, S. 349-360 (gekürzte Fassung in: W&M Weiterbildung und Medien, 2/1985, S. 41-43).

Thomas Radewagen: Ein deutscher Fernsehbulle. Trimmel – der TATORT-Star und seine Mediengenese. Eine vergleichende Untersuchung von Werremeiers Kriminalromanen und TATORT-Drehbüchern (reprints zur Medienwissenschaft 3). Berlin 1985.

Doris Rosenstein: Marianne Buchmüller ermittelt. Zum Debüt der ersten TATORT-Kommissarin. In: Gesetz & Moral. Öffentlich-rechtliche Kommissare (Augen-Blick 30). Marburg 1999, S. 79-109.

Jutta Scherp: Die Fernsehkommissare der Reihe TATORT. Eine figurenorientierte Untersuchung der erfolgreichen Kriminalfernsehserie TATORT anhand von Beiträgen des Westdeutschen Rundfunks (Magisterarbeit). Bochum 1994.
Hans-Joachim Schneider: Kriminalitätsdarstellungen im Fernsehen und kriminelle Wirklichkeit. Opladen 1977.
Berndt Schulz: Götz George. Bergisch-Gladbach 1988.
Peter Schulze-Rohr: Fragen an den Regisseur. In: ARD (Hg.): ARD-Fernsehspiel 2/1977.
Christiane Uthemann: Die Darstellung von Taten, Tätern und Verbrechensopfern im Kriminalfilm des Fernsehen (Dissertation). Essen 1990.
Kirsten Villwock: Schimanski – in der Fernsehserie, im Kinofilm, im Roman. Bardowick 1991.
Holger Wacker: Enzyklopädie des Kriminalfilms. Meitingen 1995 ff.
Holger Wacker: Das große TATORT-Buch. Filme, Fakten und Figuren. Berlin 2000.
Holger Wacker, Almut Oetjen: Swinging Cops. Manfred Krug & Charles Brauer – Ein Fanbuch. Berlin 1999.
Thomas Weber: Die unterhaltsame Aufklärung: Ideologiekritische Interpretation von Kriminalfernsehserien des westdeutschen Fernsehens. Bielefeld 1992.
Martin Wiebel: Ohne Mord und Totschlag geht es nicht. Verhör mit einem Geständigen. In: ARD (Hg.): ARD-Fernsehspiel 2/1979.
Eike Wenzel: Militante Zeitgemäßheit. Die Inflation der Möbelcenter-Szenarien: Was der Innenraum für den deutschen Fernsehkrimi bedeutet. In: Frankfurter Rundschau, 9.9.2000.
Gunther Witte: Ein Jubiläum, auf das wir stolz sein können: Bemerkungen zum 200. TATORT. In: Erstes Deutsches Fernsehen/ARD (Hg.): Pressedienst, 200. TATORT – Sonderbeilage 51/1987, S. 4-5.
Gunther Witte: TATORT – fast ein Jahrzehnt. In: Deutsches Fernsehen/ARD (Hg.): Pressedienst, TATORT-Sonderbeilage 24/1979.
Gunther Witte: Trau keinem über dreißig. In: Erstes Deutsches Fernsehen/ARD (Hg.): Dreißig Jahre TATORT. TATORT-Sonderbeilage 47/2000, S. 6-7.

Index

(TATORT-Ermittler sind nur mit ihrem Nachnamen aufgeführt)

www.tvspielfilm.de
Wir lesen was,
was Du nicht liest!
TV SPIELFILM
TV SPIELFILM holen. Nur das Beste sehen.
14 Tage besser fernsehen

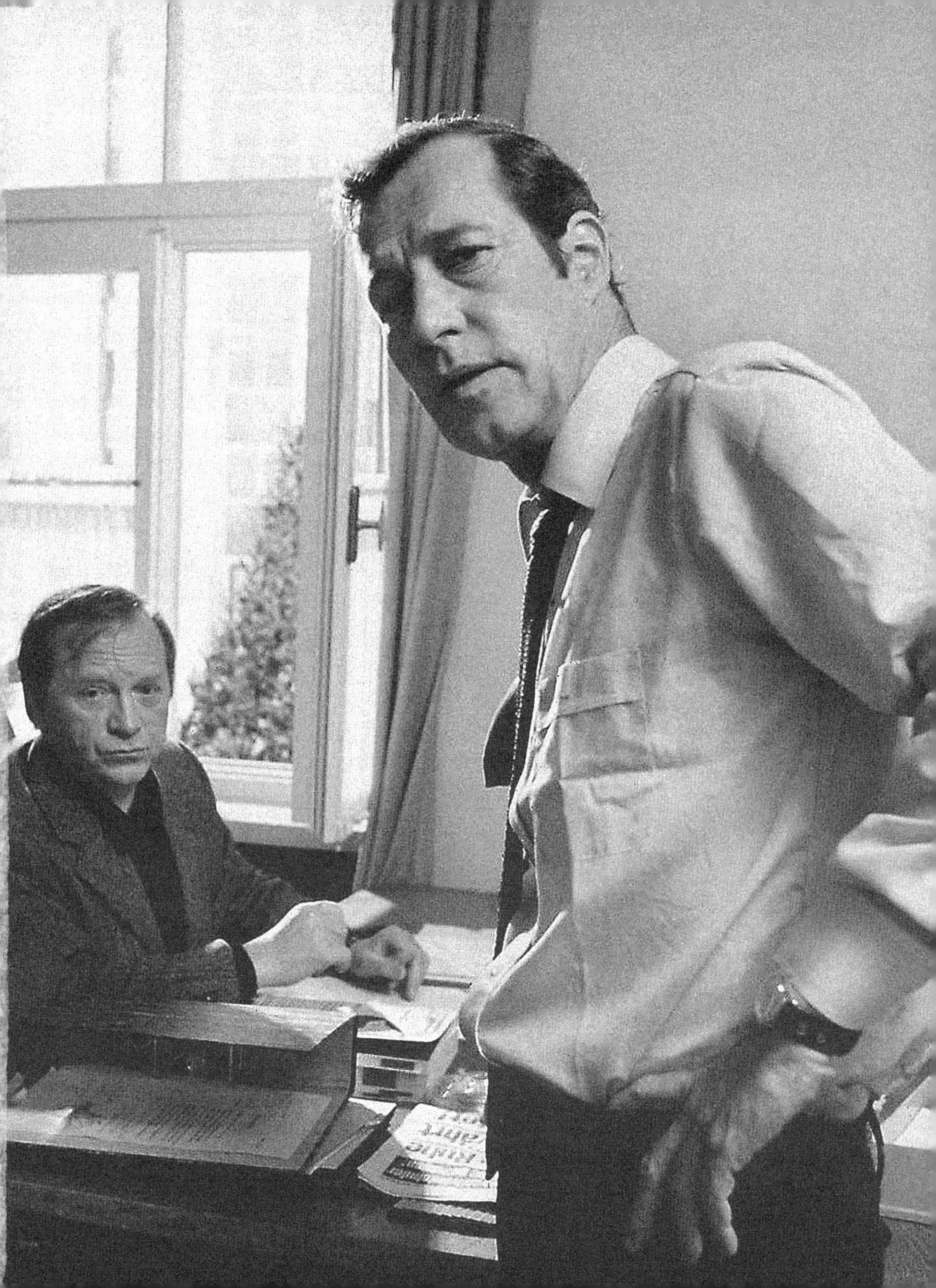